MINECRAFT

EINE REISE ZUM ENDE DER WELT

VOL. 1

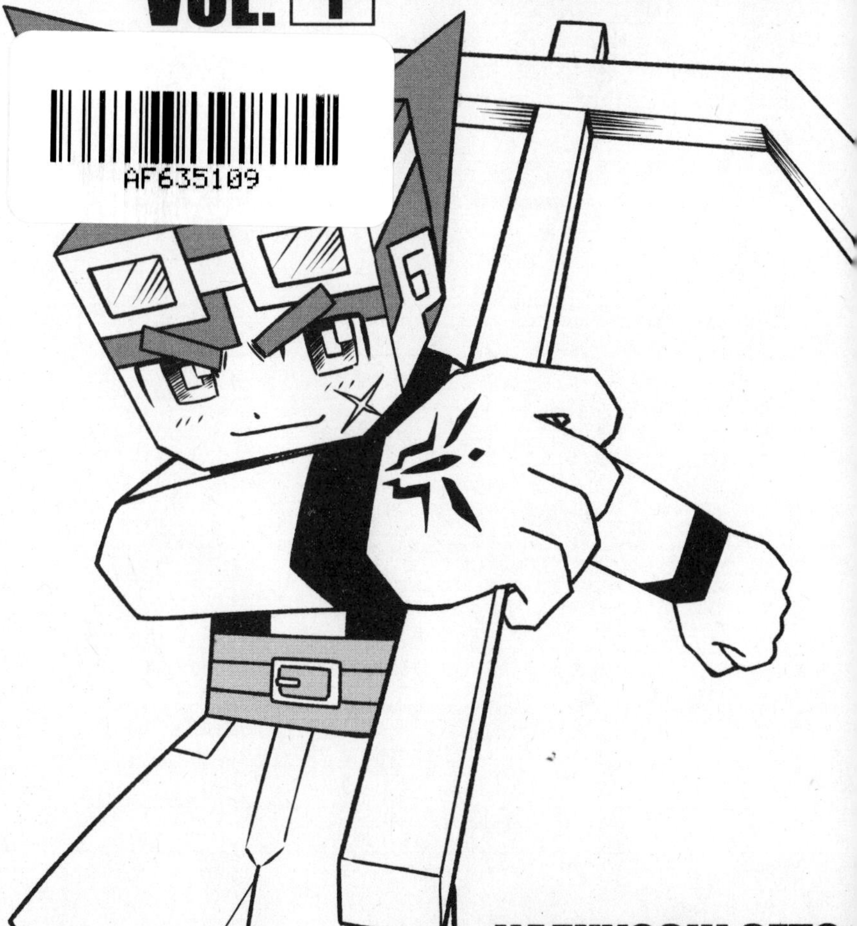

KAZUYOSHI SETO

FIGUREN

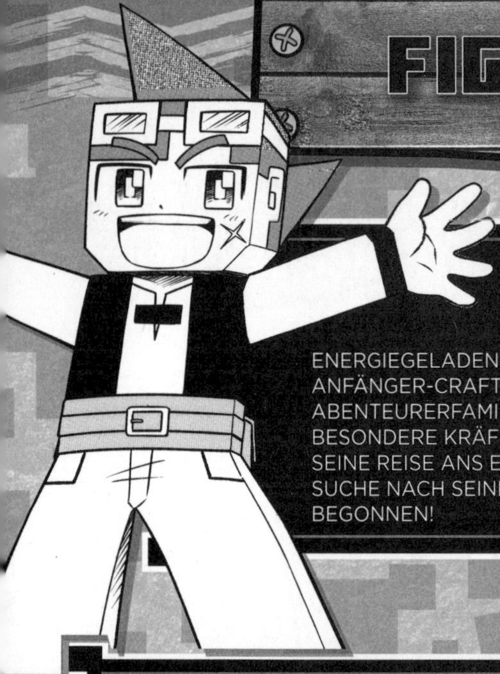

NIKO WHITE

ENERGIEGELADENER UND NEUGIERIGER ANFÄNGER-CRAFTER AUS EINER ABENTEURERFAMILIE MIT EINEM WAPPEN, DEM BESONDERE KRÄFTE NACHGESAGT WERDEN! SEINE REISE ANS ENDE DER WELT AUF DER SUCHE NACH SEINEM VATER HAT GERADE ERST BEGONNEN!

GRAY

JUNGE, DER WEGEN EINER VERFLUCHTEN MOD WIE EIN ZOMBIE AUSSIEHT. ER BEGIBT SICH AUF DIE REISE, UM DIE ZOMBIFIZIERUNG RÜCKGÄNGIG ZU MACHEN.

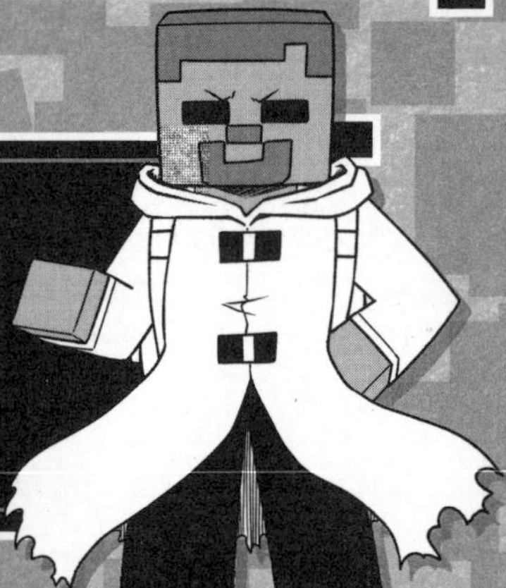

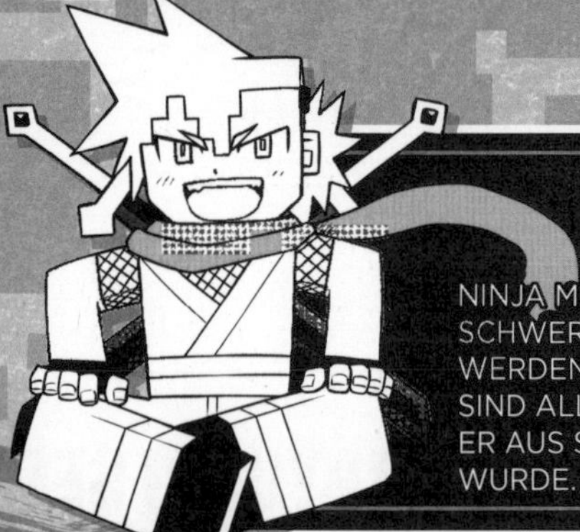

YAMABUKI

NINJA MIT DEM ZIEL, AUF DEM WEG DER SCHWERTKUNST DER ABSOLUT BESTE ZU WERDEN. SEINE VERHÜLLUNGSKÜNSTE SIND ALLERDINGS SO SCHLECHT, DASS ER AUS SEINEM HEIMATDORF VERBANNT WURDE. KÄMPFT MIT DOPPELSCHWERTERN.

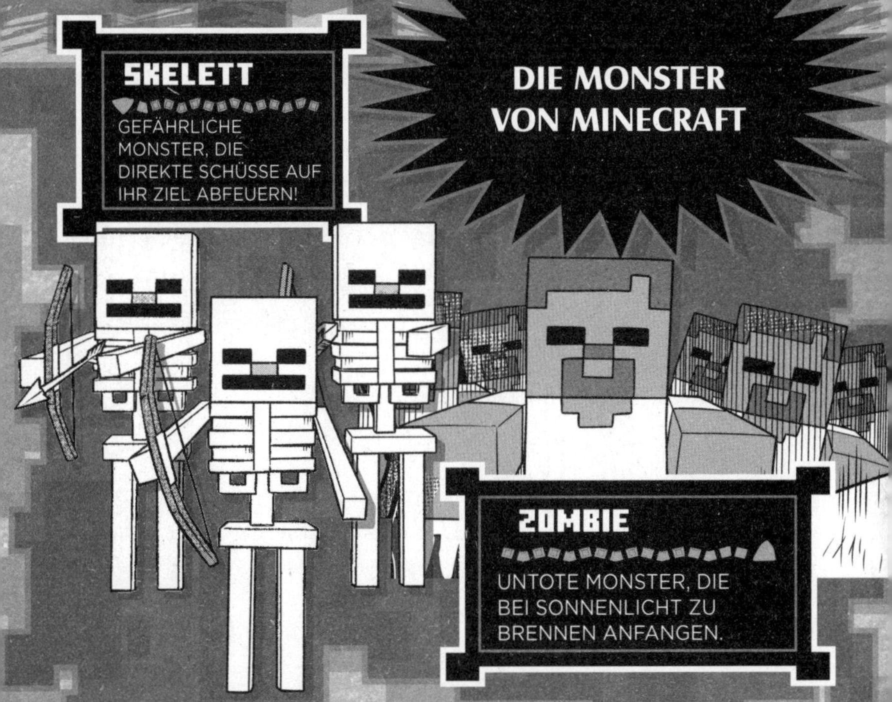
DIE MONSTER VON MINECRAFT
SKELETT
GEFÄHRLICHE MONSTER, DIE DIREKTE SCHÜSSE AUF IHR ZIEL ABFEUERN!
ZOMBIE
UNTOTE MONSTER, DIE BEI SONNENLICHT ZU BRENNEN ANFANGEN.

INHALT

#1 ABENTEUERER NIKO BRICHT AUF!!

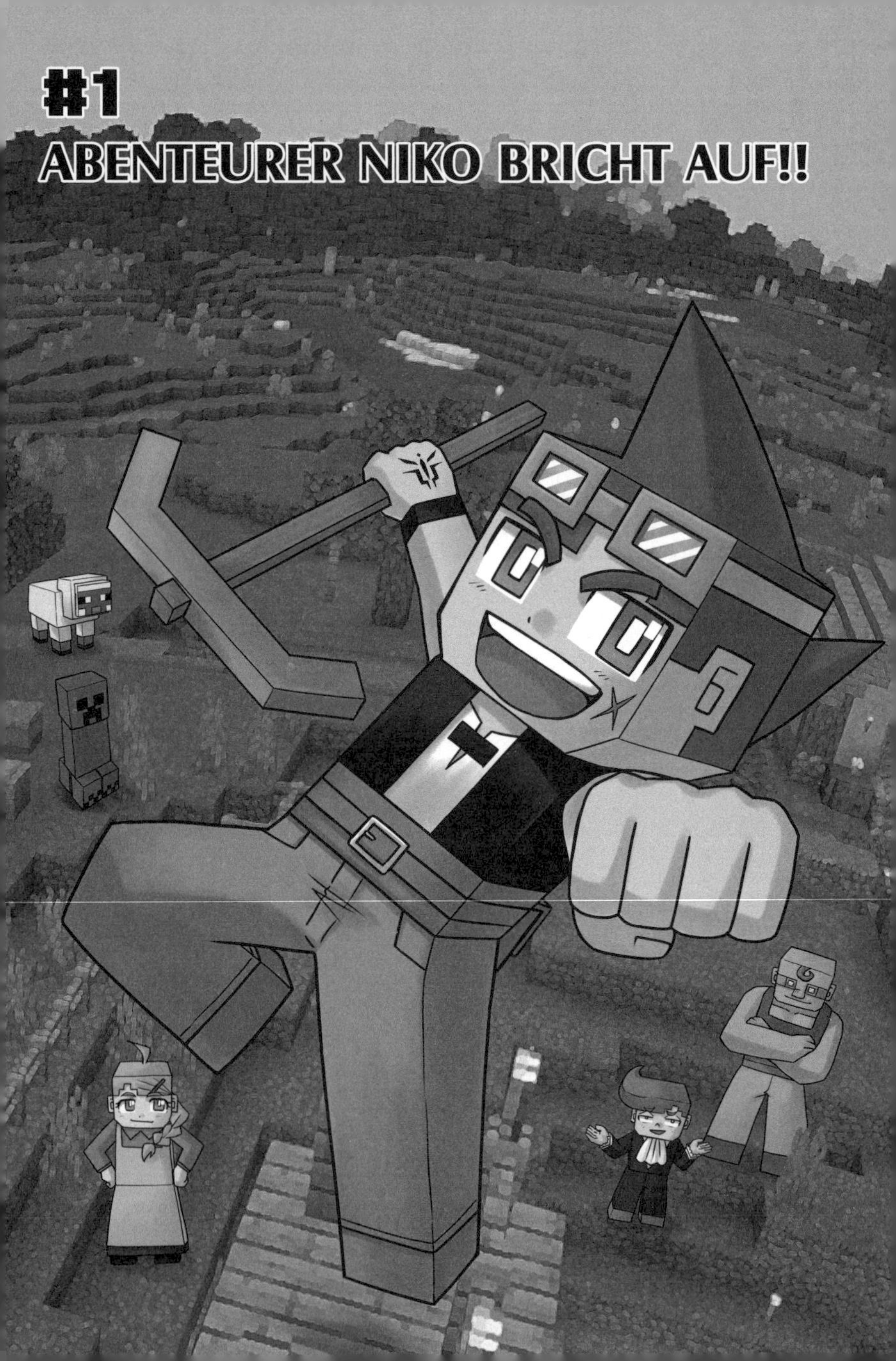

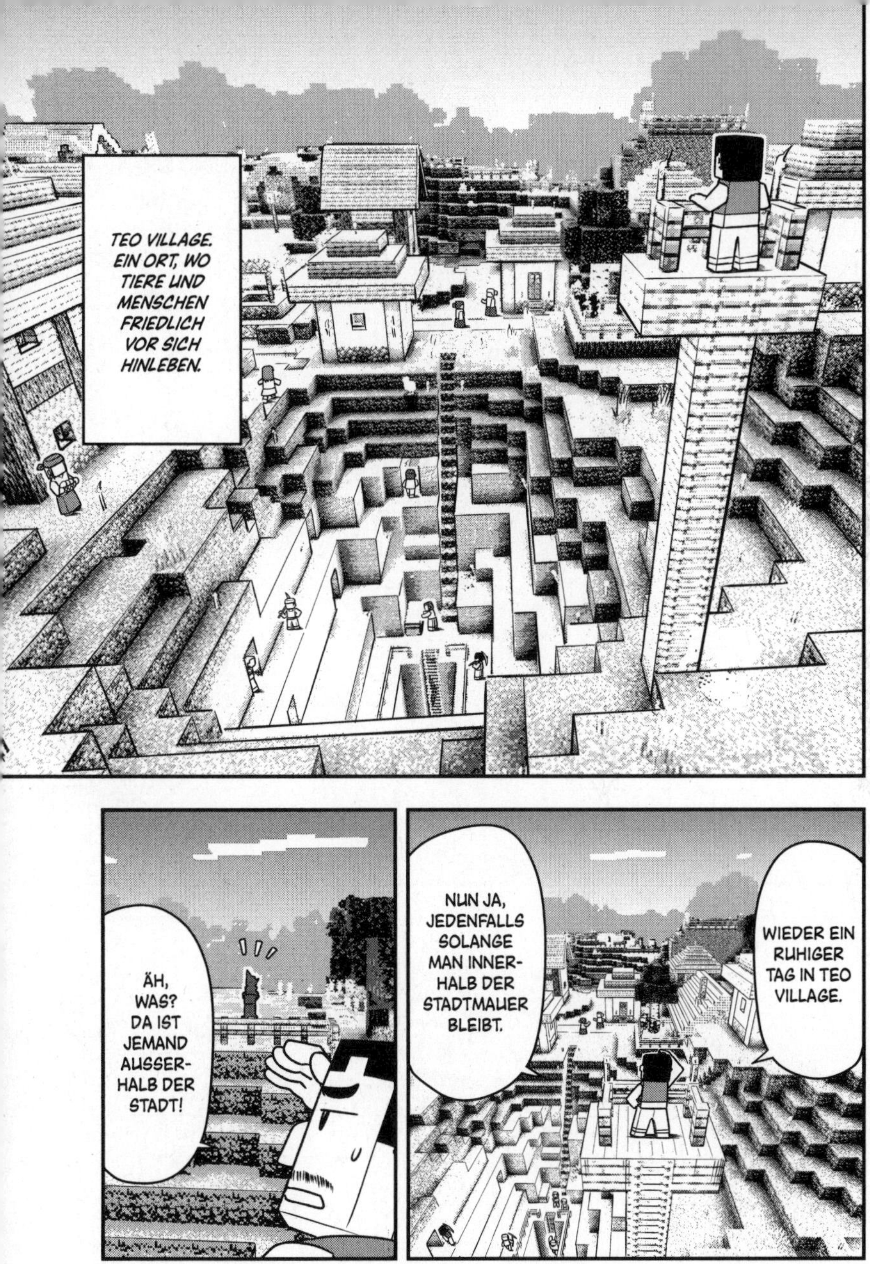
TEO VILLAGE. EIN ORT, WO TIERE UND MENSCHEN FRIEDLICH VOR SICH HINLEBEN.
WIEDER EIN RUHIGER TAG IN TEO VILLAGE.
NUN JA, JEDENFALLS SOLANGE MAN INNER-HALB DER STADTMAUER BLEIBT.
ÄH, WAS? DA IST JEMAND AUSSER-HALB DER STADT!

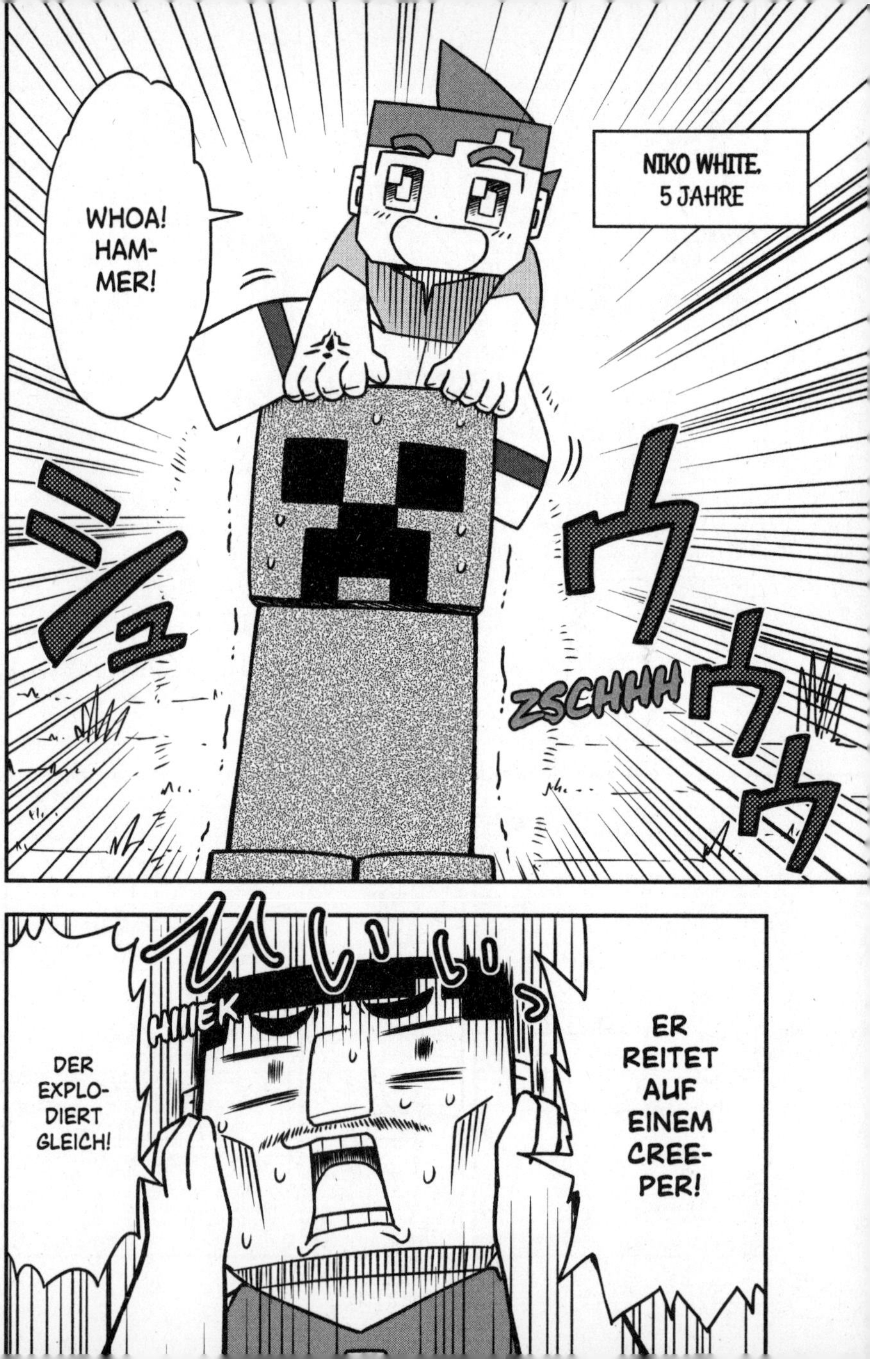
NIKO WHITE, 5 JAHRE
WHOA! HAM- MER!
ZSCHHH
HIIIEK
ER REITET AUF EINEM CREE- PER!
DER EXPLO- DIERT GLEICH!

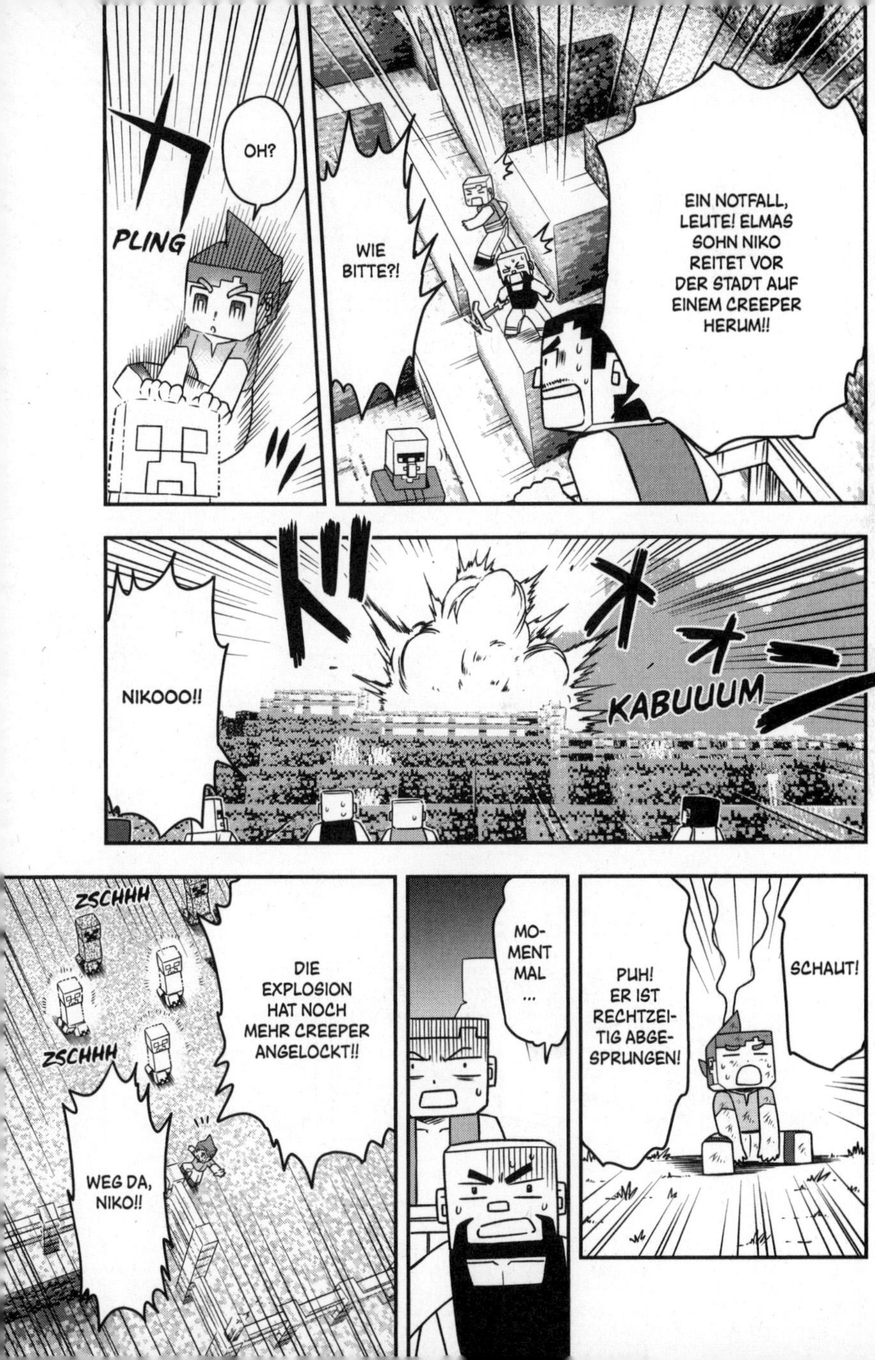
EIN NOTFALL, LEUTE! ELMAS SOHN NIKO REITET VOR DER STADT AUF EINEM CREEPER HERUM!!
WIE BITTE?!
OH?
PLING
KABUUUM
NIKOOO!!
SCHAUT!
PUH! ER IST RECHTZEI- TIG ABGE- SPRUNGEN!
MO- MENT MAL ...
DIE EXPLOSION HAT NOCH MEHR CREEPER ANGELOCKT!!
ZSCHHH
ZSCHHH
WEG DA, NIKO!!

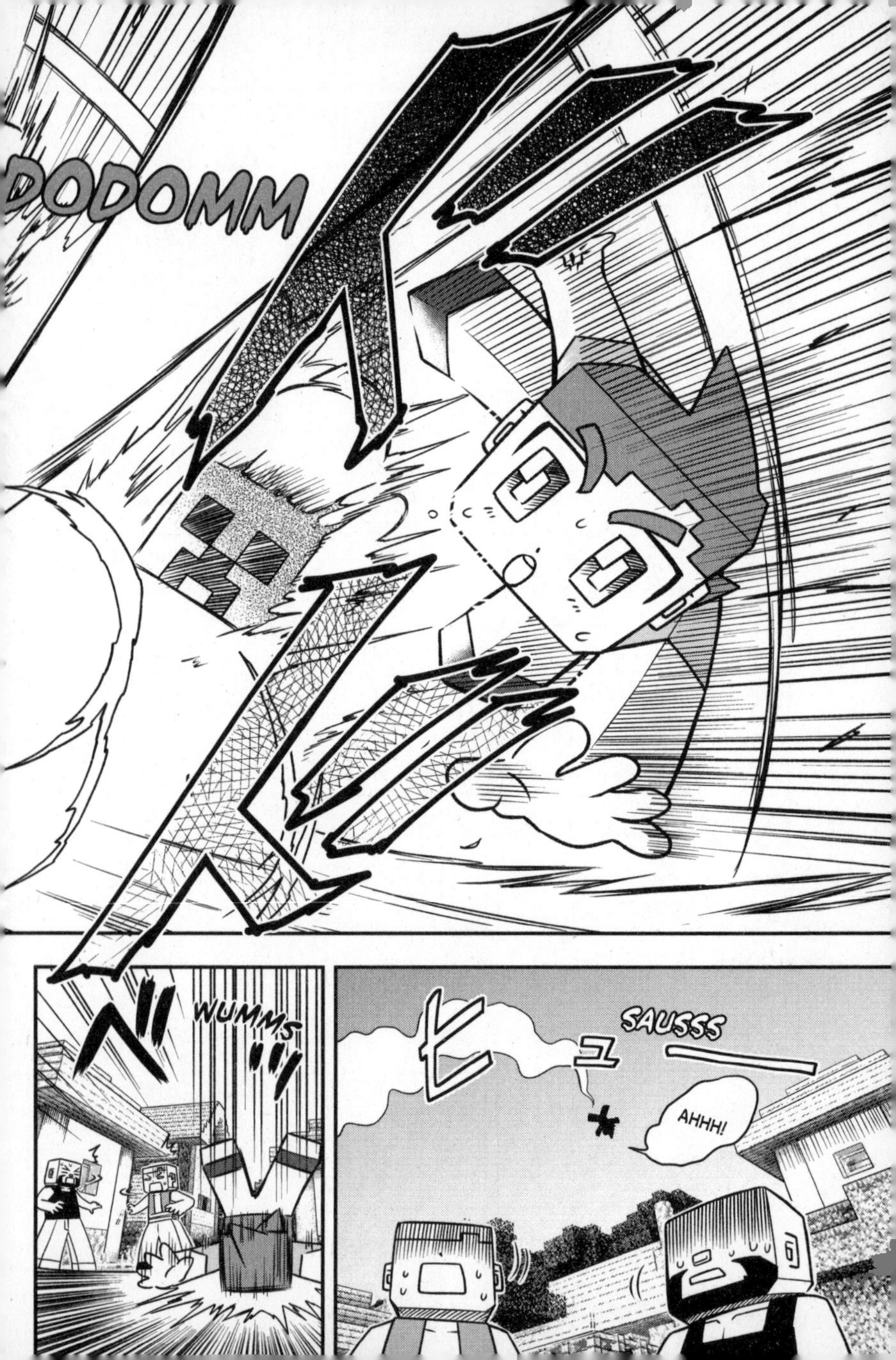
DODOMM
WUMMS
SAUSSS
AHHH!

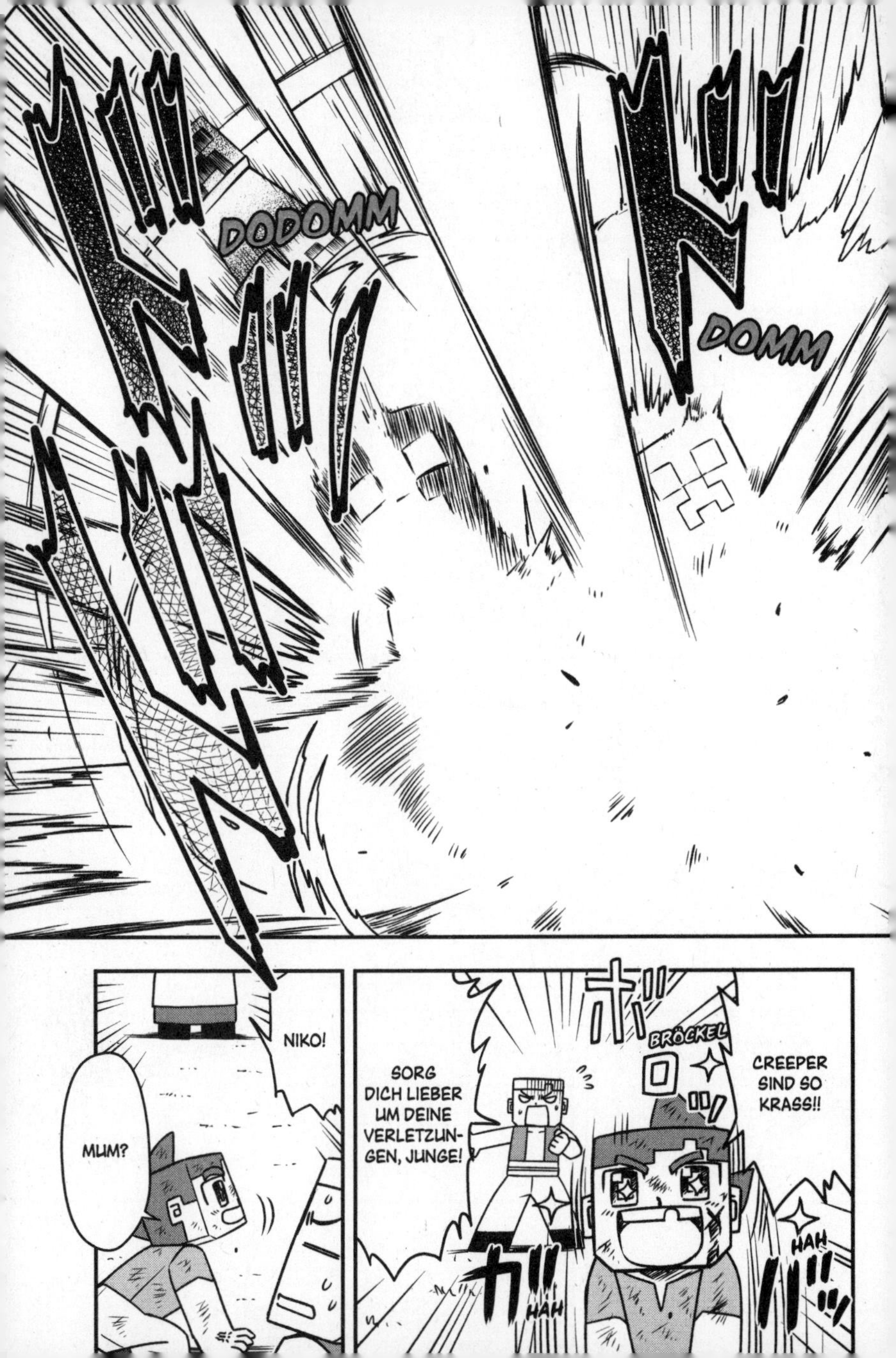
DODOMM
DOMM
NIKO!
MUM?
SORG DICH LIEBER UM DEINE VERLETZUNGEN, JUNGE!
BRÖCKEL
CREEPER SIND SO KRASS!!
HAH
HAH

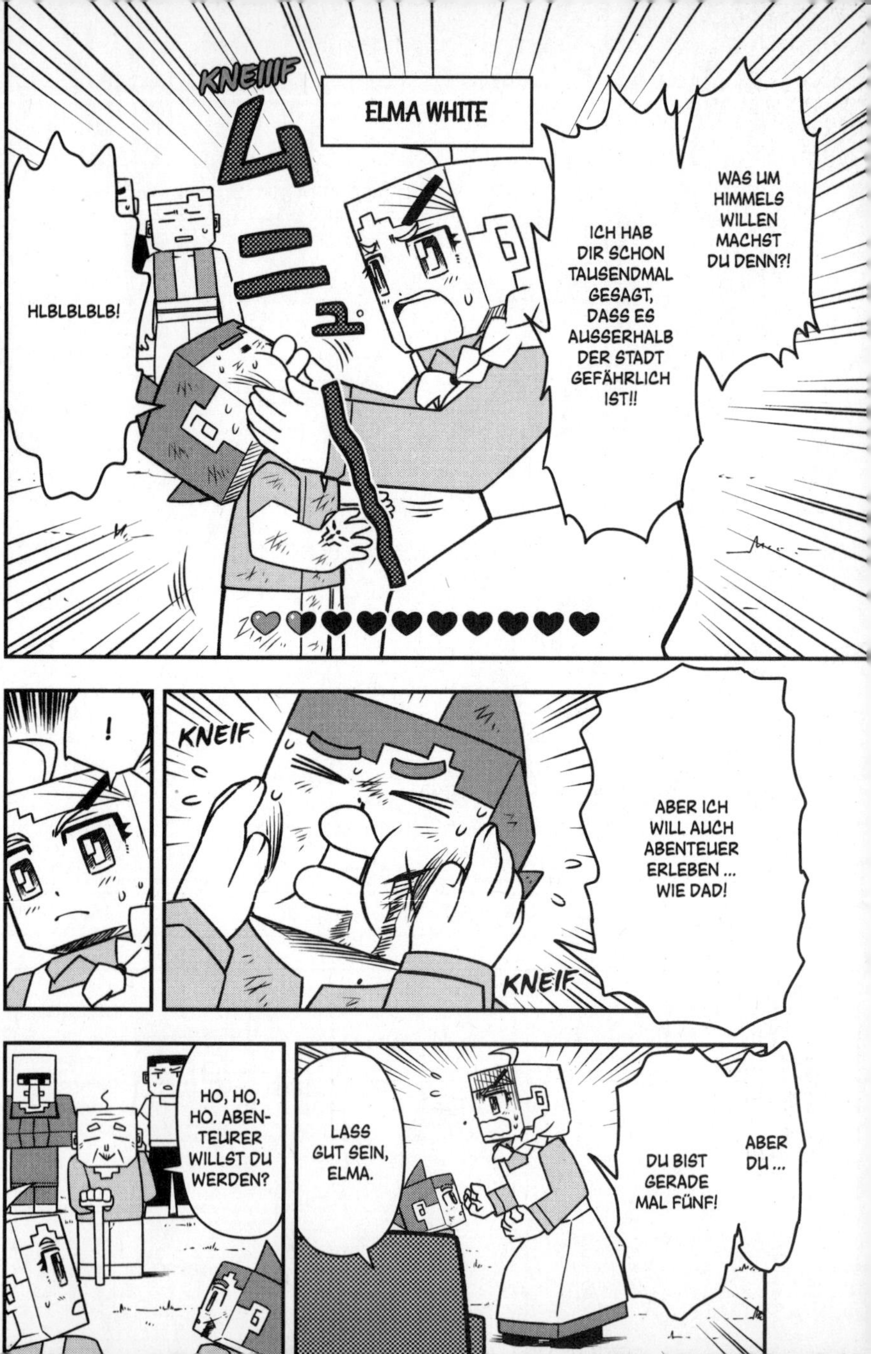

KNEIIIF
ELMA WHITE
WAS UM HIMMELS WILLEN MACHST DU DENN?!
ICH HAB DIR SCHON TAUSENDMAL GESAGT, DASS ES AUSSERHALB DER STADT GEFÄHRLICH IST!!
HLBLBLBLB!
!
KNEIF
KNEIF
ABER ICH WILL AUCH ABENTEUER ERLEBEN ... WIE DAD!
HO, HO, HO. ABENTEURER WILLST DU WERDEN?
LASS GUT SEIN, ELMA.
ABER DU ...
DU BIST GERADE MAL FÜNF!

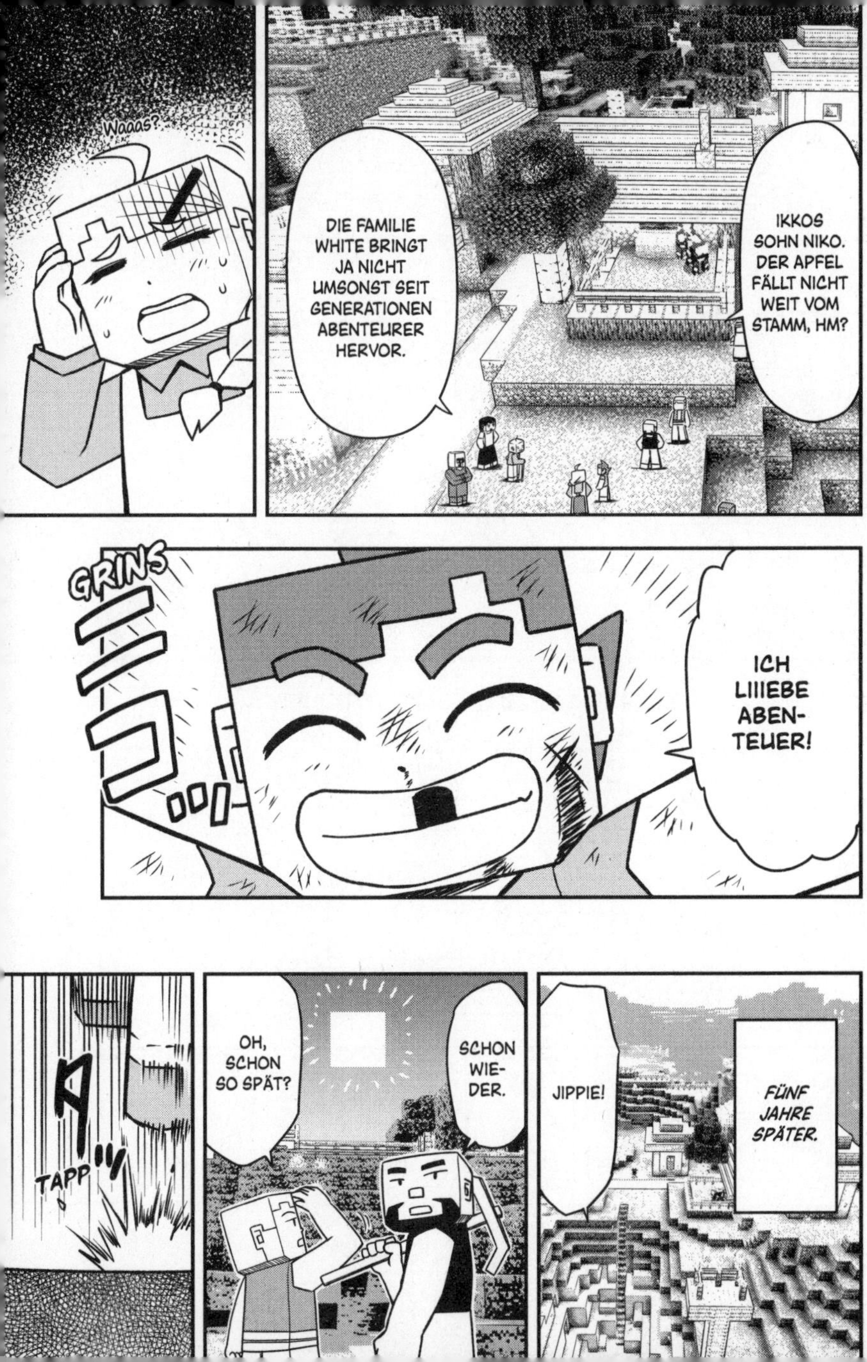
Waaas?
DIE FAMILIE WHITE BRINGT JA NICHT UMSONST SEIT GENERATIONEN ABENTEURER HERVOR.
IKKOS SOHN NIKO. DER APFEL FÄLLT NICHT WEIT VOM STAMM, HM?
GRINS
ICH LIIIEBE ABEN-TEUER!
TAPP
OH, SCHON SO SPÄT?
SCHON WIE-DER.
JIPPIE!
FÜNF JAHRE SPÄTER.

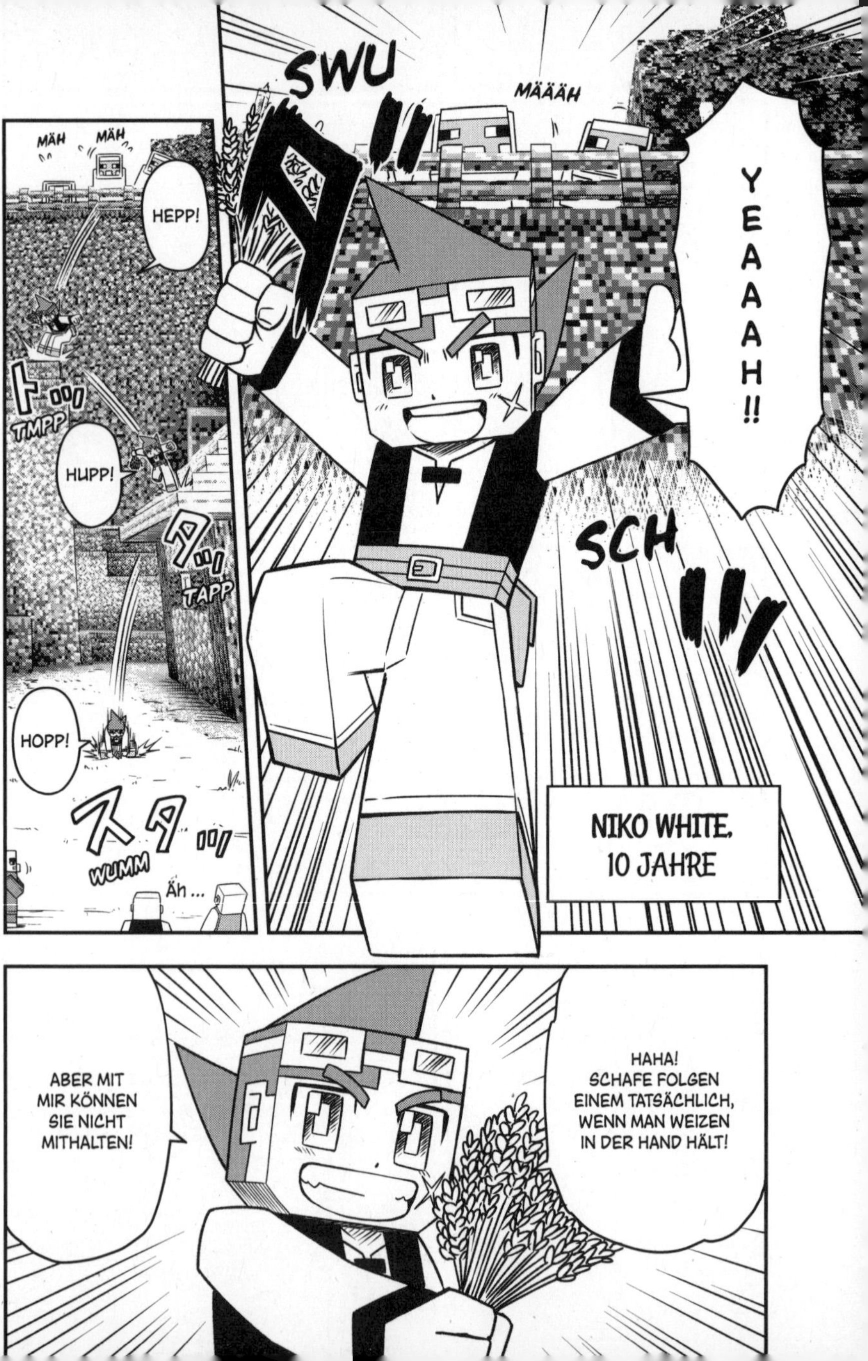

YEAAAAH!!
SWU
MÄÄÄH
SCH
NIKO WHITE, 10 JAHRE
MÄH
MÄH
HEPP!
TMPP
HUPP!
TAPP
HOPP!
WUMM
Äh ...
HAHA! SCHAFE FOLGEN EINEM TATSÄCHLICH, WENN MAN WEIZEN IN DER HAND HÄLT!
ABER MIT MIR KÖNNEN SIE NICHT MITHALTEN!

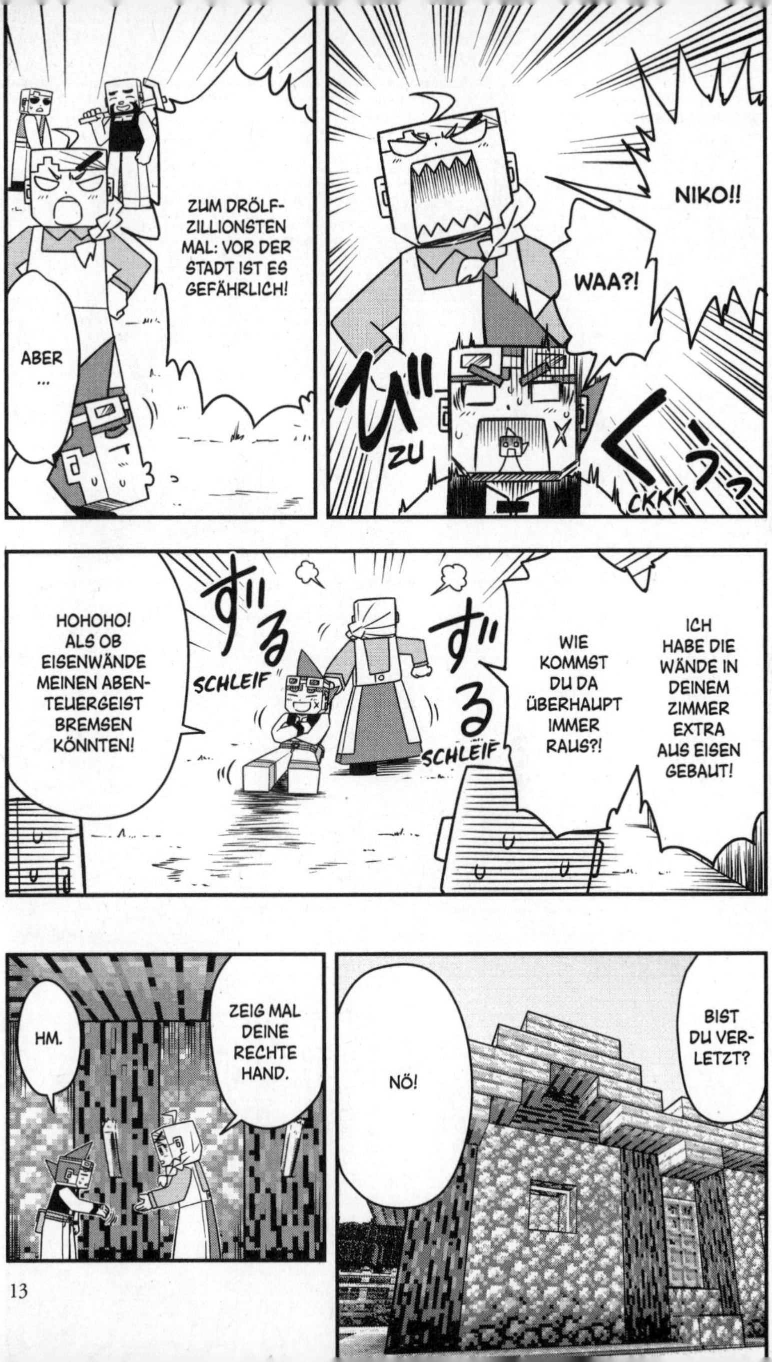
ZUM DRÖLF-ZILLIONSTEN MAL: VOR DER STADT IST ES GEFÄHRLICH!
ABER …
NIKO!!
WAA?!
びZU
くっCKKK
ICH HABE DIE WÄNDE IN DEINEM ZIMMER EXTRA AUS EISEN GEBAUT!
WIE KOMMST DU DA ÜBERHAUPT IMMER RAUS?!
ずるSCHLEIF
ずるSCHLEIF
HOHOHO! ALS OB EISENWÄNDE MEINEN ABEN-TEUERGEIST BREMSEN KÖNNTEN!
BIST DU VER-LETZT?
NÖ!
ZEIG MAL DEINE RECHTE HAND.
HM.

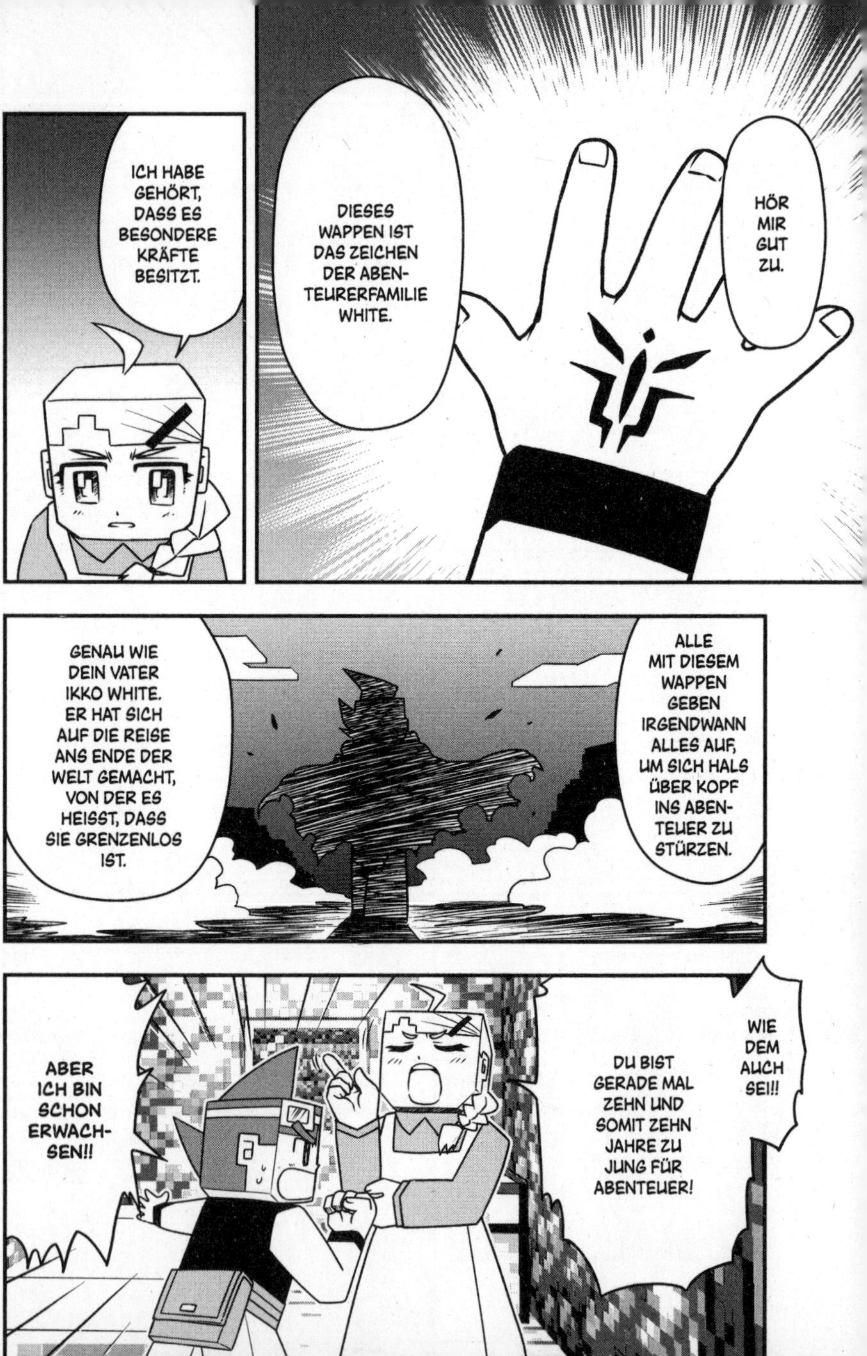
HÖR MIR GUT ZU.
DIESES WAPPEN IST DAS ZEICHEN DER ABENTEURERFAMILIE WHITE.
ICH HABE GEHÖRT, DASS ES BESONDERE KRÄFTE BESITZT.
ALLE MIT DIESEM WAPPEN GEBEN IRGENDWANN ALLES AUF, UM SICH HALS ÜBER KOPF INS ABENTEUER ZU STÜRZEN.
GENAU WIE DEIN VATER IKKO WHITE. ER HAT SICH AUF DIE REISE ANS ENDE DER WELT GEMACHT, VON DER ES HEISST, DASS SIE GRENZENLOS IST.
WIE DEM AUCH SEI!!
DU BIST GERADE MAL ZEHN UND SOMIT ZEHN JAHRE ZU JUNG FÜR ABENTEUER!
ABER ICH BIN SCHON ERWACHSEN!!

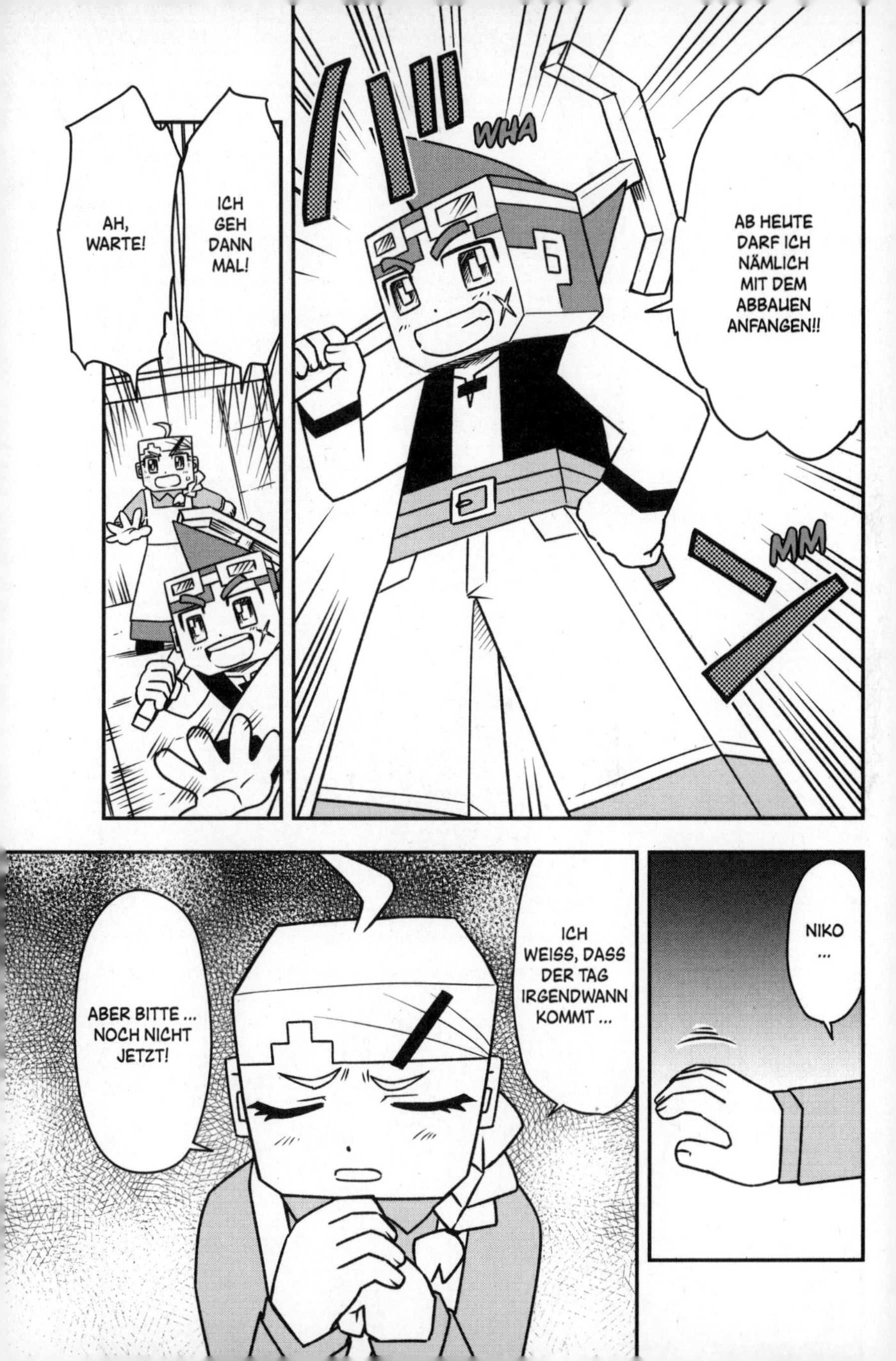
AB HEUTE DARF ICH NÄMLICH MIT DEM ABBAUEN ANFANGEN!!
WHA
MM
ICH GEH DANN MAL!
AH, WARTE!
NIKO ...
ICH WEISS, DASS DER TAG IRGENDWANN KOMMT ...
ABER BITTE ... NOCH NICHT JETZT!

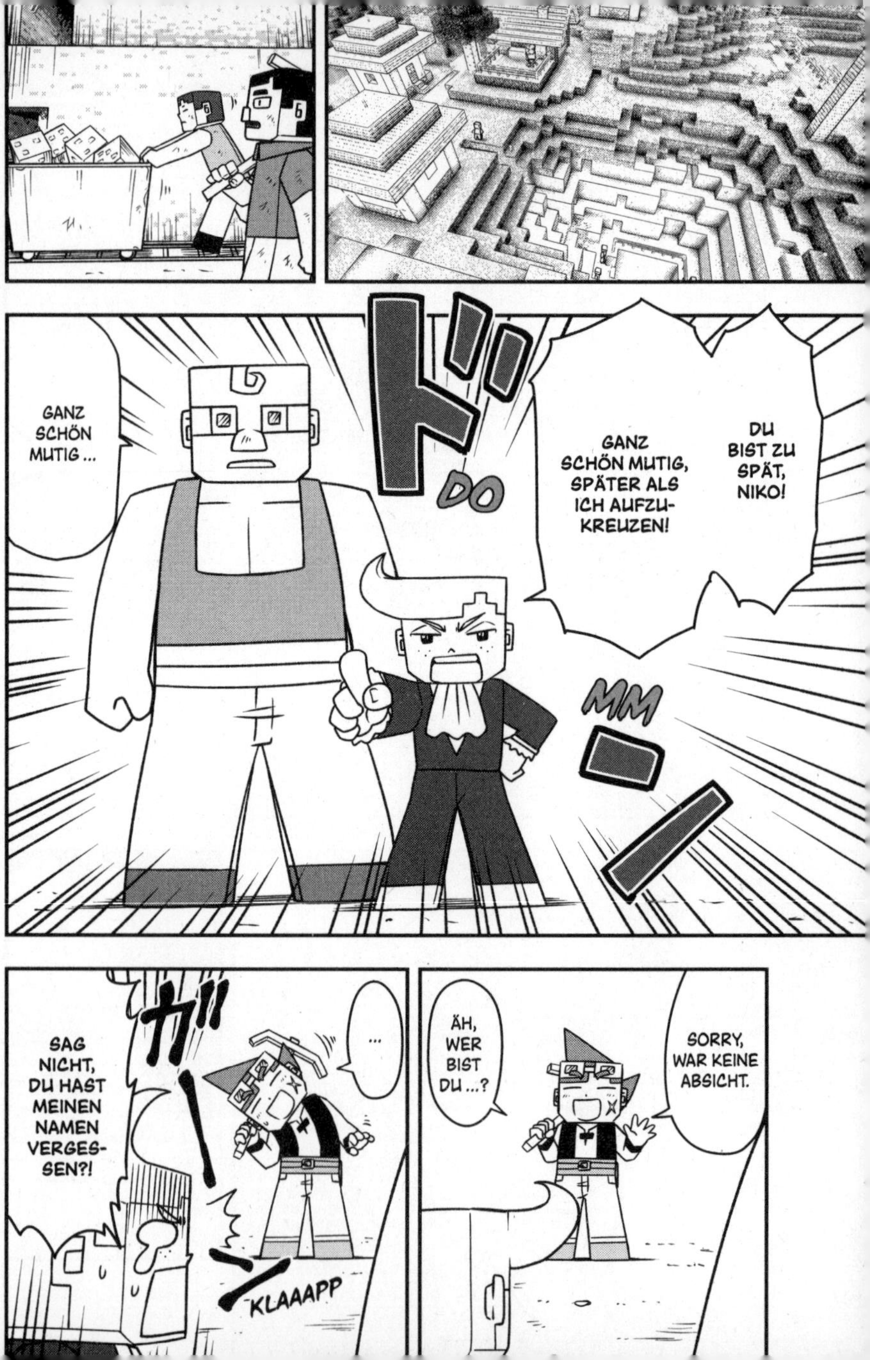
DU BIST ZU SPÄT, NIKO!
GANZ SCHÖN MUTIG, SPÄTER ALS ICH AUFZUKREUZEN!
DO
MM
GANZ SCHÖN MUTIG ...
SORRY, WAR KEINE ABSICHT.
ÄH, WER BIST DU ...?
...
SAG NICHT, DU HAST MEINEN NAMEN VERGESSEN?!
KLAAAPP

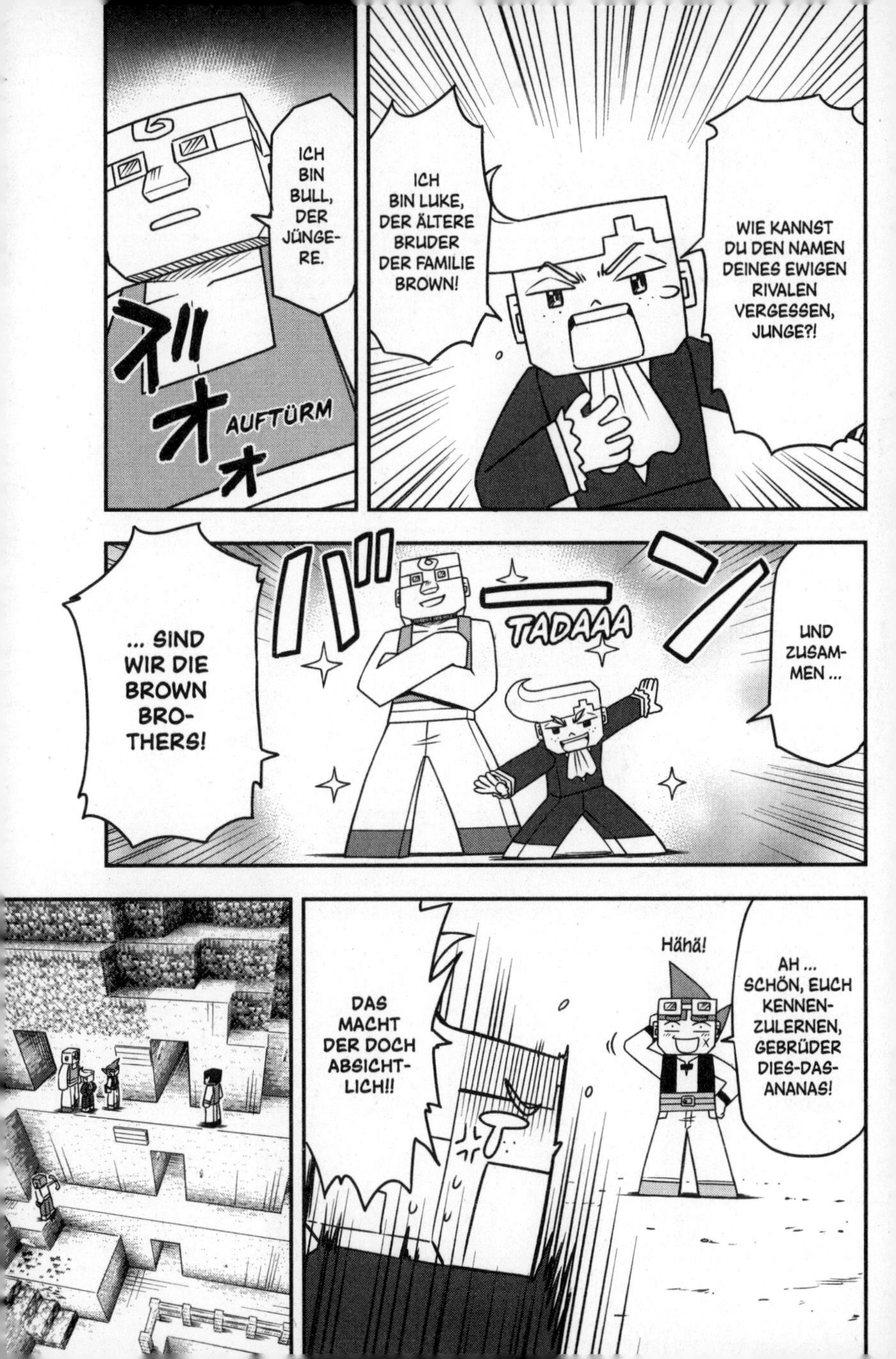
WIE KANNST DU DEN NAMEN DEINES EWIGEN RIVALEN VERGESSEN, JUNGE?!
ICH BIN LUKE, DER ÄLTERE BRUDER DER FAMILIE BROWN!
ICH BIN BULL, DER JÜNGERE.
AUFTÜRM
UND ZUSAMMEN ...
TADAAA
... SIND WIR DIE BROWN BROTHERS!
AH ... SCHÖN, EUCH KENNENZULERNEN, GEBRÜDER DIES-DAS-ANANAS!
Hähä!
DAS MACHT DER DOCH ABSICHTLICH!!

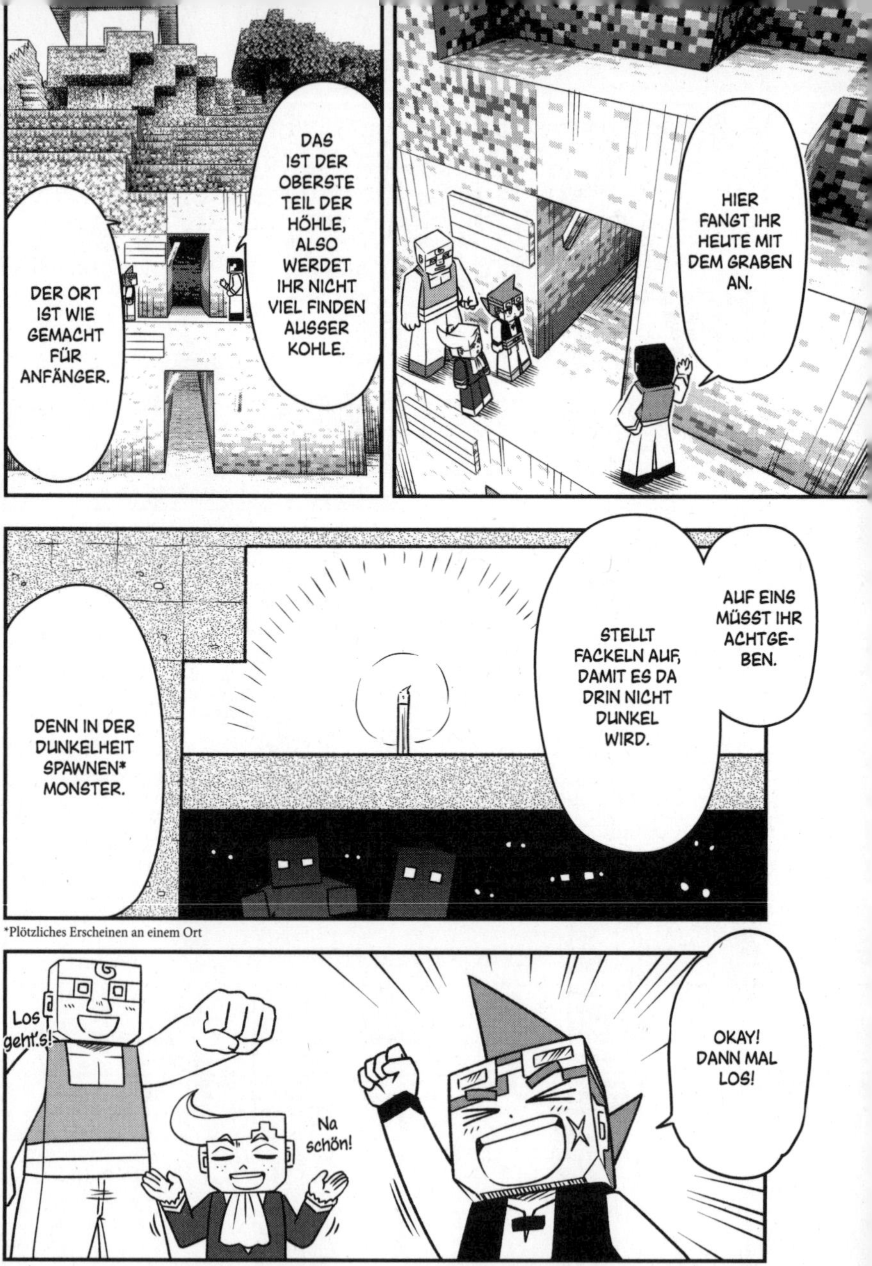

*Plötzliches Erscheinen an einem Ort

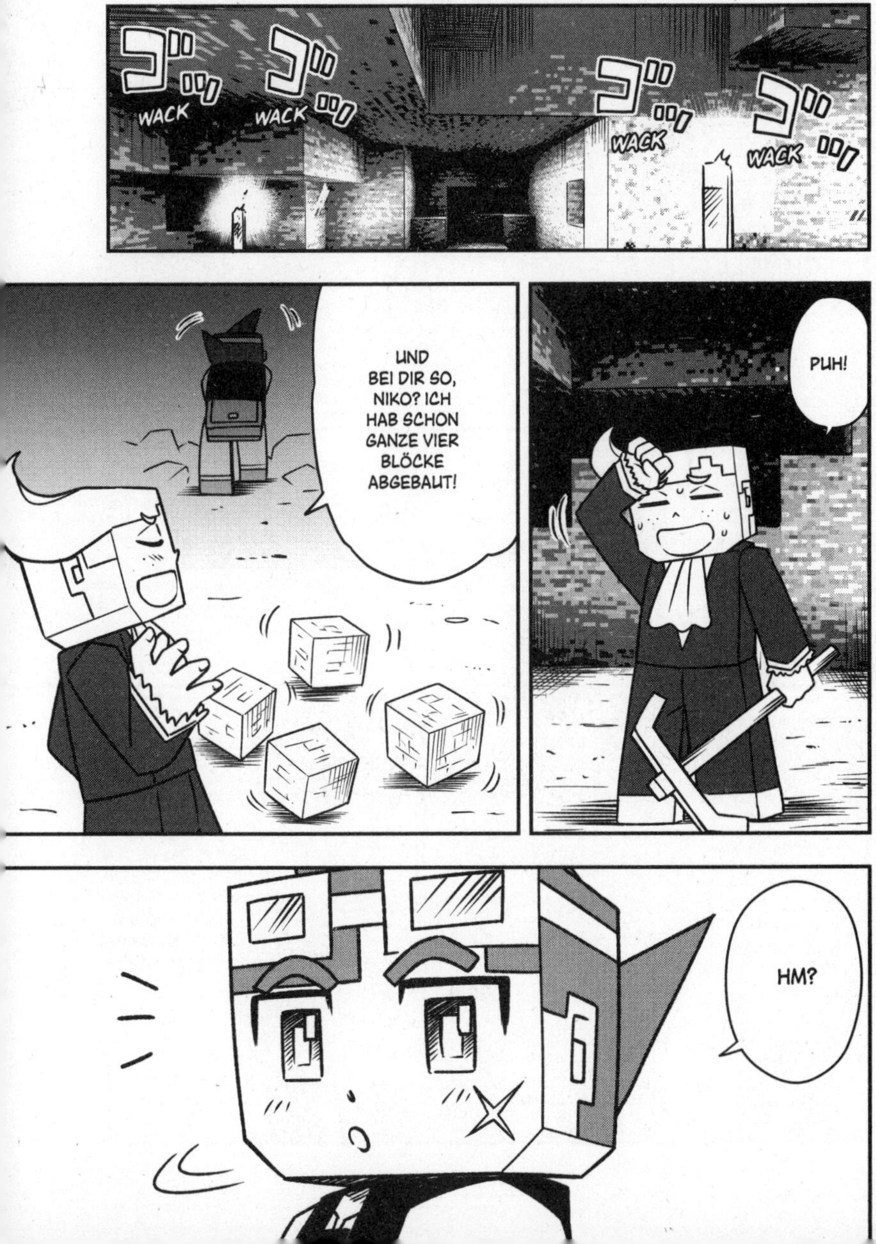

WACK
WACK
WACK
WACK
PUH!
UND BEI DIR SO, NIKO? ICH HAB SCHON GANZE VIER BLÖCKE ABGEBAUT!
HM?

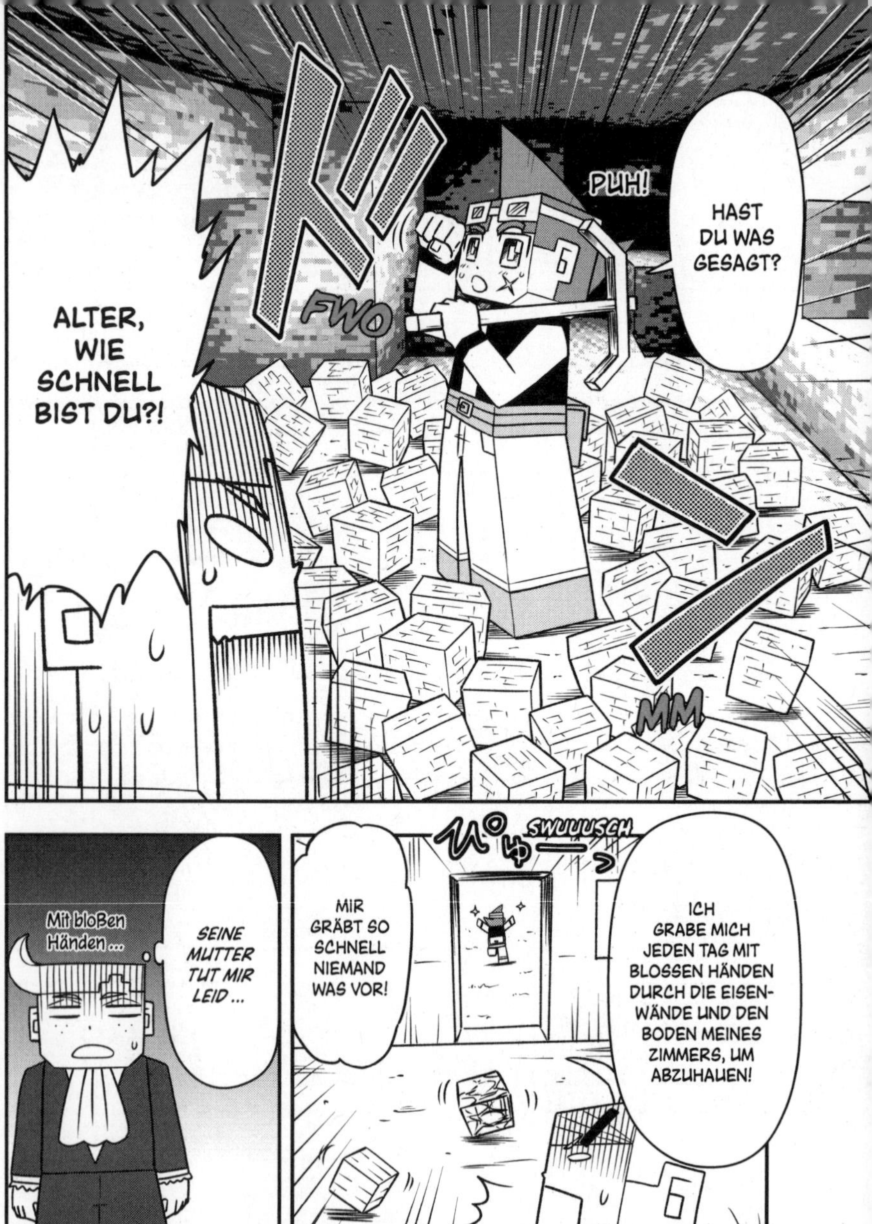
PUH!
HAST DU WAS GESAGT?
FWO
MM
ALTER, WIE SCHNELL BIST DU?!
SWUUUSCH
ICH GRABE MICH JEDEN TAG MIT BLOSSEN HÄNDEN DURCH DIE EISEN-WÄNDE UND DEN BODEN MEINES ZIMMERS, UM ABZUHAUEN!
MIR GRÄBT SO SCHNELL NIEMAND WAS VOR!
SEINE MUTTER TUT MIR LEID ...
Mit bloßen Händen ...

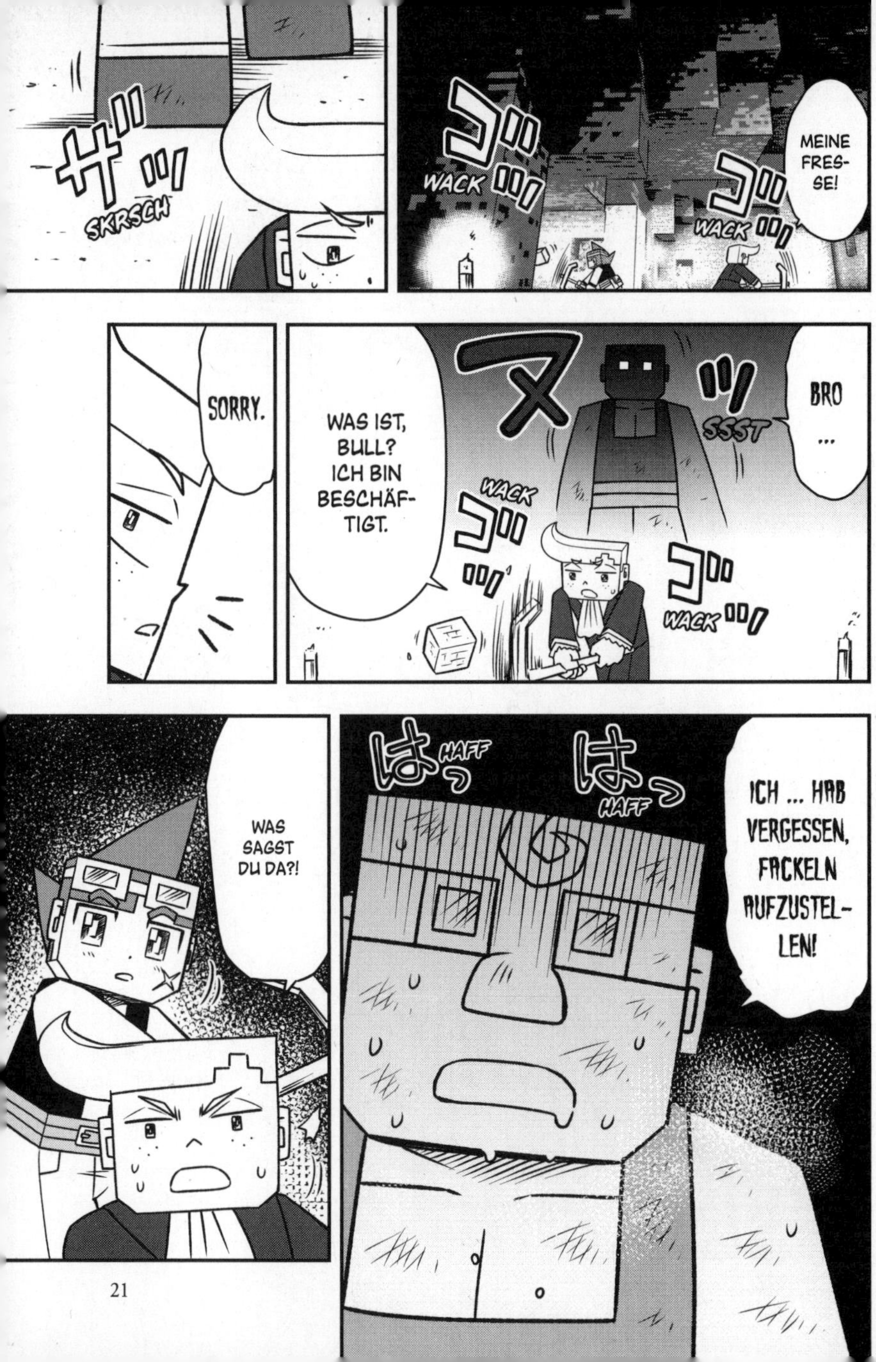
MEINE FRES-SE!
WACK
WACK
SKRSCH
BRO ...
SSST
WACK
WACK
WAS IST, BULL? ICH BIN BESCHÄFTIGT.
SORRY.
ICH ... HAB VERGESSEN, FACKELN AUFZUSTELLEN!
HAFF
HAFF
WAS SAGST DU DA?!

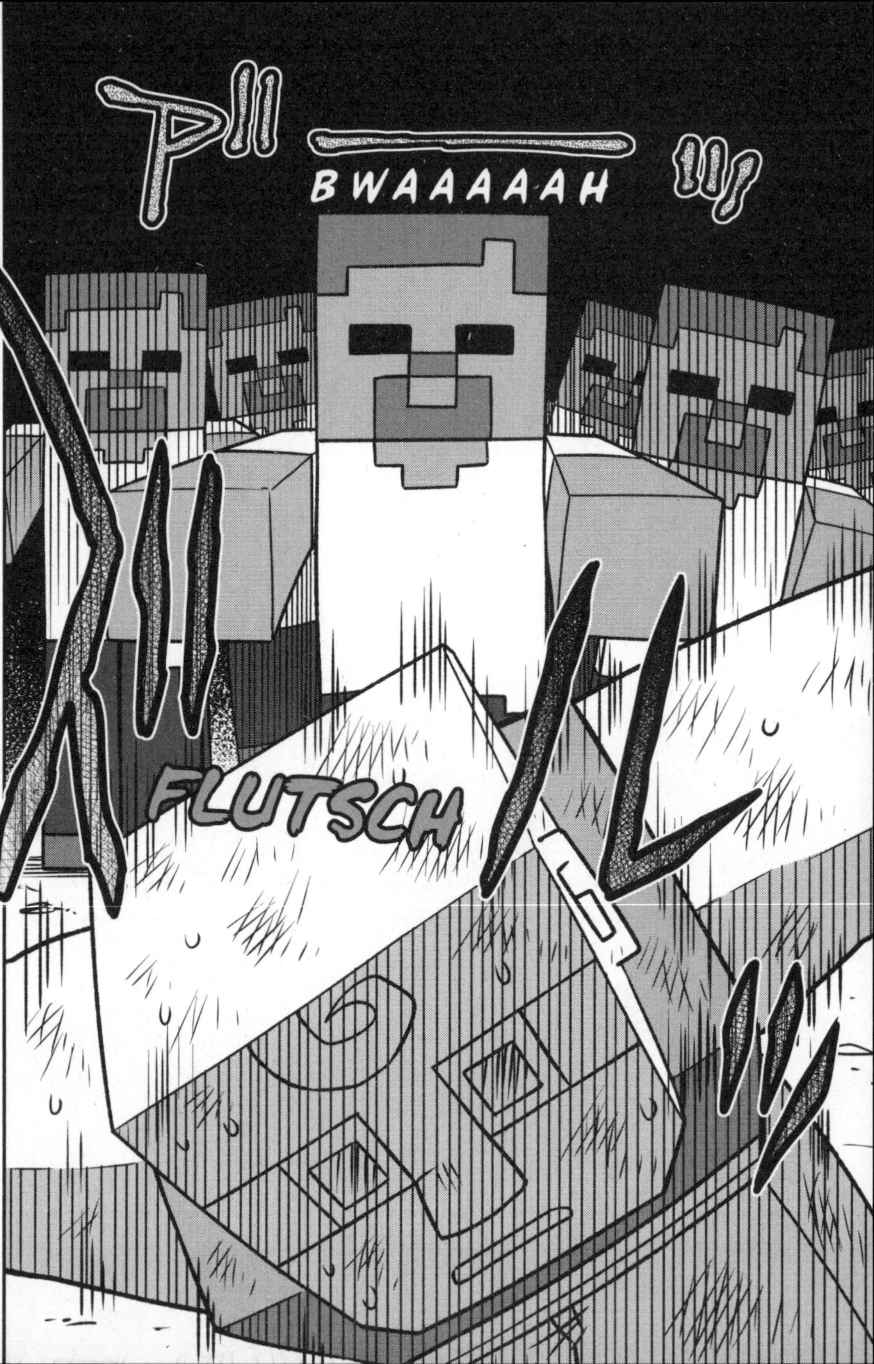
BWAAAAAH
FLUTSCH

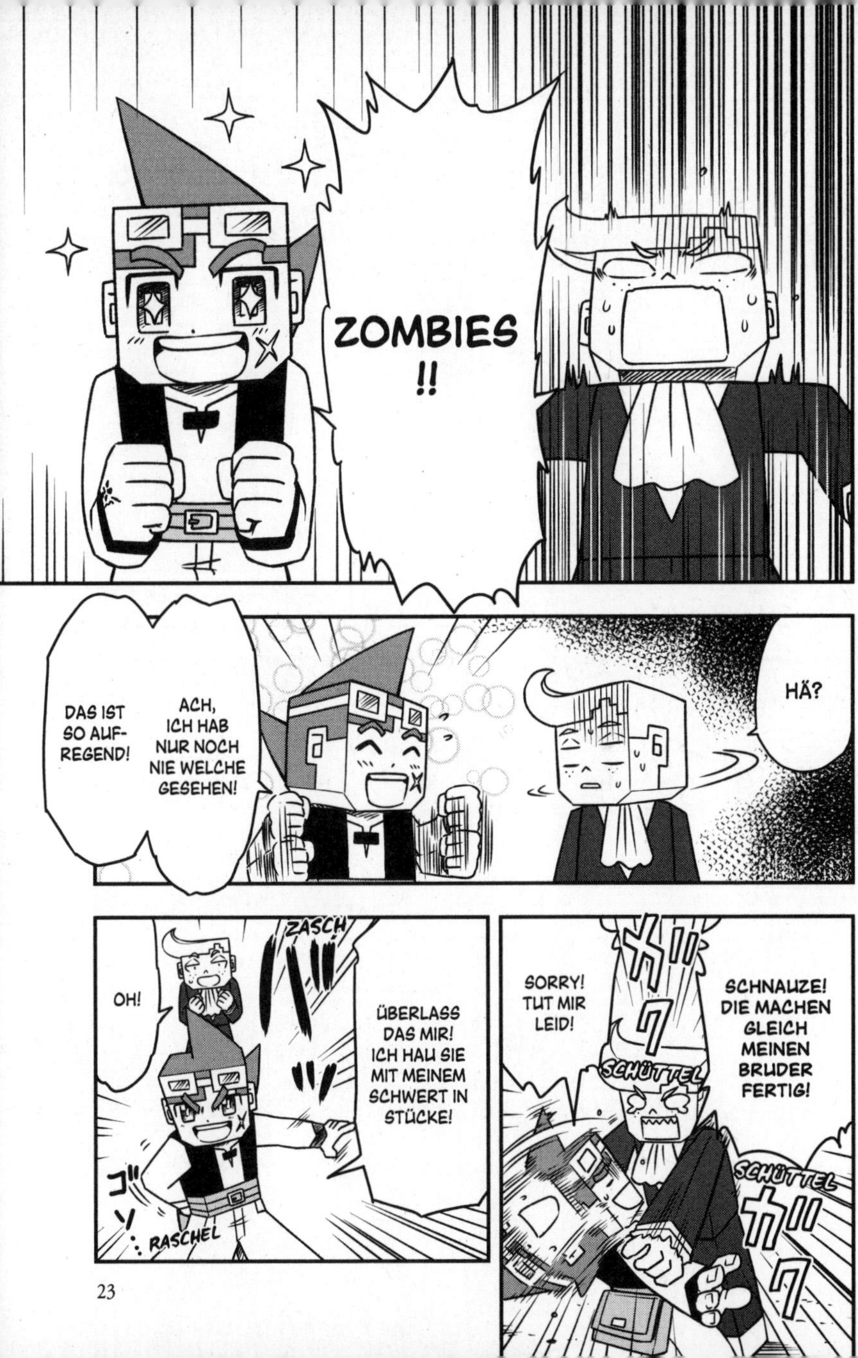
ZOMBIES !!
HÄ?
ACH, ICH HAB NUR NOCH NIE WELCHE GESEHEN!
DAS IST SO AUF-REGEND!
ZASCH
ÜBERLASS DAS MIR! ICH HAU SIE MIT MEINEM SCHWERT IN STÜCKE!
OH!
RASCHEL
SCHNAUZE! DIE MACHEN GLEICH MEINEN BRUDER FERTIG!
SORRY! TUT MIR LEID!
SCHÜTTEL
SCHÜTTEL

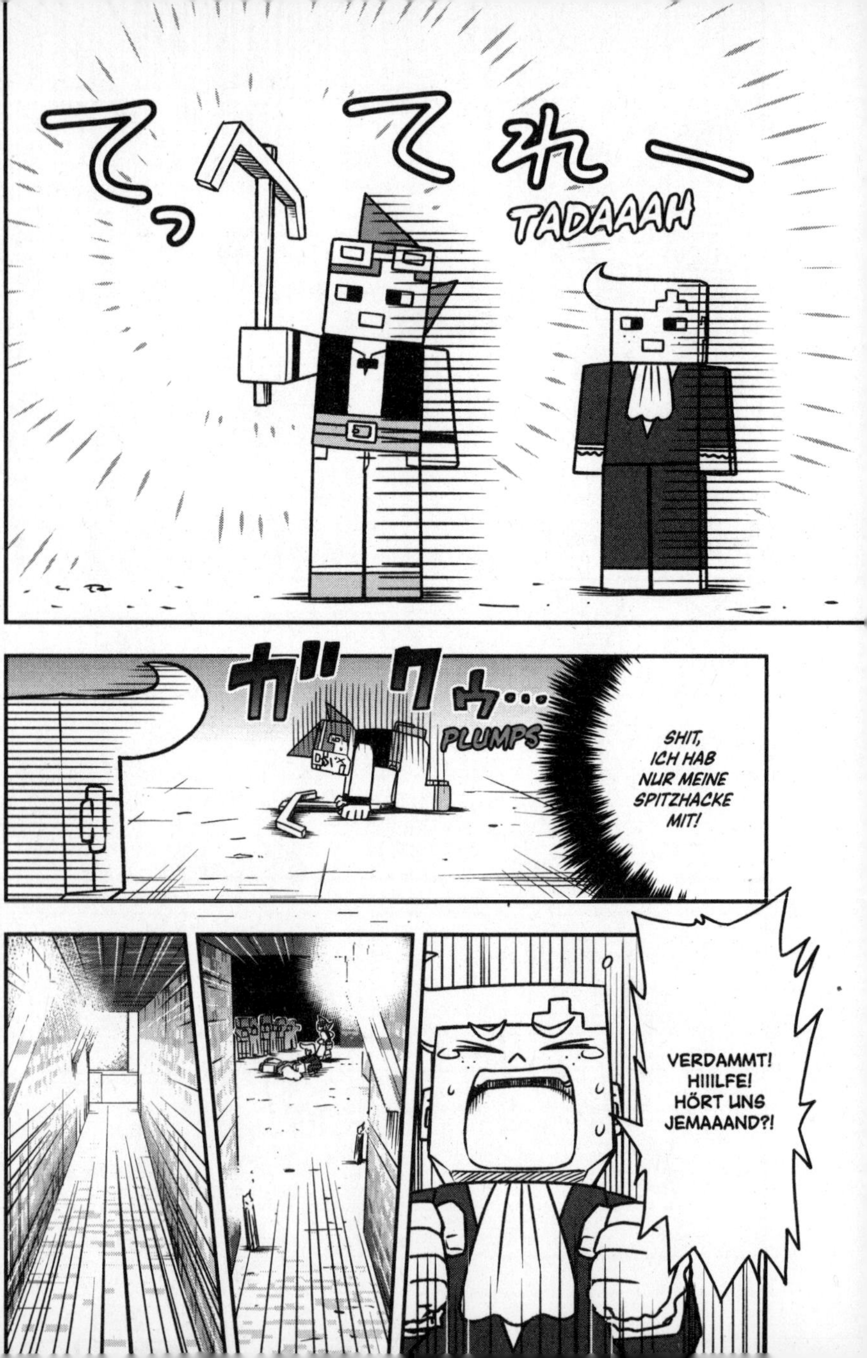
てっへってれー
TADAAAH
ガクゥ...
PLUMPS
SHIT, ICH HAB NUR MEINE SPITZHACKE MIT!
VERDAMMT! HIIILFE! HÖRT UNS JEMAAAND?!

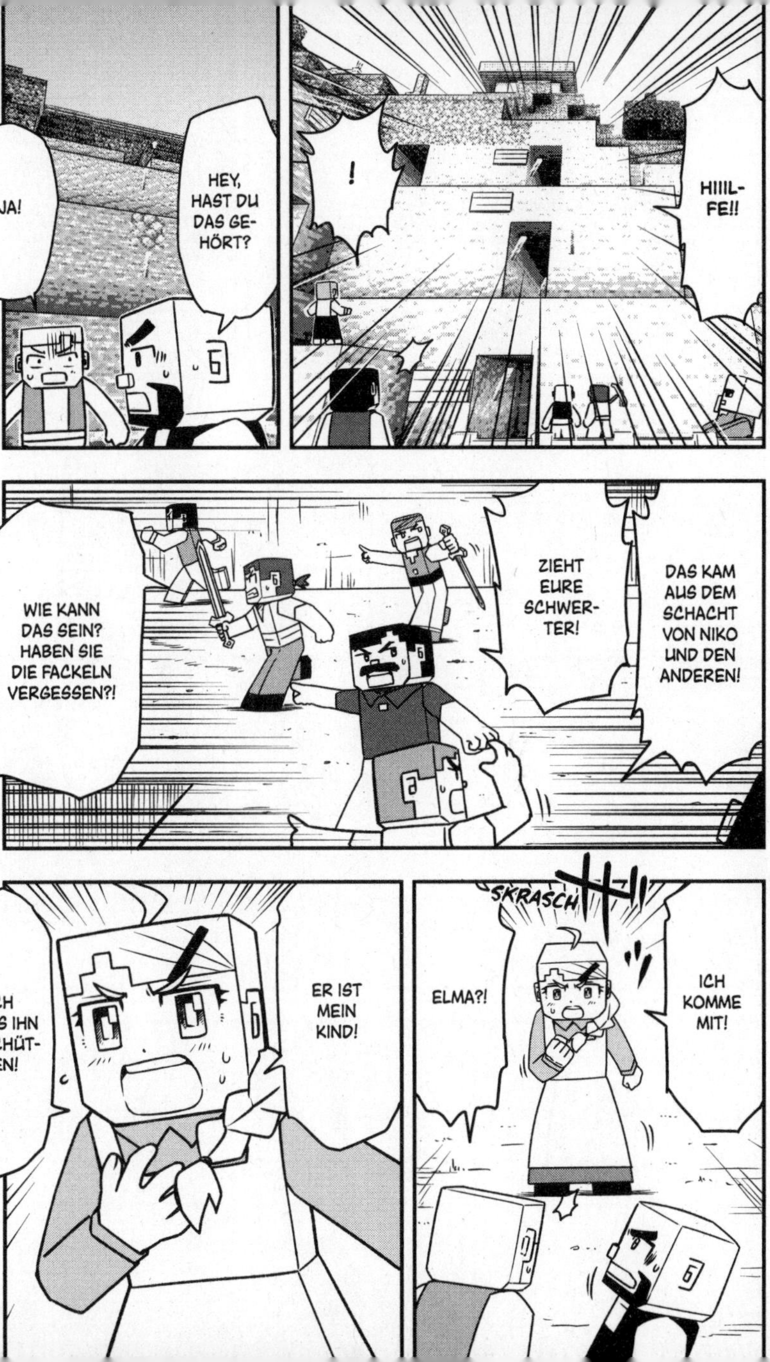
HIIIL-FE!!
!
HEY, HAST DU DAS GE-HÖRT?
JA!
DAS KAM AUS DEM SCHACHT VON NIKO UND DEN ANDEREN!
ZIEHT EURE SCHWER-TER!
WIE KANN DAS SEIN? HABEN SIE DIE FACKELN VERGESSEN?!
SKRASCH
ICH KOMME MIT!
ELMA?!
ER IST MEIN KIND!
ICH MUSS IHN BESCHÜT-ZEN!

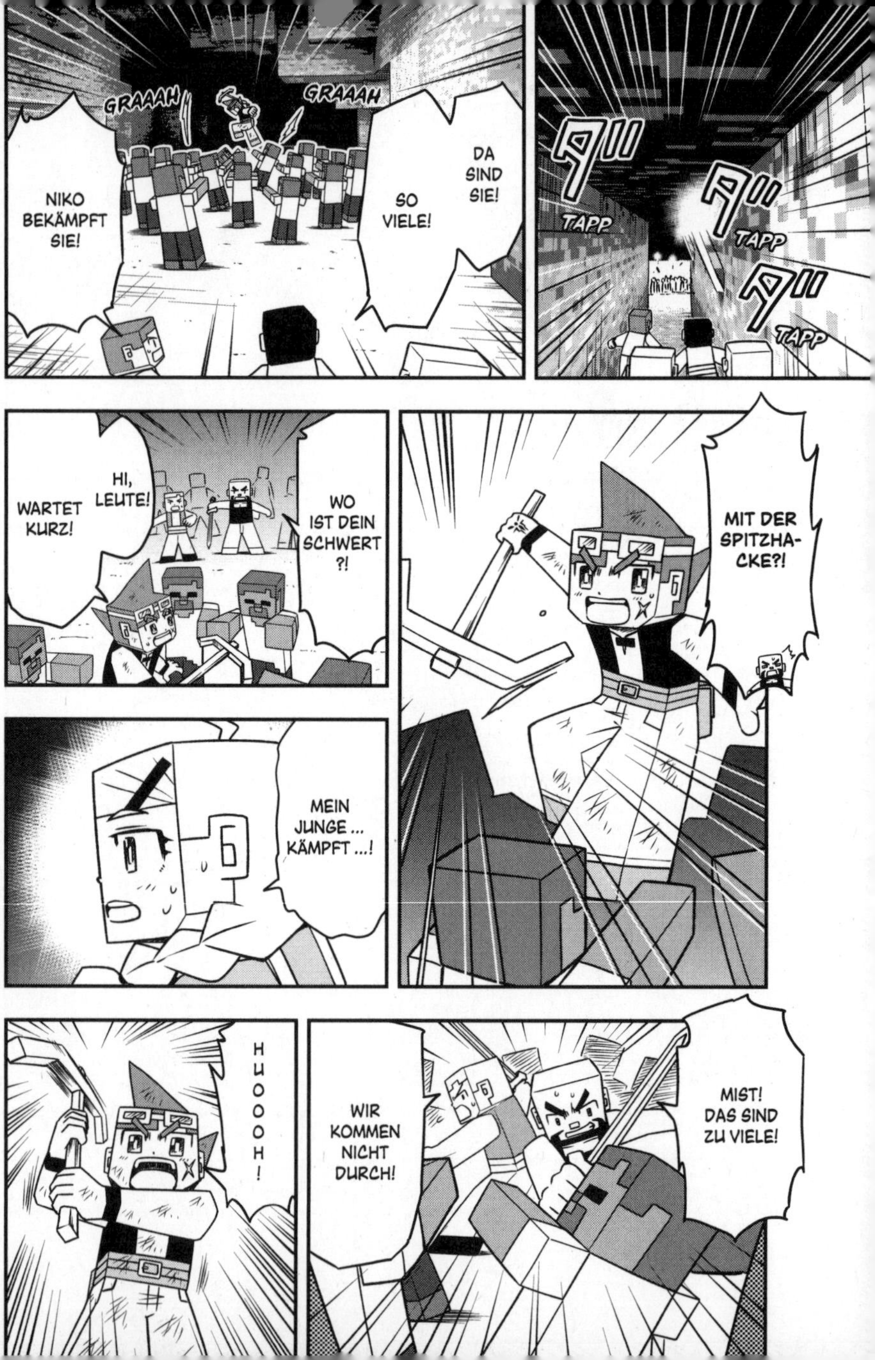

GRAAAH
GRAAAH
DA SIND SIE!
SO VIELE!
NIKO BEKÄMPFT SIE!
TAPP
TAPP
TAPP
HI, LEUTE!
WARTET KURZ!
WO IST DEIN SCHWERT ?!
MIT DER SPITZHA-CKE?!
MEIN JUNGE ... KÄMPFT ...!
HUOOOOH!
MIST! DAS SIND ZU VIELE!
WIR KOMMEN NICHT DURCH!

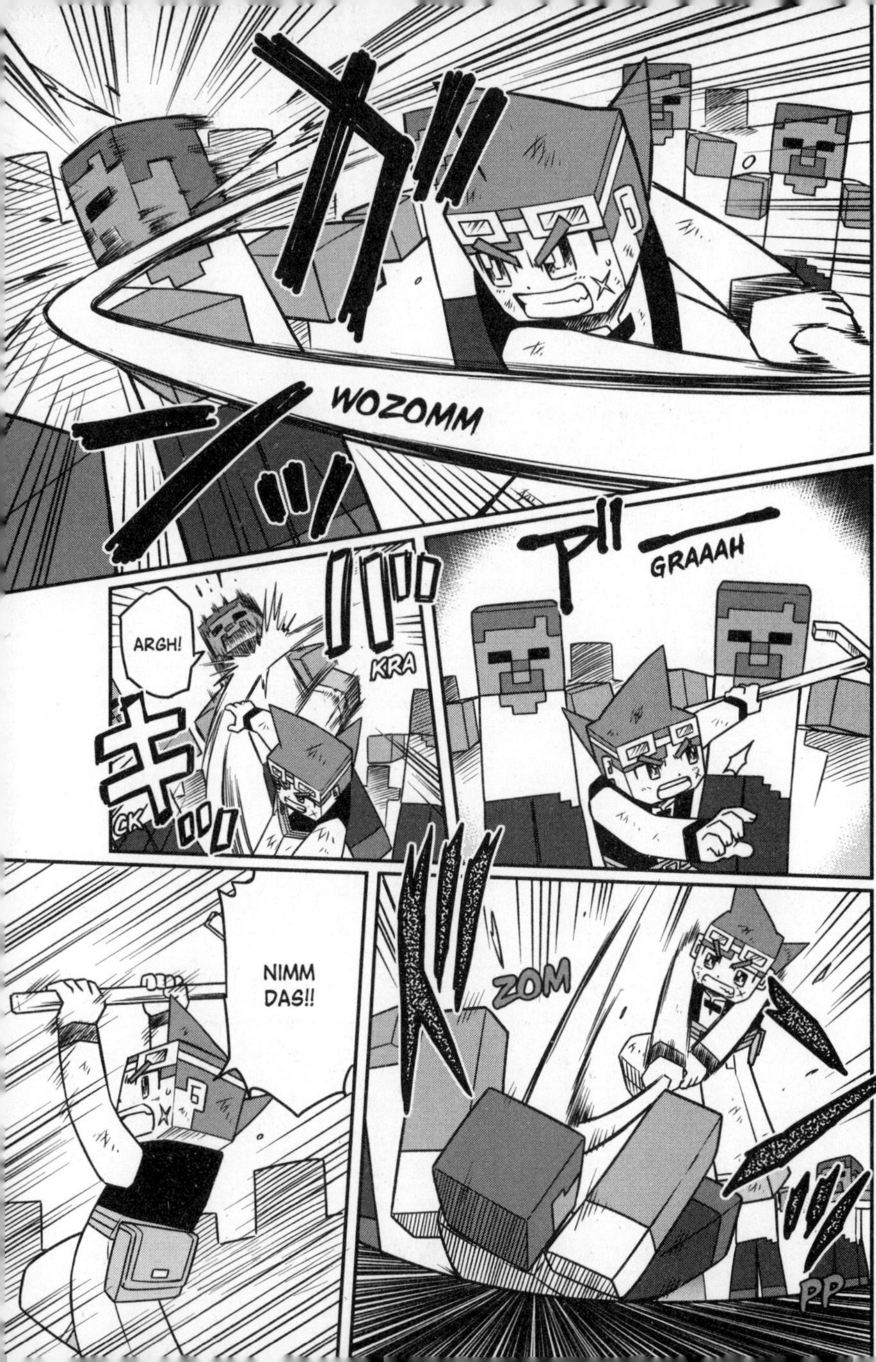

WOZOMM
GRAAAH
ARGH!
KRA
CK
NIMM DAS!!
ZOM
PP

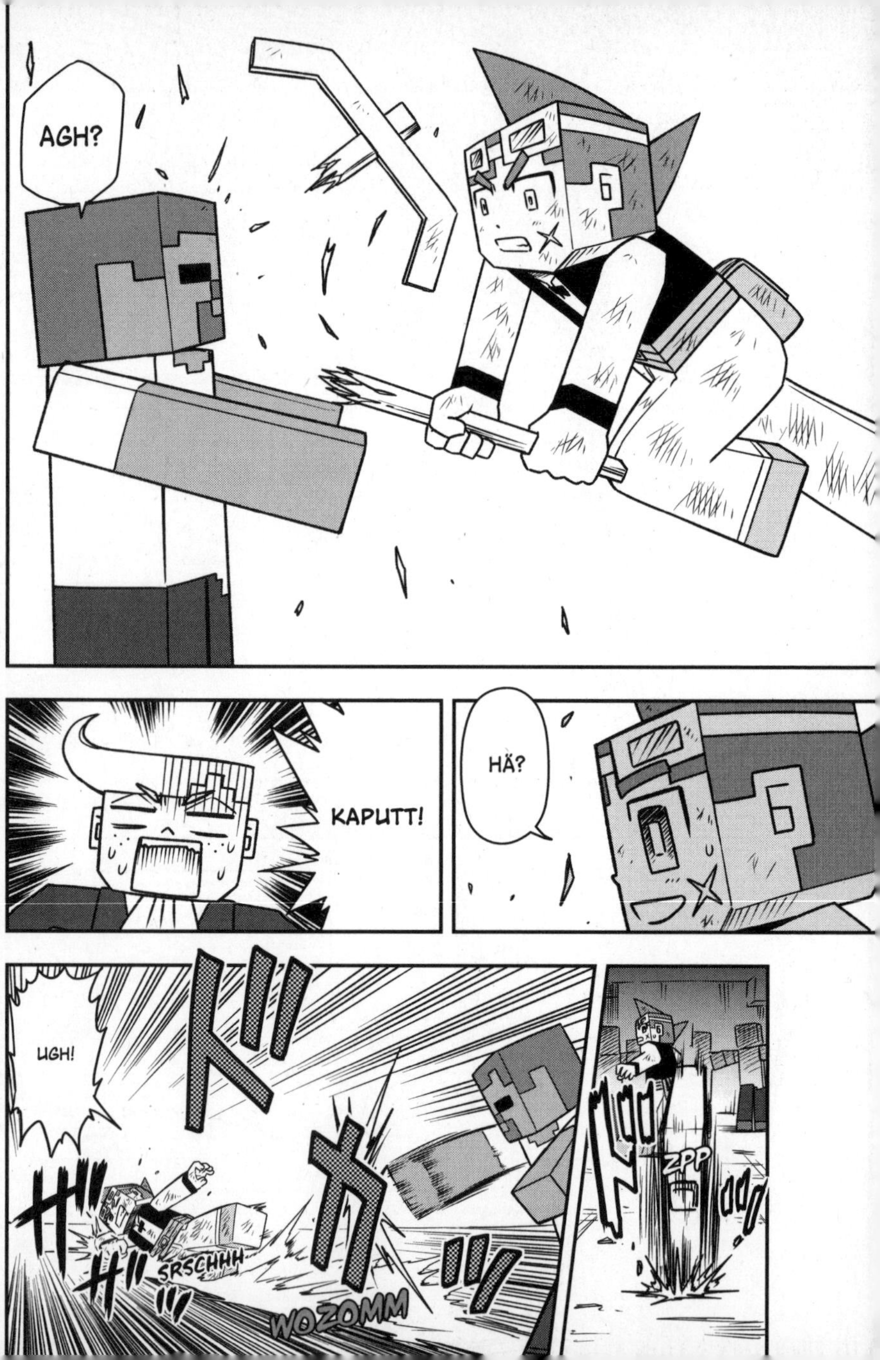
AGH?
KAPUTT!
HÄ?
UGH!
SRSCHHH
WOZOMM
ZPP

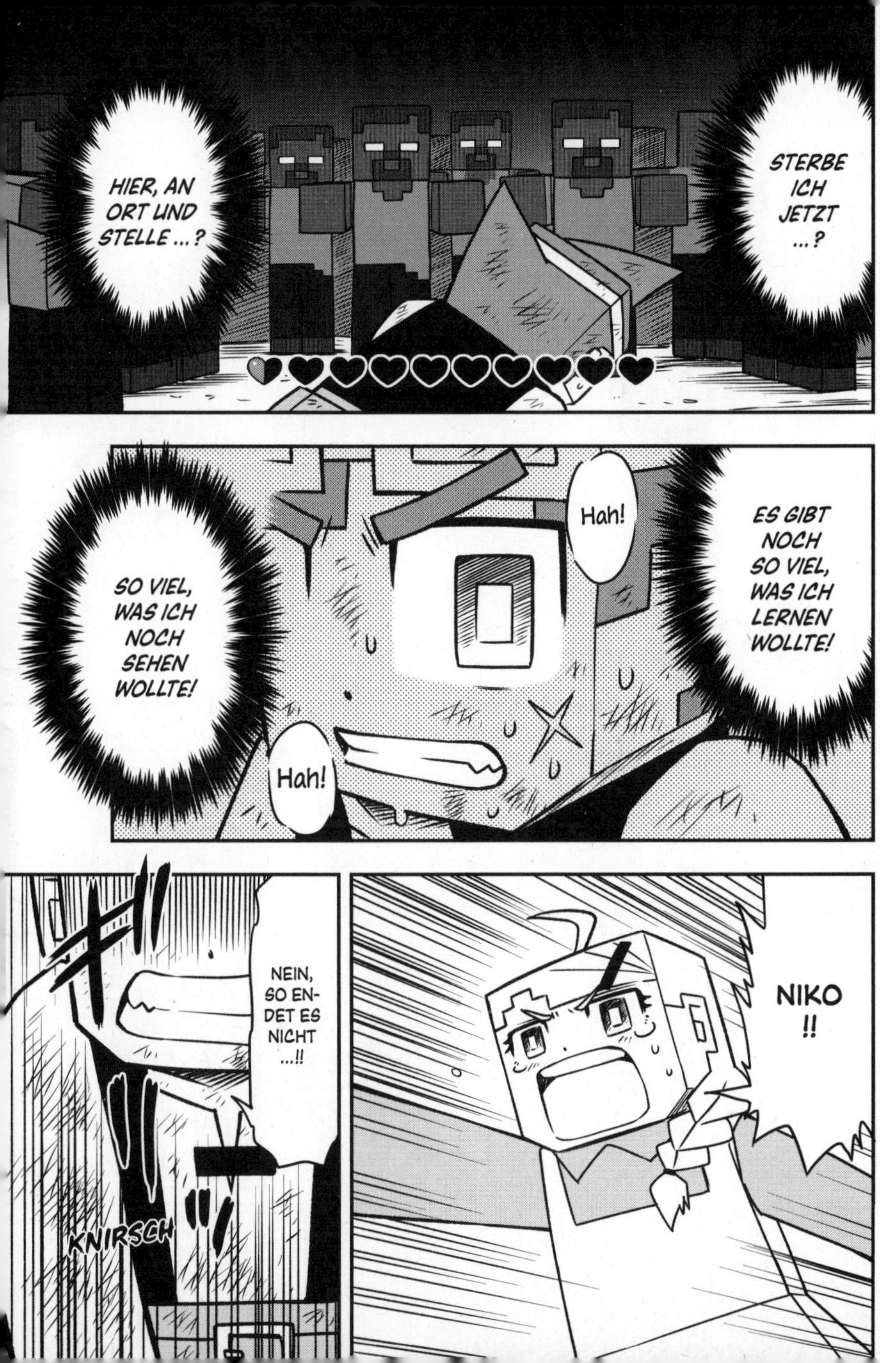
HIER, AN ORT UND STELLE ...?
STERBE ICH JETZT ...?
Hah!
ES GIBT NOCH SO VIEL, WAS ICH LERNEN WOLLTE!
SO VIEL, WAS ICH NOCH SEHEN WOLLTE!
Hah!
NEIN, SO EN-DET ES NICHT ...!!
KNIRSCH
NIKO !!

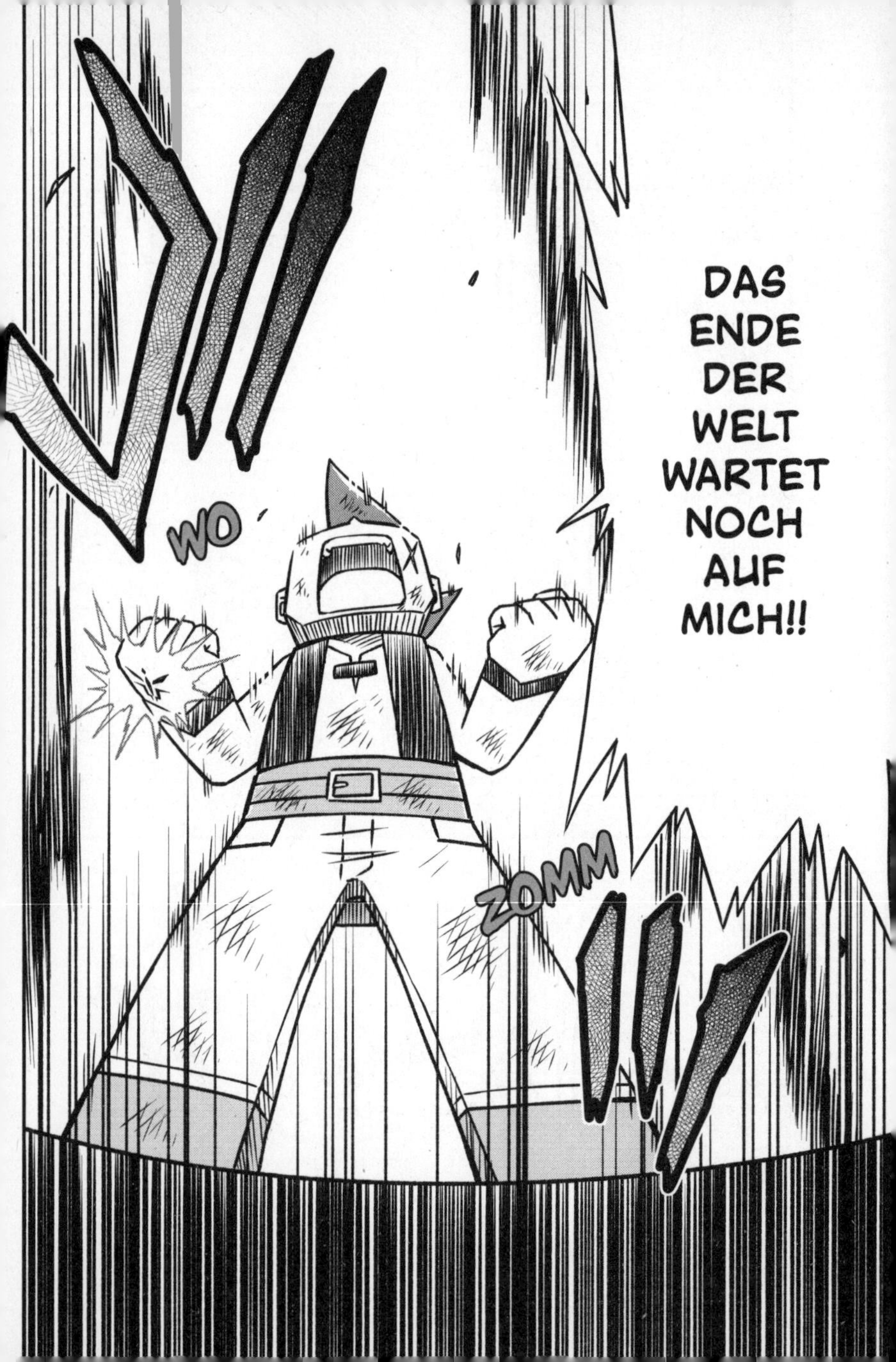

DAS ENDE DER WELT WARTET NOCH AUF MICH!!
WO
ZOMM

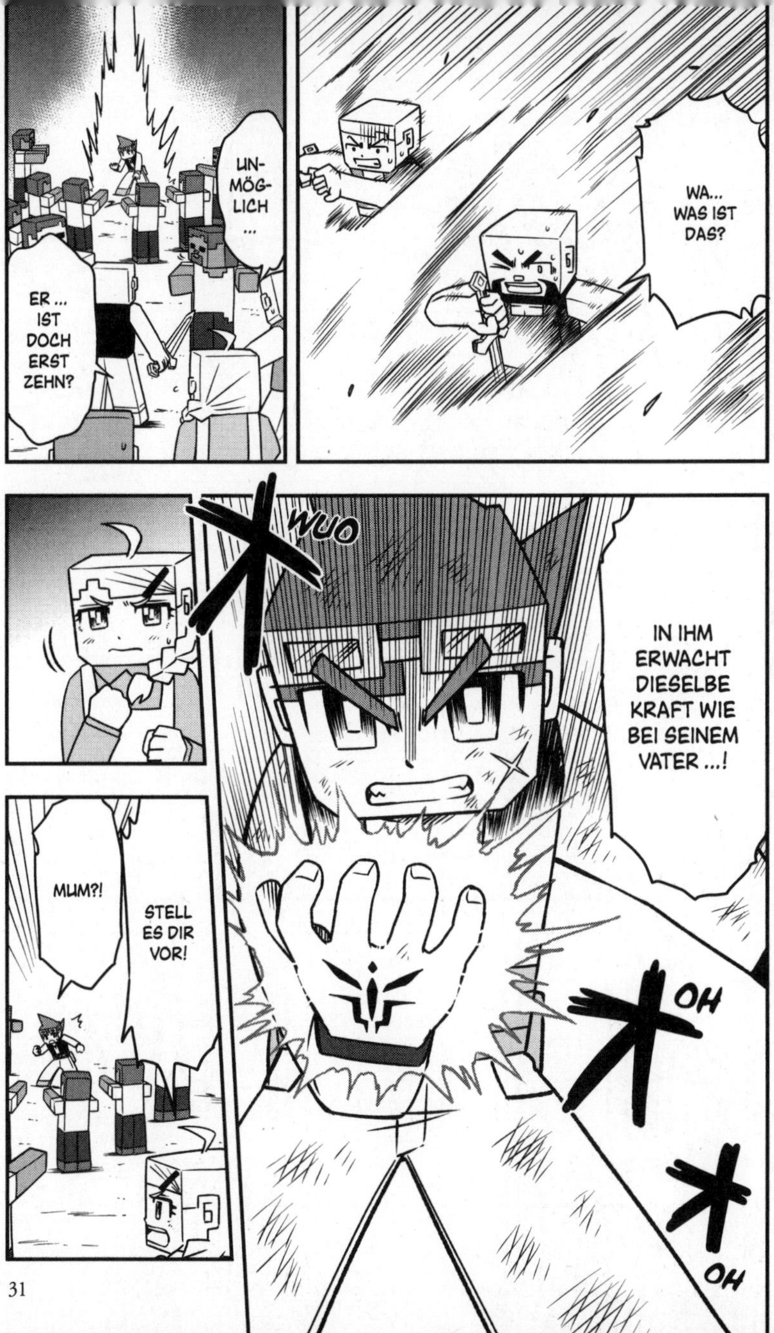
UN-MÖG-LICH ...
ER ... IST DOCH ERST ZEHN?
WA... WAS IST DAS?
WUO
IN IHM ERWACHT DIESELBE KRAFT WIE BEI SEINEM VATER ...!
OH
OH
MUM?!
STELL ES DIR VOR!

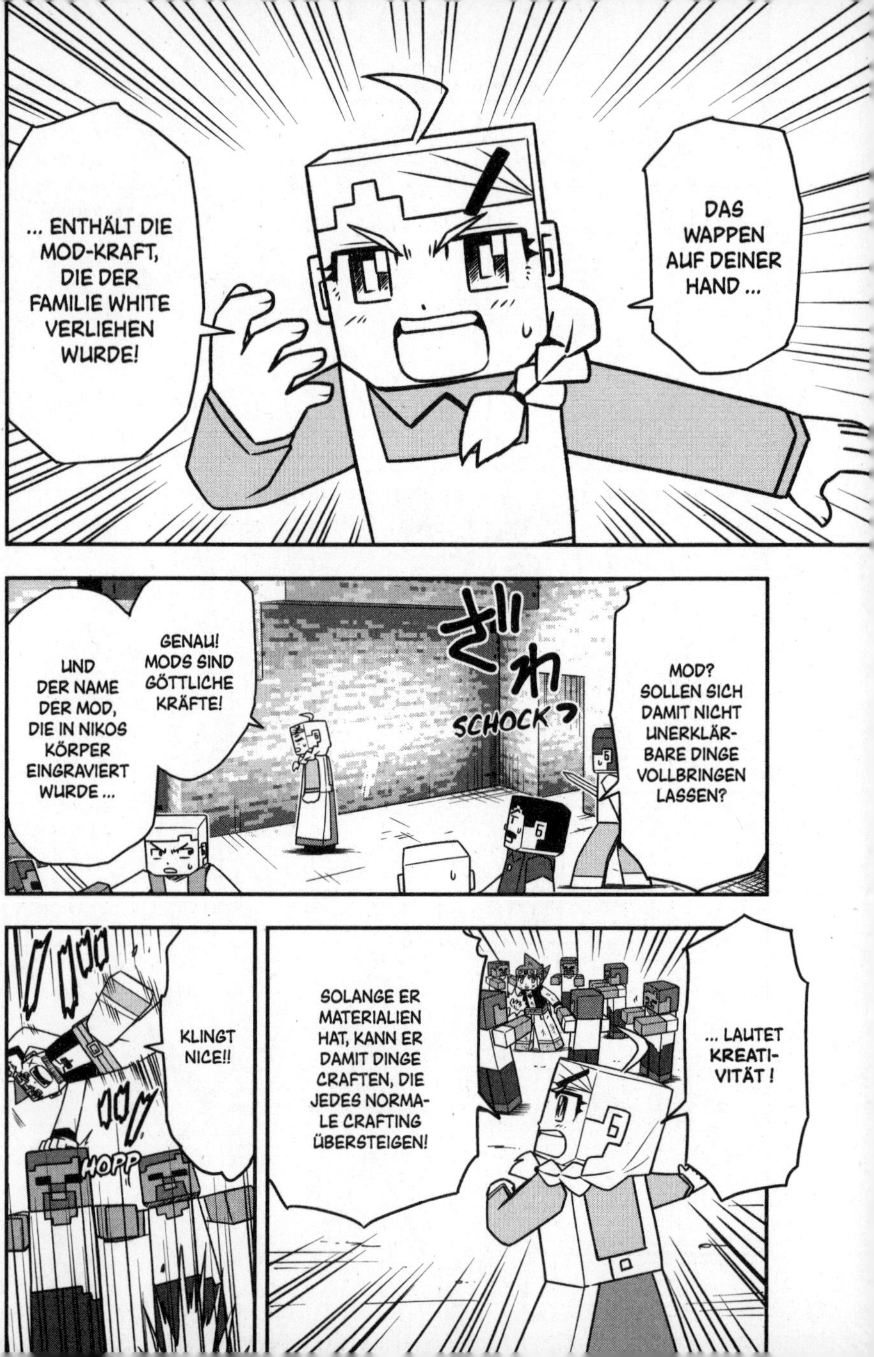
DAS WAPPEN AUF DEINER HAND ...
... ENTHÄLT DIE MOD-KRAFT, DIE DER FAMILIE WHITE VERLIEHEN WURDE!
MOD? SOLLEN SICH DAMIT NICHT UNERKLÄR-BARE DINGE VOLLBRINGEN LASSEN?
ざわ
SCHOCK
GENAU! MODS SIND GÖTTLICHE KRÄFTE!
UND DER NAME DER MOD, DIE IN NIKOS KÖRPER EINGRAVIERT WURDE ...
... LAUTET KREATI-VITÄT !
SOLANGE ER MATERIALIEN HAT, KANN ER DAMIT DINGE CRAFTEN, DIE JEDES NORMA-LE CRAFTING ÜBERSTEIGEN!
KLINGT NICE!!
HOPP

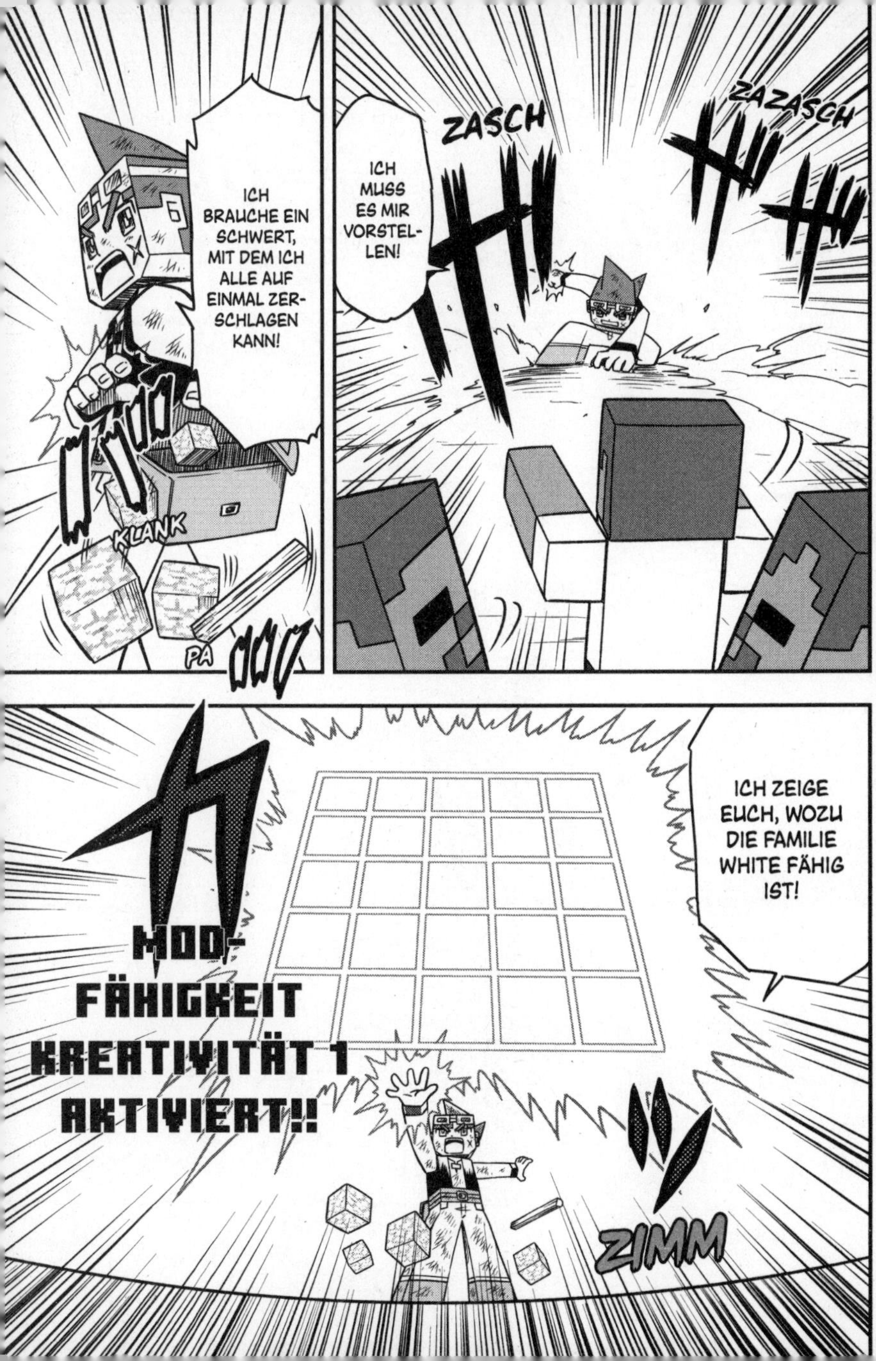
ICH BRAUCHE EIN SCHWERT, MIT DEM ICH ALLE AUF EINMAL ZER-SCHLAGEN KANN!
KLANK
PA
ICH MUSS ES MIR VORSTEL-LEN!
ZASCH
ZAZASCH
ICH ZEIGE EUCH, WOZU DIE FAMILIE WHITE FÄHIG IST!
MOD-FÄHIGKEIT KREATIVITÄT 1 AKTIVIERT!!
ZIMM

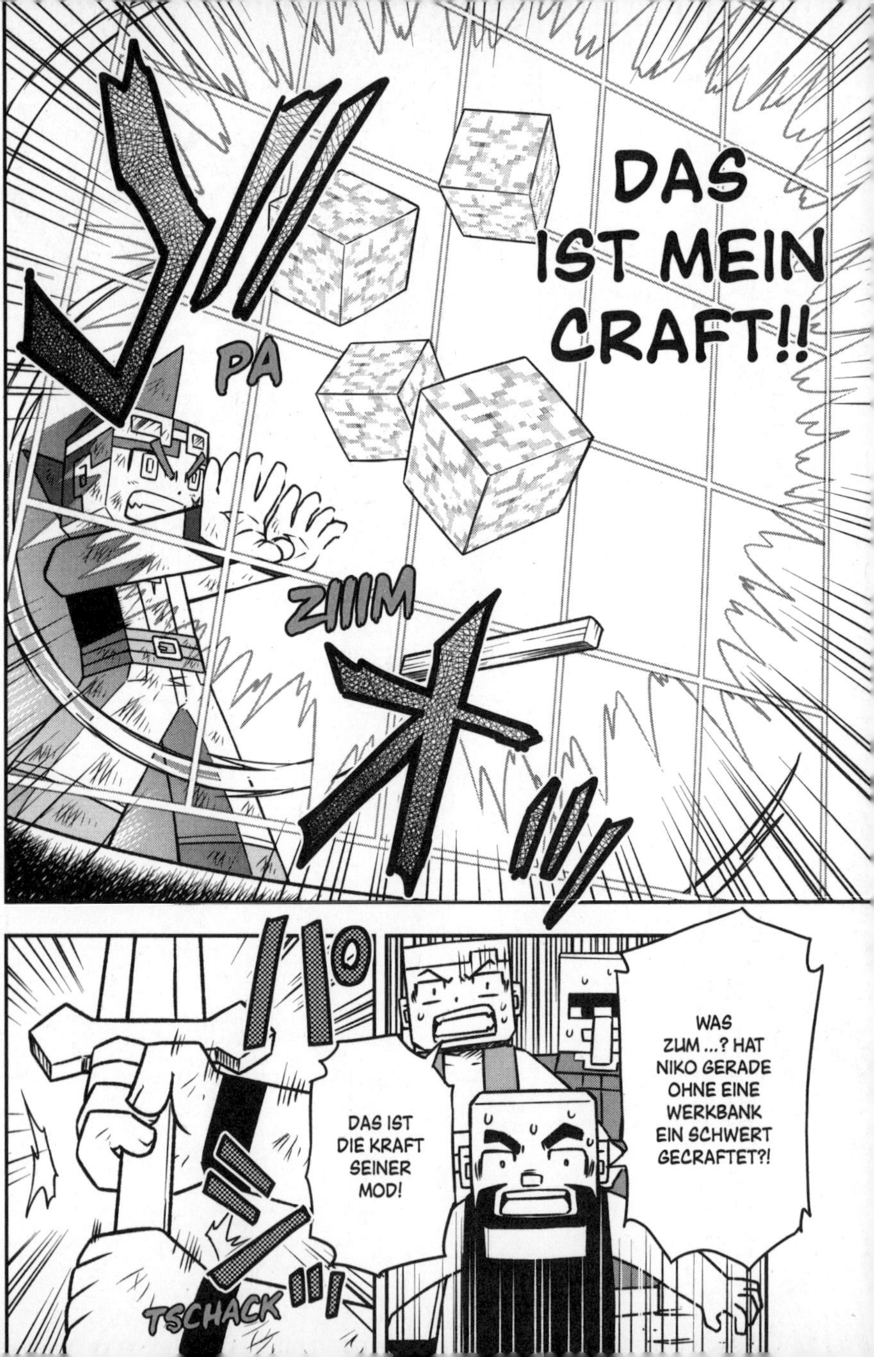
DAS IST MEIN CRAFT!!
PA
ZIIIM
WAS ZUM ...? HAT NIKO GERADE OHNE EINE WERKBANK EIN SCHWERT GECRAFTET?!
DAS IST DIE KRAFT SEINER MOD!
TSCHACK

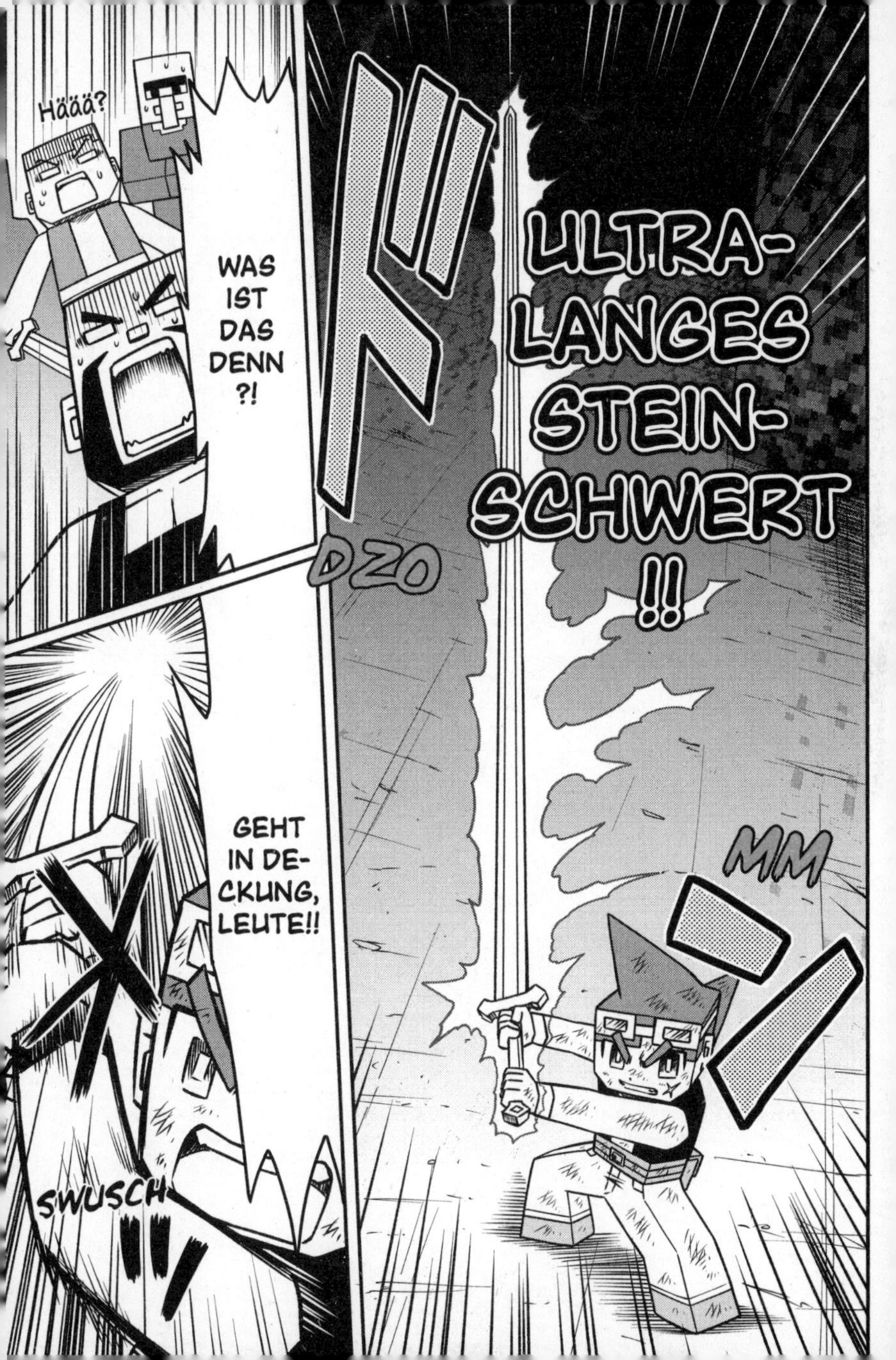
Häää?
WAS IST DAS DENN ?!
DZO
ULTRA-LANGES STEIN-SCHWERT !!
MM
GEHT IN DE-CKUNG, LEUTE!!
SWUSCH

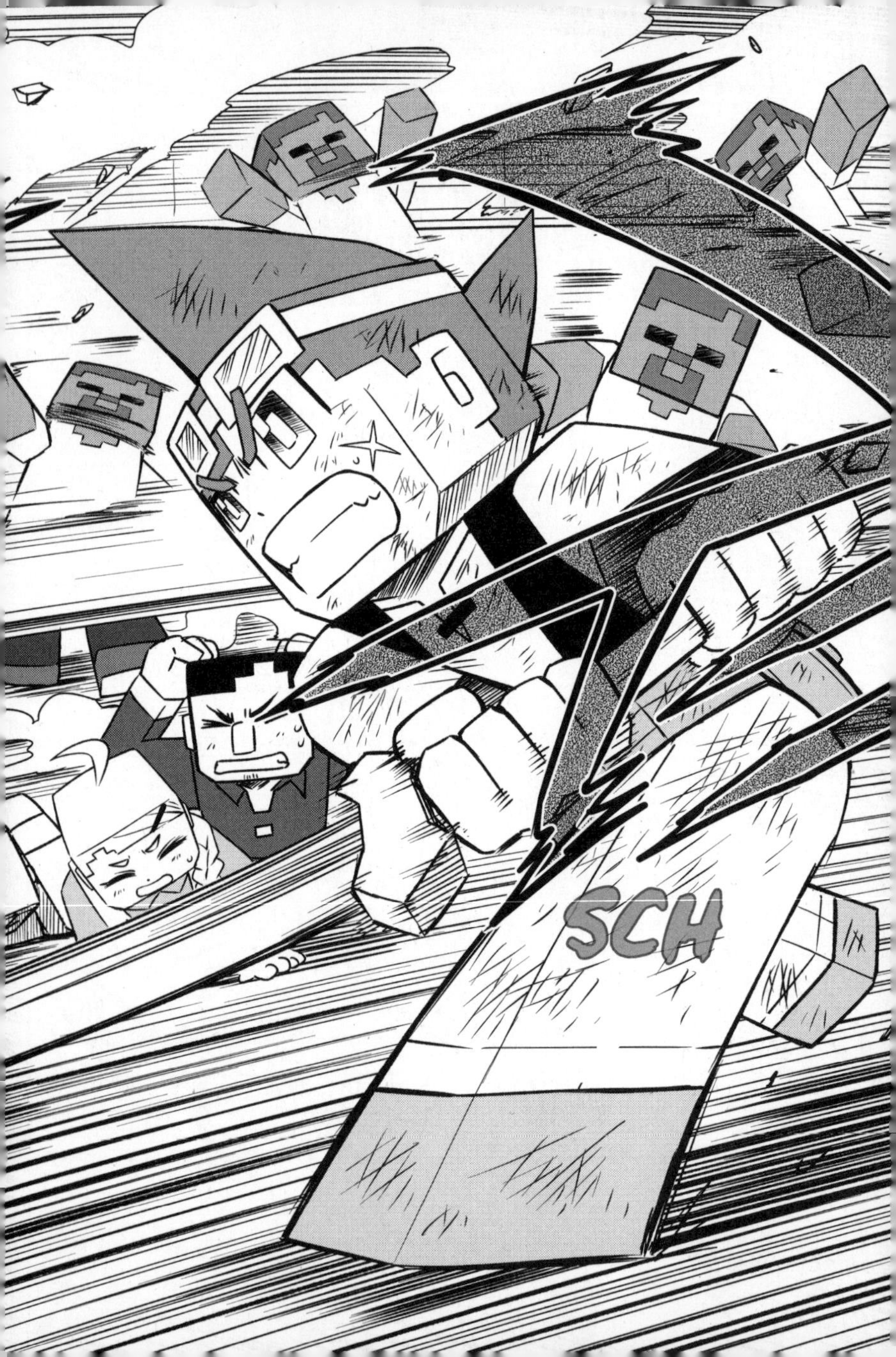
SCH

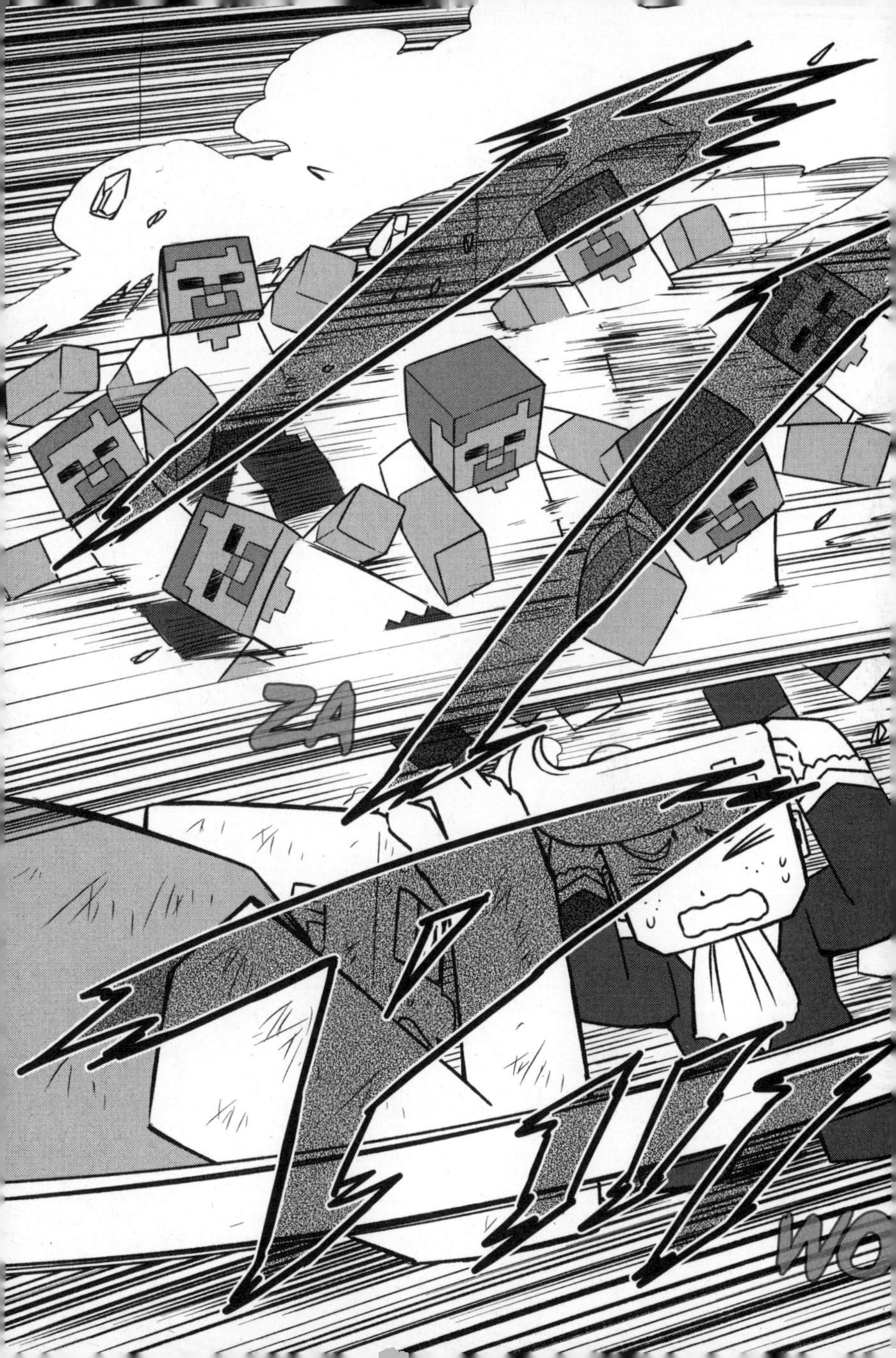
ZA
WO

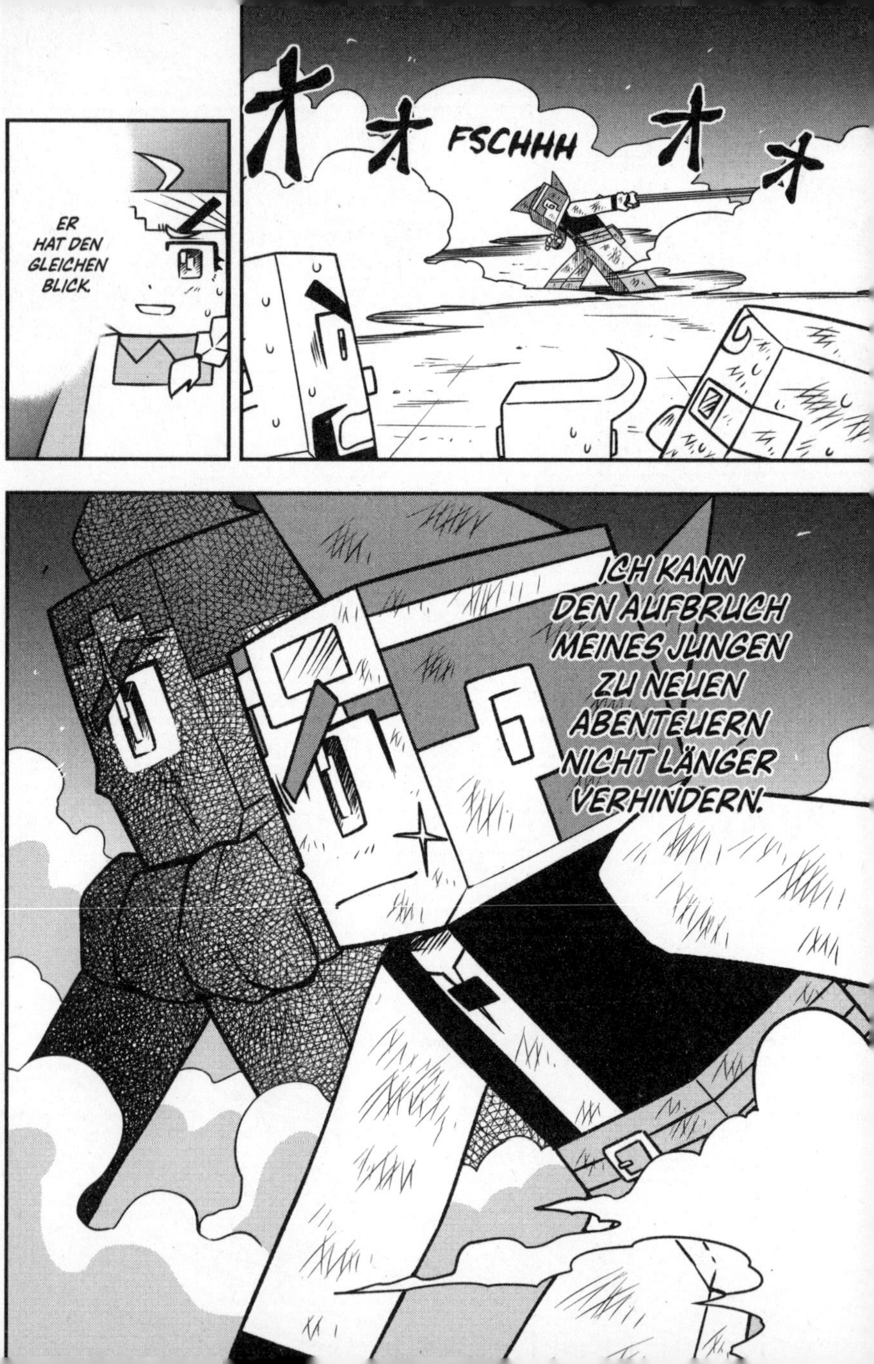

オオオオ
FSCHHH
ER HAT DEN GLEICHEN BLICK.
ICH KANN DEN AUFBRUCH MEINES JUNGEN ZU NEUEN ABENTEUERN NICHT LÄNGER VERHINDERN.

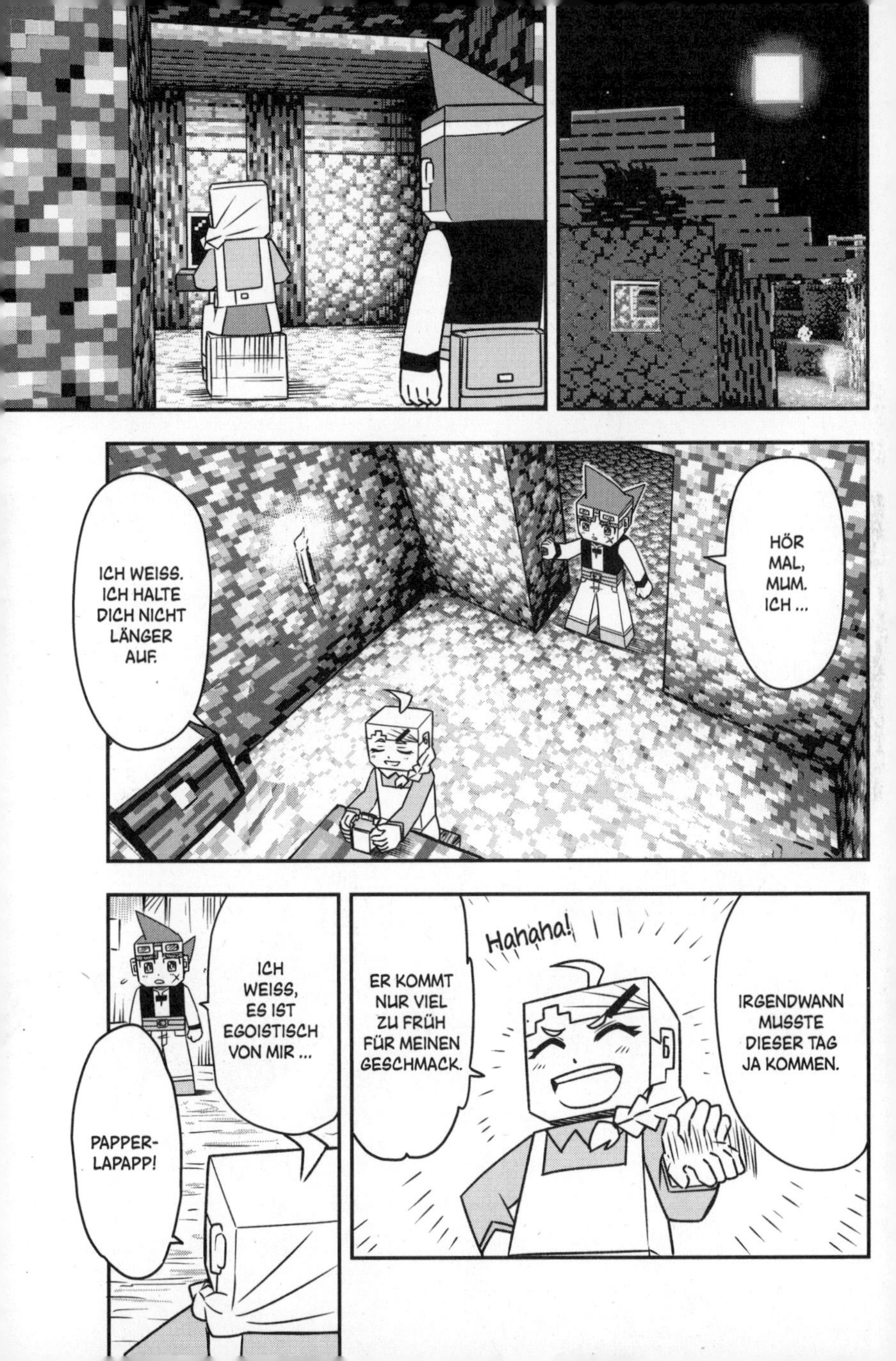
HÖR MAL, MUM. ICH …
ICH WEISS. ICH HALTE DICH NICHT LÄNGER AUF.
IRGENDWANN MUSSTE DIESER TAG JA KOMMEN.
Hahaha!
ER KOMMT NUR VIEL ZU FRÜH FÜR MEINEN GESCHMACK.
ICH WEISS, ES IST EGOISTISCH VON MIR …
PAPPER-LAPAPP!

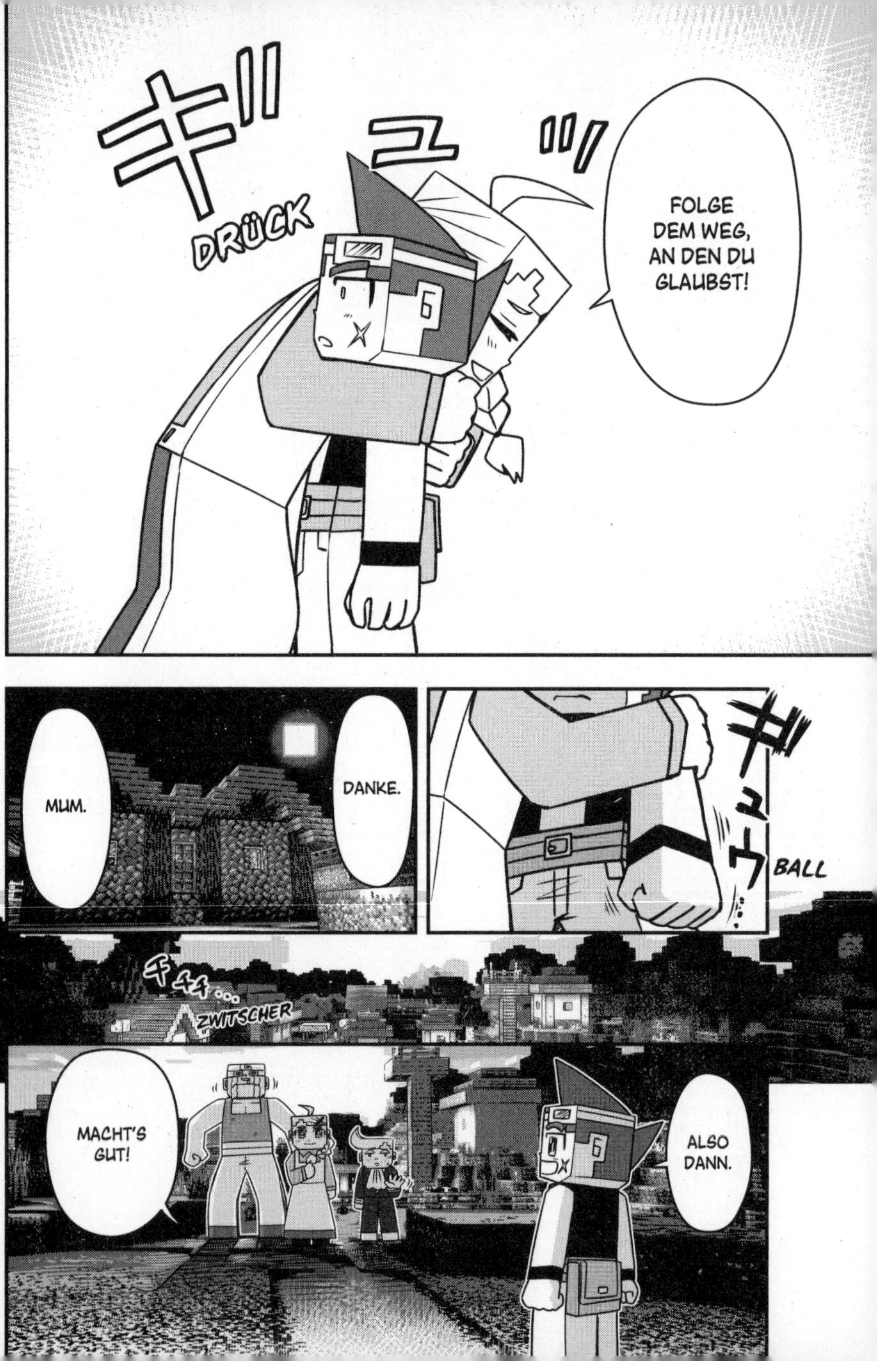
キュッ
DRÜCK
FOLGE DEM WEG, AN DEN DU GLAUBST!
MUM.
DANKE.
ギュウ
BALL
チイ…
ZWITSCHER
MACHT'S GUT!
ALSO DANN.

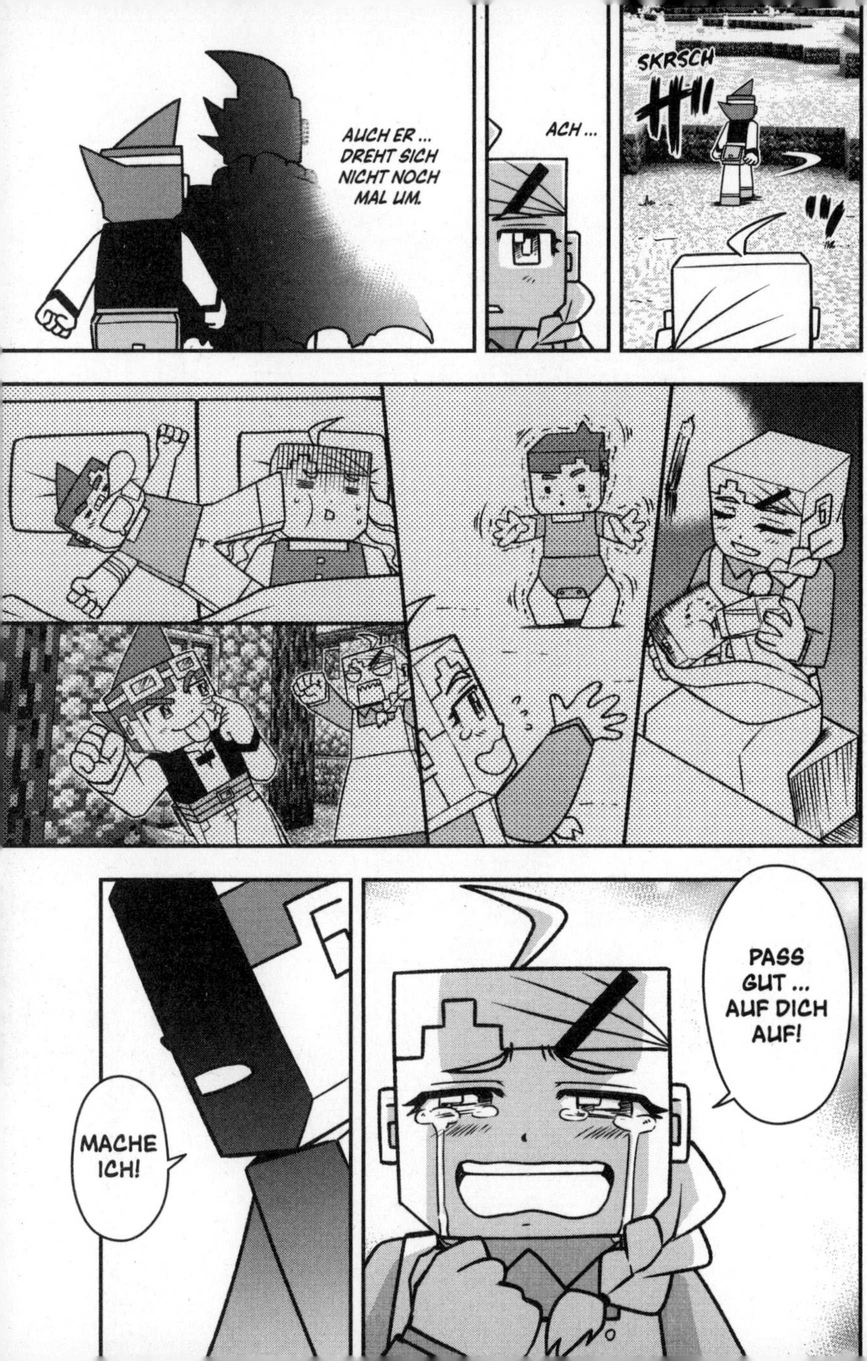
AUCH ER ... DREHT SICH NICHT NOCH MAL UM.
ACH ...
SKRSCH
PASS GUT ... AUF DICH AUF!
MACHE ICH!

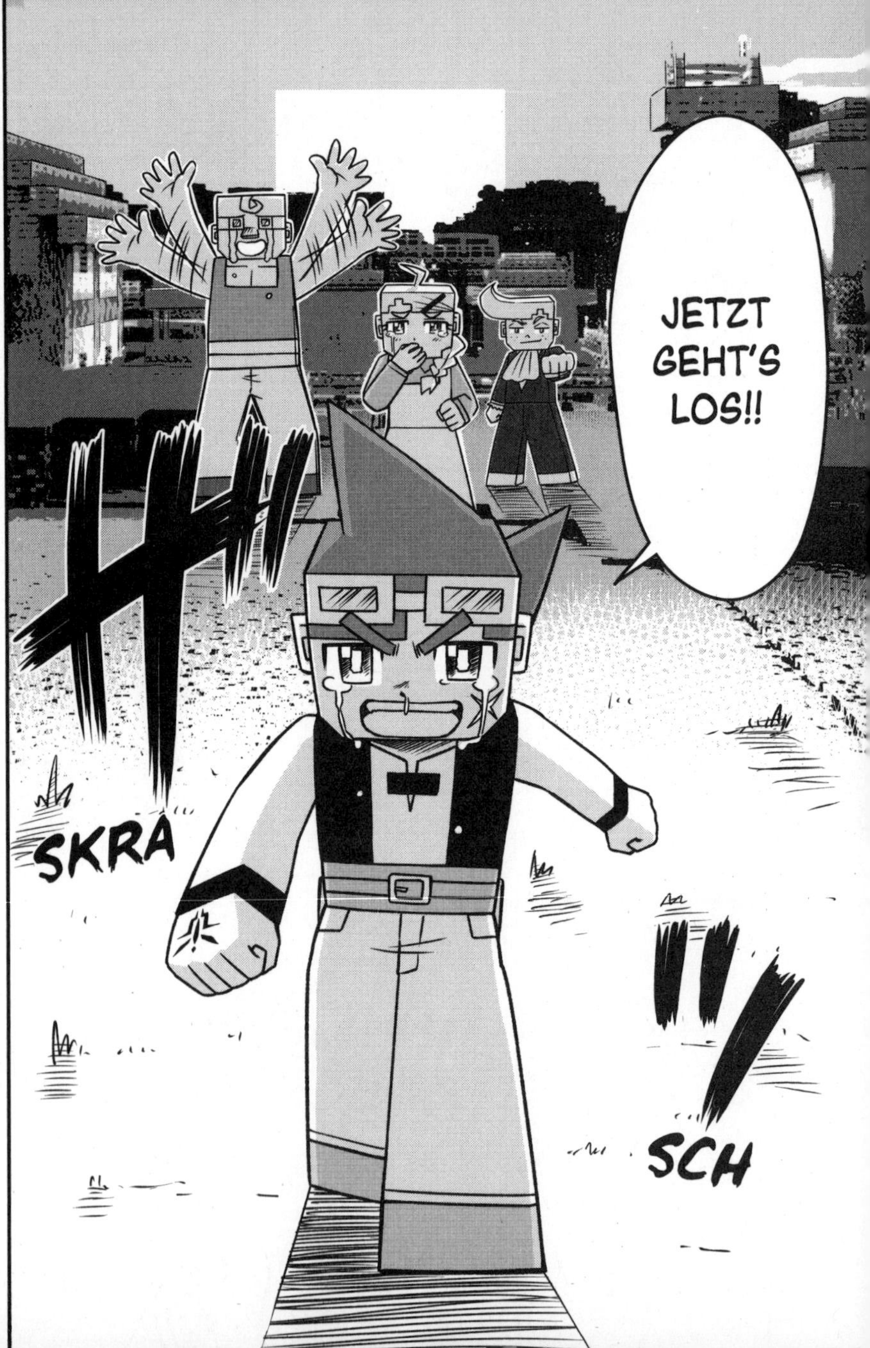
JETZT GEHT'S LOS!!
SKRA
SCH

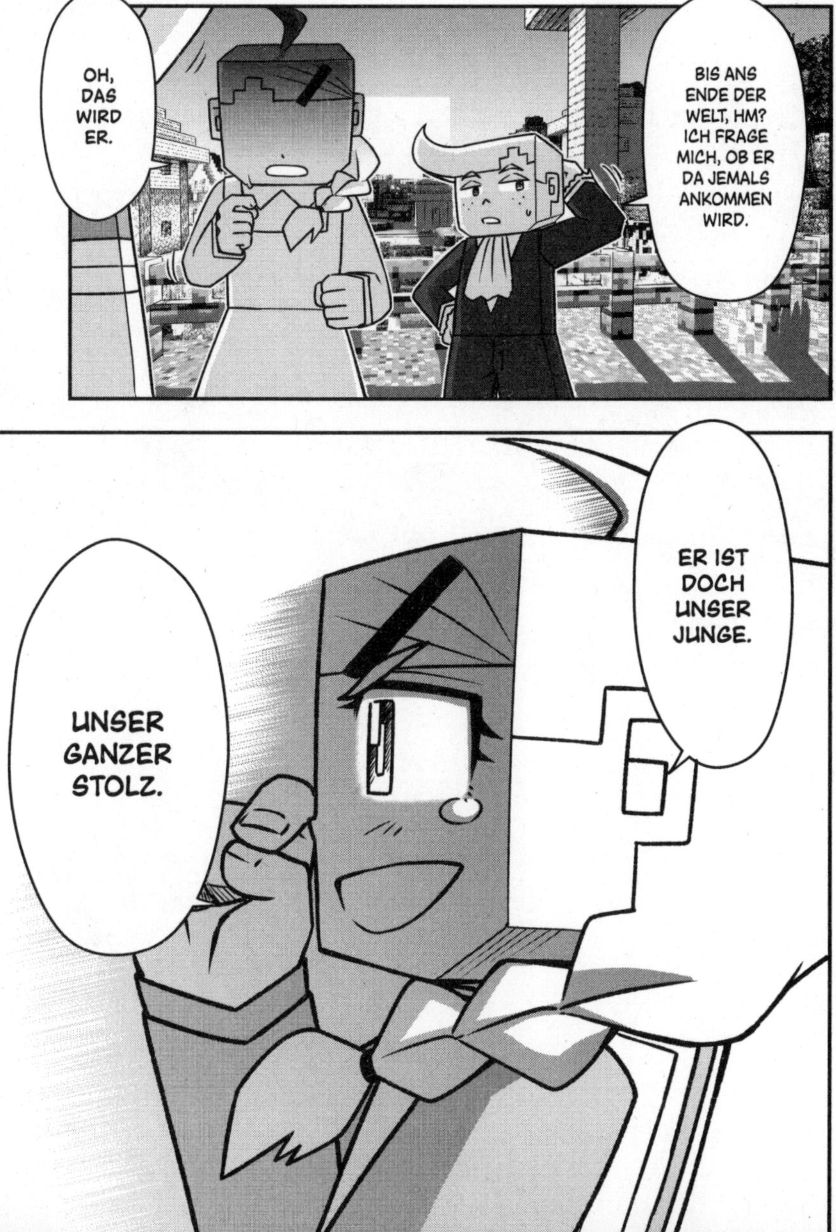
OH, DAS WIRD ER.
BIS ANS ENDE DER WELT, HM? ICH FRAGE MICH, OB ER DA JEMALS ANKOMMEN WIRD.
ER IST DOCH UNSER JUNGE.
UNSER GANZER STOLZ.

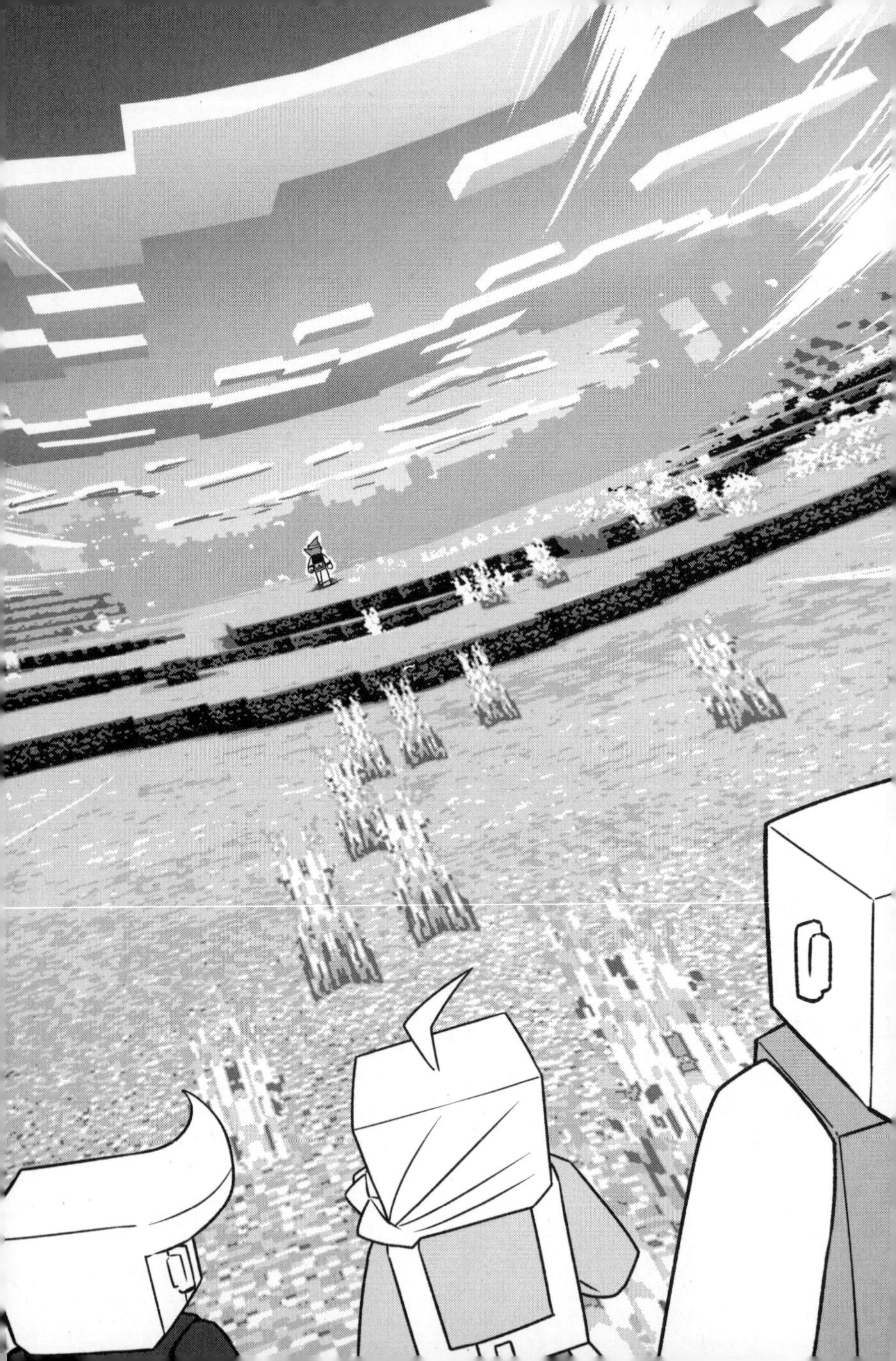

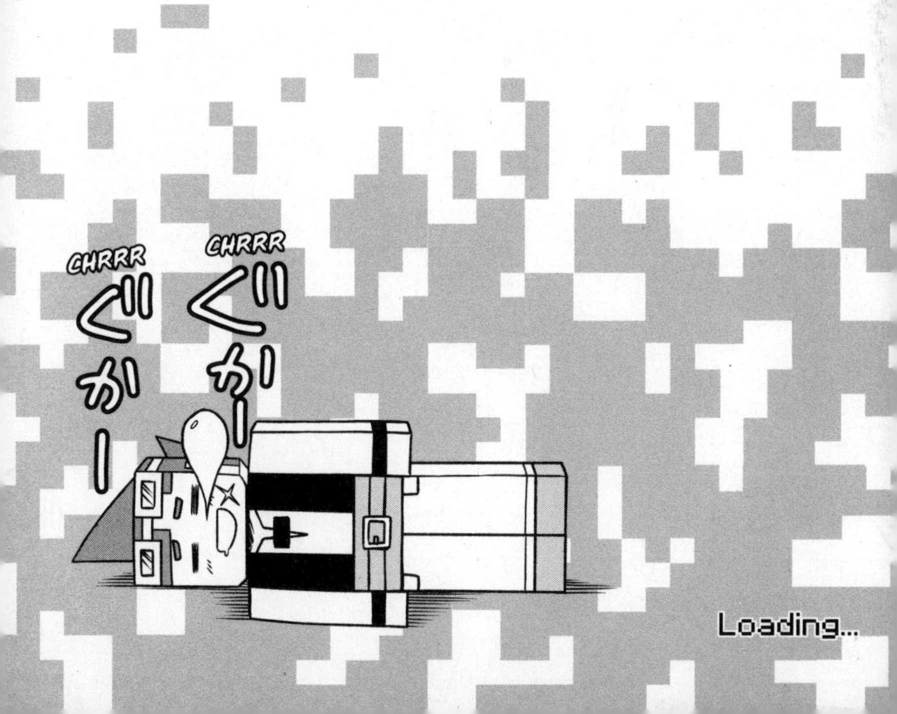
CHRRR
ぐかー
CHRRR
ぐかー
Loading...

#2
EIN NEUER KAMERAD!!

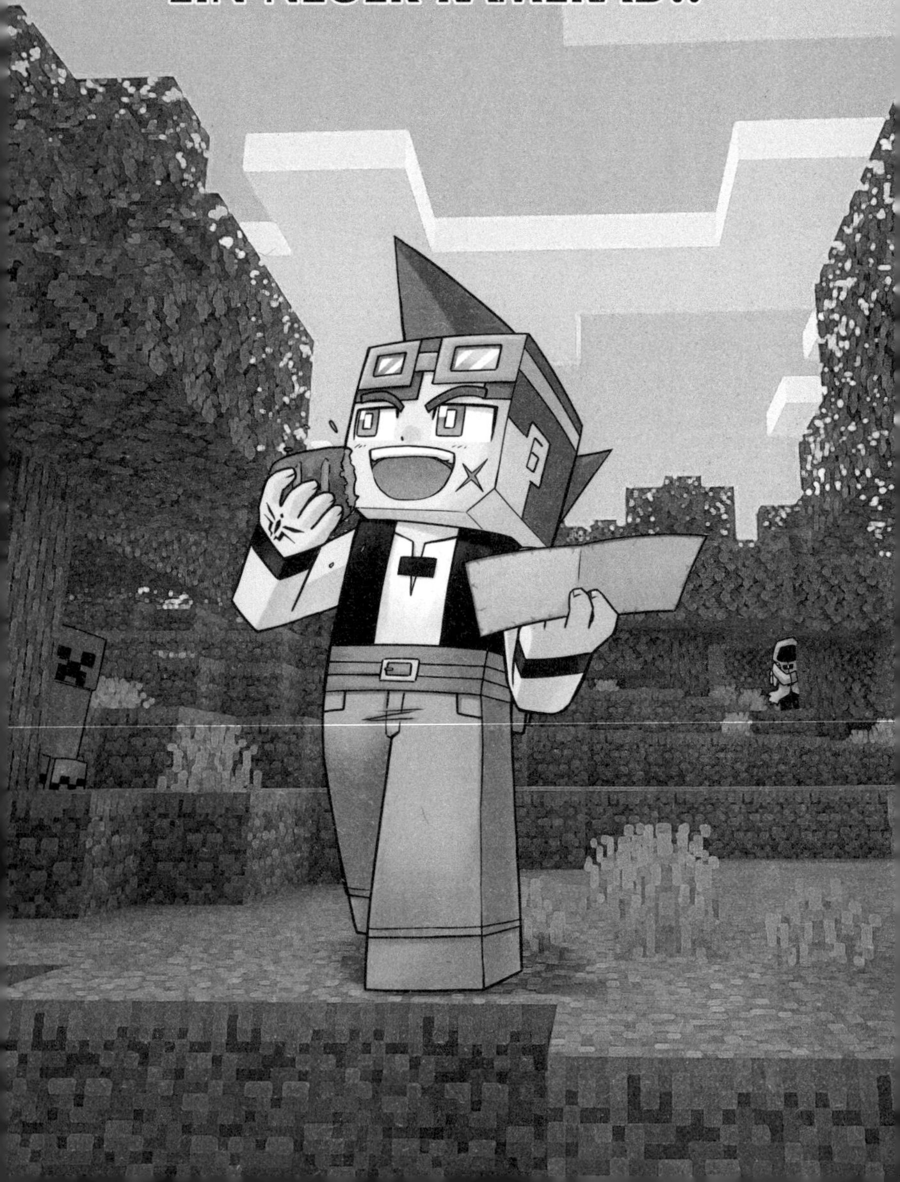

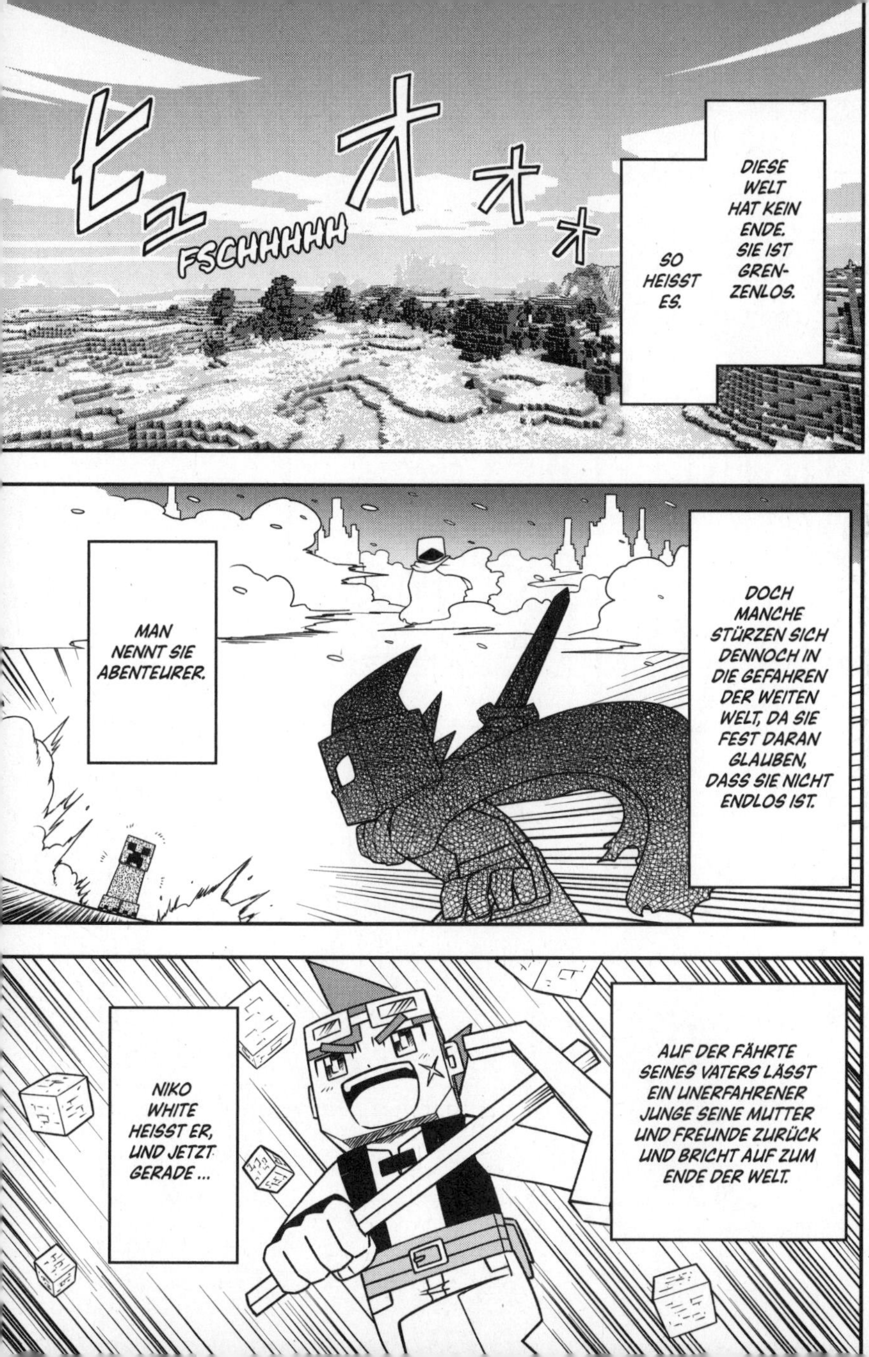
ヒュオオォ
FSCHHHHHH
DIESE WELT HAT KEIN ENDE. SIE IST GRENZENLOS.
SO HEISST ES.
DOCH MANCHE STÜRZEN SICH DENNOCH IN DIE GEFAHREN DER WEITEN WELT, DA SIE FEST DARAN GLAUBEN, DASS SIE NICHT ENDLOS IST.
MAN NENNT SIE ABENTEURER.
AUF DER FÄHRTE SEINES VATERS LÄSST EIN UNERFAHRENER JUNGE SEINE MUTTER UND FREUNDE ZURÜCK UND BRICHT AUF ZUM ENDE DER WELT.
NIKO WHITE HEISST ER, UND JETZT GERADE …

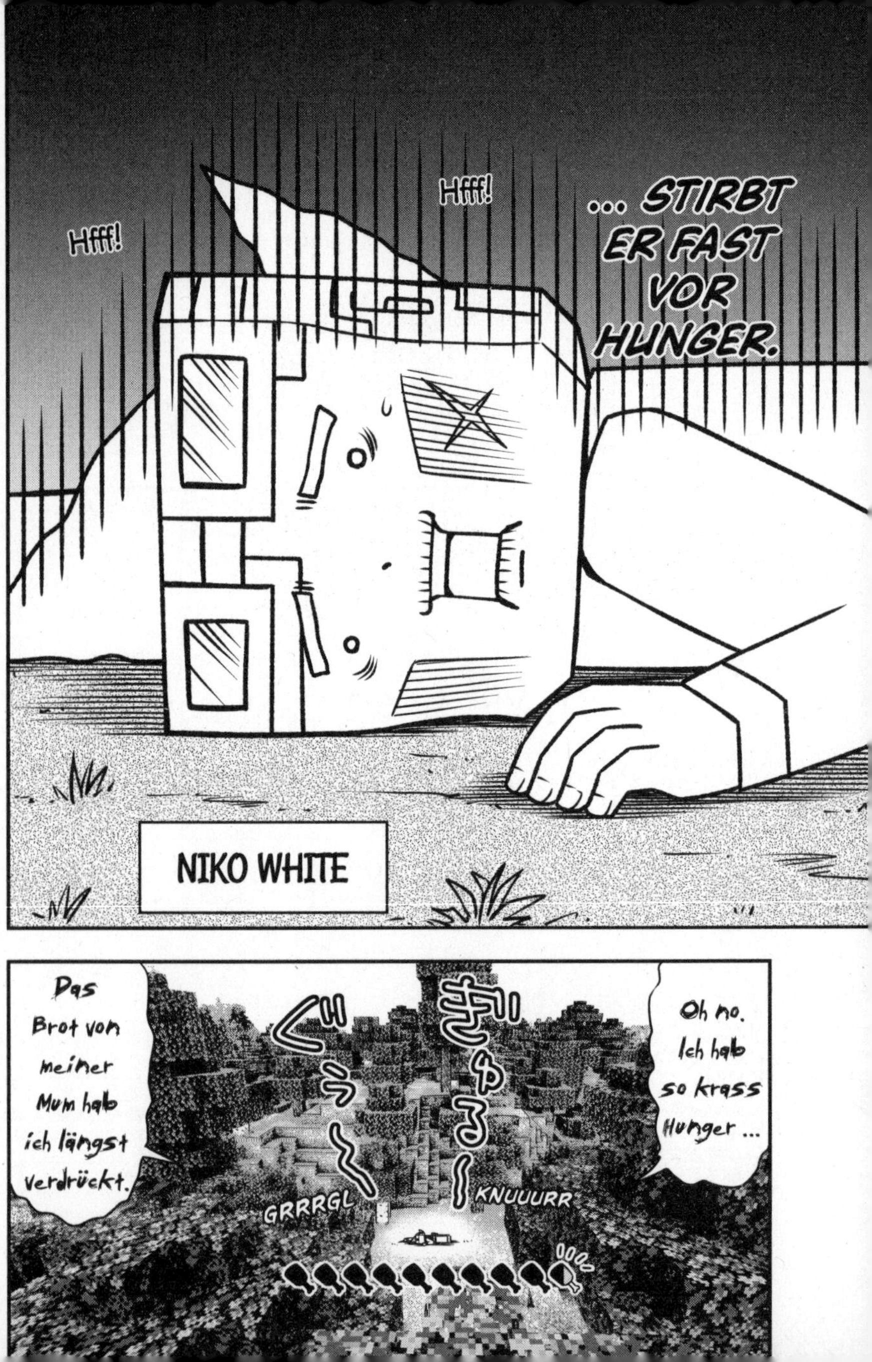
... STIRBT ER FAST VOR HUNGER.
Hfff!
Hfff!
NIKO WHITE
Oh no. Ich hab so krass Hunger ...
ぎゅる～
KNUUURR
ぐぅ～
GRRRGL
Das Brot von meiner Mum hab ich längst verdrückt.

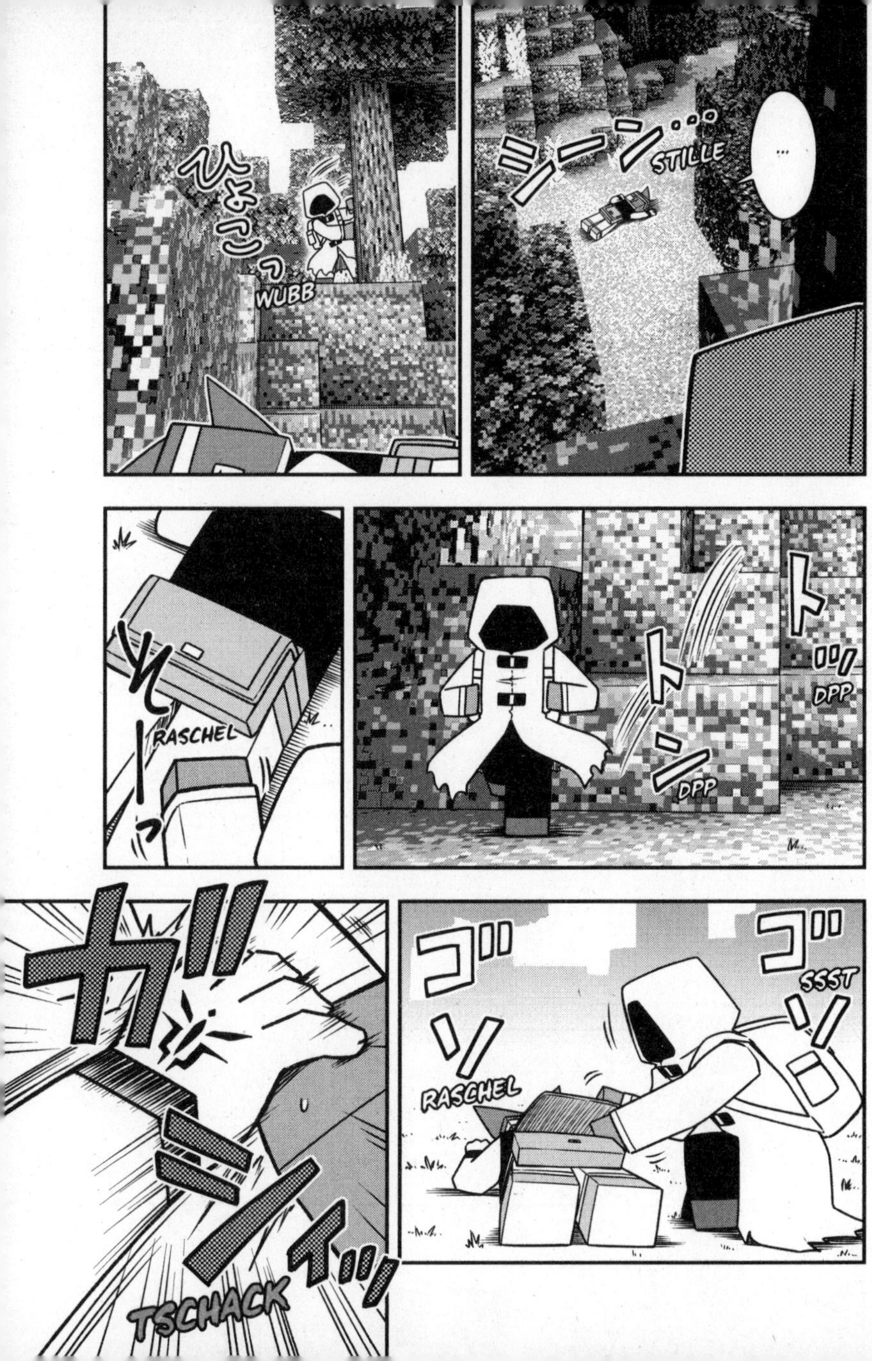

シーン…
STILLE
…
ひょこっ
WUBB
トッ
DPP
トーン
DPP
RASCHEL
ゴソ
SSST
ゴソ
RASCHEL
ガシィッ
TSCHACK

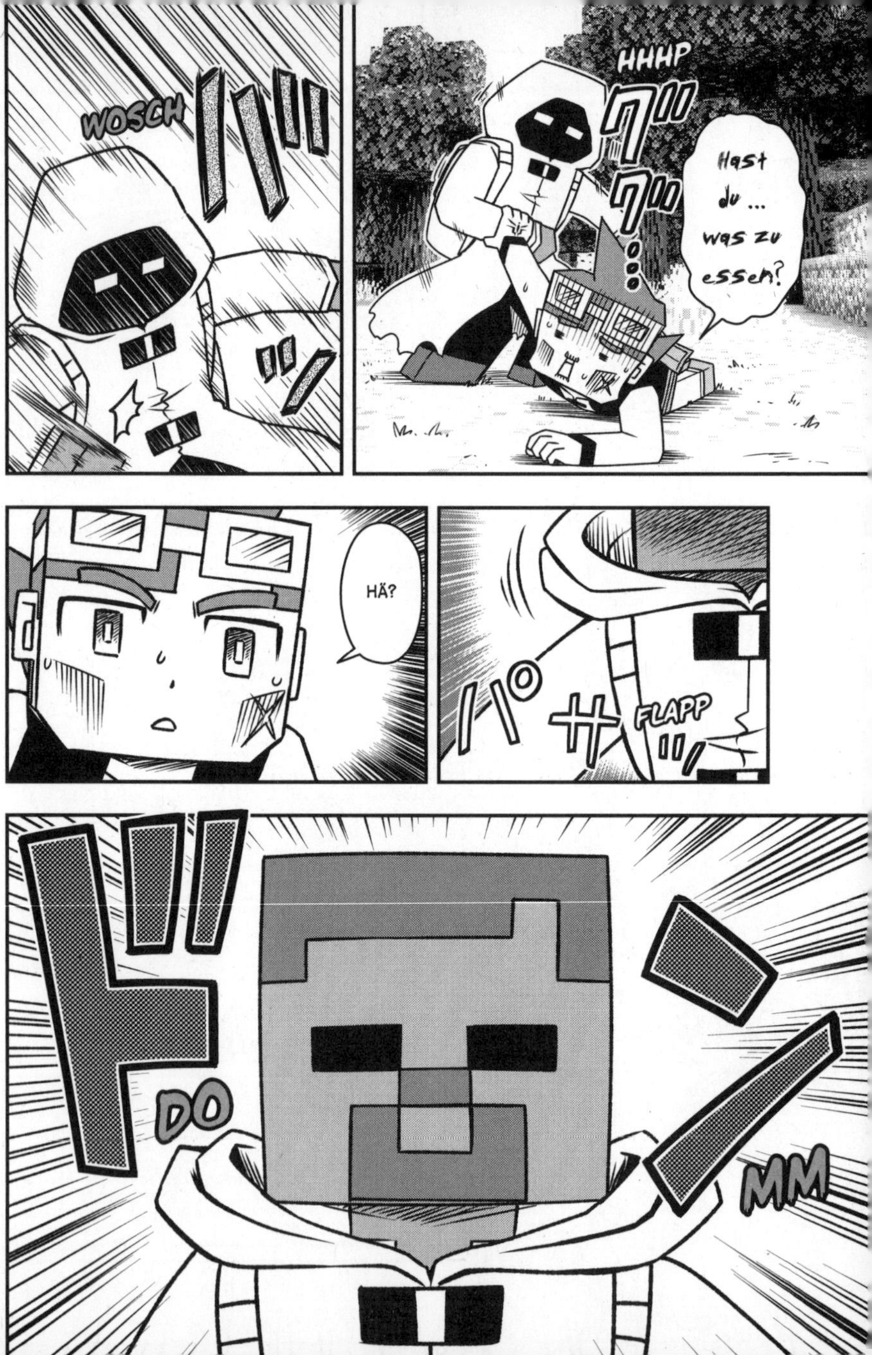
HHHP
Hast du ... was zu essen?
WOSCH
FLAPP
HÄ?
DO
MM

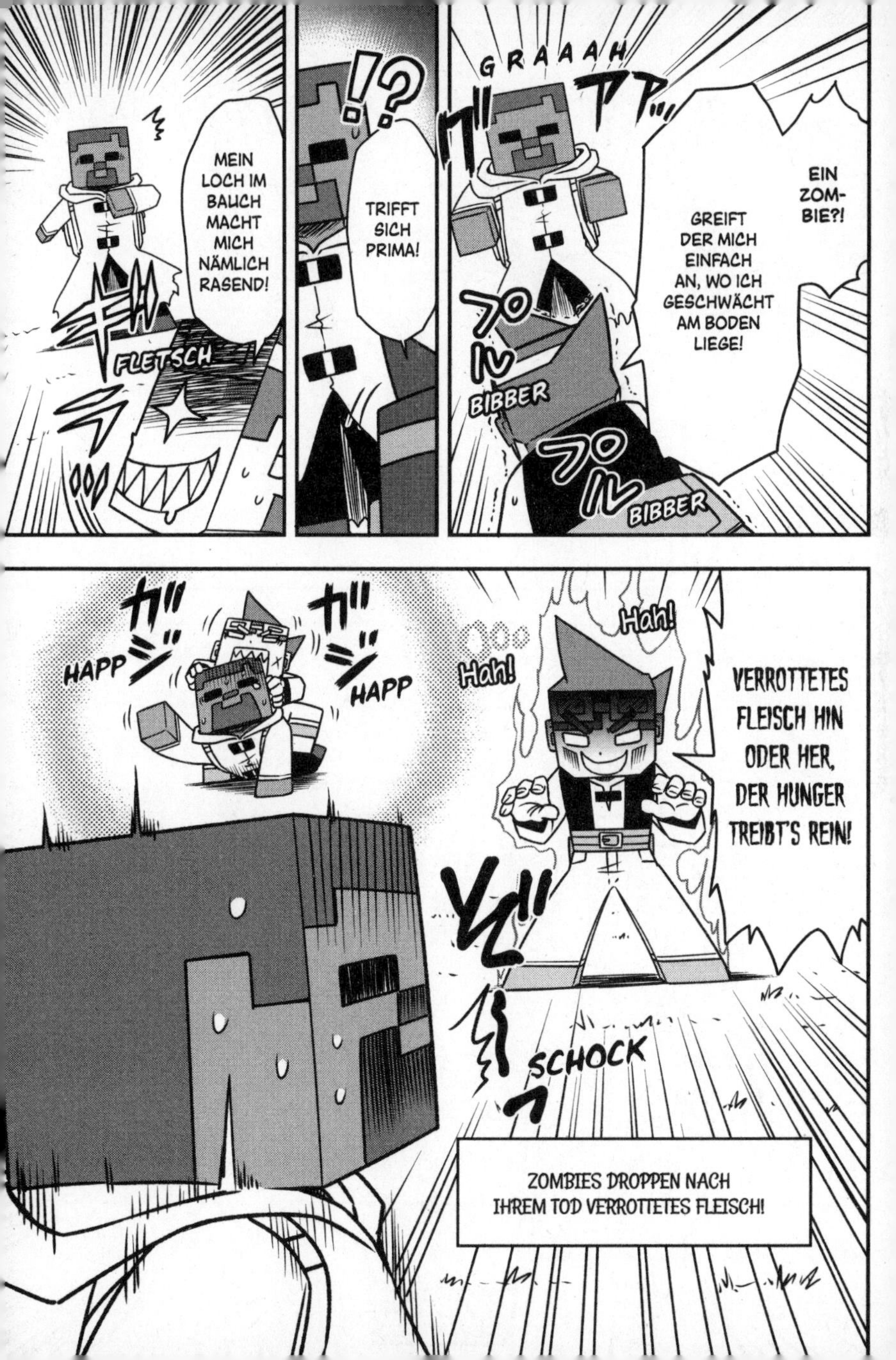
GRAAAH
EIN ZOMBIE?!
GREIFT DER MICH EINFACH AN, WO ICH GESCHWÄCHT AM BODEN LIEGE!
BIBBER
BIBBER
TRIFFT SICH PRIMA!
MEIN LOCH IM BAUCH MACHT MICH NÄMLICH RASEND!
FLETSCH
Hah!
Hah!
VERROTTETES FLEISCH HIN ODER HER, DER HUNGER TREIBT'S REIN!
HAPP
HAPP
SCHOCK
ZOMBIES DROPPEN NACH IHREM TOD VERROTTETES FLEISCH!

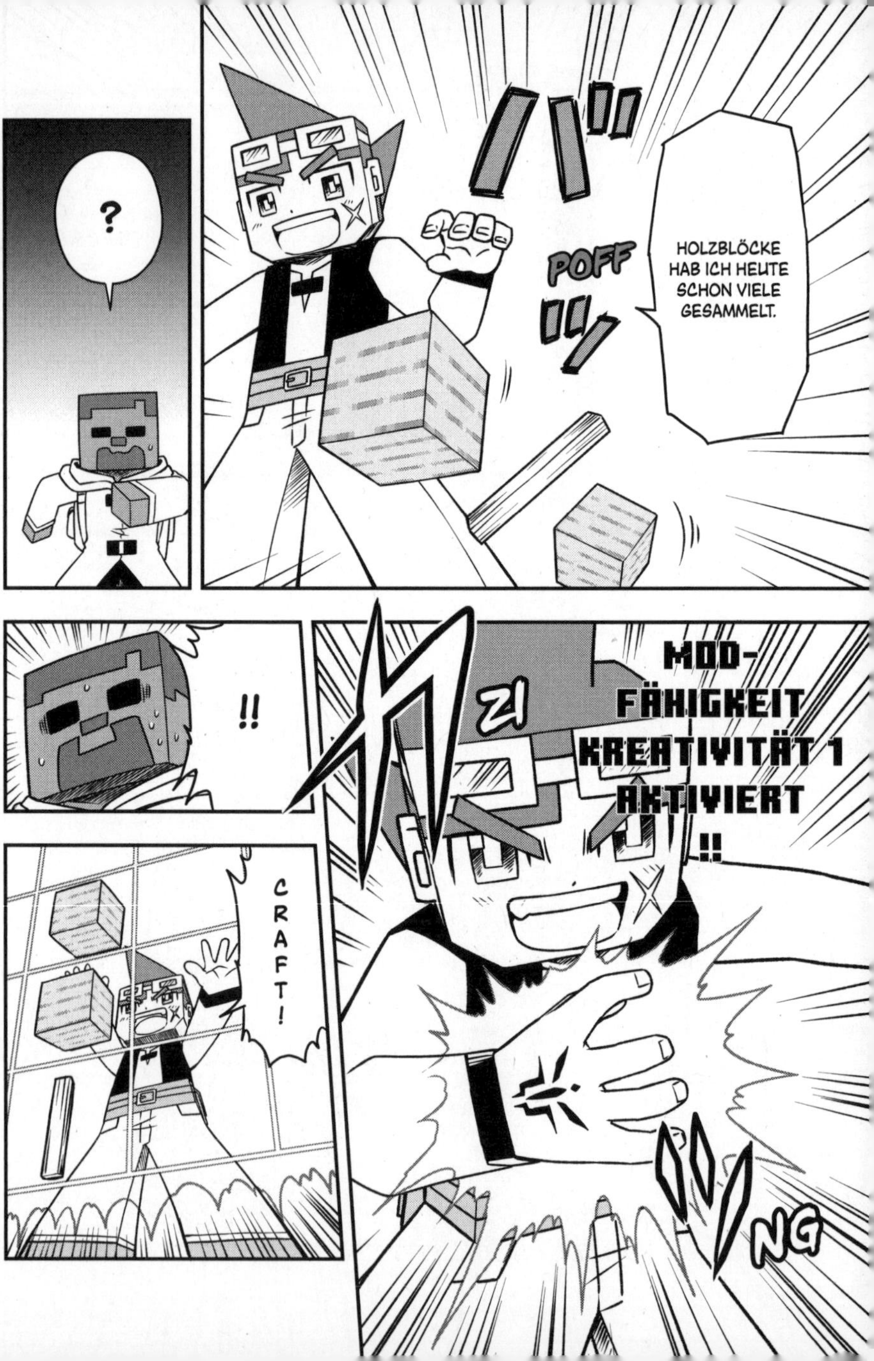

HOLZBLÖCKE HAB ICH HEUTE SCHON VIELE GESAMMELT.
POFF
?
MOD-FÄHIGKEIT KREATIVITÄT 1 AKTIVIERT !!
ZI
!!
CRAFT!
NG

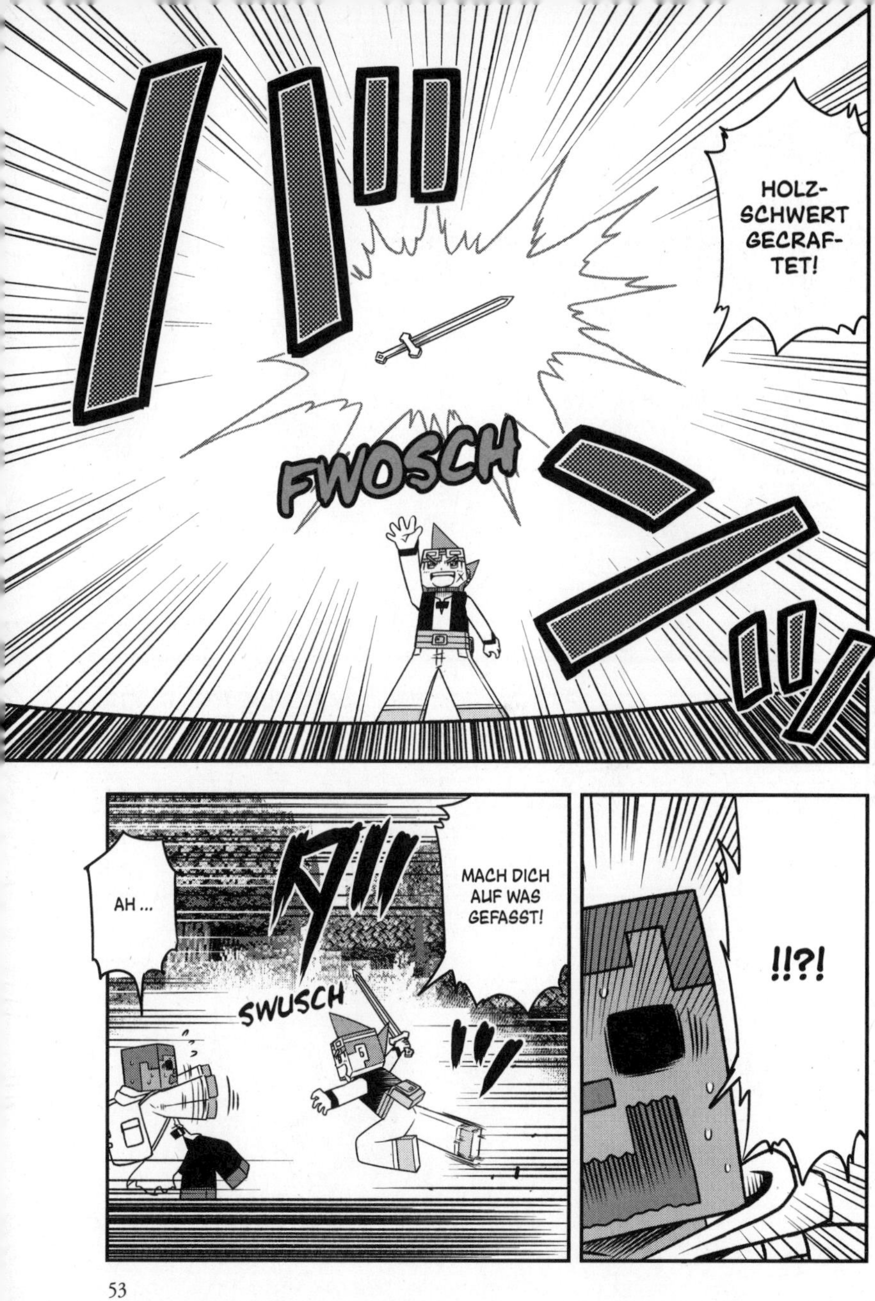
HOLZ-
SCHWERT
GECRAF-
TET!
FWOSCH
AH ...
MACH DICH
AUF WAS
GEFASST!
SWUSCH
!!?!

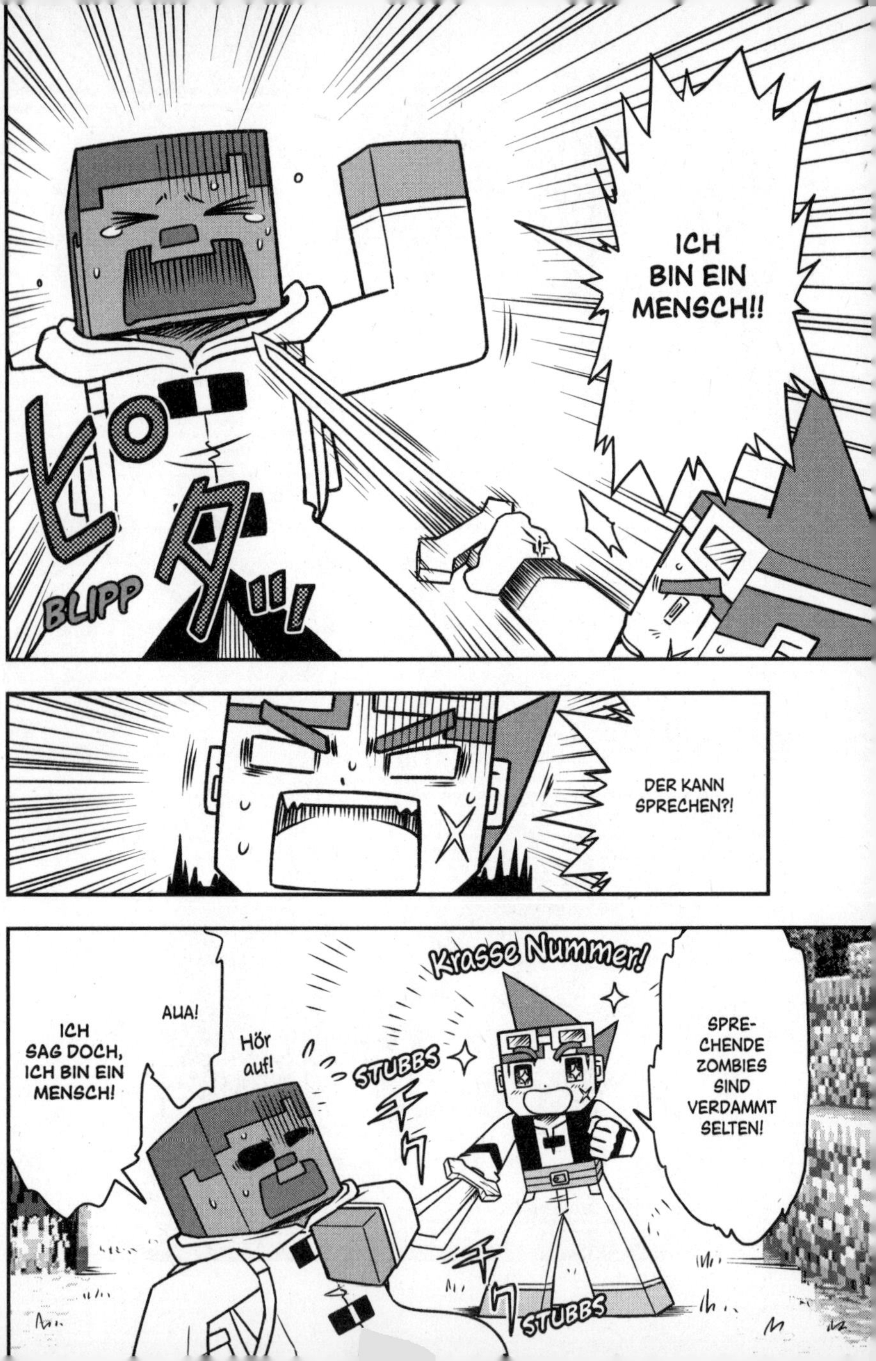
ICH BIN EIN MENSCH!!
BLIPP
DER KANN SPRECHEN?!
Krasse Nummer!
SPRE-CHENDE ZOMBIES SIND VERDAMMT SELTEN!
STUBBS
Hör auf!
AUA!
ICH SAG DOCH, ICH BIN EIN MENSCH!
STUBBS

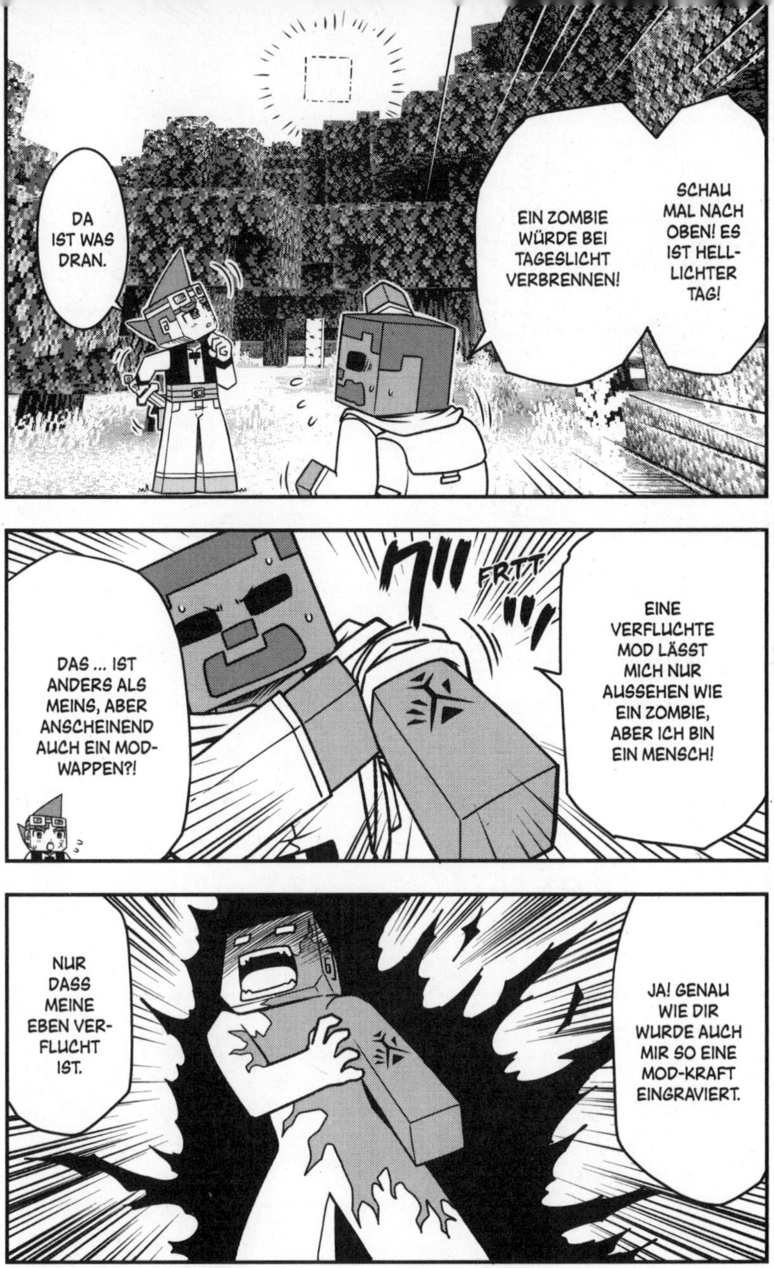
SCHAU MAL NACH OBEN! ES IST HELL-LICHTER TAG!
EIN ZOMBIE WÜRDE BEI TAGESLICHT VERBRENNEN!
DA IST WAS DRAN.
FRTT
EINE VERFLUCHTE MOD LÄSST MICH NUR AUSSEHEN WIE EIN ZOMBIE, ABER ICH BIN EIN MENSCH!
DAS ... IST ANDERS ALS MEINS, ABER ANSCHEINEND AUCH EIN MOD-WAPPEN?!
JA! GENAU WIE DIR WURDE AUCH MIR SO EINE MOD-KRAFT EINGRAVIERT.
NUR DASS MEINE EBEN VER-FLUCHT IST.

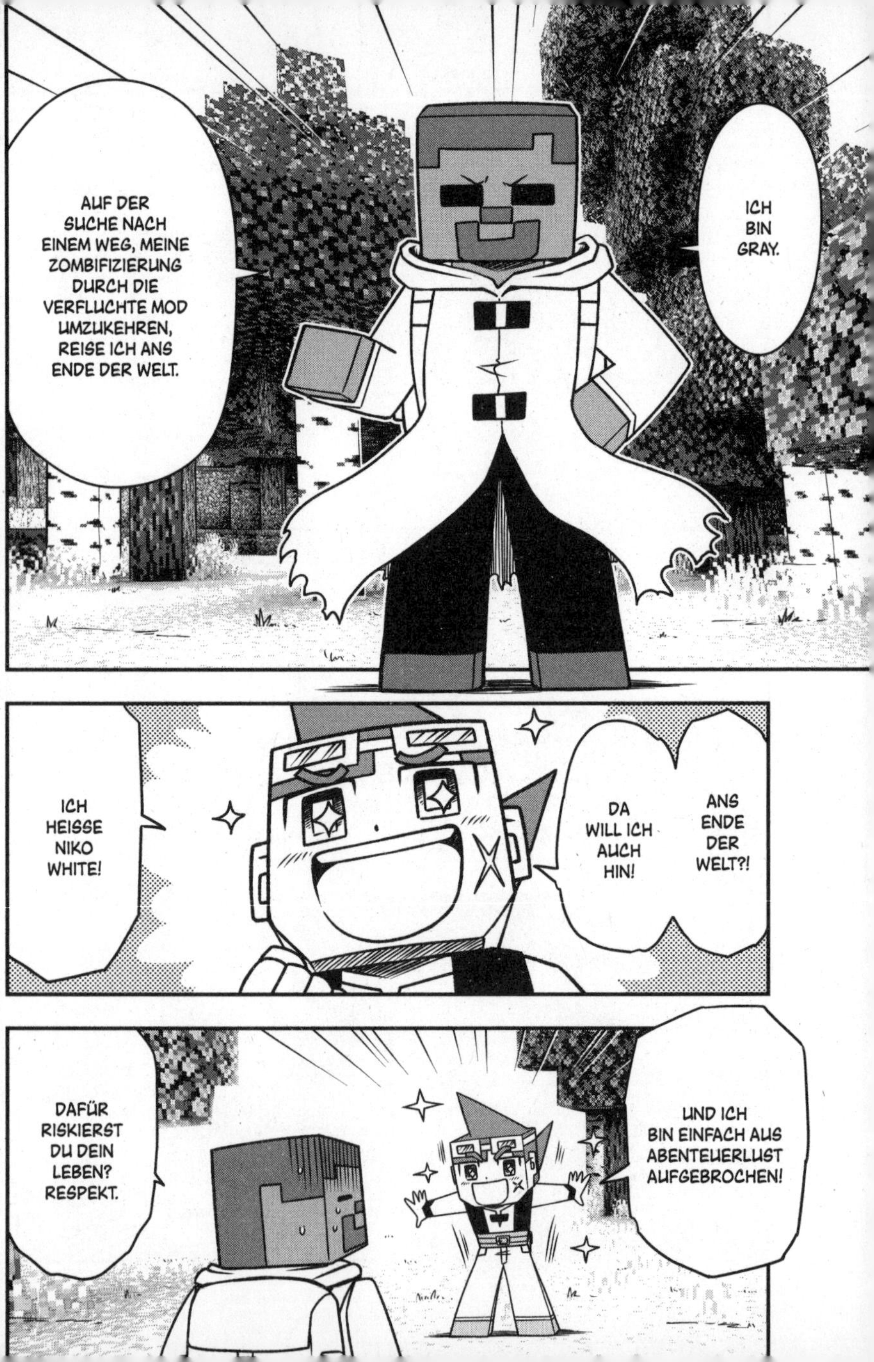
ICH BIN GRAY.
AUF DER SUCHE NACH EINEM WEG, MEINE ZOMBIFIZIERUNG DURCH DIE VERFLUCHTE MOD UMZUKEHREN, REISE ICH ANS ENDE DER WELT.
ANS ENDE DER WELT?!
DA WILL ICH AUCH HIN!
ICH HEISSE NIKO WHITE!
UND ICH BIN EINFACH AUS ABENTEUERLUST AUFGEBROCHEN!
DAFÜR RISKIERST DU DEIN LEBEN? RESPEKT.

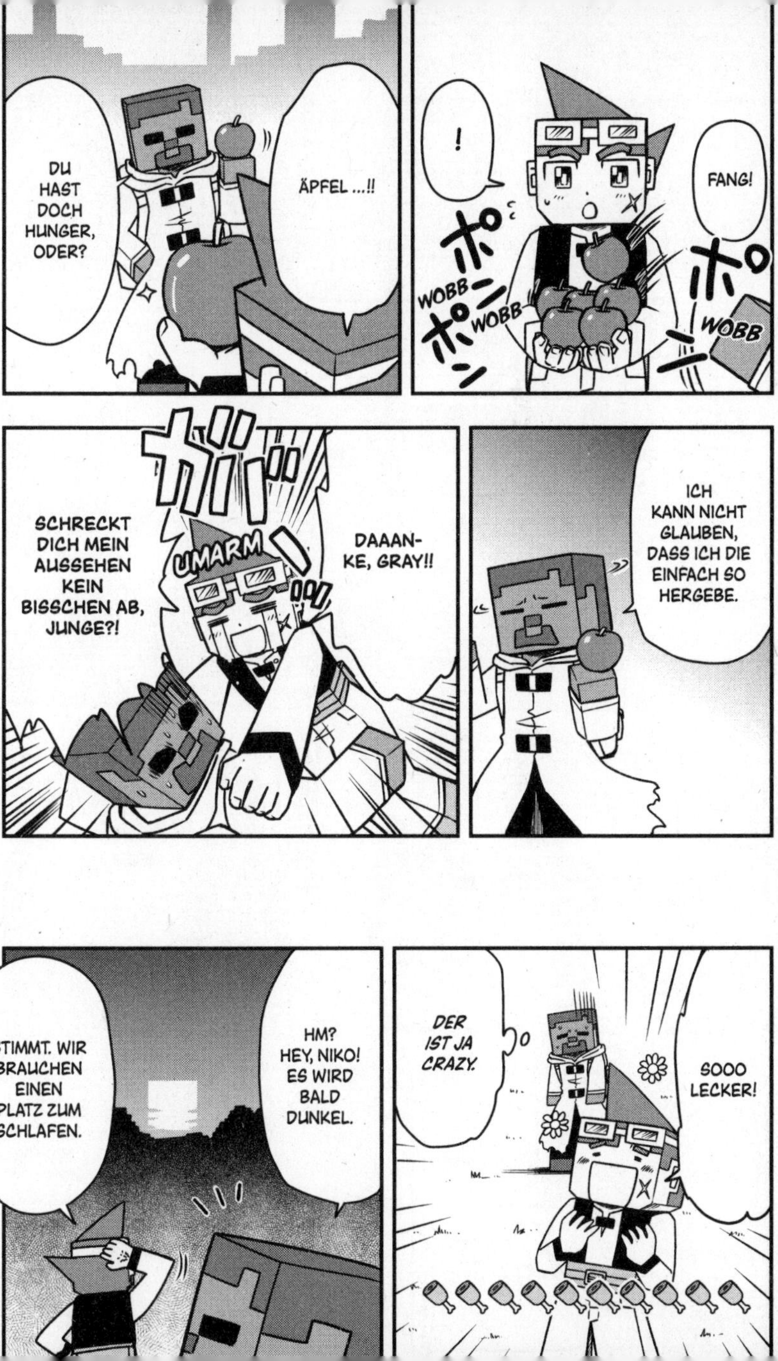

DU HAST DOCH HUNGER, ODER?
ÄPFEL ...!!
!
FANG!
WOBB
WOBB
WOBB
SCHRECKT DICH MEIN AUSSEHEN KEIN BISSCHEN AB, JUNGE?!
UMARM
DAAAN-KE, GRAY!!
ICH KANN NICHT GLAUBEN, DASS ICH DIE EINFACH SO HERGEBE.
STIMMT. WIR BRAUCHEN EINEN PLATZ ZUM SCHLAFEN.
HM? HEY, NIKO! ES WIRD BALD DUNKEL.
DER IST JA CRAZY.
SOOO LECKER!

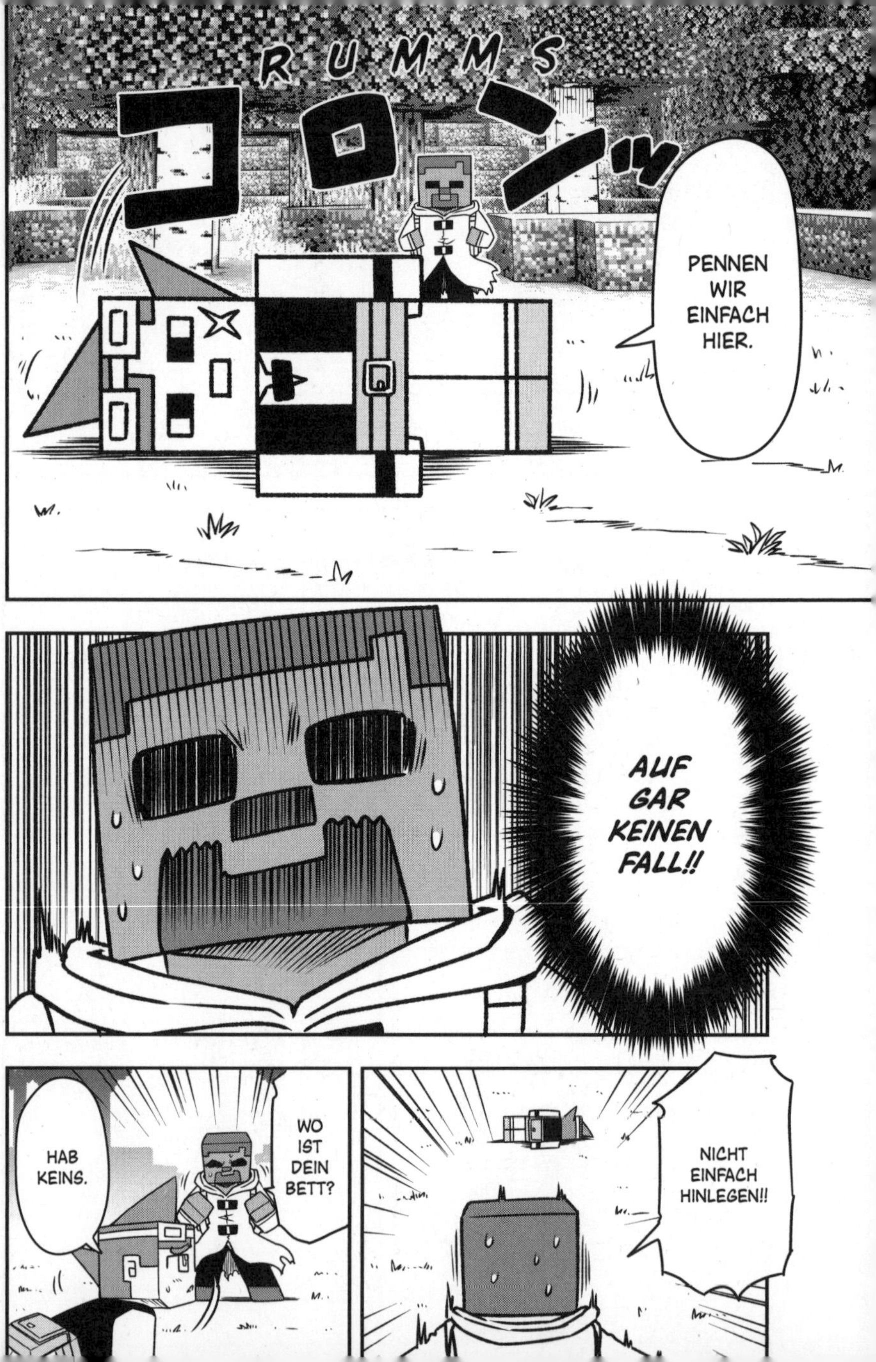
RUMMS
コロンッ
PENNEN WIR EINFACH HIER.
AUF GAR KEINEN FALL!!
WO IST DEIN BETT?
HAB KEINS.
NICHT EINFACH HINLEGEN!!

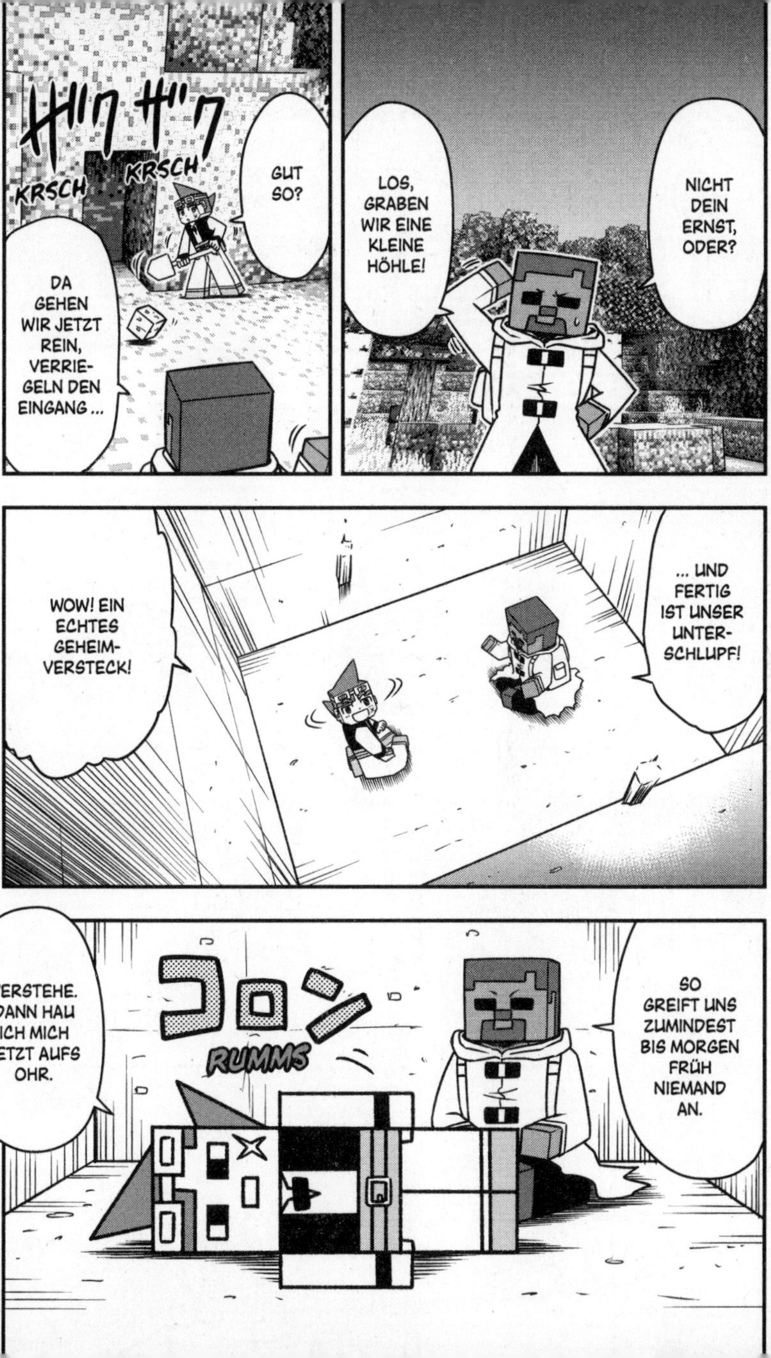
NICHT DEIN ERNST, ODER?
LOS, GRABEN WIR EINE KLEINE HÖHLE!
GUT SO?
ザクザク
KRSCH KRSCH
DA GEHEN WIR JETZT REIN, VERRIEGELN DEN EINGANG ...
... UND FERTIG IST UNSER UNTERSCHLUPF!
WOW! EIN ECHTES GEHEIMVERSTECK!
SO GREIFT UNS ZUMINDEST BIS MORGEN FRÜH NIEMAND AN.
コロン
RUMMS
VERSTEHE. DANN HAU ICH MICH JETZT AUFS OHR.

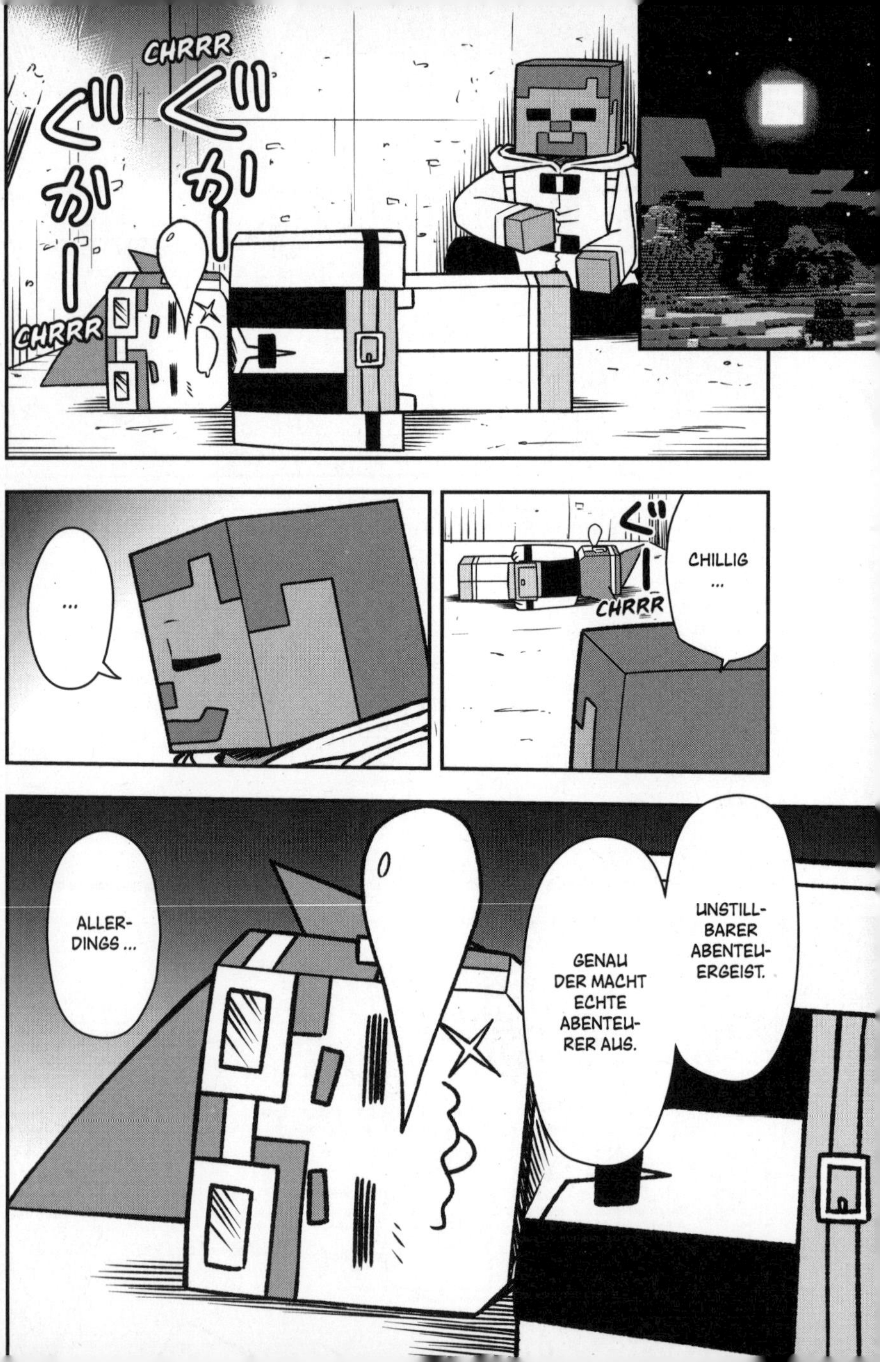
CHRRR
CHRRR
CHILLIG ...
CHRRR
...
UNSTILL-BARER ABENTEU-ERGEIST.
GENAU DER MACHT ECHTE ABENTEU-RER AUS.
ALLER-DINGS ...

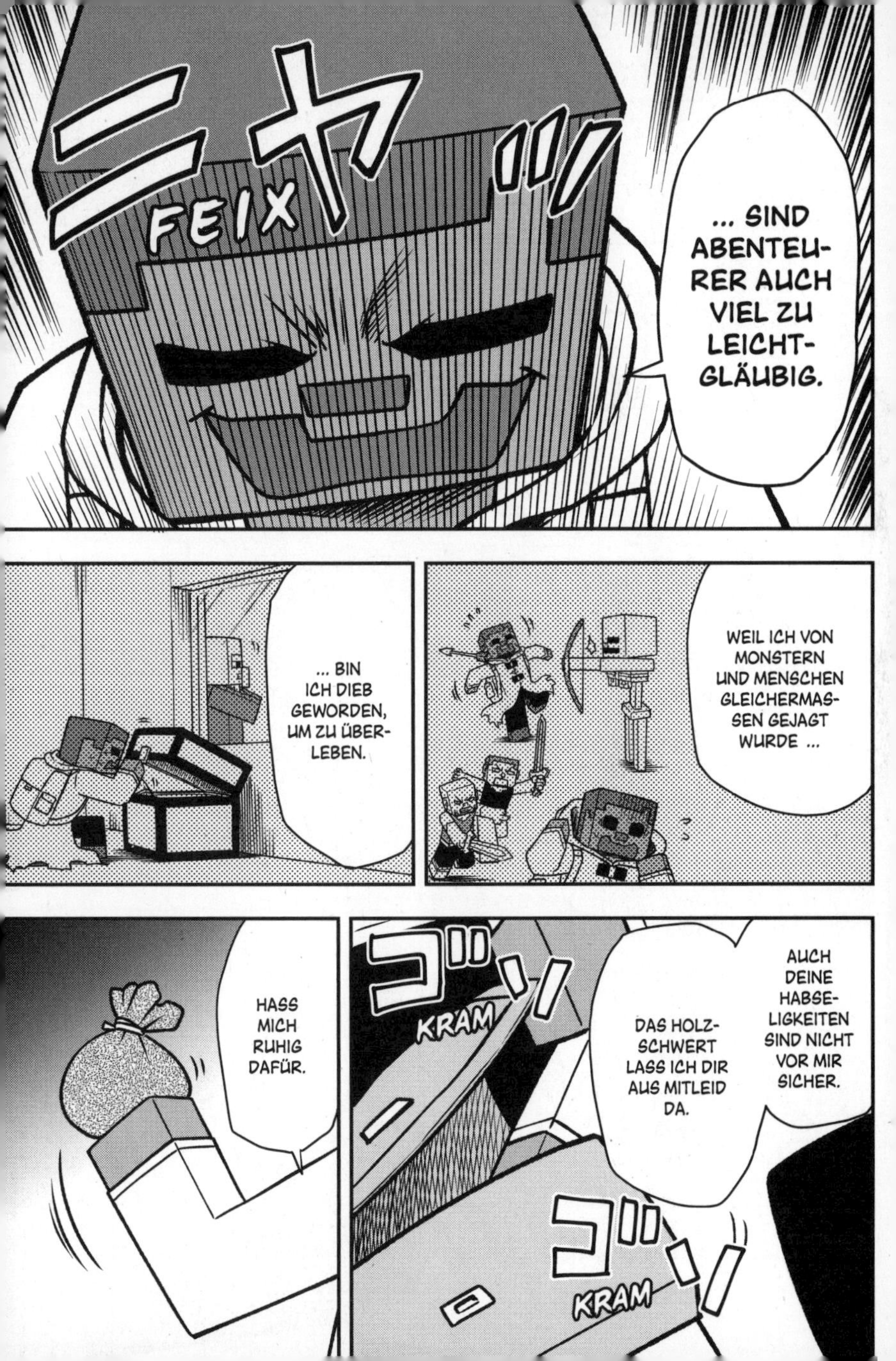
FEIX
... SIND ABENTEURER AUCH VIEL ZU LEICHTGLÄUBIG.
WEIL ICH VON MONSTERN UND MENSCHEN GLEICHERMASSEN GEJAGT WURDE ...
... BIN ICH DIEB GEWORDEN, UM ZU ÜBERLEBEN.
KRAM
AUCH DEINE HABSELIGKEITEN SIND NICHT VOR MIR SICHER.
DAS HOLZSCHWERT LASS ICH DIR AUS MITLEID DA.
KRAM
HASS MICH RUHIG DAFÜR.

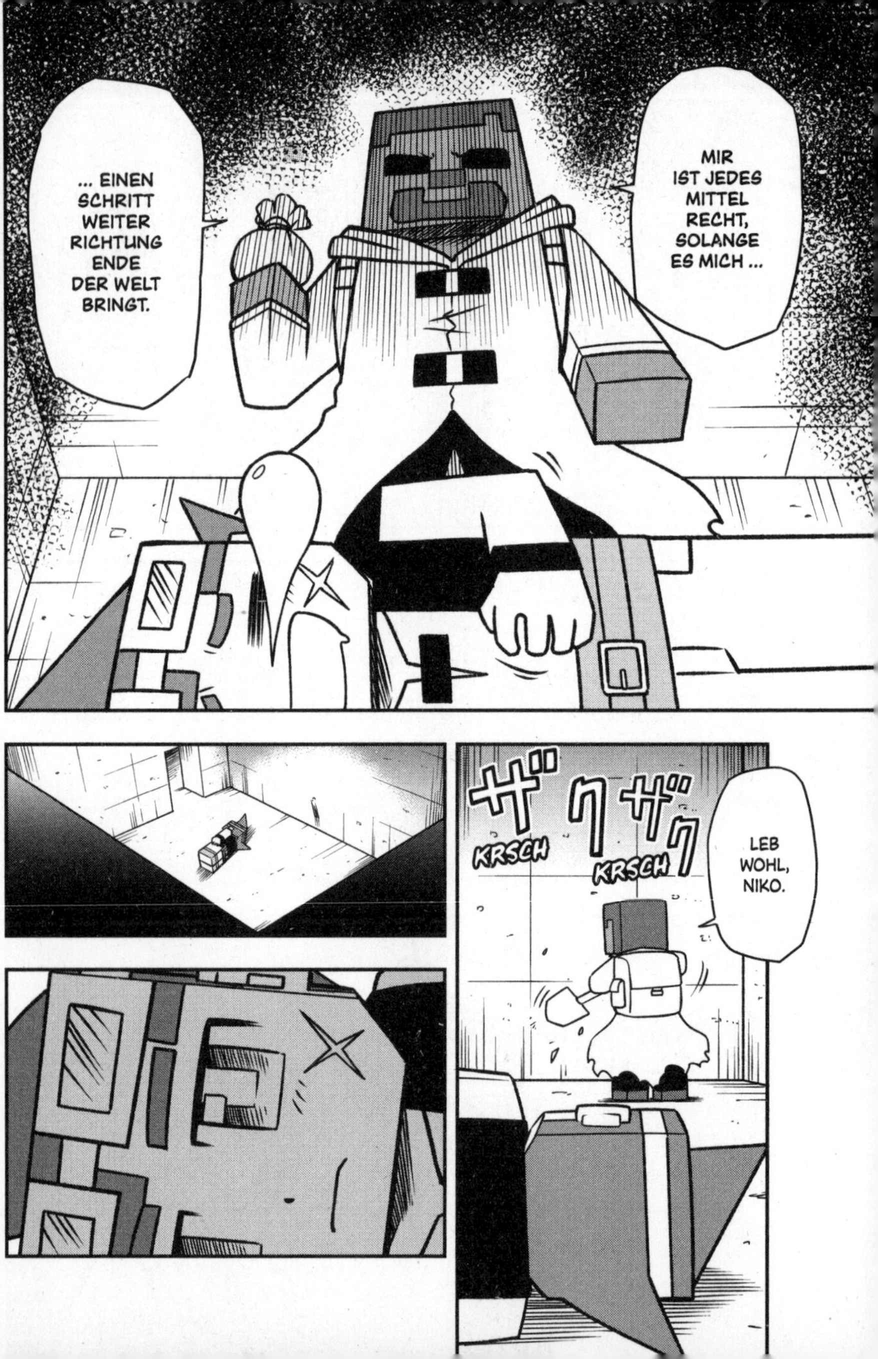
MIR IST JEDES MITTEL RECHT, SOLANGE ES MICH ...
... EINEN SCHRITT WEITER RICHTUNG ENDE DER WELT BRINGT.
ザクザク
KRSCH
KRSCH
LEB WOHL, NIKO.

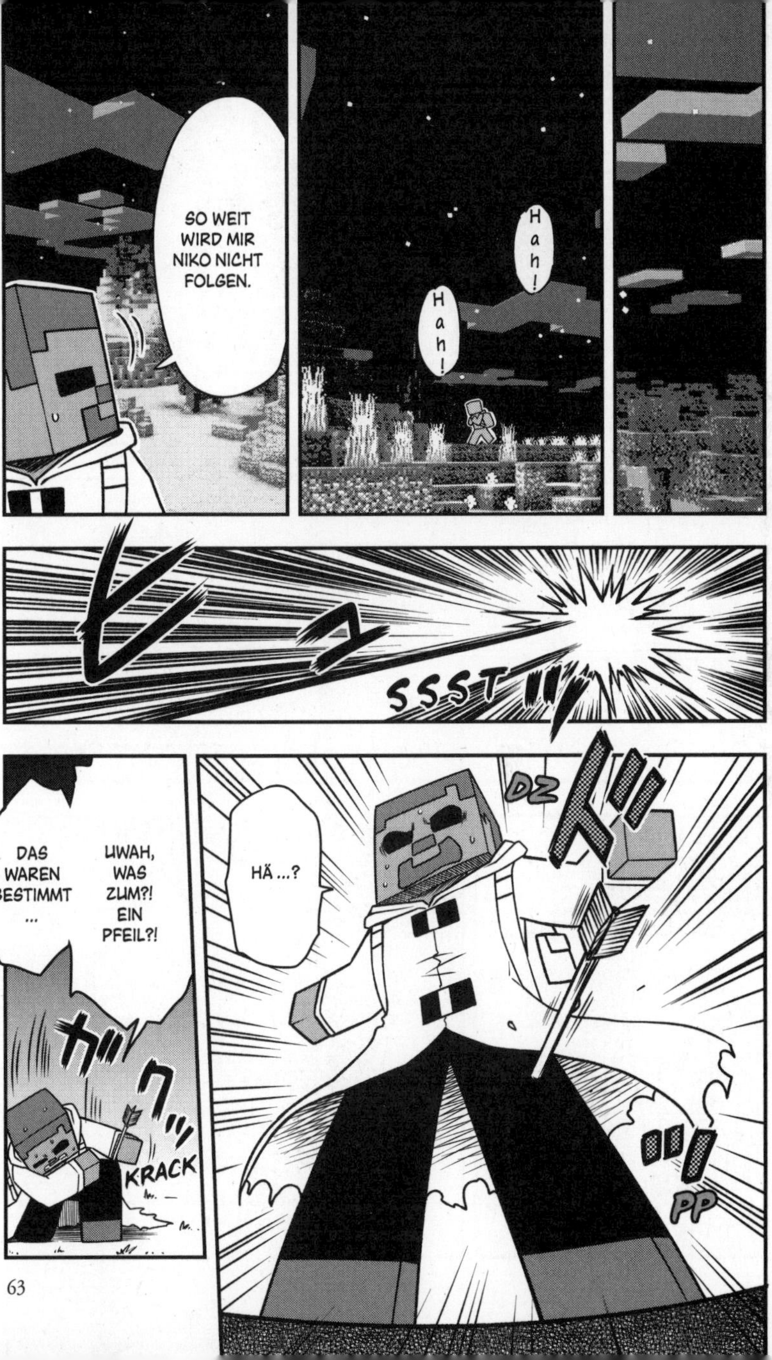
SO WEIT WIRD MIR NIKO NICHT FOLGEN.
Hah!
Hah!
SSST
DZ
PP
HÄ …?
UWAH, WAS ZUM?! EIN PFEIL?!
DAS WAREN BESTIMMT …
KRACK

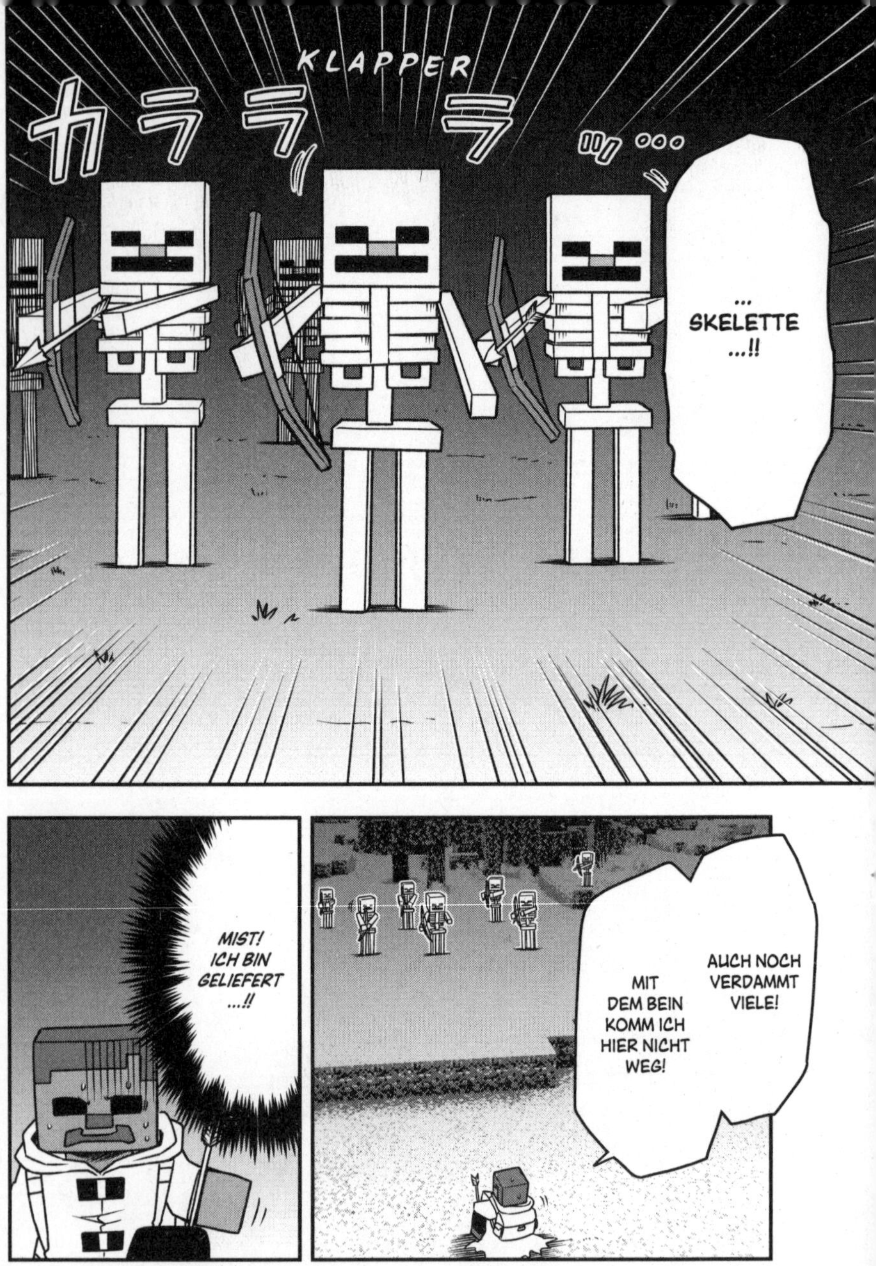
KLAPPER
カラララッ…
... SKELETTE ...!!
AUCH NOCH VERDAMMT VIELE!
MIT DEM BEIN KOMM ICH HIER NICHT WEG!
MIST! ICH BIN GELIEFERT ...!!

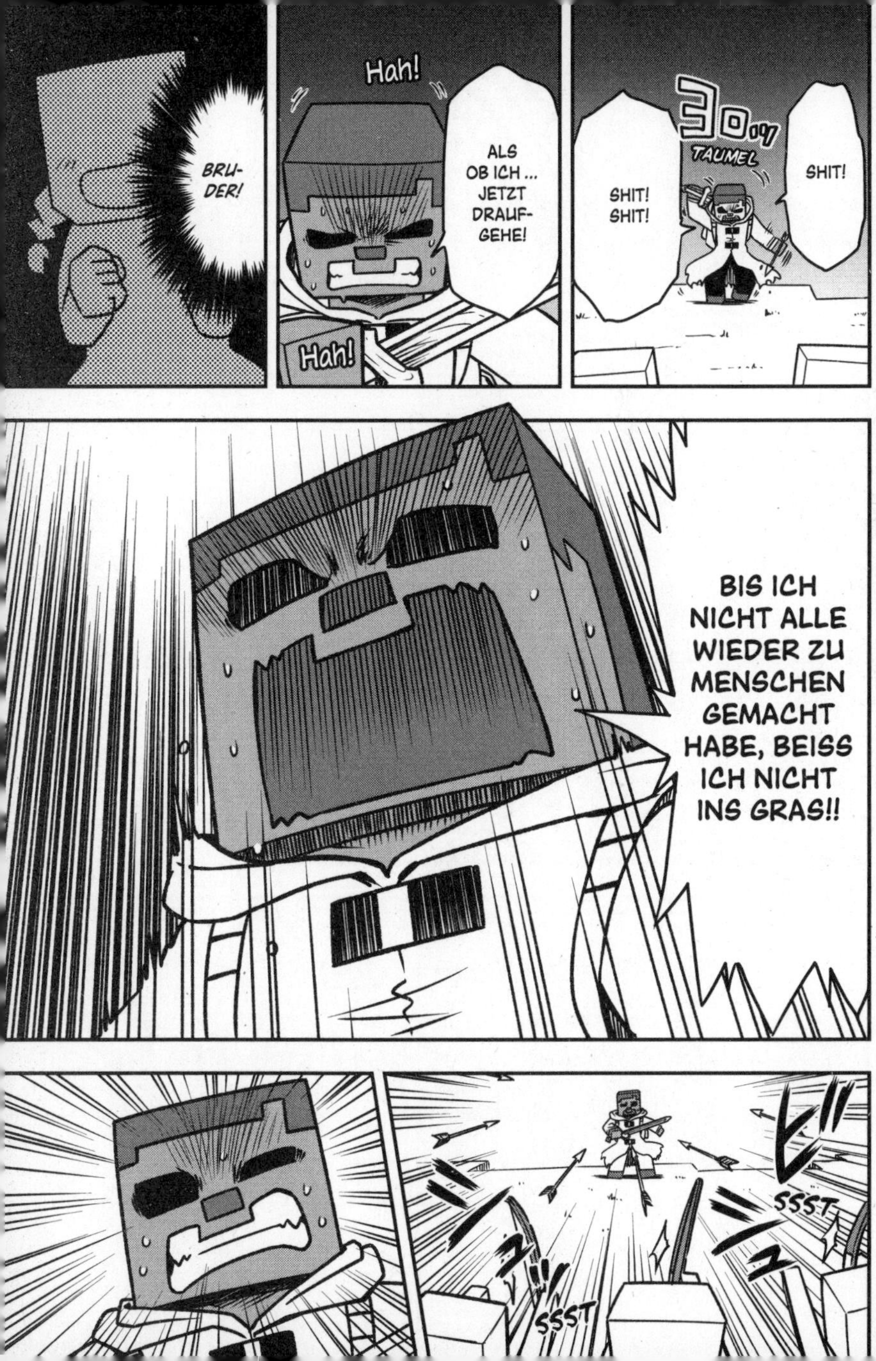
TAUMEL
SHIT!
SHIT! SHIT!
Hah!
ALS OB ICH ... JETZT DRAUF-GEHE!
Hah!
BRU-DER!
BIS ICH NICHT ALLE WIEDER ZU MENSCHEN GEMACHT HABE, BEISS ICH NICHT INS GRAS!!
SSST
SSST

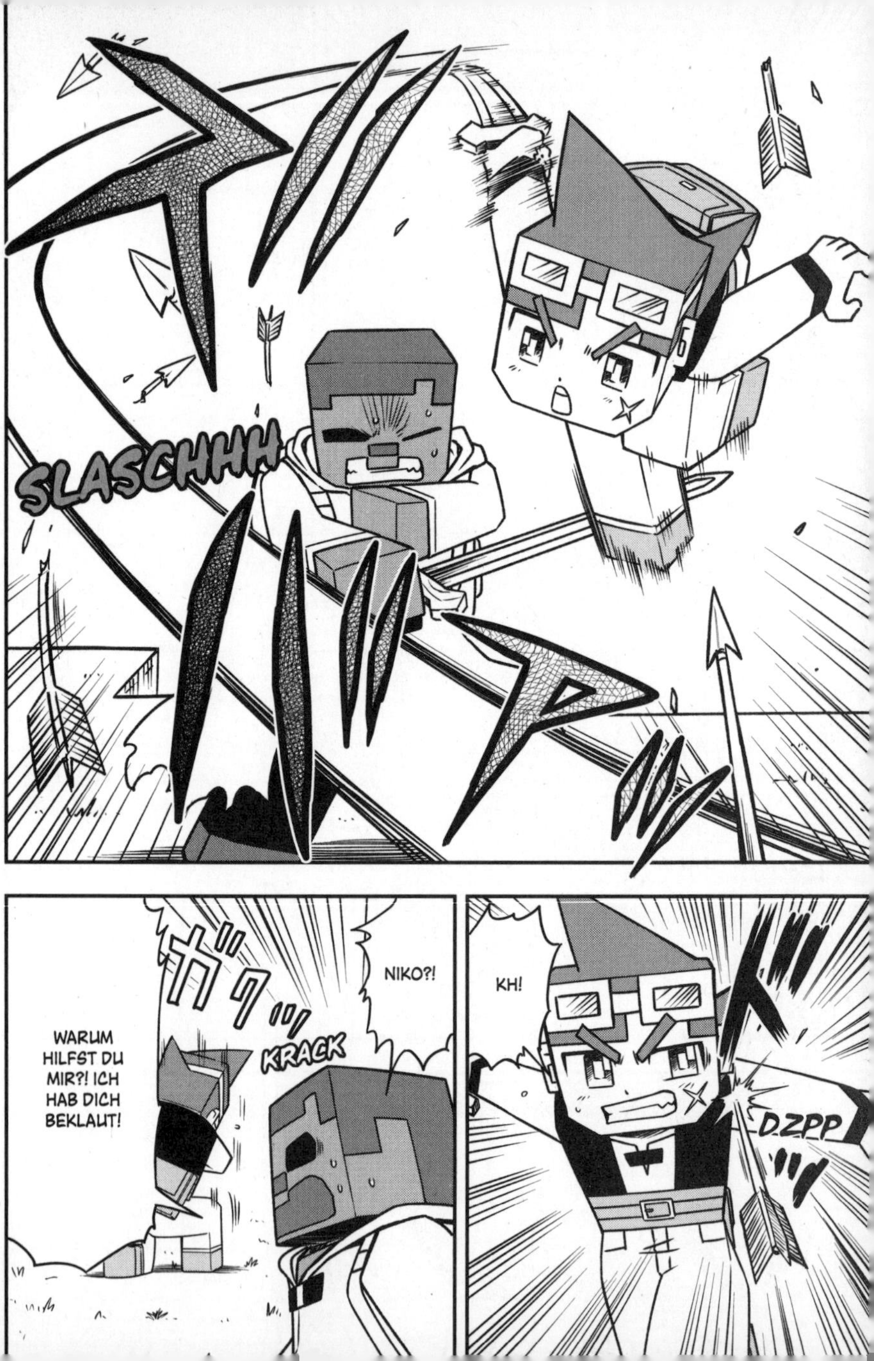

SLASCHHH
NIKO?!
KRACK
WARUM HILFST DU MIR?! ICH HAB DICH BEKLAUT!
KH!
DZPP

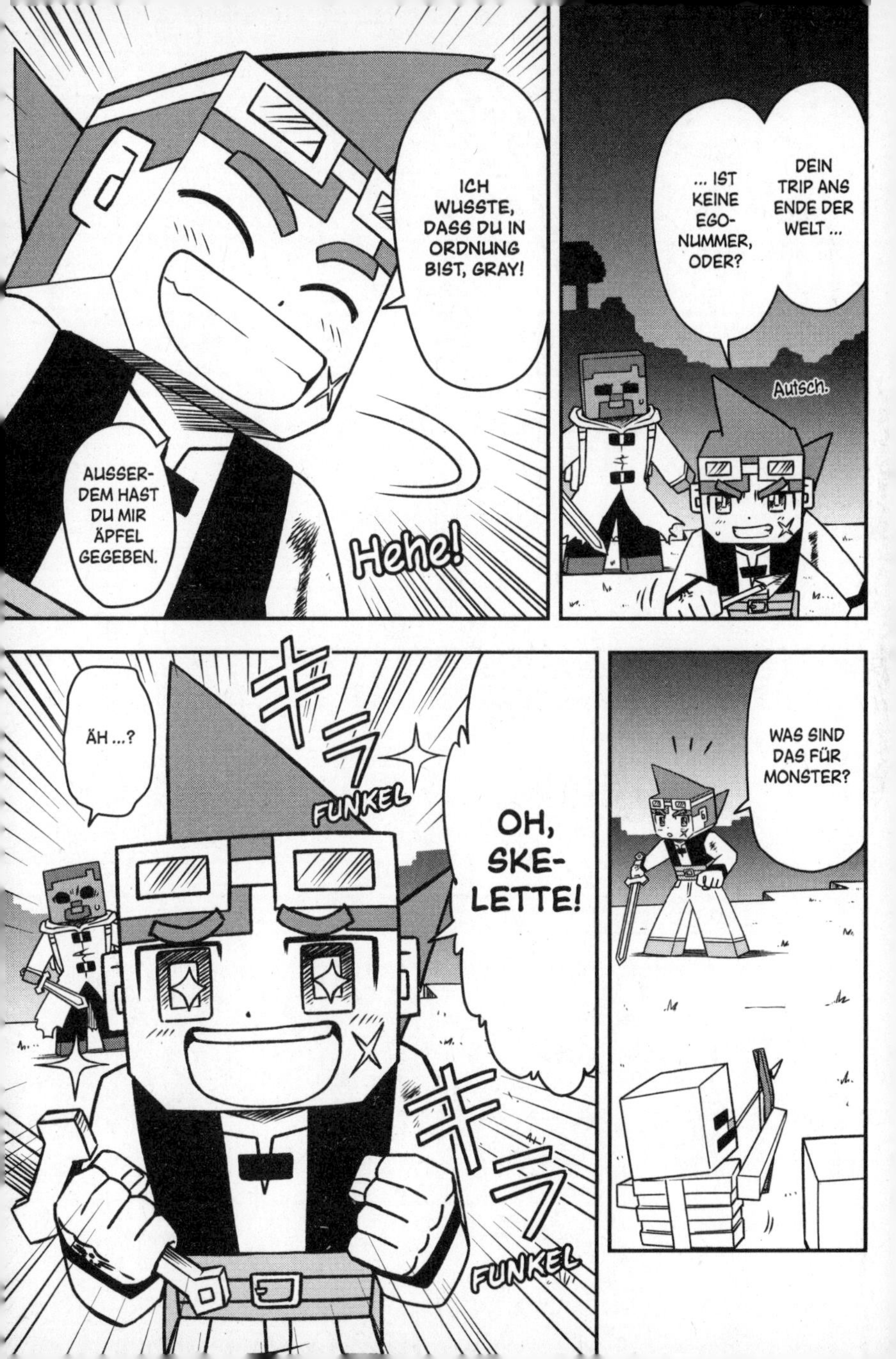
DEIN TRIP ANS ENDE DER WELT ...
... IST KEINE EGO-NUMMER, ODER?
Autsch.
ICH WUSSTE, DASS DU IN ORDNUNG BIST, GRAY!
AUSSER-DEM HAST DU MIR ÄPFEL GEGEBEN.
Hehe!
WAS SIND DAS FÜR MONSTER?
OH, SKE-LETTE!
ギラ
FUNKEL
ÄH ...?
ギラ
FUNKEL

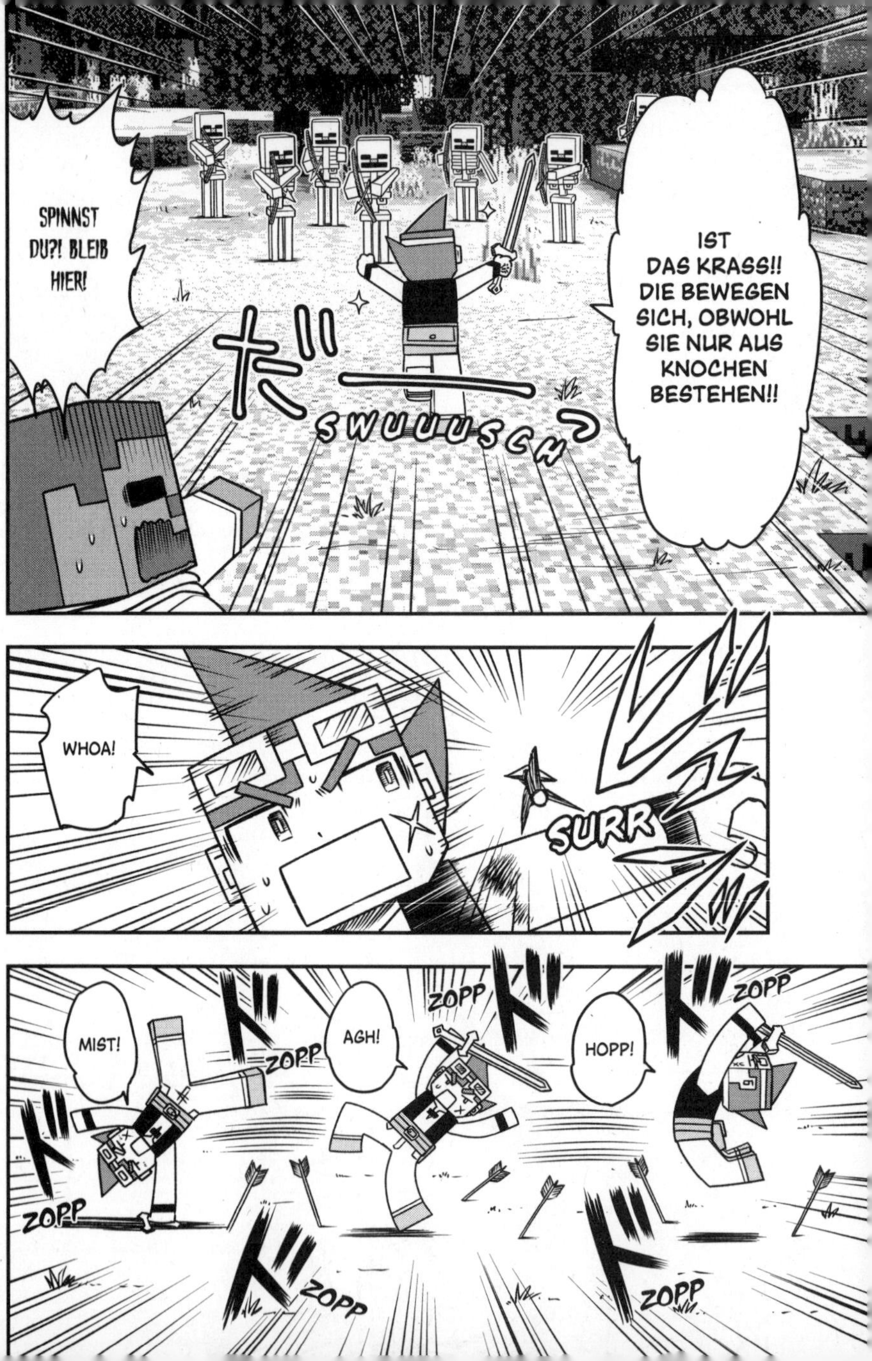
IST DAS KRASS!! DIE BEWEGEN SICH, OBWOHL SIE NUR AUS KNOCHEN BESTEHEN!!
SPINNST DU?! BLEIB HIER!
SWUUUUSCH
WHOA!
SURR
HOPP!
ZOPP
AGH!
ZOPP
MIST!
ZOPP
ZOPP
ZOPP
ZOPP

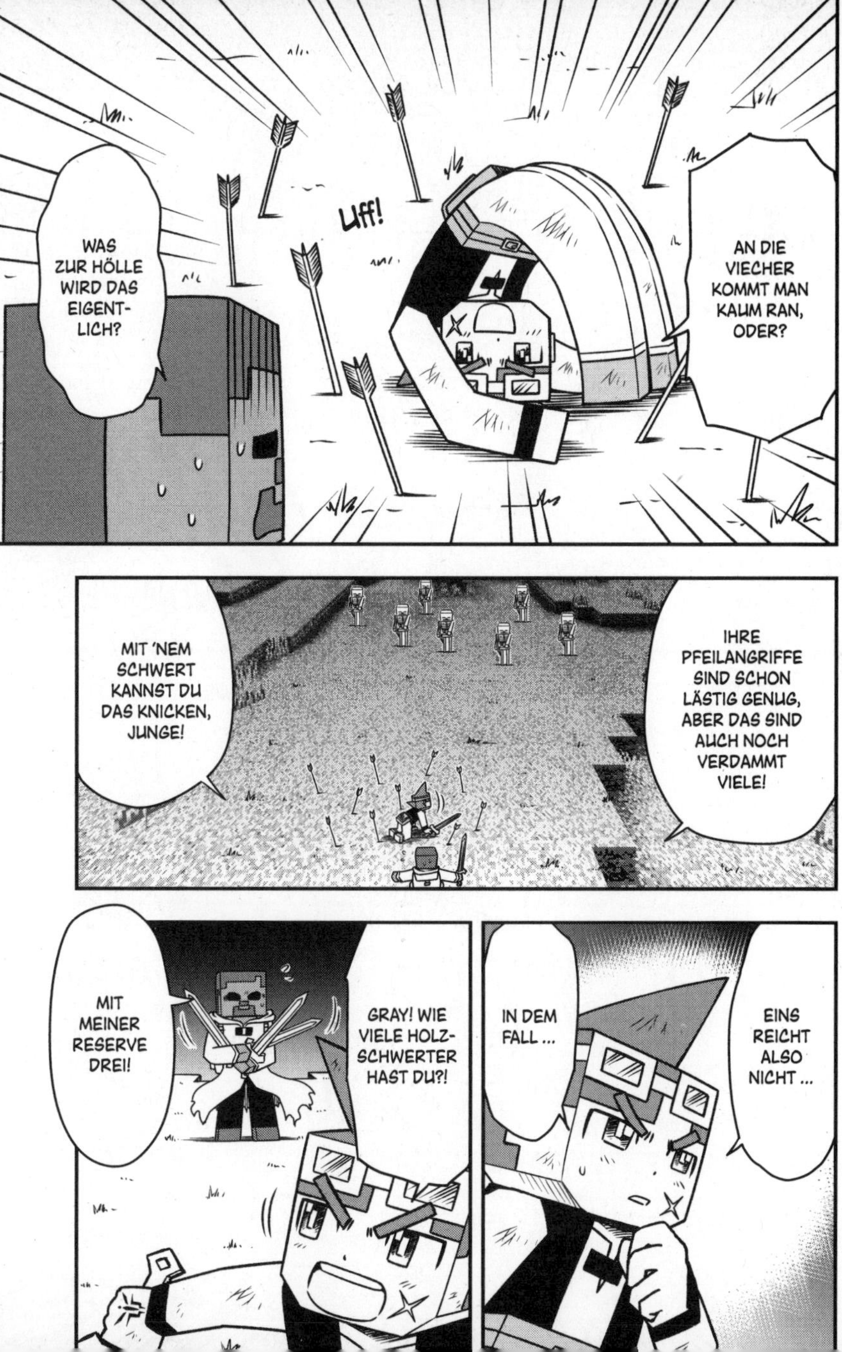

AN DIE VIECHER KOMMT MAN KAUM RAN, ODER?
UFF!
WAS ZUR HÖLLE WIRD DAS EIGENTLICH?
IHRE PFEILANGRIFFE SIND SCHON LÄSTIG GENUG, ABER DAS SIND AUCH NOCH VERDAMMT VIELE!
MIT 'NEM SCHWERT KANNST DU DAS KNICKEN, JUNGE!
EINS REICHT ALSO NICHT …
IN DEM FALL …
GRAY! WIE VIELE HOLZSCHWERTER HAST DU?!
MIT MEINER RESERVE DREI!

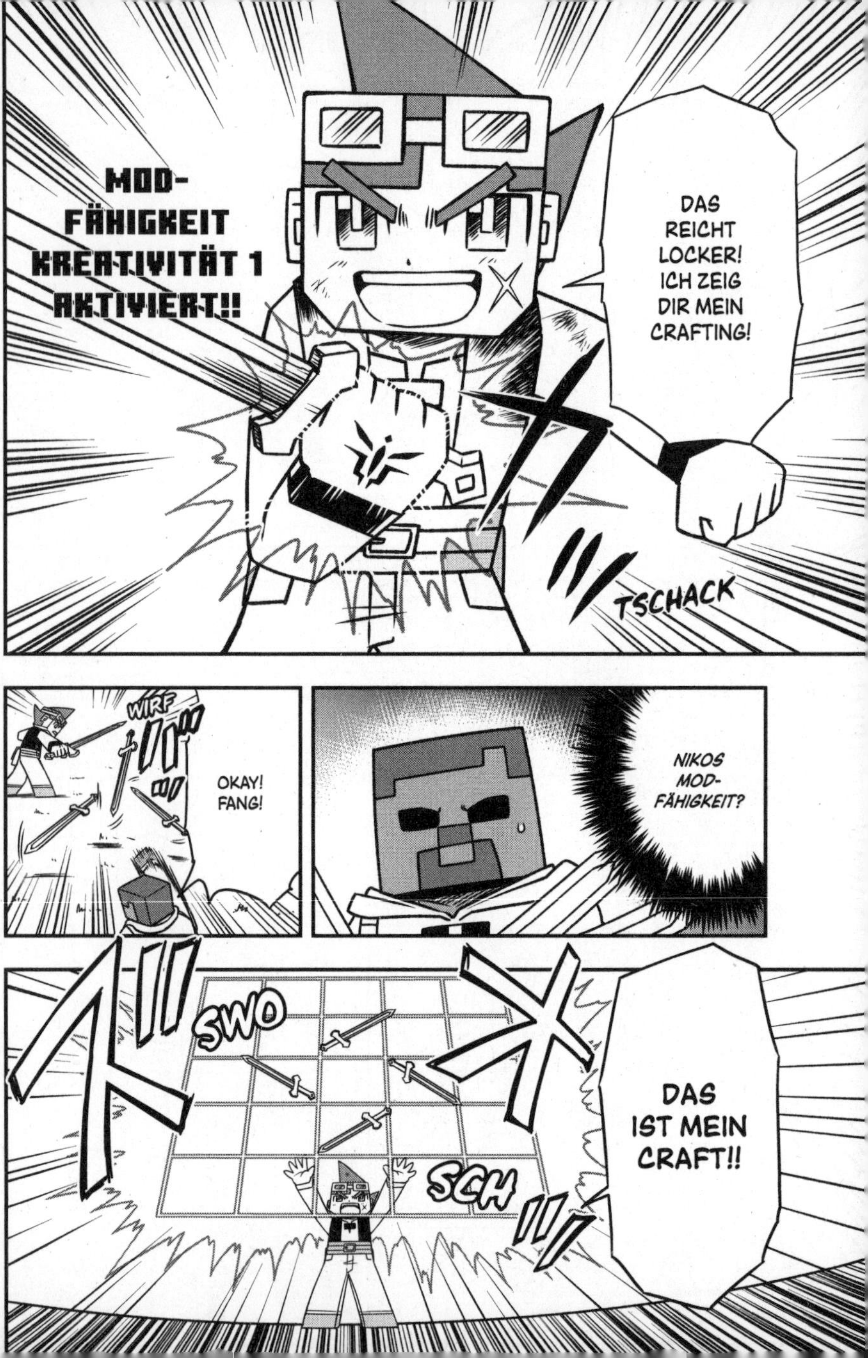
DAS REICHT LOCKER! ICH ZEIG DIR MEIN CRAFTING!
MOD-FÄHIGKEIT KREATIVITÄT 1 AKTIVIERT!!
TSCHACK
NIKOS MOD-FÄHIGKEIT?
OKAY! FANG!
WIRF
DAS IST MEIN CRAFT!!
SWO
SCH

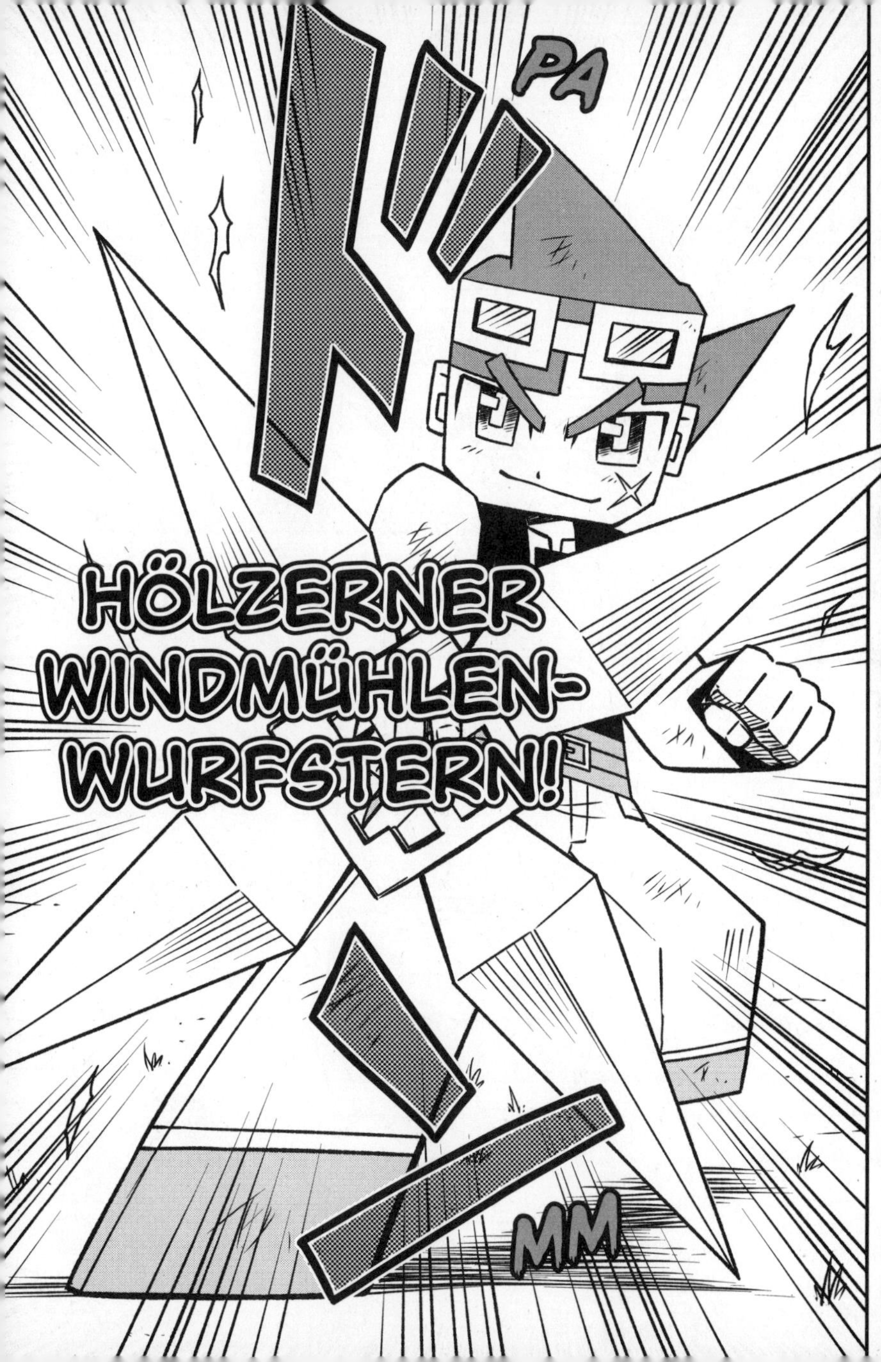
PA
HÖLZERNER
WINDMÜHLEN-
WURFSTERN!
MM

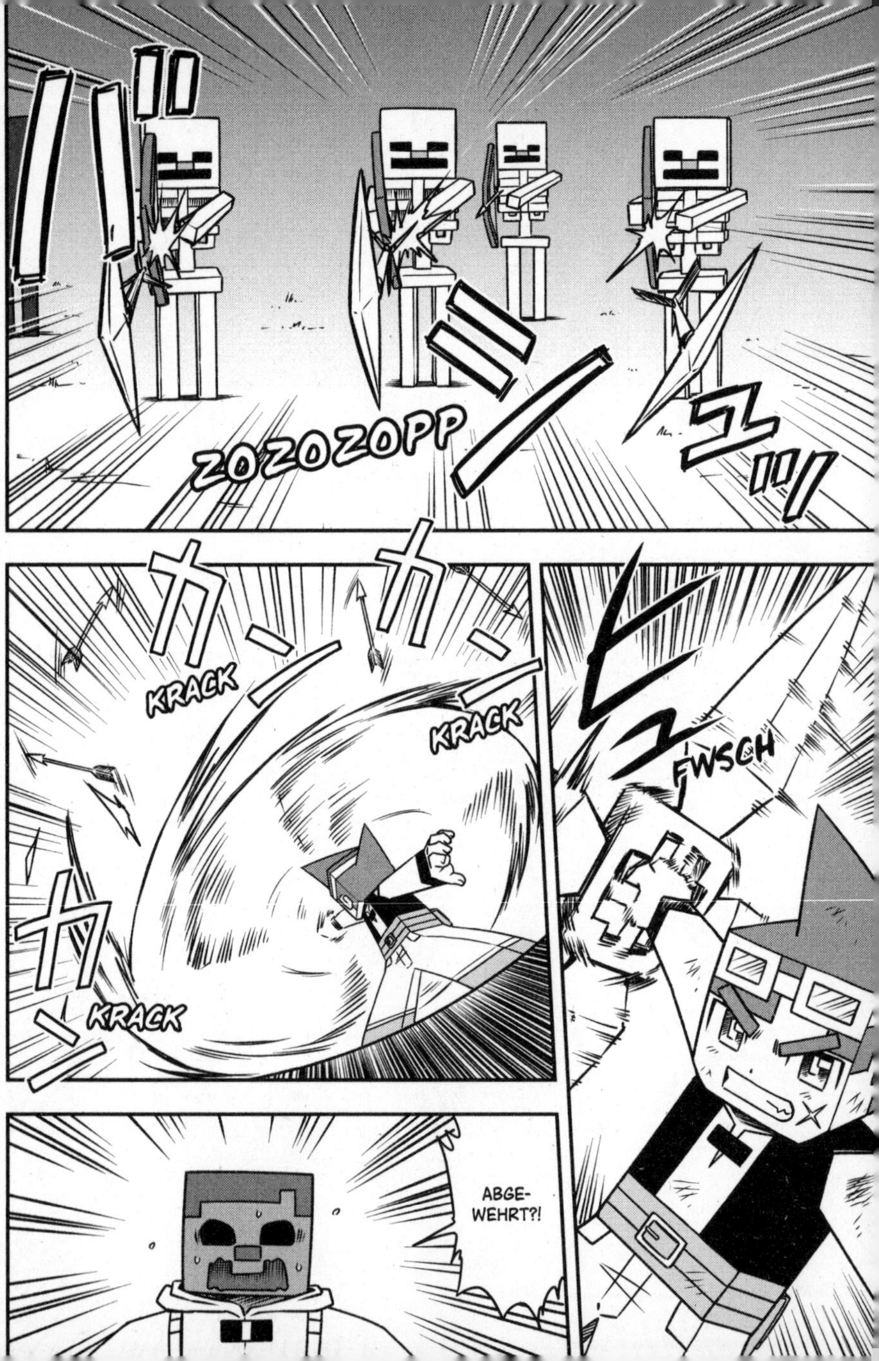
ZOZOZOPP
KRACK
KRACK
KRACK
FWSCH
ABGE-
WEHRT?!

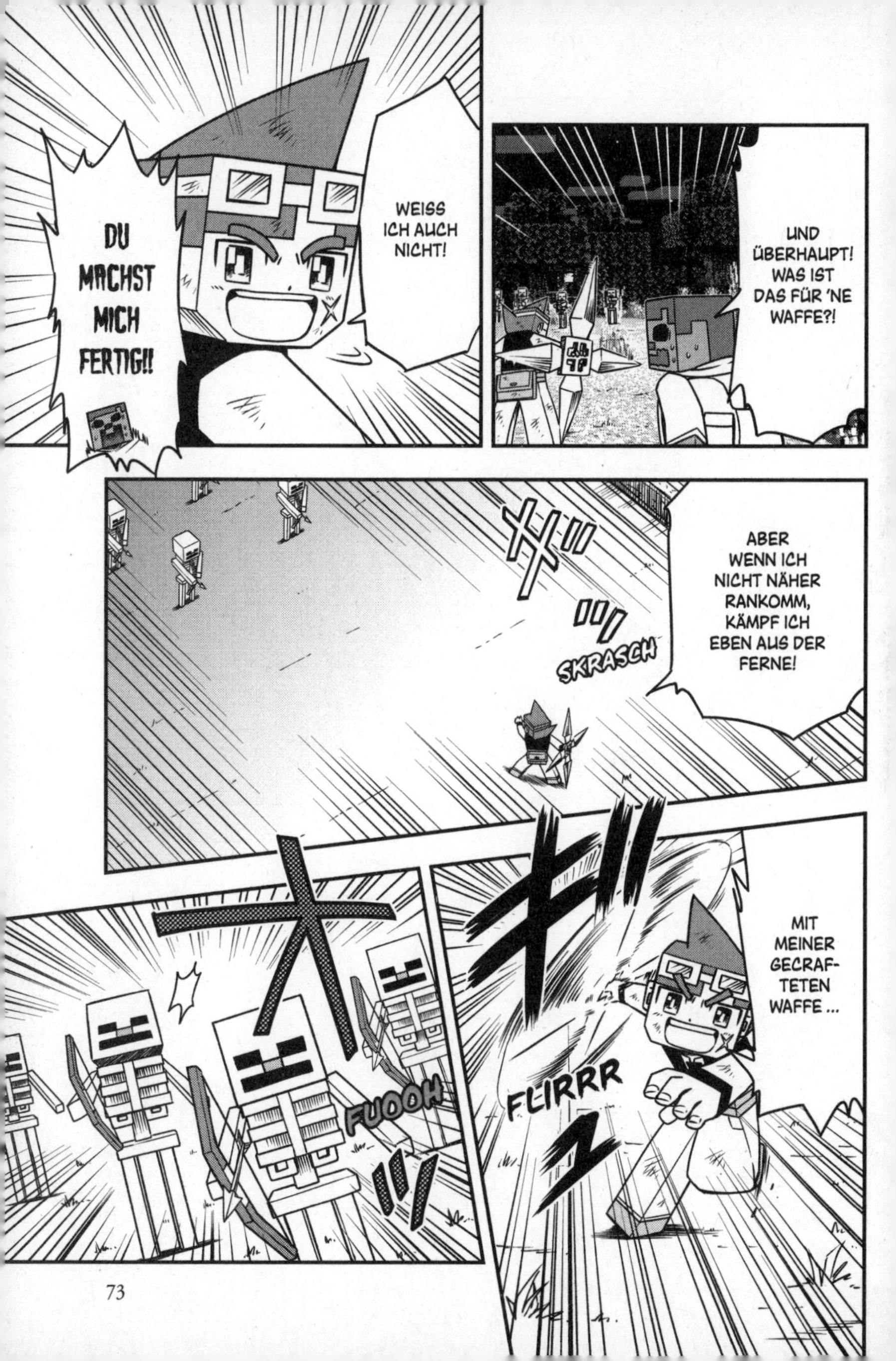
WEISS ICH AUCH NICHT!
DU MACHST MICH FERTIG!!
UND ÜBERHAUPT! WAS IST DAS FÜR 'NE WAFFE?!
ABER WENN ICH NICHT NÄHER RANKOMM, KÄMPF ICH EBEN AUS DER FERNE!
SKRASCH
MIT MEINER GECRAF-TETEN WAFFE ...
FLIRRR
FUOOH

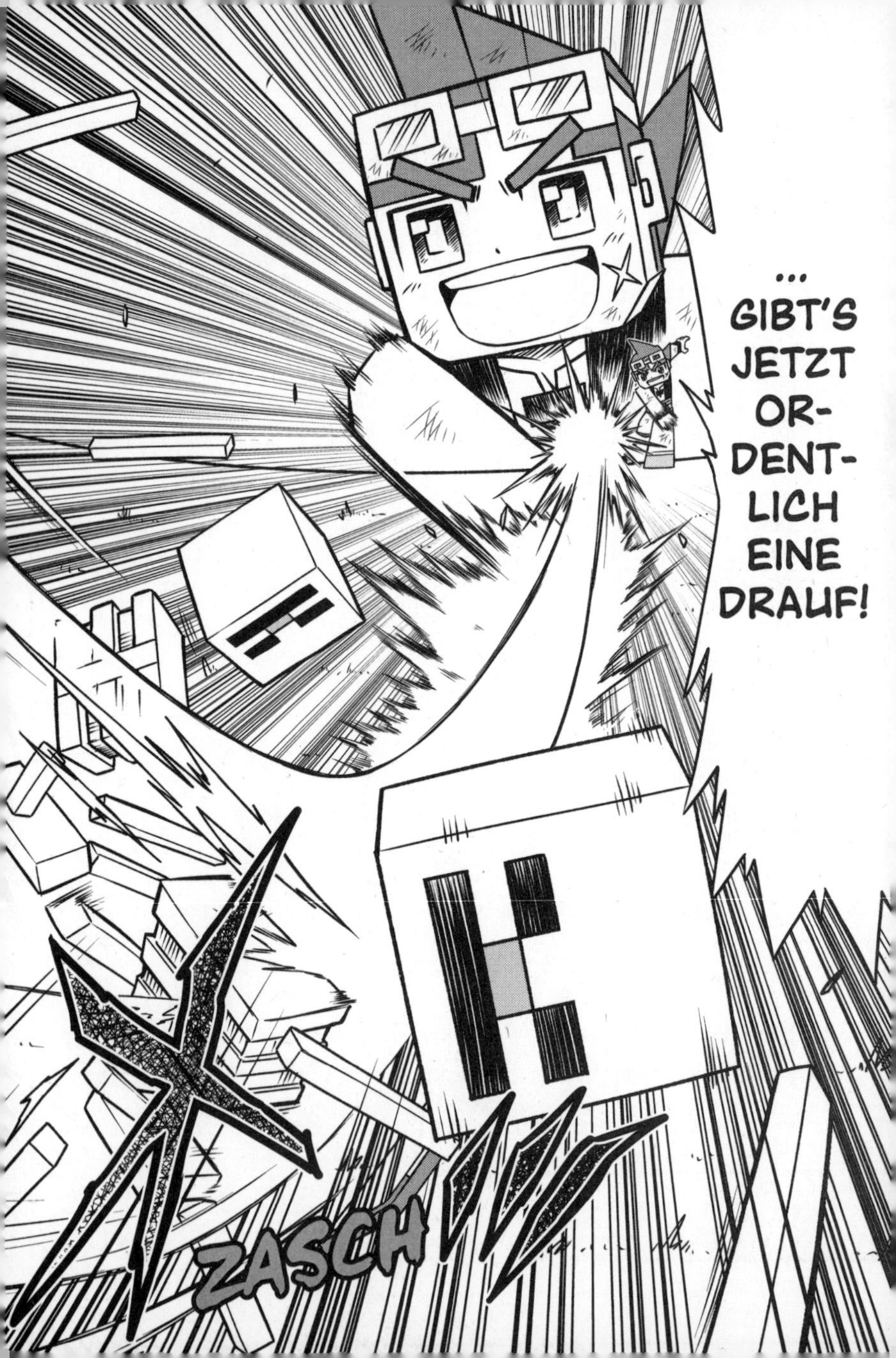
... GIBT'S JETZT OR-DENT-LICH EINE DRAUF!
ZASCH

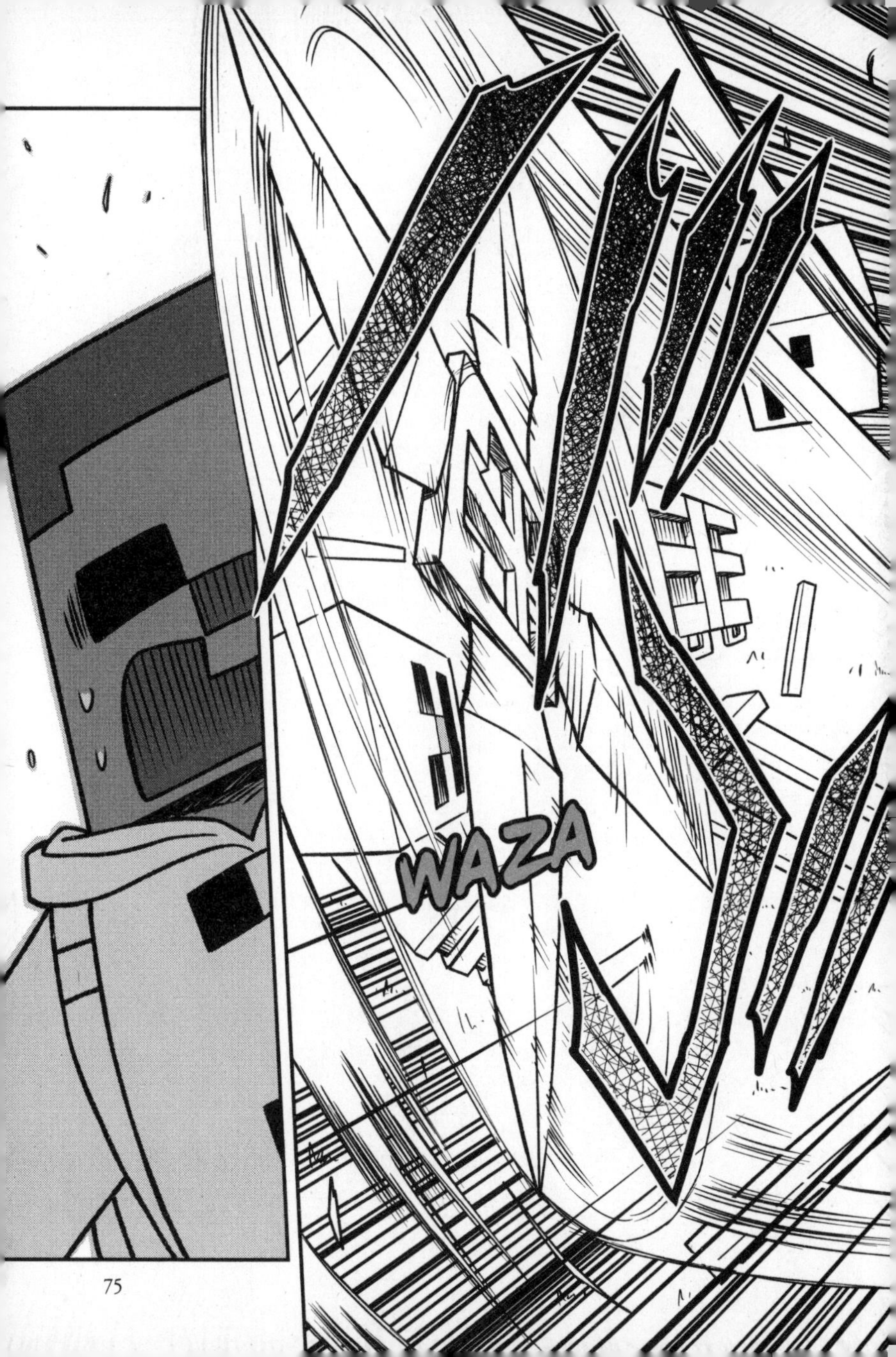
WAZA

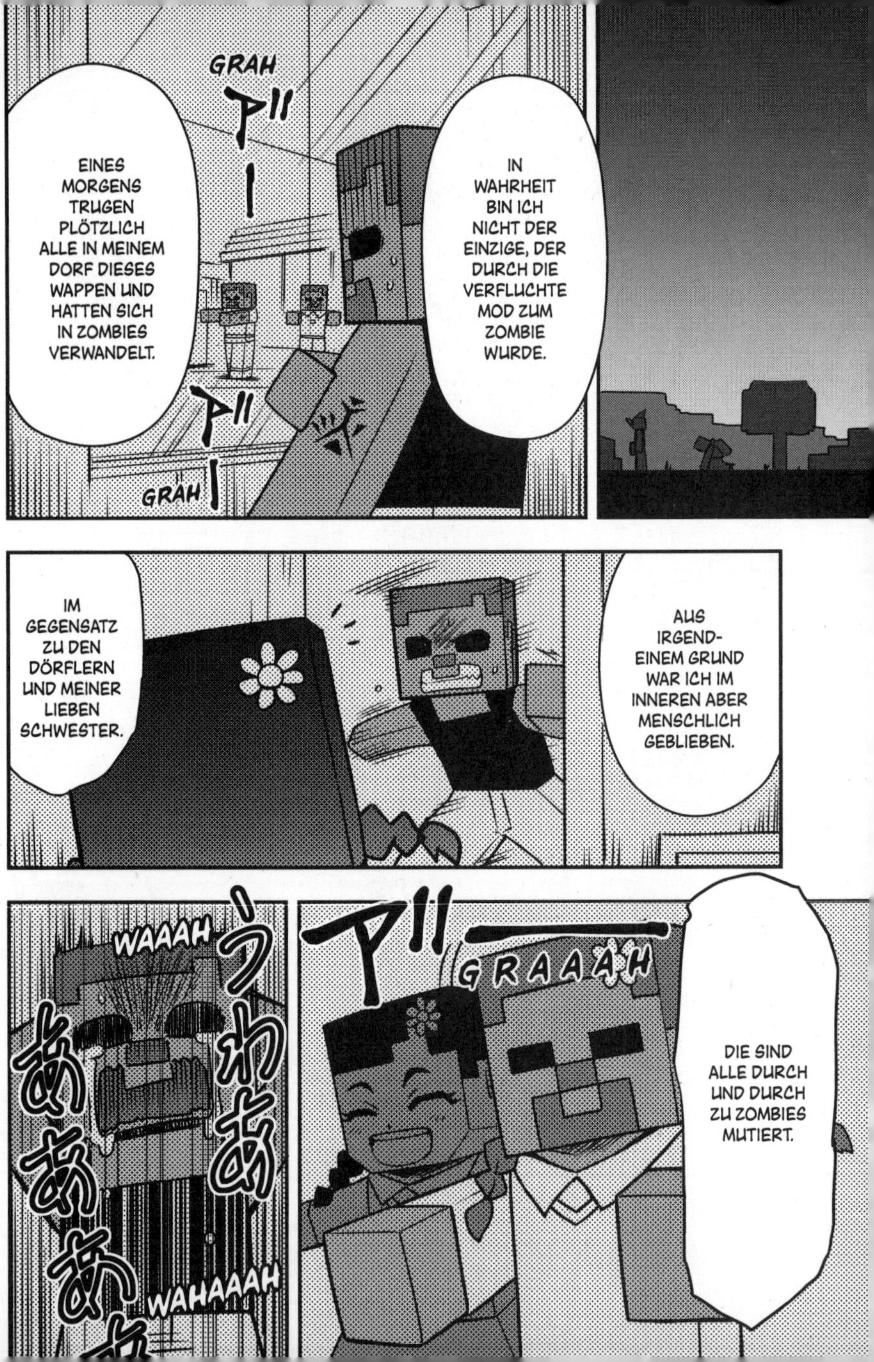

IN WAHRHEIT BIN ICH NICHT DER EINZIGE, DER DURCH DIE VERFLUCHTE MOD ZUM ZOMBIE WURDE.
GRAH
GRAH
EINES MORGENS TRUGEN PLÖTZLICH ALLE IN MEINEM DORF DIESES WAPPEN UND HATTEN SICH IN ZOMBIES VERWANDELT.
AUS IRGEND-EINEM GRUND WAR ICH IM INNEREN ABER MENSCHLICH GEBLIEBEN.
IM GEGENSATZ ZU DEN DÖRFLERN UND MEINER LIEBEN SCHWESTER.
DIE SIND ALLE DURCH UND DURCH ZU ZOMBIES MUTIERT.
GRAAAH
WAAAH
WAHAAAH

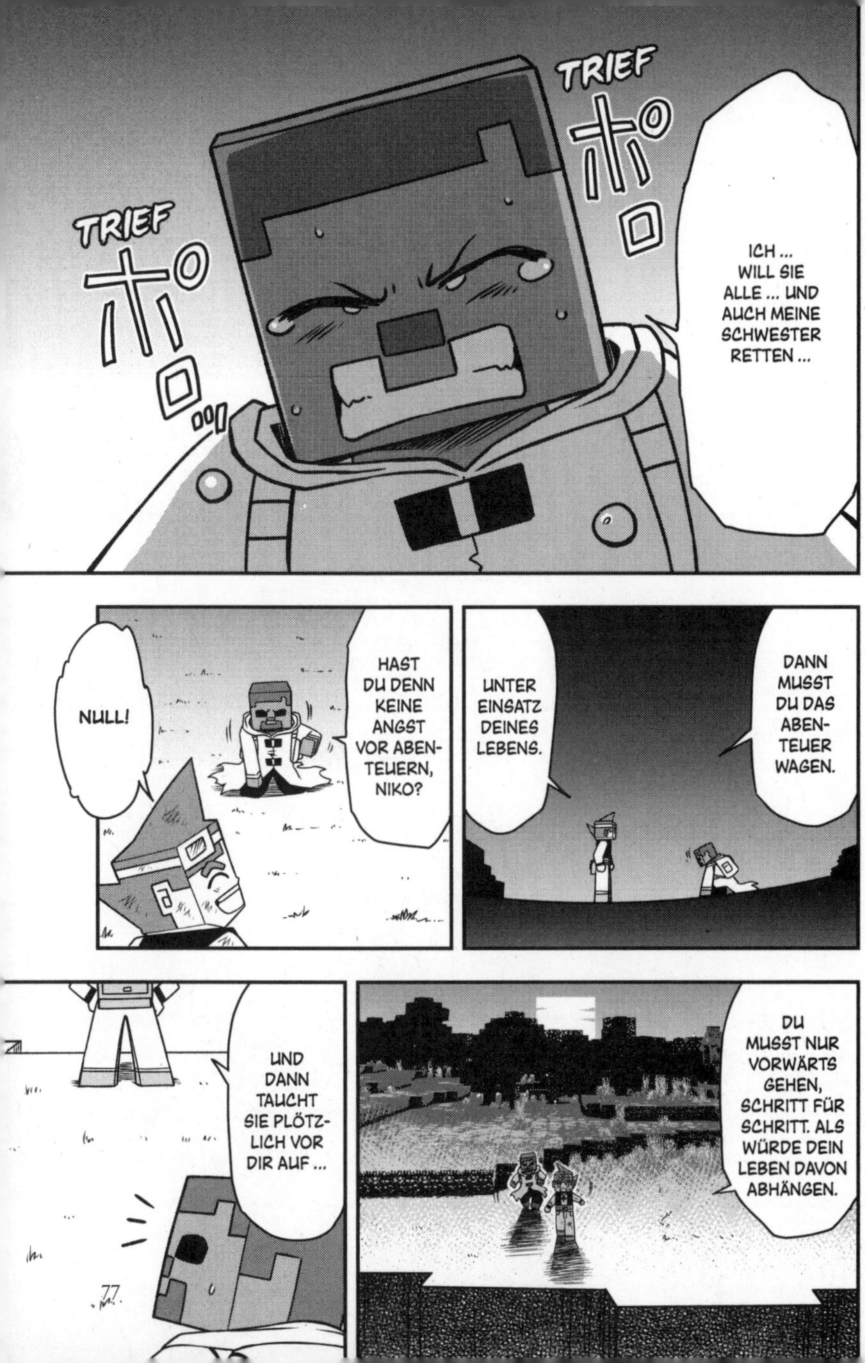
TRIEF
ポロ
TRIEF
ポロ
ICH ... WILL SIE ALLE ... UND AUCH MEINE SCHWESTER RETTEN ...
HAST DU DENN KEINE ANGST VOR ABEN-TEUERN, NIKO?
NULL!
DANN MUSST DU DAS ABEN-TEUER WAGEN.
UNTER EINSATZ DEINES LEBENS.
UND DANN TAUCHT SIE PLÖTZ-LICH VOR DIR AUF ...
DU MUSST NUR VORWÄRTS GEHEN, SCHRITT FÜR SCHRITT. ALS WÜRDE DEIN LEBEN DAVON ABHÄNGEN.

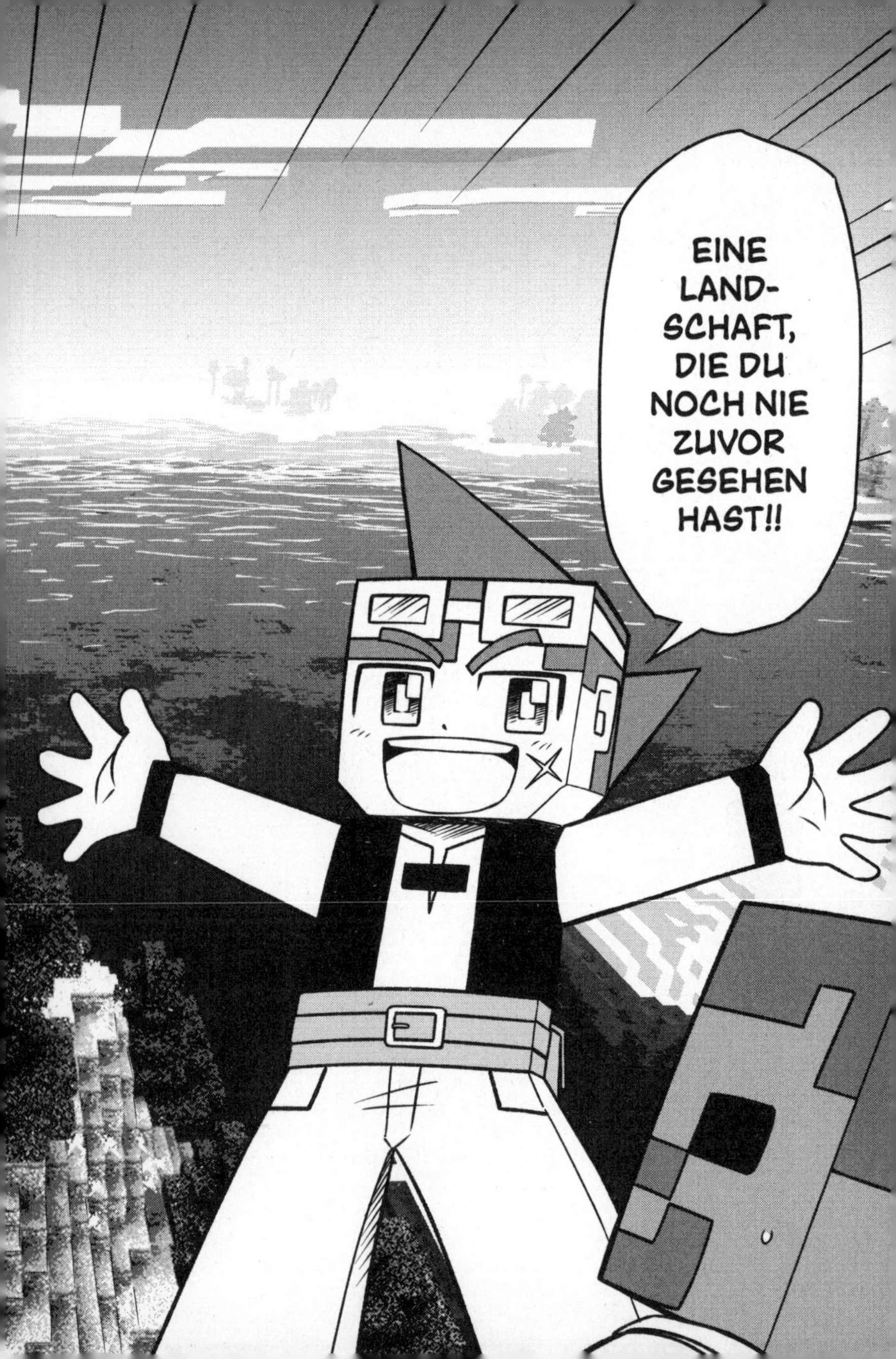
EINE LAND-SCHAFT, DIE DU NOCH NIE ZUVOR GESEHEN HAST!!

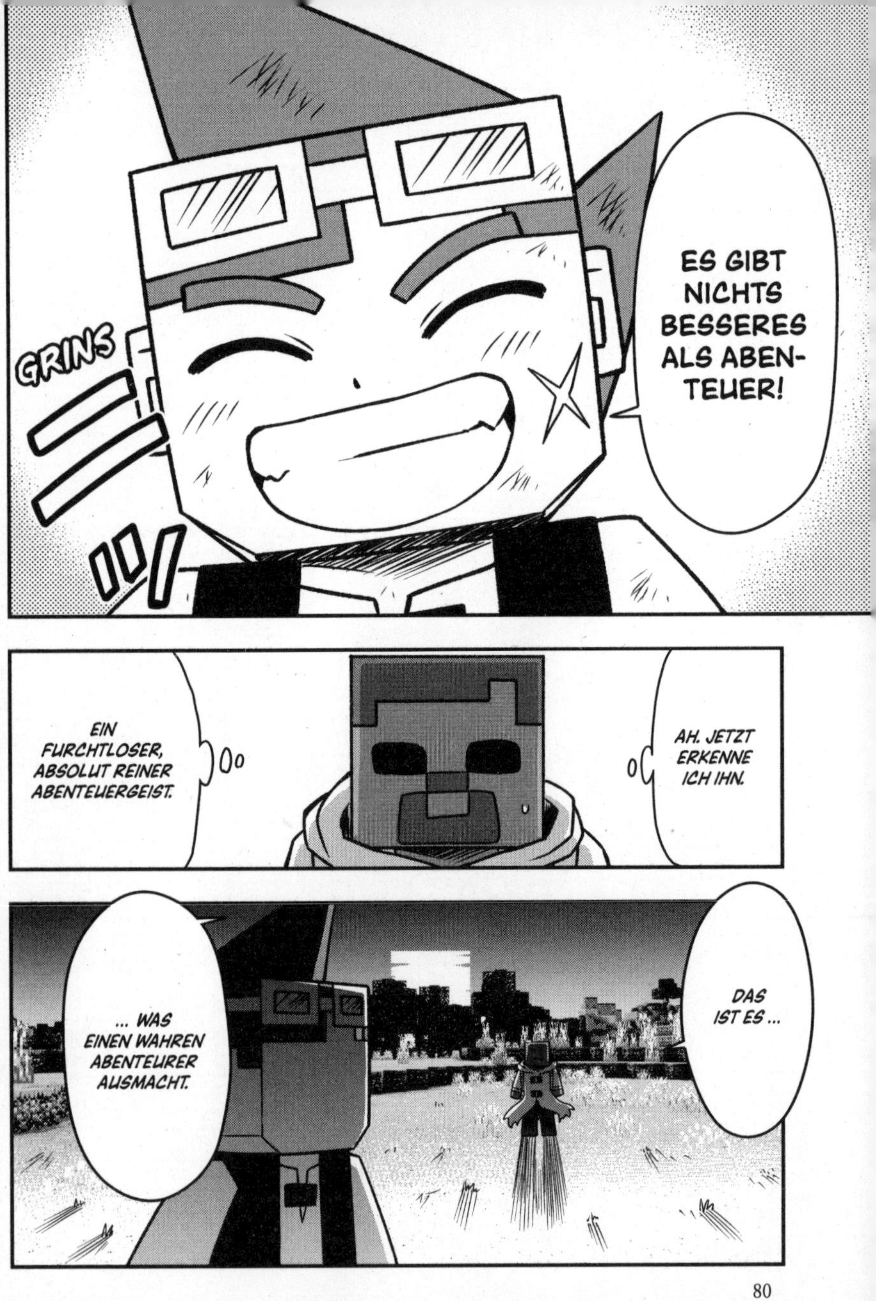
ES GIBT NICHTS BESSERES ALS ABEN-TEUER!
GRINS
AH. JETZT ERKENNE ICH IHN.
EIN FURCHTLOSER, ABSOLUT REINER ABENTEUERGEIST.
DAS IST ES ...
... WAS EINEN WAHREN ABENTEURER AUSMACHT.

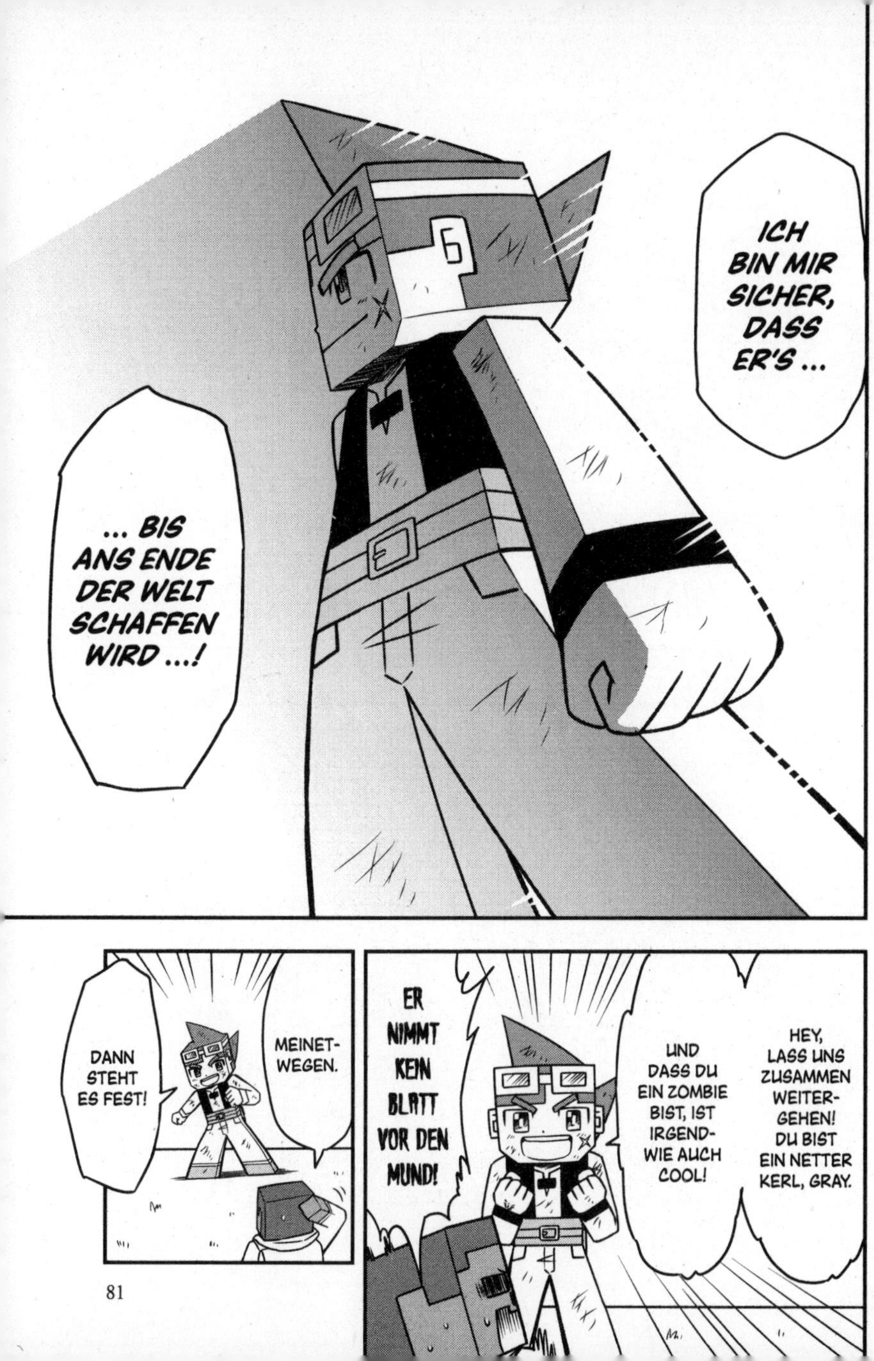
ICH BIN MIR SICHER, DASS ER'S ...
... BIS ANS ENDE DER WELT SCHAFFEN WIRD ...!
MEINET-WEGEN.
DANN STEHT ES FEST!
HEY, LASS UNS ZUSAMMEN WEITER-GEHEN! DU BIST EIN NETTER KERL, GRAY.
UND DASS DU EIN ZOMBIE BIST, IST IRGEND-WIE AUCH COOL!
ER NIMMT KEIN BLATT VOR DEN MUND!

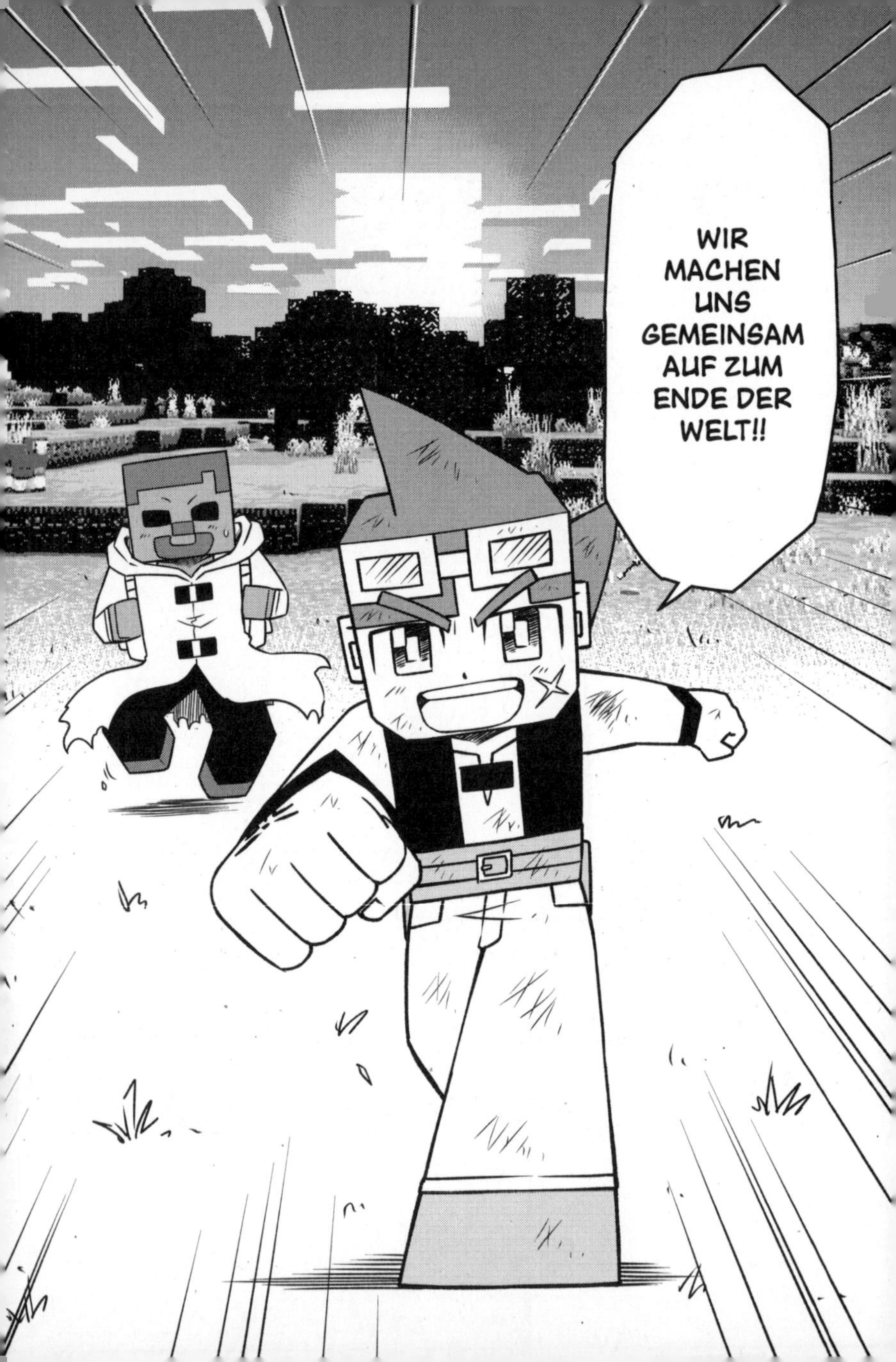
WIR MACHEN UNS GEMEINSAM AUF ZUM ENDE DER WELT!!

#3 ZERSCHLAGE DIE GAUNERBANDE DER WÜSTE!!

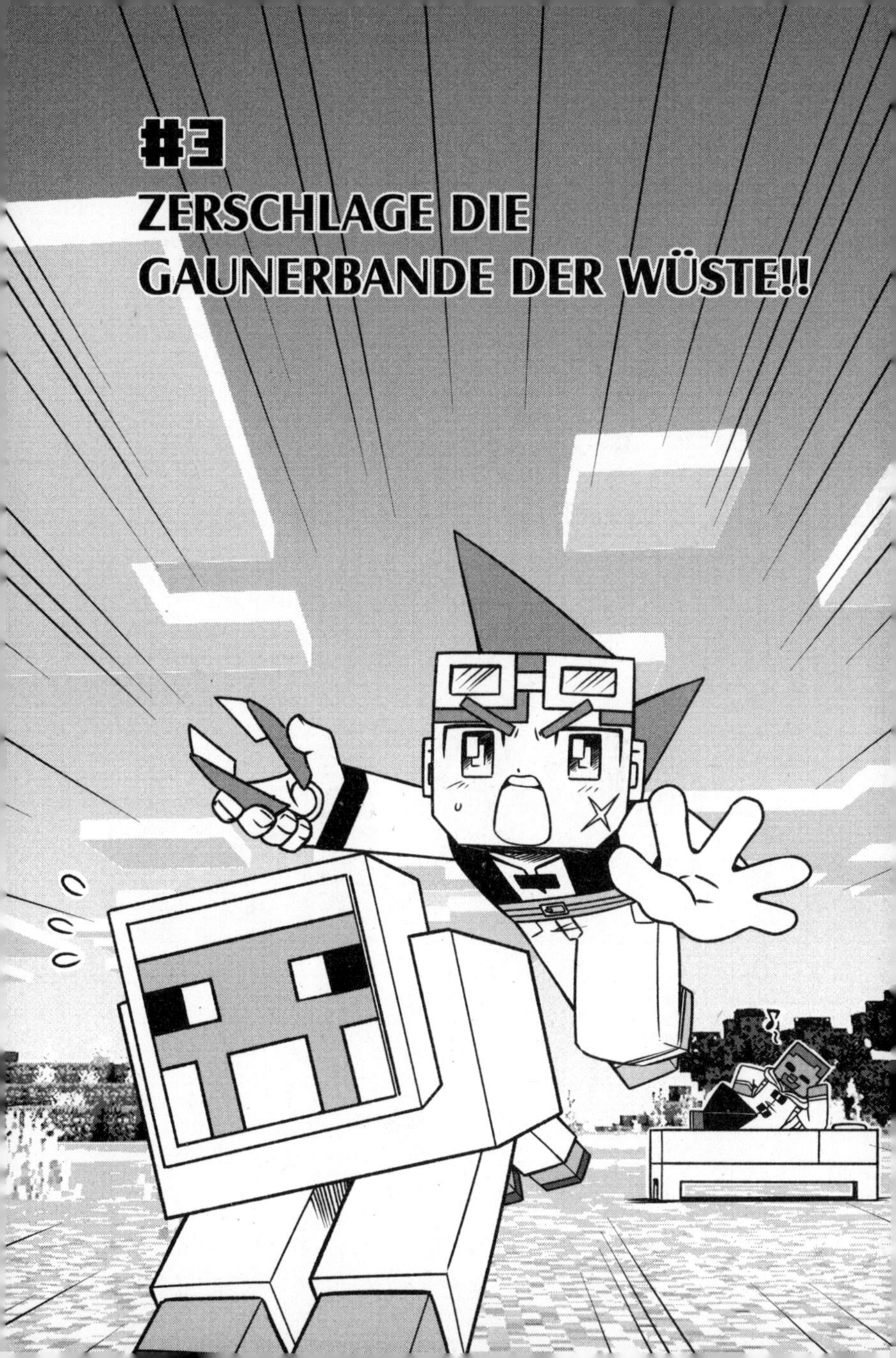

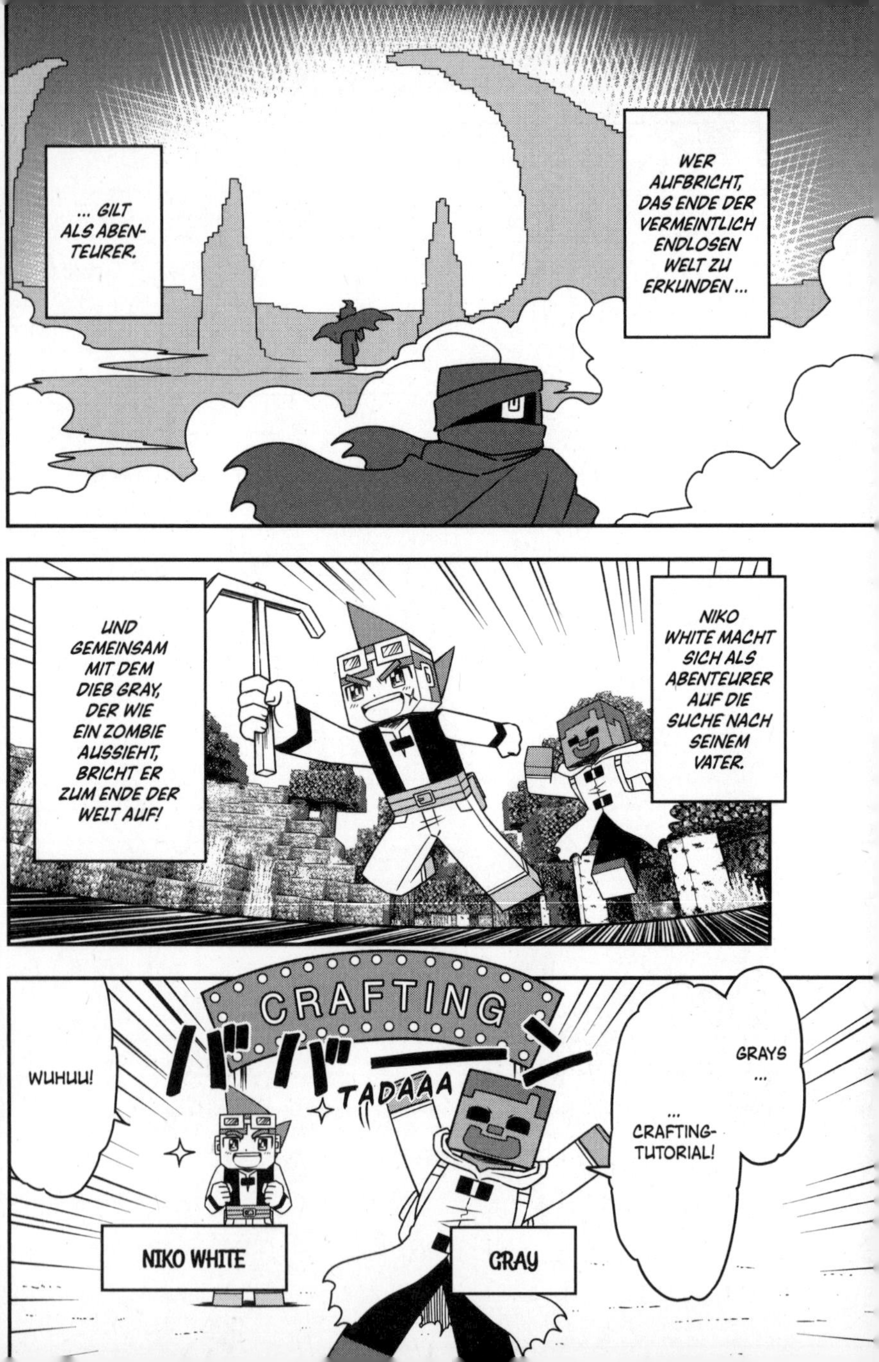
WER AUFBRICHT, DAS ENDE DER VERMEINTLICH ENDLOSEN WELT ZU ERKUNDEN …
… GILT ALS ABEN-TEURER.
NIKO WHITE MACHT SICH ALS ABENTEURER AUF DIE SUCHE NACH SEINEM VATER.
UND GEMEINSAM MIT DEM DIEB GRAY, DER WIE EIN ZOMBIE AUSSIEHT, BRICHT ER ZUM ENDE DER WELT AUF!
CRAFTING
GRAYS …
… CRAFTING-TUTORIAL!
TADAAA
WUHUU!
GRAY
NIKO WHITE

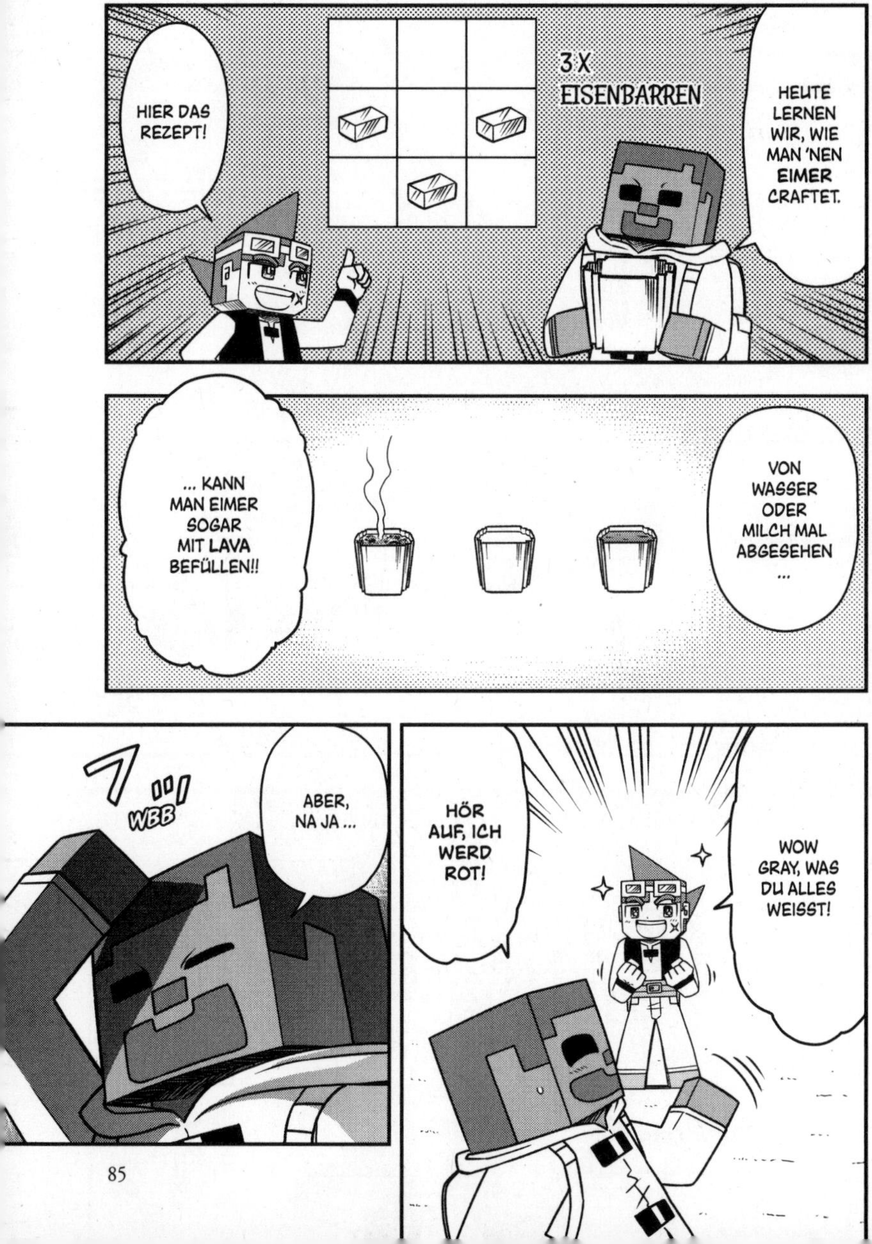
HEUTE LERNEN WIR, WIE MAN 'NEN EIMER CRAFTET.
3 X EISENBARREN
HIER DAS REZEPT!
VON WASSER ODER MILCH MAL ABGESEHEN ...
... KANN MAN EIMER SOGAR MIT LAVA BEFÜLLEN!!
WOW GRAY, WAS DU ALLES WEISST!
HÖR AUF, ICH WERD ROT!
ABER, NA JA ...
WBB

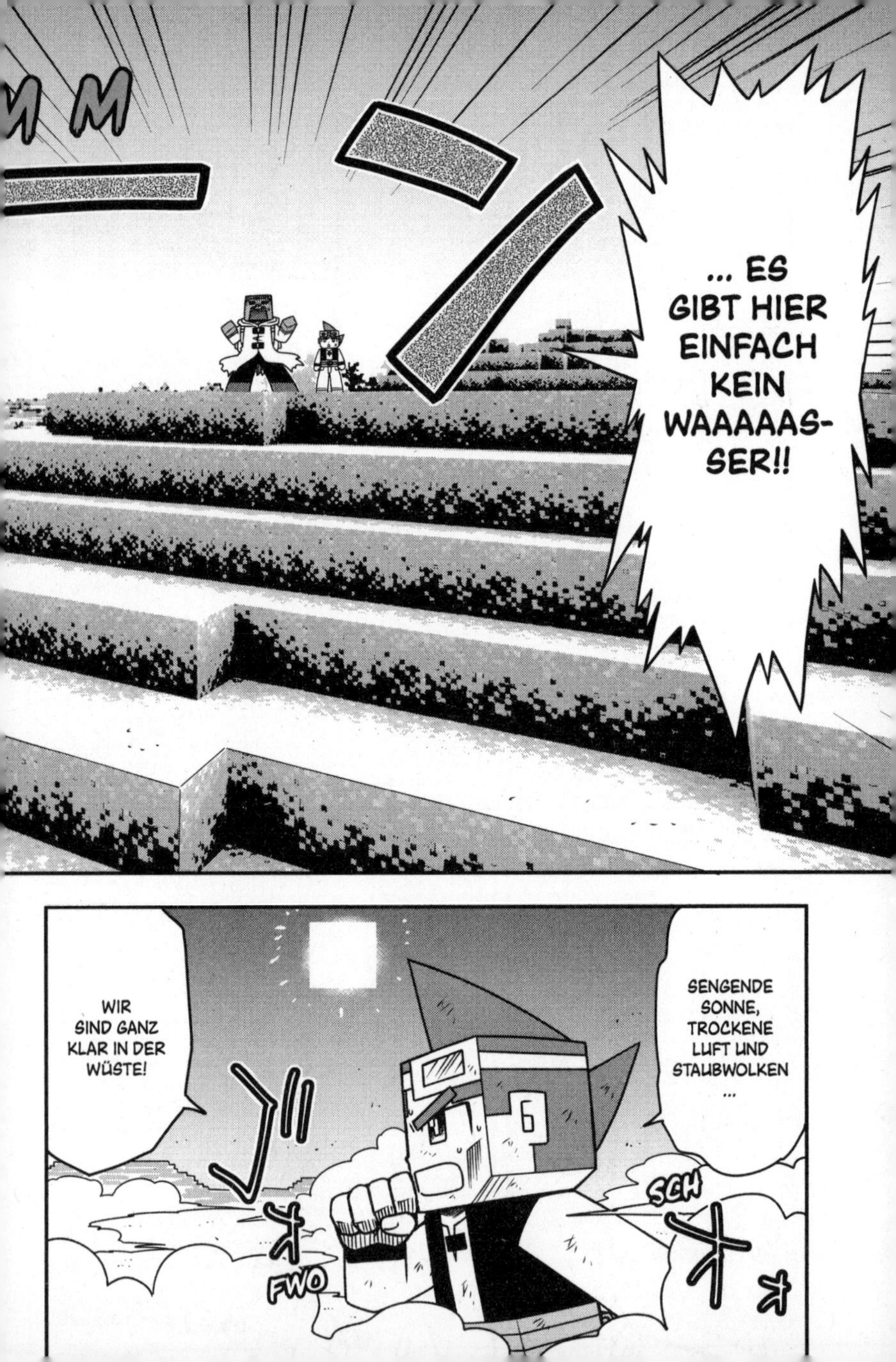
MM
... ES GIBT HIER EINFACH KEIN WAAAAAS-SER!!
SENGENDE SONNE, TROCKENE LUFT UND STAUBWOLKEN ...
WIR SIND GANZ KLAR IN DER WÜSTE!
SCH
FWO

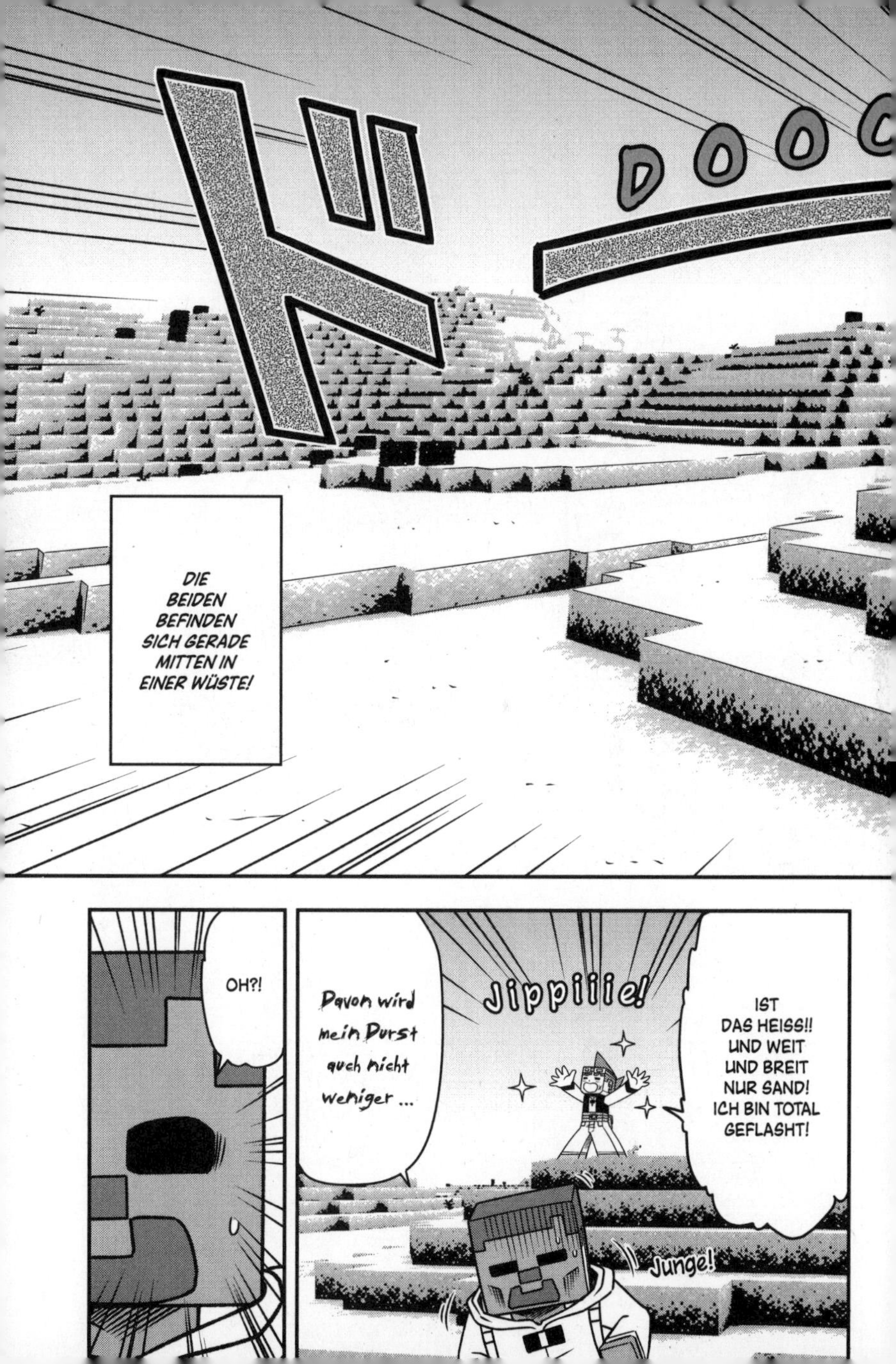
DOOO
DIE BEIDEN BEFINDEN SICH GERADE MITTEN IN EINER WÜSTE!
Jippiiie!
IST DAS HEISS!! UND WEIT UND BREIT NUR SAND! ICH BIN TOTAL GEFLASHT!
Junge!
Davon wird mein Durst auch nicht weniger ...
OH?!

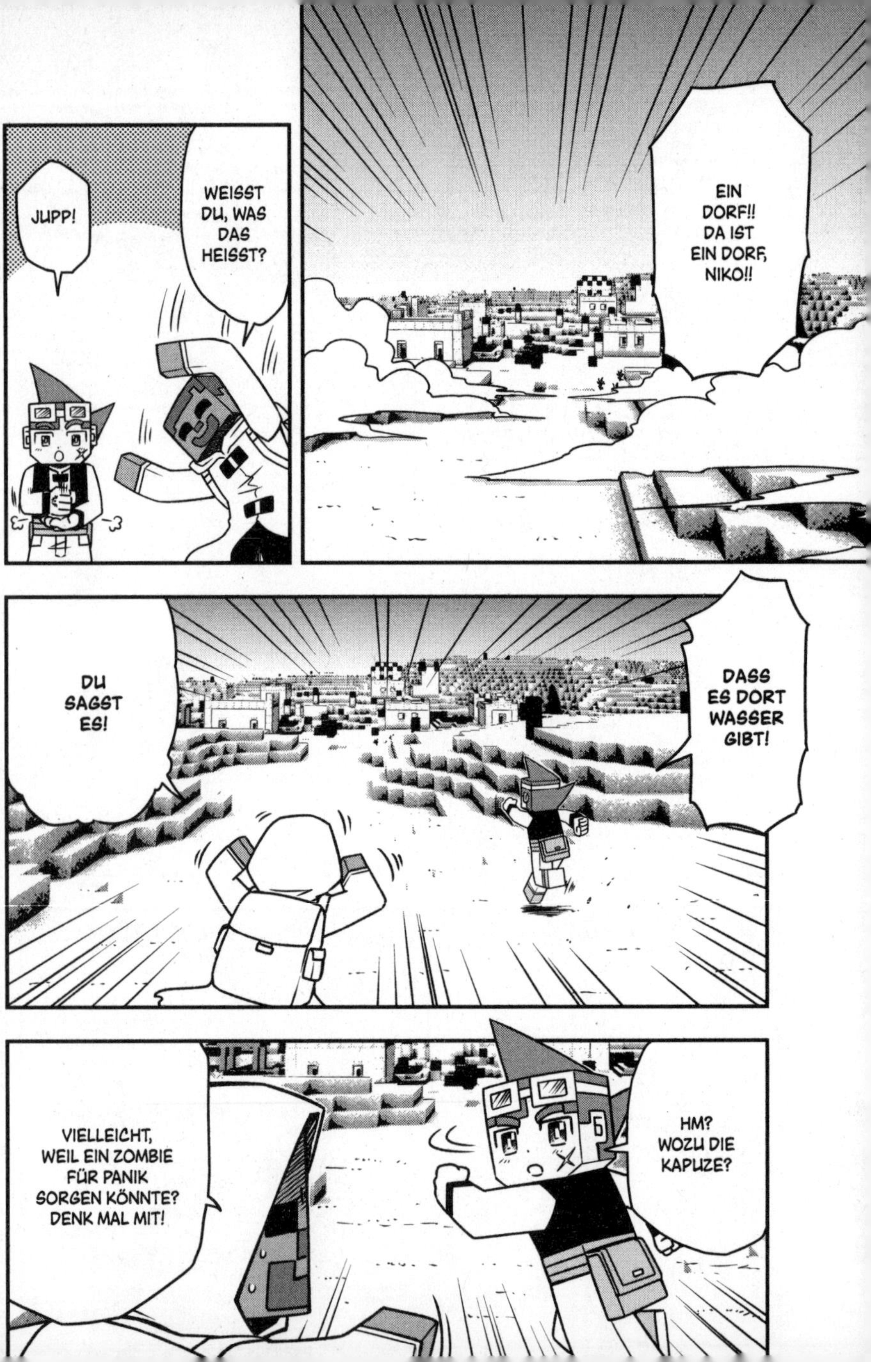
EIN DORF!! DA IST EIN DORF, NIKO!!
WEISST DU, WAS DAS HEISST?
JUPP!
DASS ES DORT WASSER GIBT!
DU SAGST ES!
HM? WOZU DIE KAPUZE?
VIELLEICHT, WEIL EIN ZOMBIE FÜR PANIK SORGEN KÖNNTE? DENK MAL MIT!

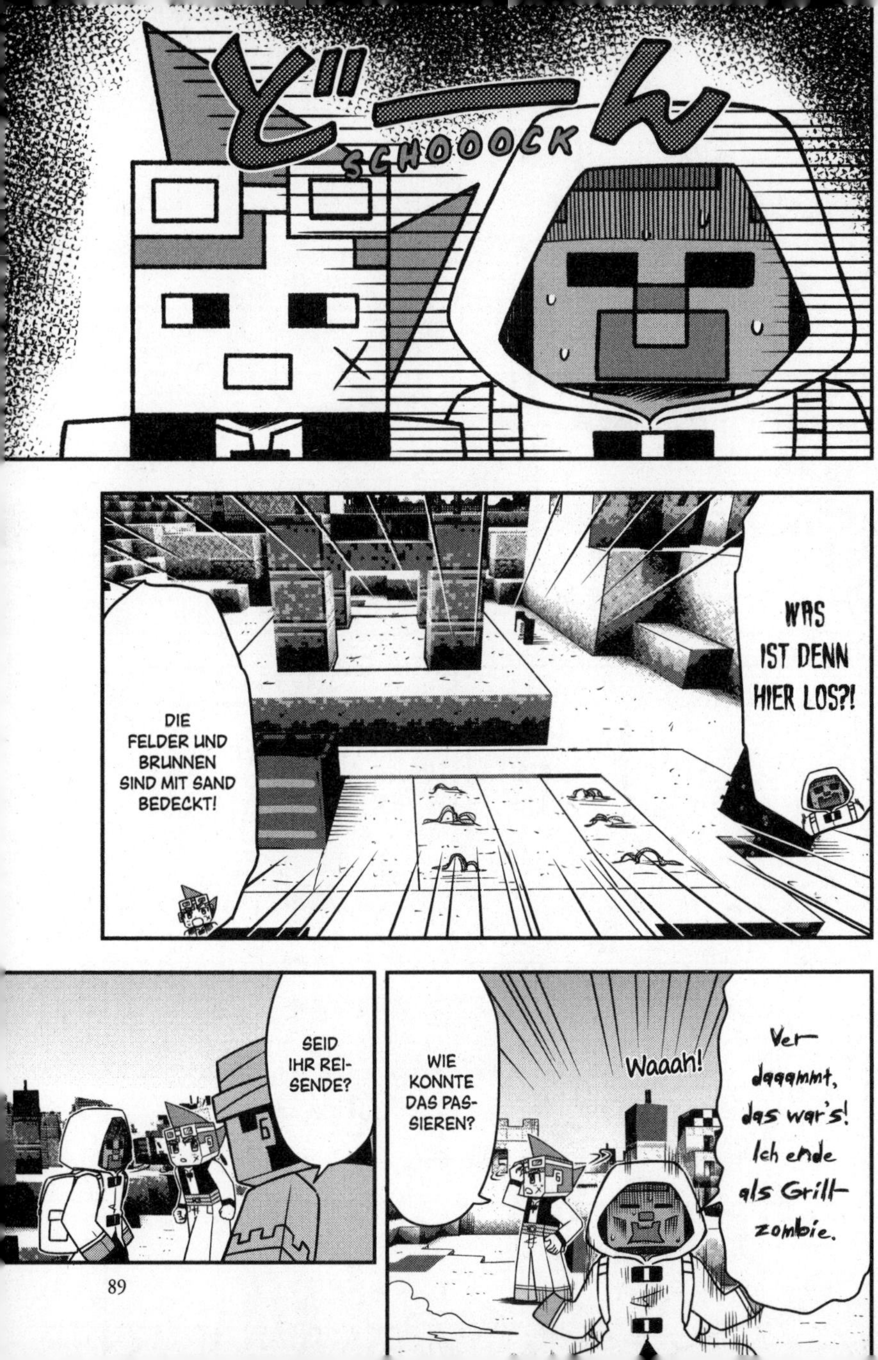
どーん
SCHOOOCK
WAS IST DENN HIER LOS?!
DIE FELDER UND BRUNNEN SIND MIT SAND BEDECKT!
SEID IHR REISENDE?
WIE KONNTE DAS PASSIEREN?
Waaah!
Verdaaammt, das war's! Ich ende als Grillzombie.

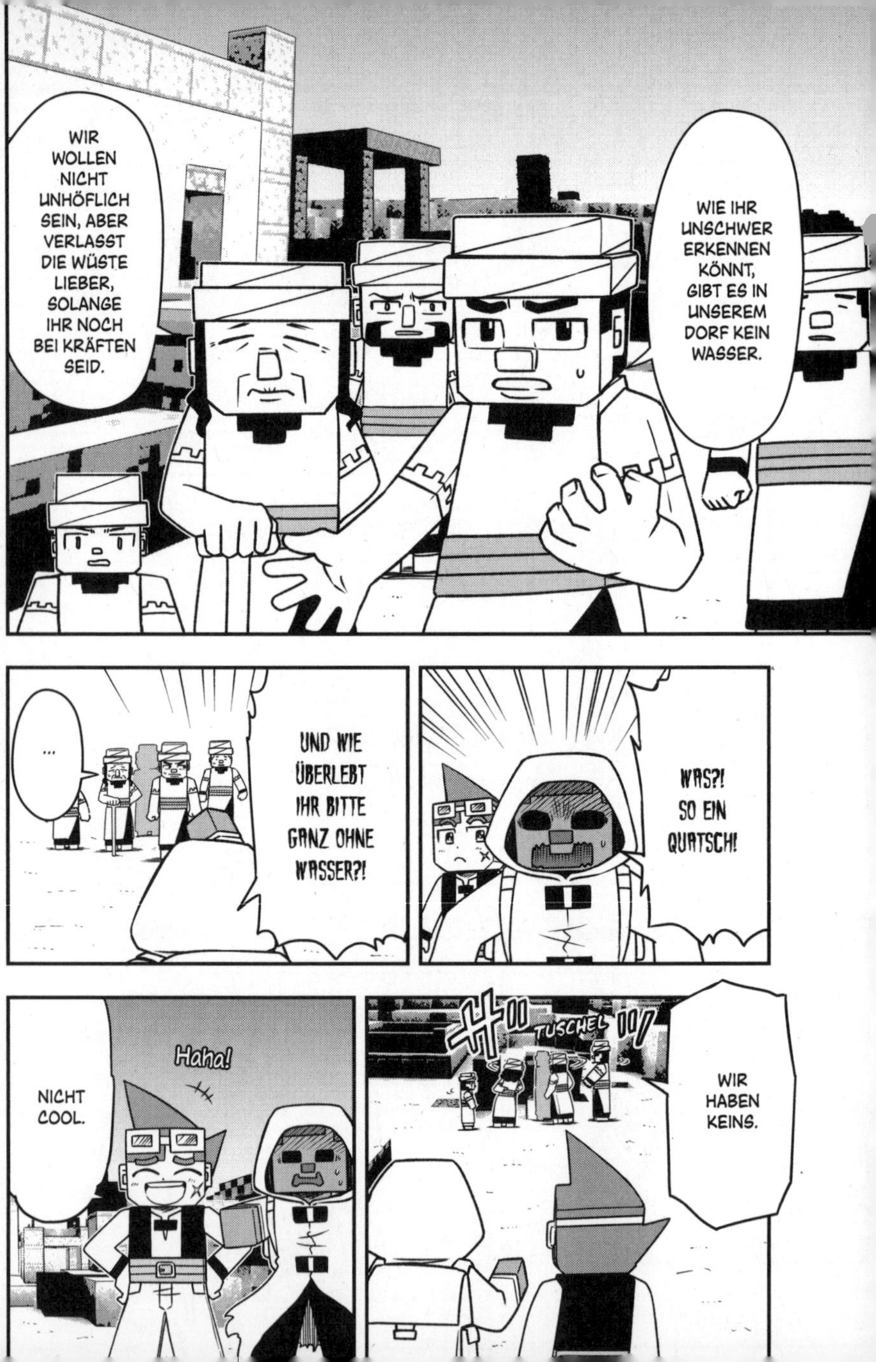
WIR WOLLEN NICHT UNHÖFLICH SEIN, ABER VERLASST DIE WÜSTE LIEBER, SOLANGE IHR NOCH BEI KRÄFTEN SEID.
WIE IHR UNSCHWER ERKENNEN KÖNNT, GIBT ES IN UNSEREM DORF KEIN WASSER.
...
UND WIE ÜBERLEBT IHR BITTE GANZ OHNE WASSER?!
WAS?! SO EIN QUATSCH!
WIR HABEN KEINS.
TUSCHEL
NICHT COOL.
Haha!

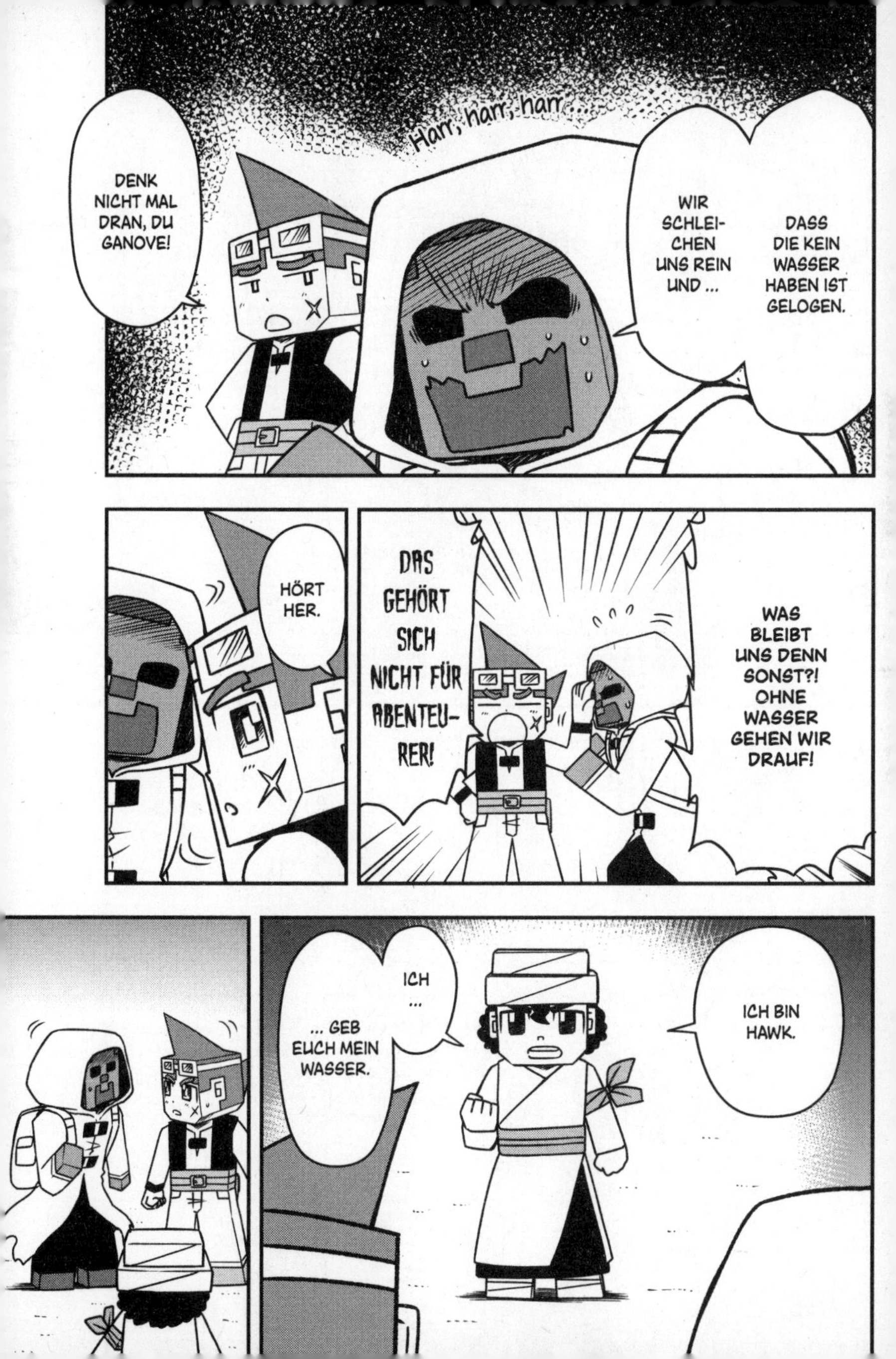
Harr, harr, harr ...
DENK NICHT MAL DRAN, DU GANOVE!
WIR SCHLEICHEN UNS REIN UND ...
DASS DIE KEIN WASSER HABEN IST GELOGEN.
HÖRT HER.
DAS GEHÖRT SICH NICHT FÜR ABENTEURER!
WAS BLEIBT UNS DENN SONST?! OHNE WASSER GEHEN WIR DRAUF!
ICH ...
... GEB EUCH MEIN WASSER.
ICH BIN HAWK.

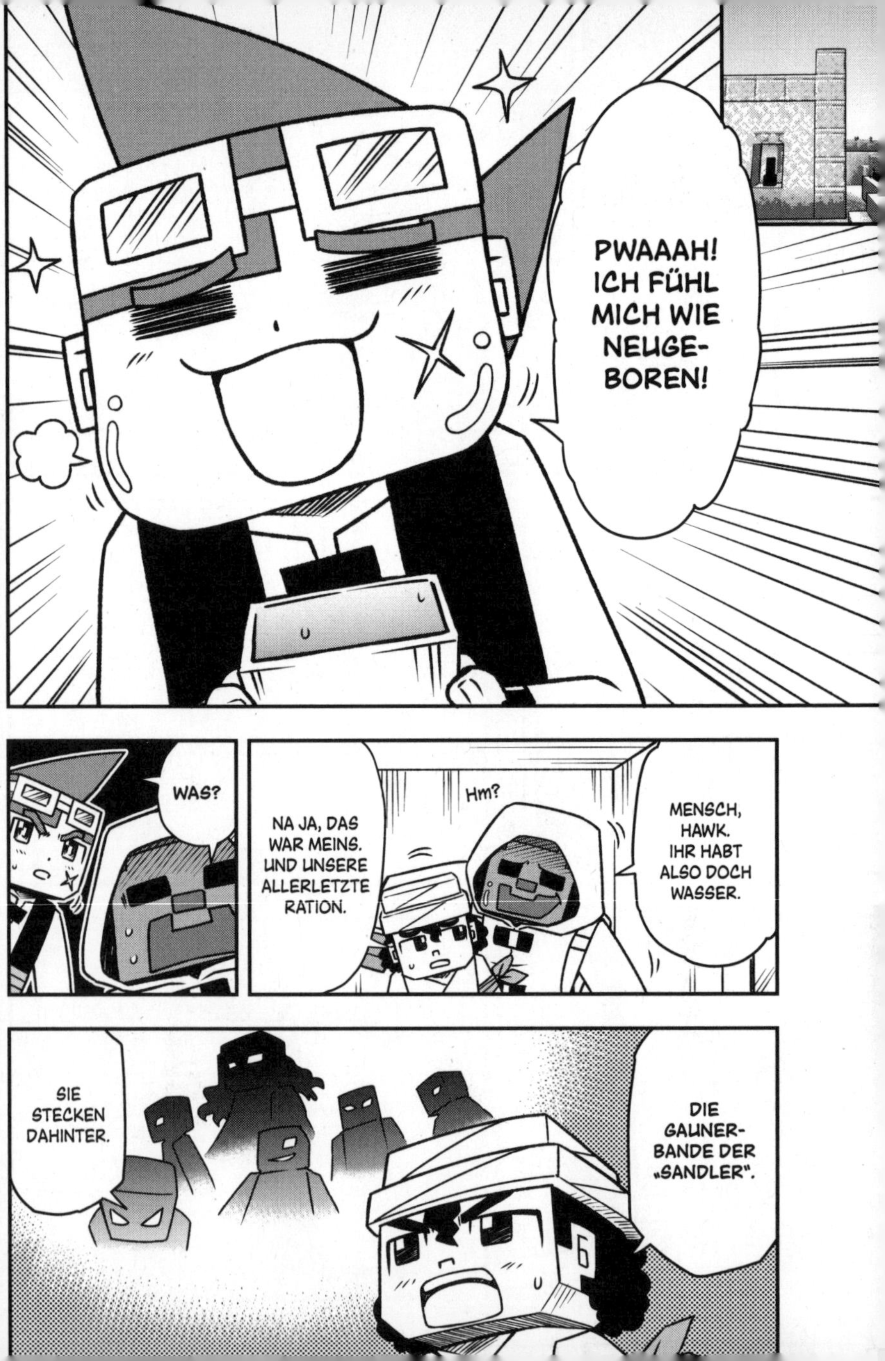
PWAAAH! ICH FÜHL MICH WIE NEUGE-BOREN!
MENSCH, HAWK. IHR HABT ALSO DOCH WASSER.
Hm?
NA JA, DAS WAR MEINS. UND UNSERE ALLERLETZTE RATION.
WAS?
DIE GAUNER-BANDE DER »SANDLER«.
SIE STECKEN DAHINTER.

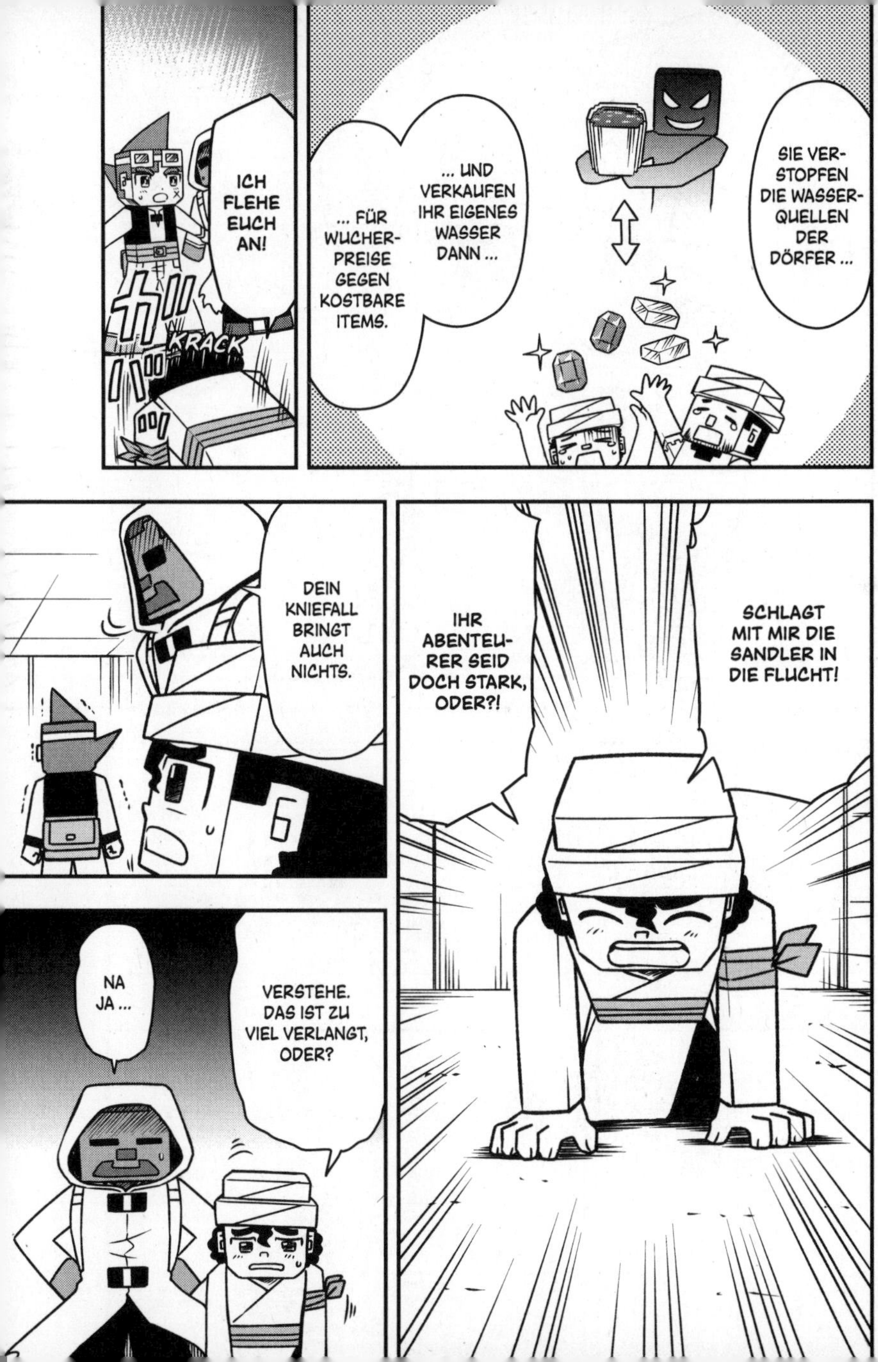
SIE VERSTOPFEN DIE WASSERQUELLEN DER DÖRFER ...
... UND VERKAUFEN IHR EIGENES WASSER DANN ...
... FÜR WUCHERPREISE GEGEN KOSTBARE ITEMS.
ICH FLEHE EUCH AN!
KRACK
SCHLAGT MIT MIR DIE SANDLER IN DIE FLUCHT!
IHR ABENTEURER SEID DOCH STARK, ODER?!
DEIN KNIEFALL BRINGT AUCH NICHTS.
VERSTEHE. DAS IST ZU VIEL VERLANGT, ODER?
NA JA ...

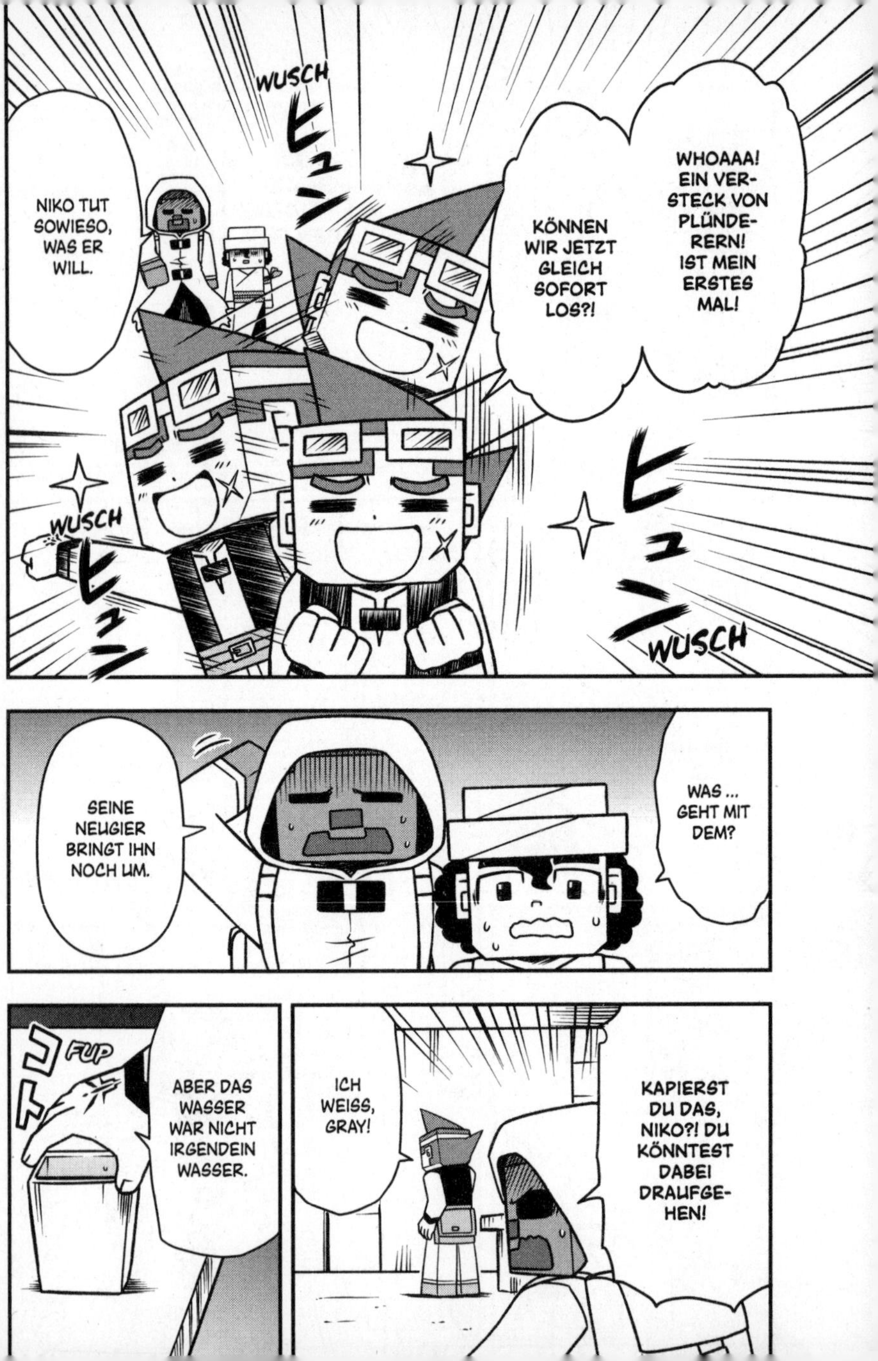
WUSCH
WHOAAA! EIN VERSTECK VON PLÜNDERERN! IST MEIN ERSTES MAL!
KÖNNEN WIR JETZT GLEICH SOFORT LOS?!
NIKO TUT SOWIESO, WAS ER WILL.
WUSCH
WUSCH
WAS ... GEHT MIT DEM?
SEINE NEUGIER BRINGT IHN NOCH UM.
KAPIERST DU DAS, NIKO?! DU KÖNNTEST DABEI DRAUFGEHEN!
ICH WEISS, GRAY!
FUP
ABER DAS WASSER WAR NICHT IRGENDEIN WASSER.

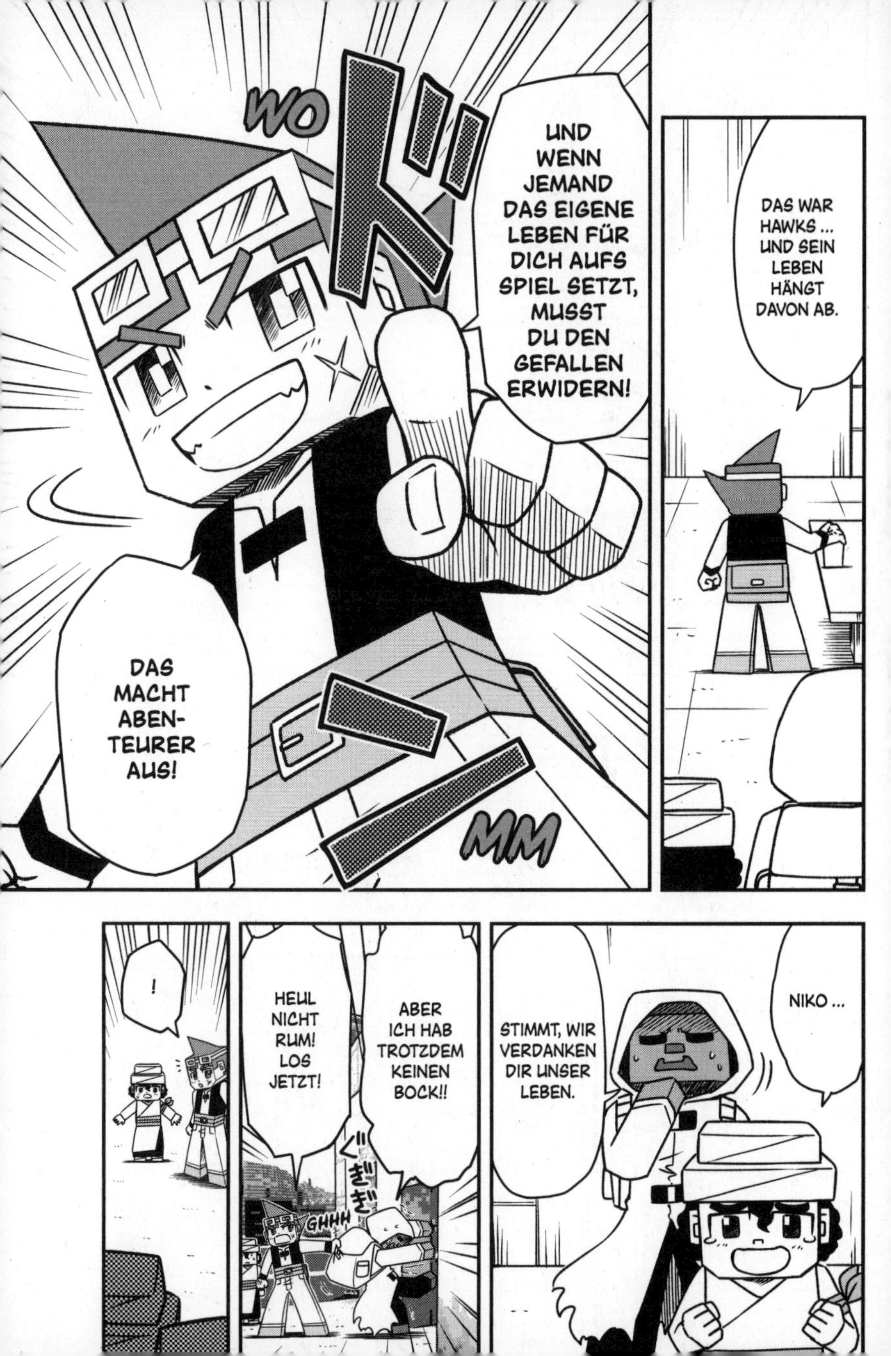

DAS WAR HAWKS ... UND SEIN LEBEN HÄNGT DAVON AB.
WO
MM
UND WENN JEMAND DAS EIGENE LEBEN FÜR DICH AUFS SPIEL SETZT, MUSST DU DEN GEFALLEN ERWIDERN!
DAS MACHT ABEN-TEURER AUS!
NIKO ...
STIMMT, WIR VERDANKEN DIR UNSER LEBEN.
ABER ICH HAB TROTZDEM KEINEN BOCK!!
ぐぎぎ
GHHH
HEUL NICHT RUM! LOS JETZT!
!

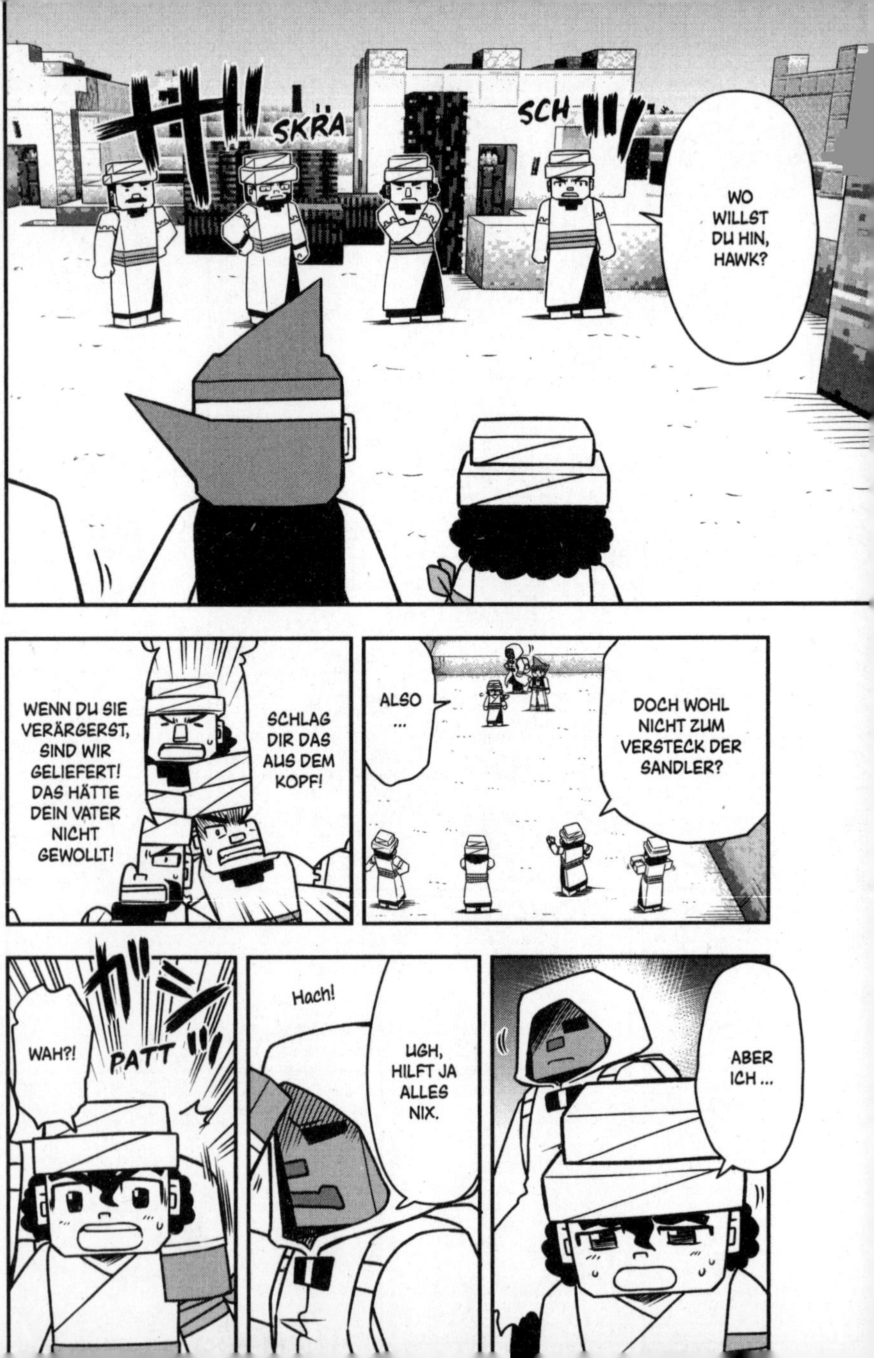
SKRÄ
SCH
WO WILLST DU HIN, HAWK?
WENN DU SIE VERÄRGERST, SIND WIR GELIEFERT! DAS HÄTTE DEIN VATER NICHT GEWOLLT!
SCHLAG DIR DAS AUS DEM KOPF!
ALSO ...
DOCH WOHL NICHT ZUM VERSTECK DER SANDLER?
WAH?!
PATT
Hach!
UGH, HILFT JA ALLES NIX.
ABER ICH ...

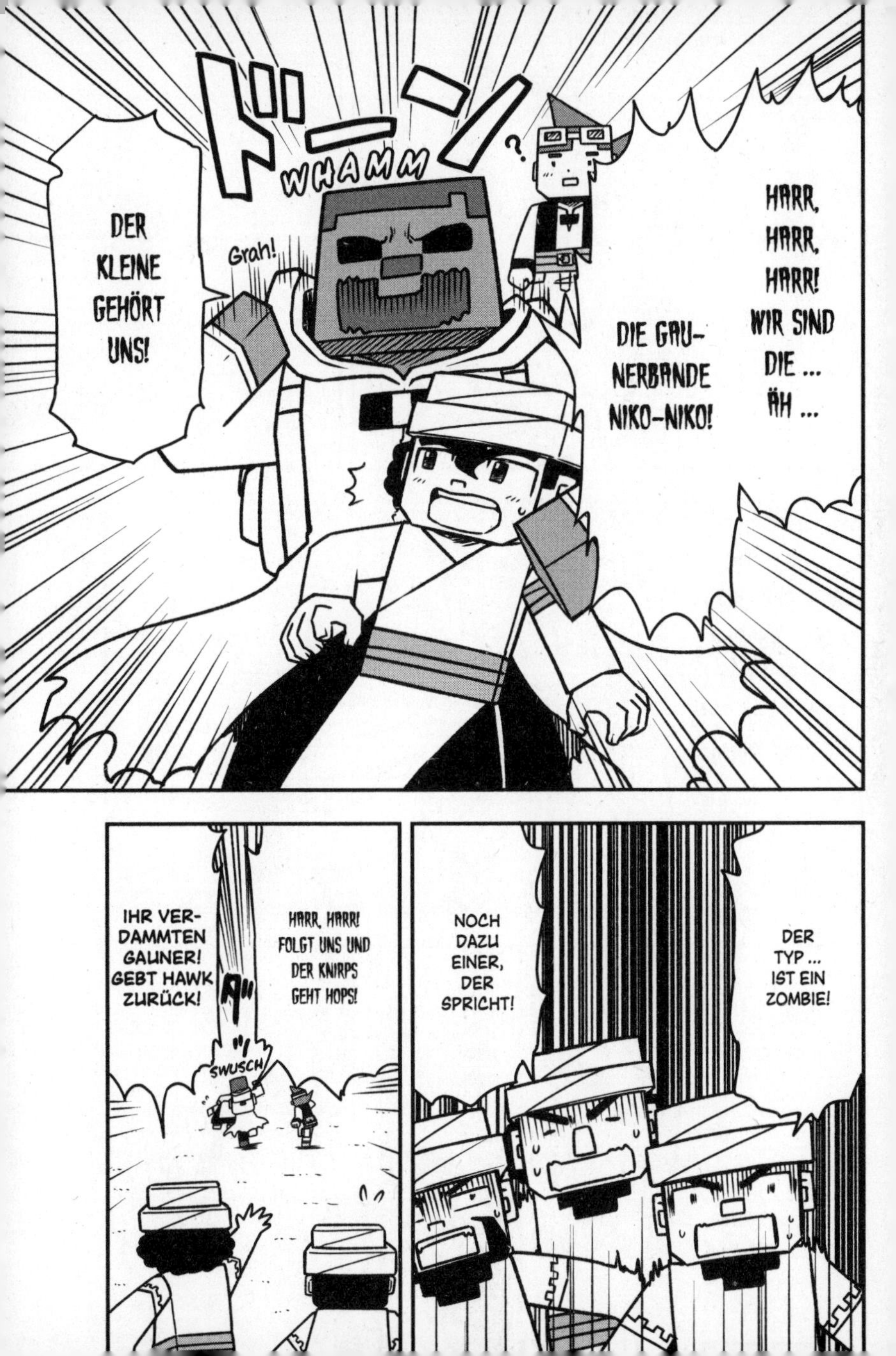
WHAMM
HARR, HARR, HARR! WIR SIND DIE … ÄH …
DIE GAUNERBANDE NIKO-NIKO!
Grah!
DER KLEINE GEHÖRT UNS!
DER TYP … IST EIN ZOMBIE!
NOCH DAZU EINER, DER SPRICHT!
HARR, HARR! FOLGT UNS UND DER KNIRPS GEHT HOPS!
SWUSCH
IHR VERDAMMTEN GAUNER! GEBT HAWK ZURÜCK!

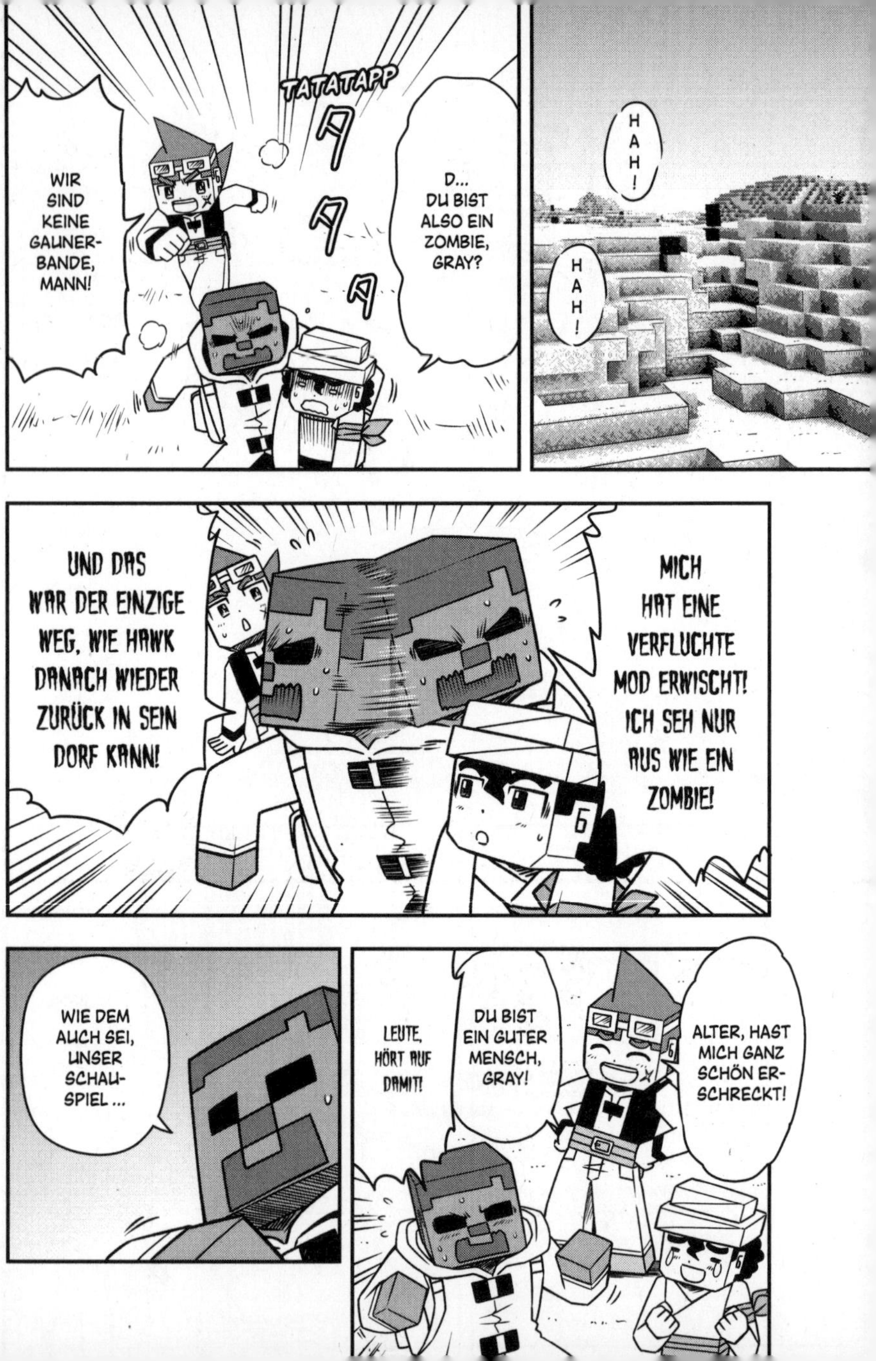

TATATAPP
WIR SIND KEINE GAUNER-BANDE, MANN!
D... DU BIST ALSO EIN ZOMBIE, GRAY?
HAH! HAH!
MICH HAT EINE VERFLUCHTE MOD ERWISCHT! ICH SEH NUR AUS WIE EIN ZOMBIE!
UND DAS WAR DER EINZIGE WEG, WIE HAWK DANACH WIEDER ZURÜCK IN SEIN DORF KANN!
WIE DEM AUCH SEI, UNSER SCHAU-SPIEL ...
ALTER, HAST MICH GANZ SCHÖN ER-SCHRECKT!
DU BIST EIN GUTER MENSCH, GRAY!
LEUTE, HÖRT AUF DAMIT!

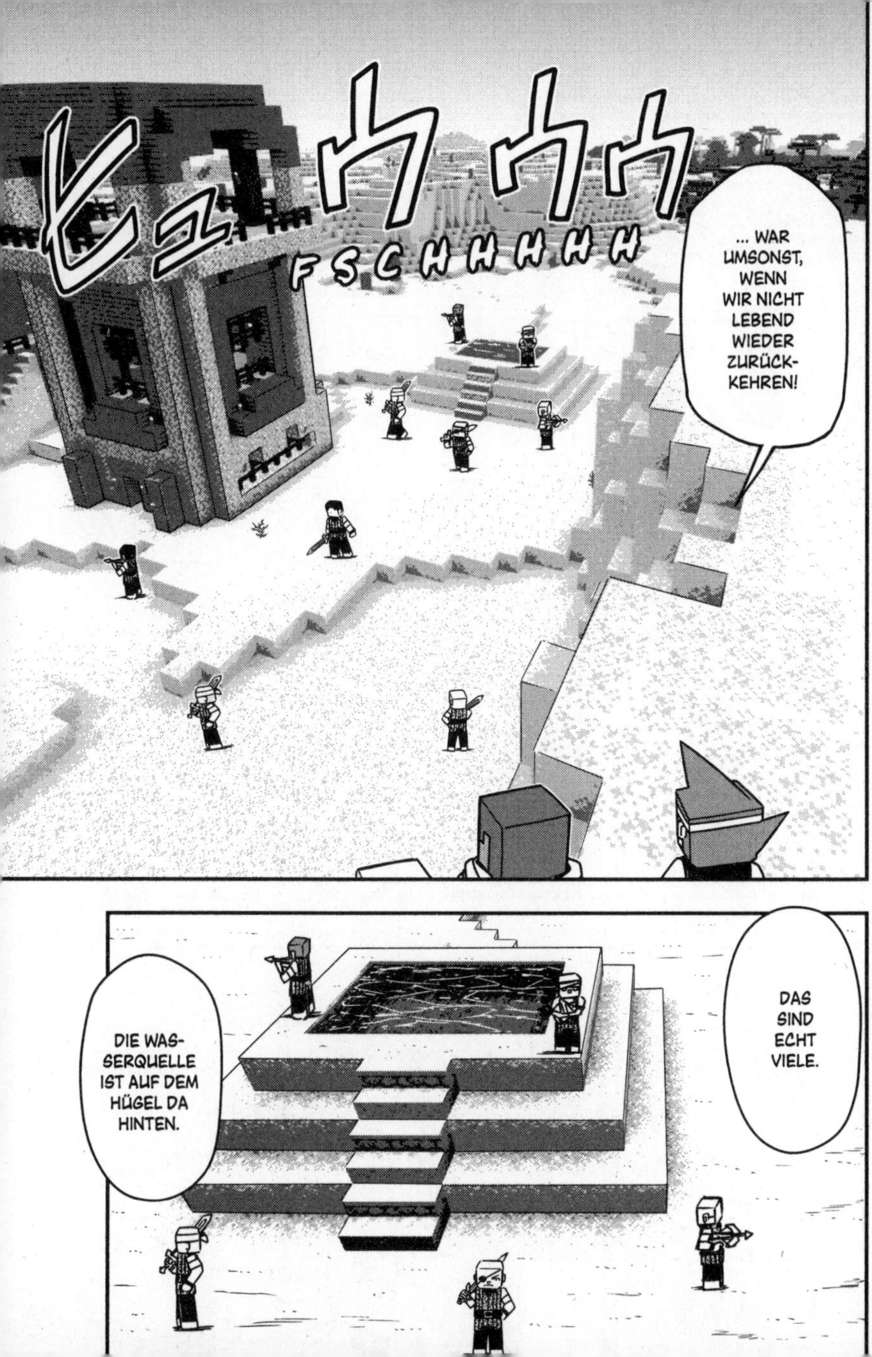
FSCHHHHHH
... WAR UMSONST, WENN WIR NICHT LEBEND WIEDER ZURÜCKKEHREN!
DAS SIND ECHT VIELE.
DIE WASSERQUELLE IST AUF DEM HÜGEL DA HINTEN.

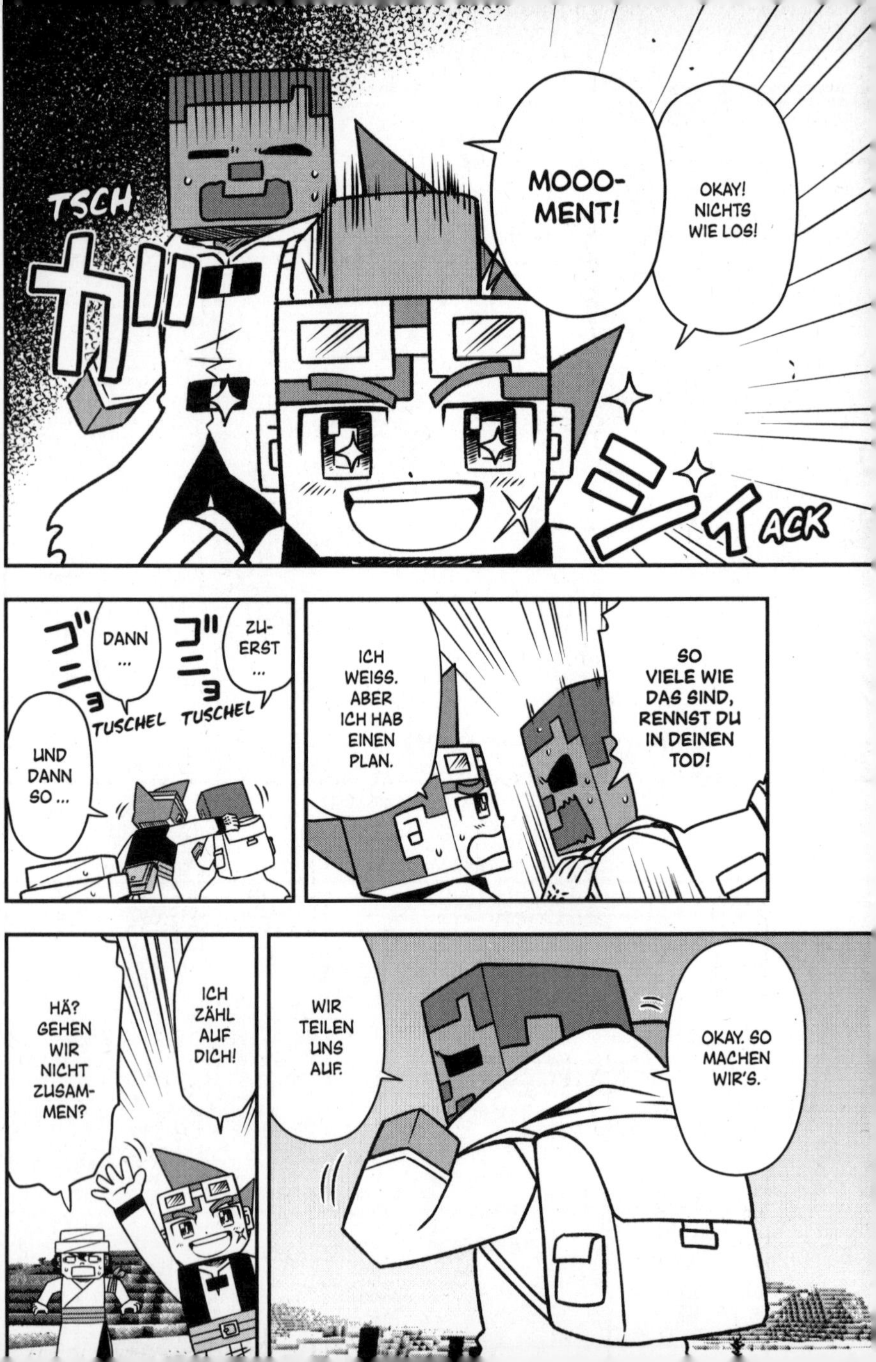
OKAY! NICHTS WIE LOS!
MOOO-MENT!
TSCH
ACK
SO VIELE WIE DAS SIND, RENNST DU IN DEINEN TOD!
ICH WEISS. ABER ICH HAB EINEN PLAN.
ZU-ERST ...
DANN ...
TUSCHEL TUSCHEL
UND DANN SO ...
OKAY. SO MACHEN WIR'S.
WIR TEILEN UNS AUF.
ICH ZÄHL AUF DICH!
HÄ? GEHEN WIR NICHT ZUSAM-MEN?

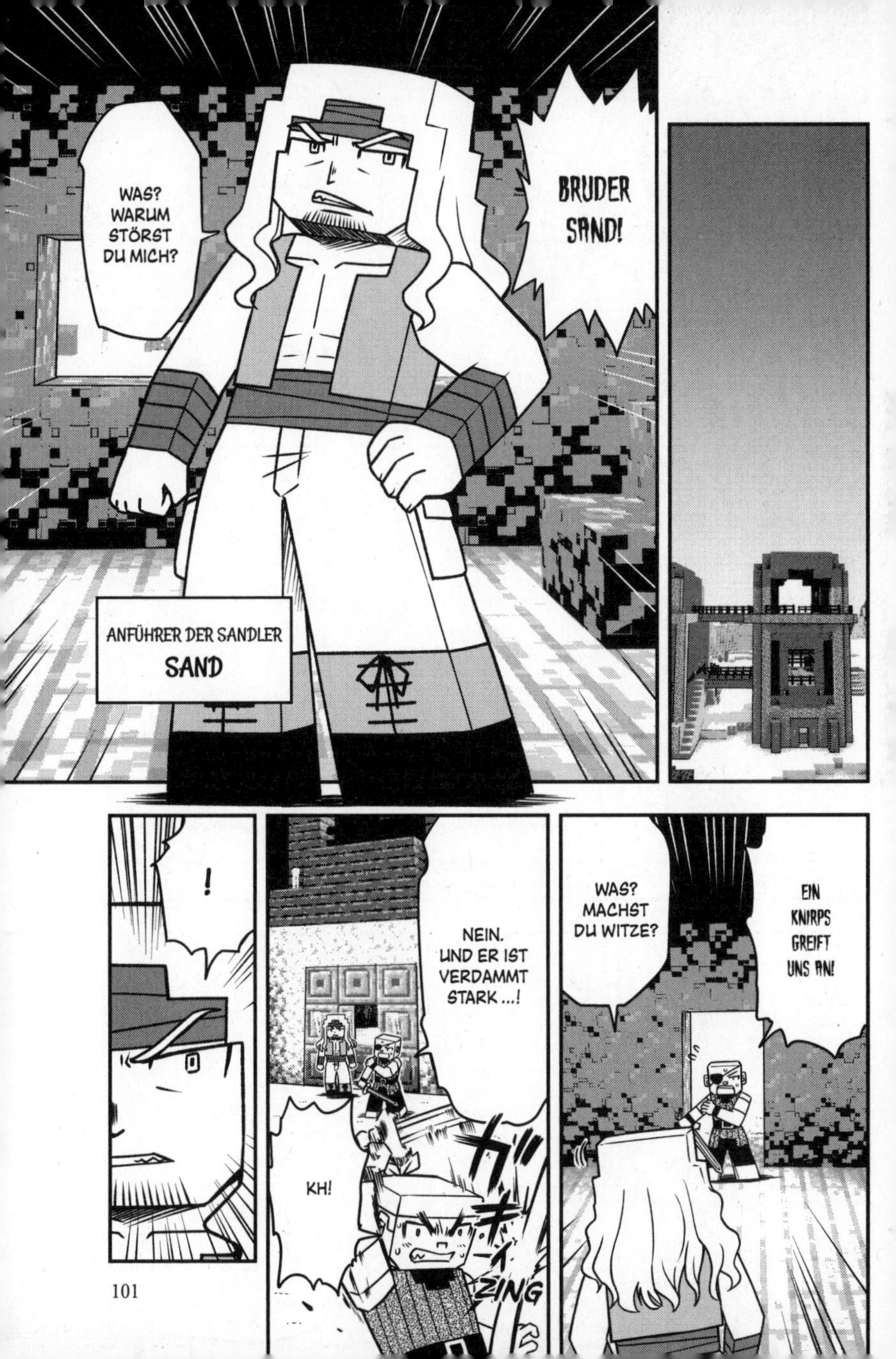
BRUDER SAND!
WAS? WARUM STÖRST DU MICH?
ANFÜHRER DER SANDLER
SAND
EIN KNIRPS GREIFT UNS AN!
WAS? MACHST DU WITZE?
NEIN. UND ER IST VERDAMMT STARK ...!
KH!
ZING
!

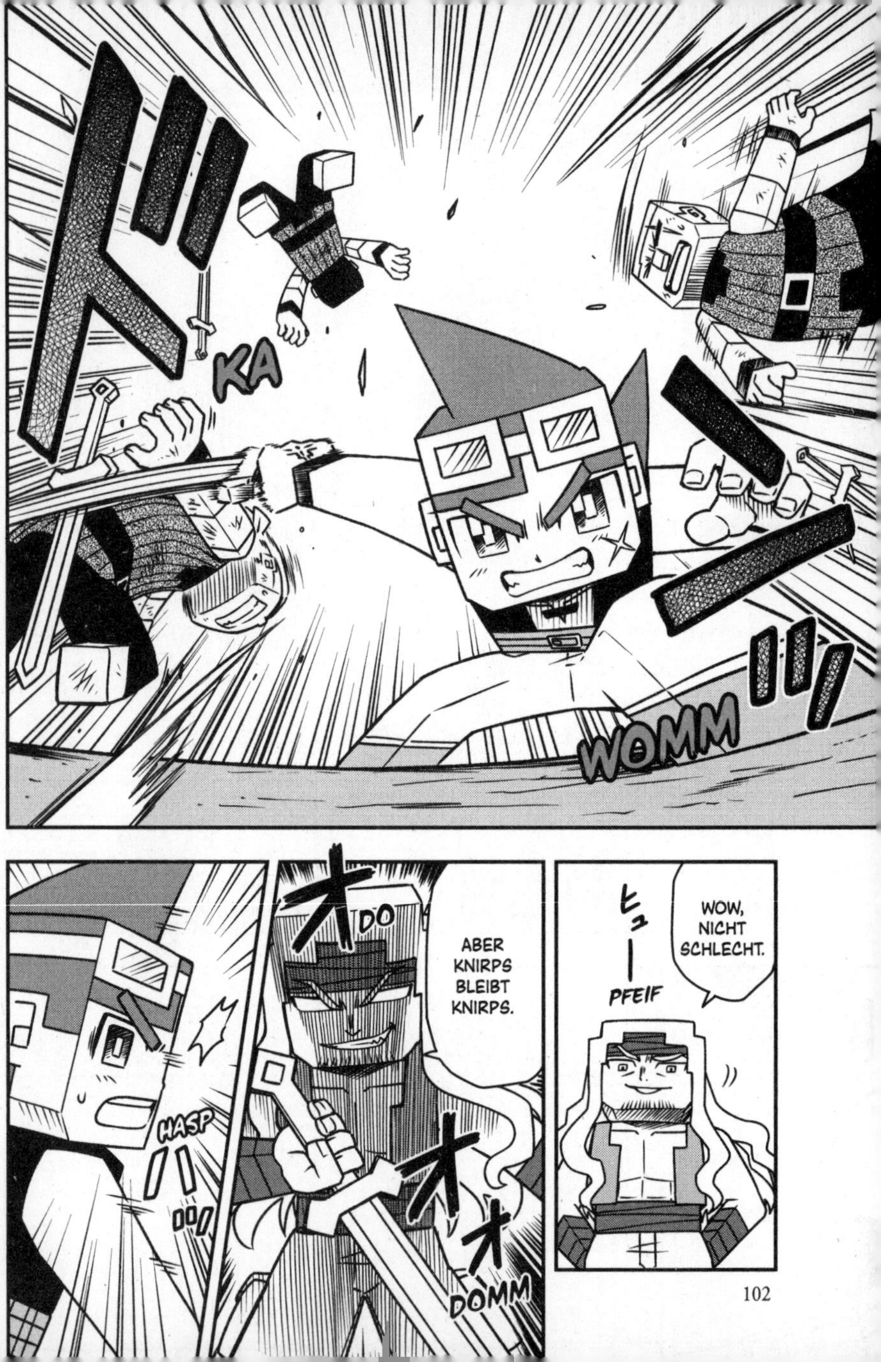
KA
WOMM
WOW, NICHT SCHLECHT.
PFEIF
ABER KNIRPS BLEIBT KNIRPS.
DO
DOMM
HASP

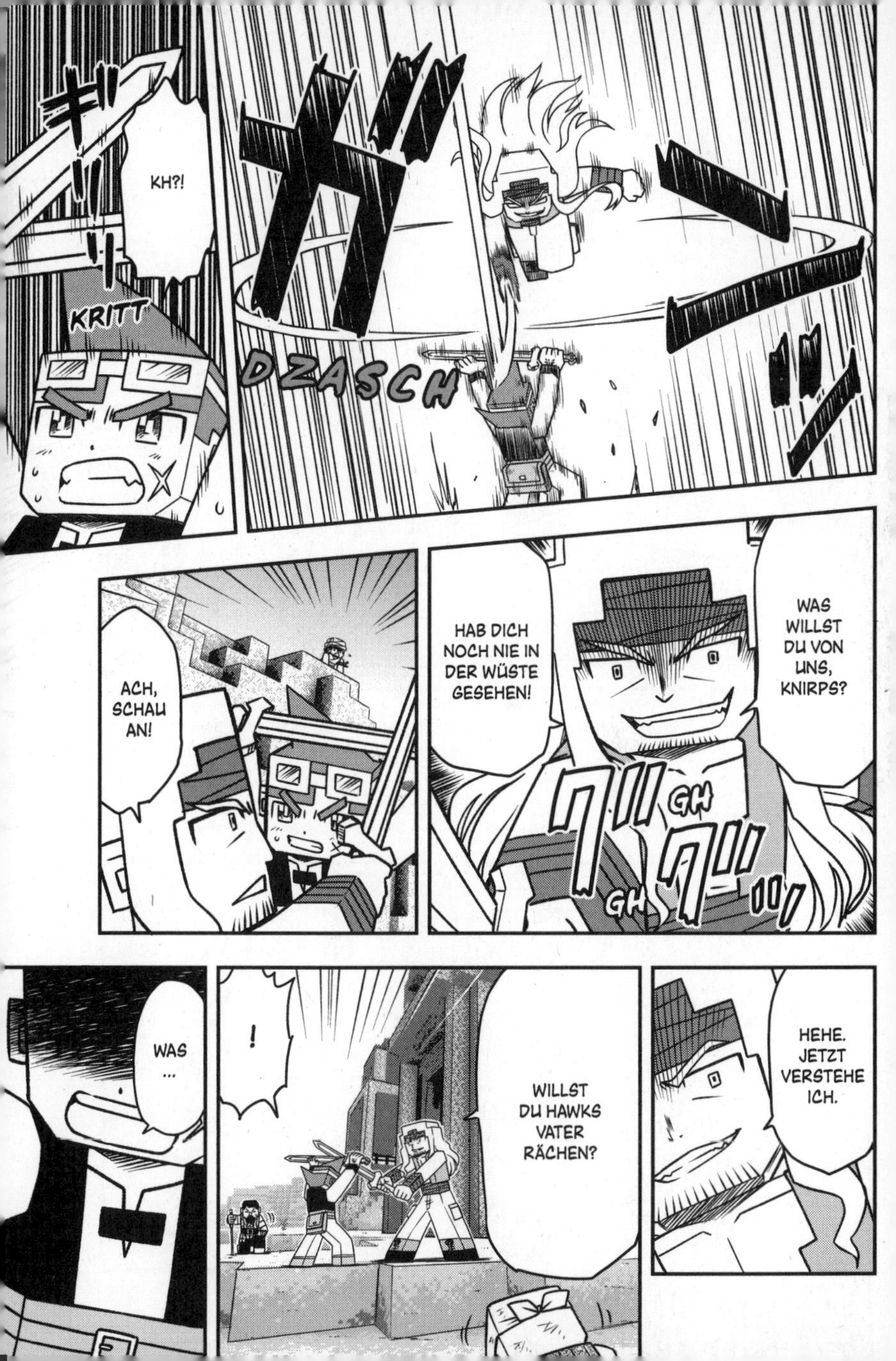
DZASCH
KRITT
KH?!
WAS WILLST DU VON UNS, KNIRPS?
HAB DICH NOCH NIE IN DER WÜSTE GESEHEN!
GH
GH
ACH, SCHAU AN!
HEHE. JETZT VERSTEHE ICH.
WILLST DU HAWKS VATER RÄCHEN?
!
WAS ...

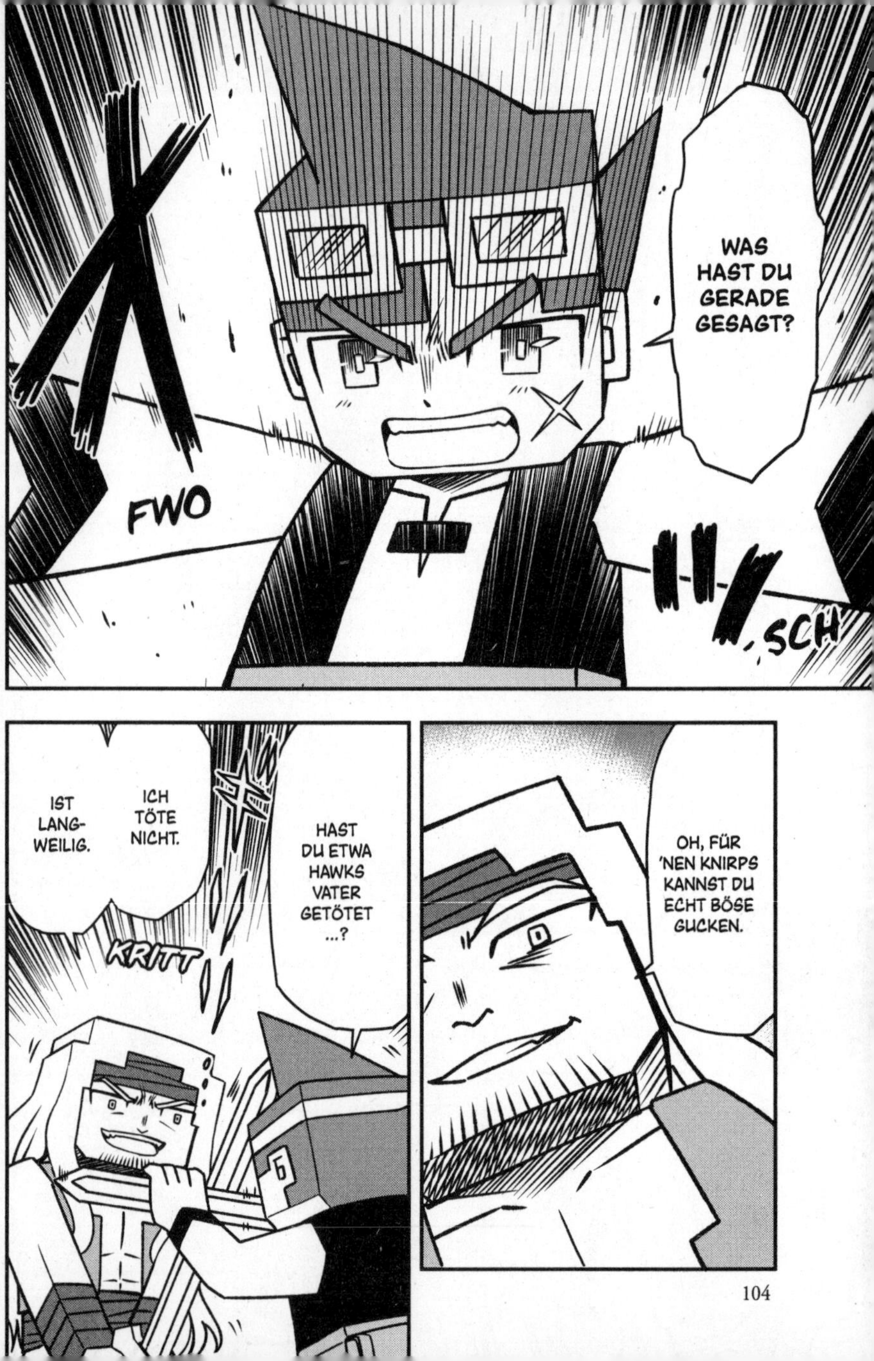
WAS HAST DU GERADE GESAGT?
FWO
SCH
OH, FÜR 'NEN KNIRPS KANNST DU ECHT BÖSE GUCKEN.
HAST DU ETWA HAWKS VATER GETÖTET ...?
KRITT
ICH TÖTE NICHT.
IST LANG-WEILIG.

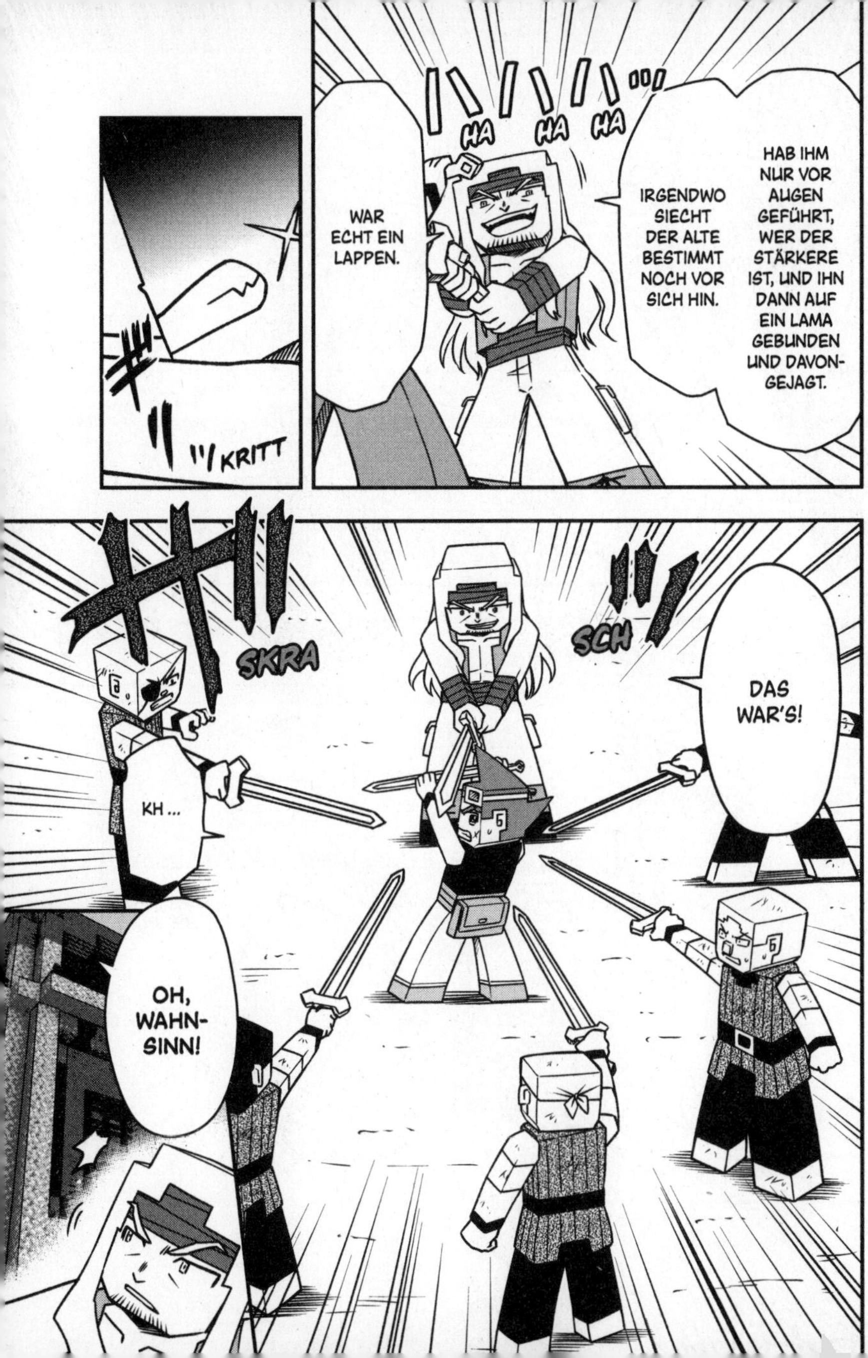
HA HA HA
HAB IHM NUR VOR AUGEN GEFÜHRT, WER DER STÄRKERE IST, UND IHN DANN AUF EIN LAMA GEBUNDEN UND DAVONGEJAGT.
IRGENDWO SIECHT DER ALTE BESTIMMT NOCH VOR SICH HIN.
WAR ECHT EIN LAPPEN.
KRITT
SCH
DAS WAR'S!
SKRA
KH ...
OH, WAHNSINN!

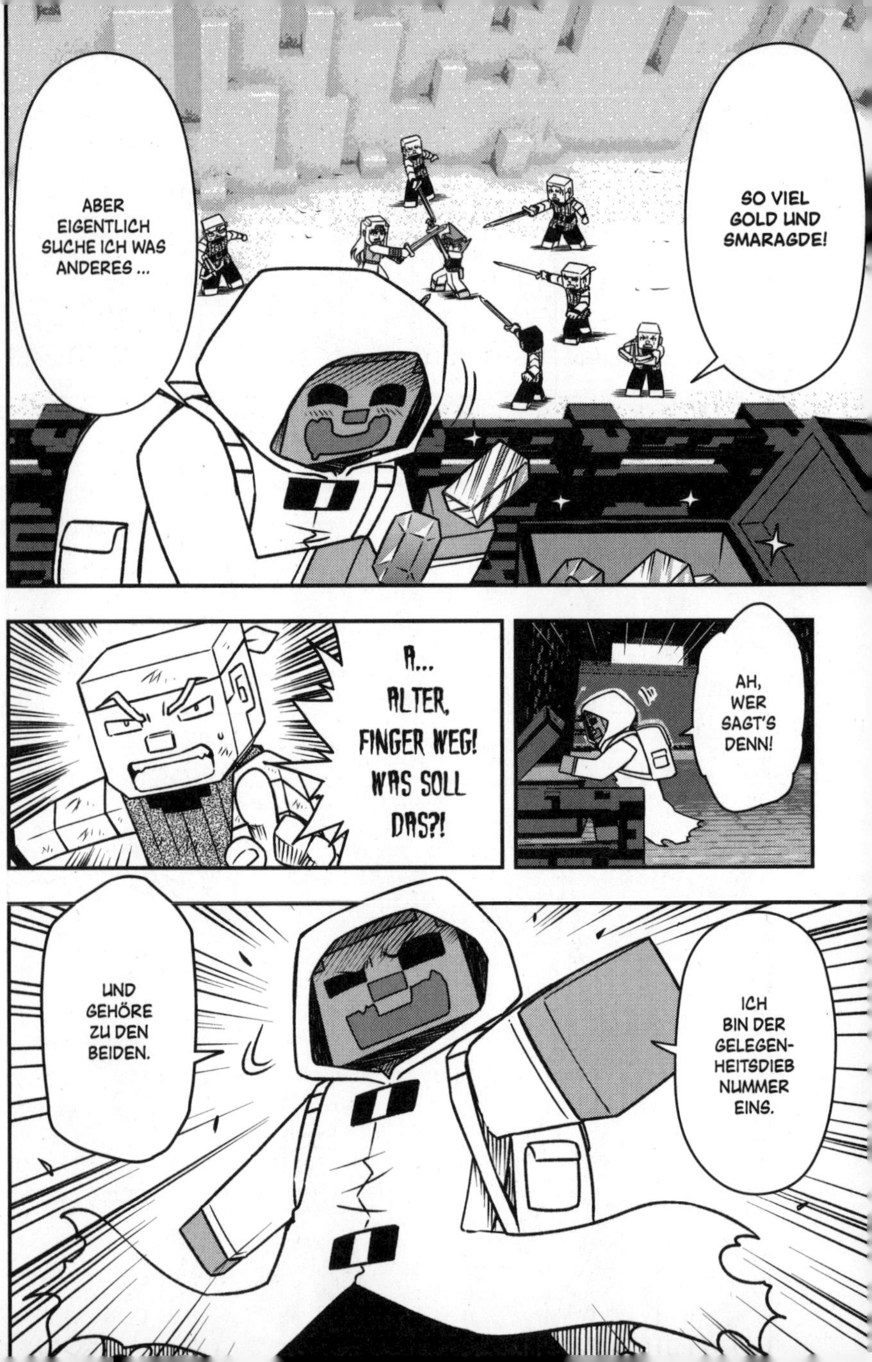
SO VIEL GOLD UND SMARAGDE!
ABER EIGENTLICH SUCHE ICH WAS ANDERES ...
A... ALTER, FINGER WEG! WAS SOLL DAS?!
AH, WER SAGT'S DENN!
ICH BIN DER GELEGEN-HEITSDIEB NUMMER EINS.
UND GEHÖRE ZU DEN BEIDEN.

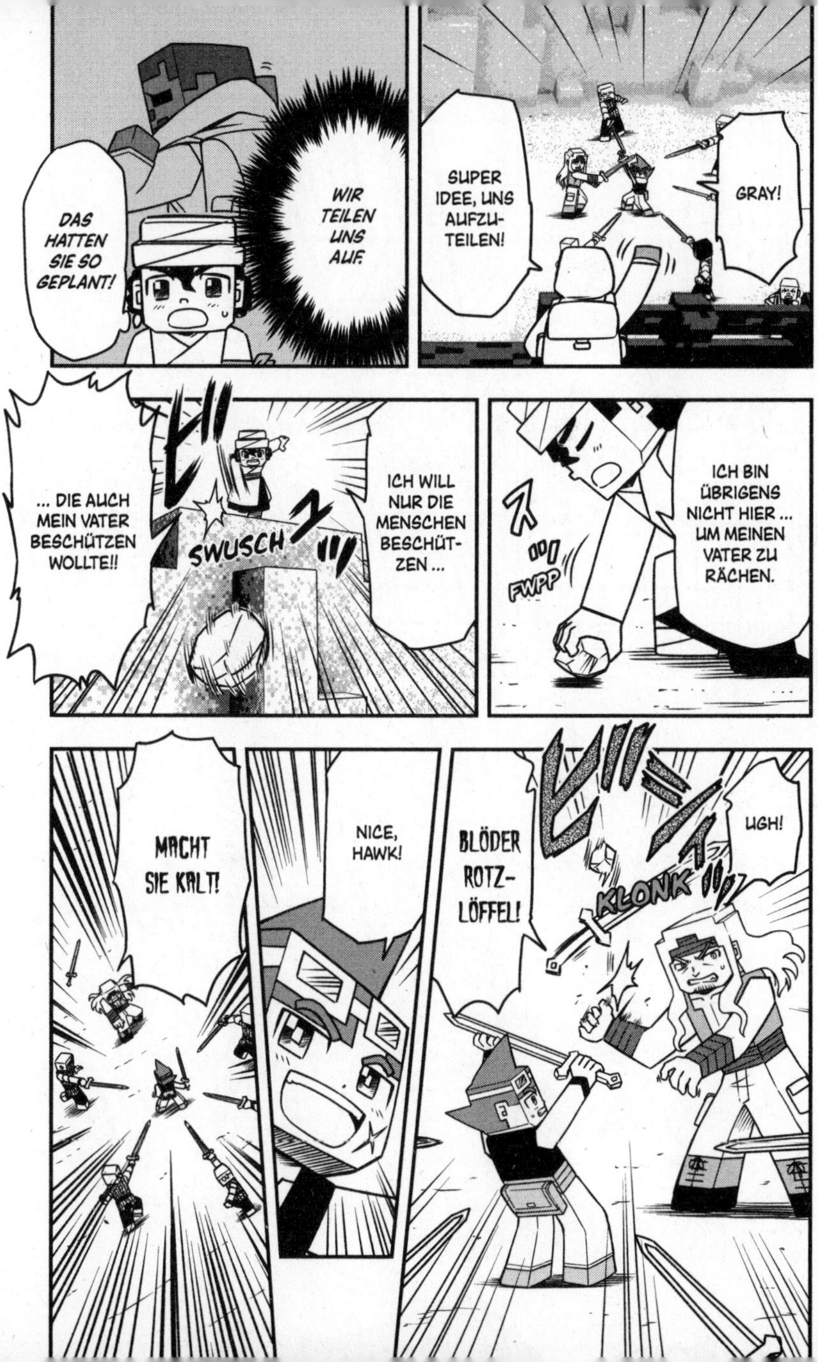
GRAY!
SUPER IDEE, UNS AUFZUTEILEN!
WIR TEILEN UNS AUF.
DAS HATTEN SIE SO GEPLANT!
ICH BIN ÜBRIGENS NICHT HIER ... UM MEINEN VATER ZU RÄCHEN.
FWPP
ICH WILL NUR DIE MENSCHEN BESCHÜTZEN ...
SWUSCH
... DIE AUCH MEIN VATER BESCHÜTZEN WOLLTE!!
UGH!
KLONK
BLÖDER ROTZLÖFFEL!
NICE, HAWK!
MACHT SIE KALT!

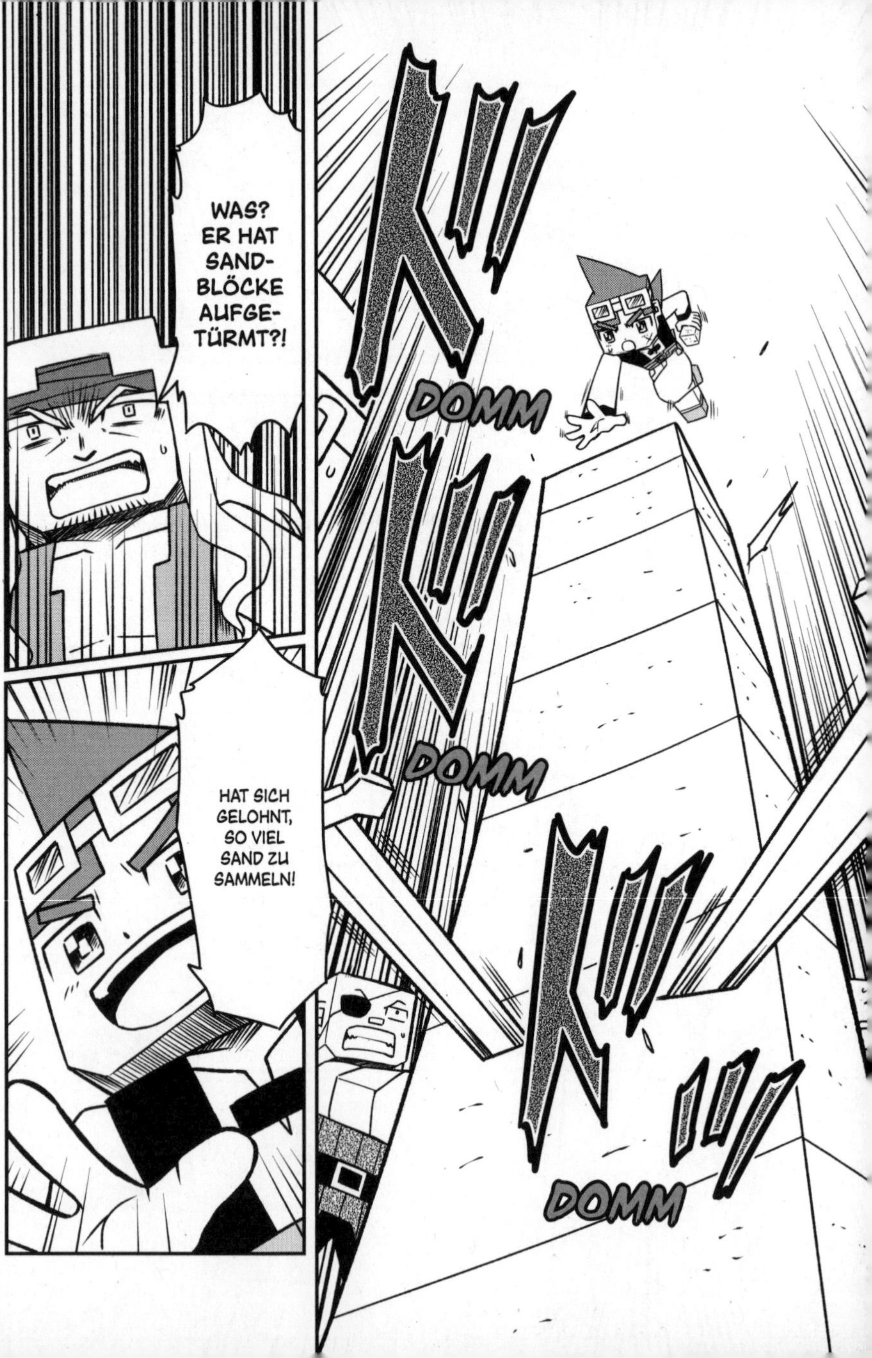
DOMM
DOMM
DOMM
WAS? ER HAT SAND-BLÖCKE AUFGE-TÜRMT?!
HAT SICH GELOHNT, SO VIEL SAND ZU SAMMELN!

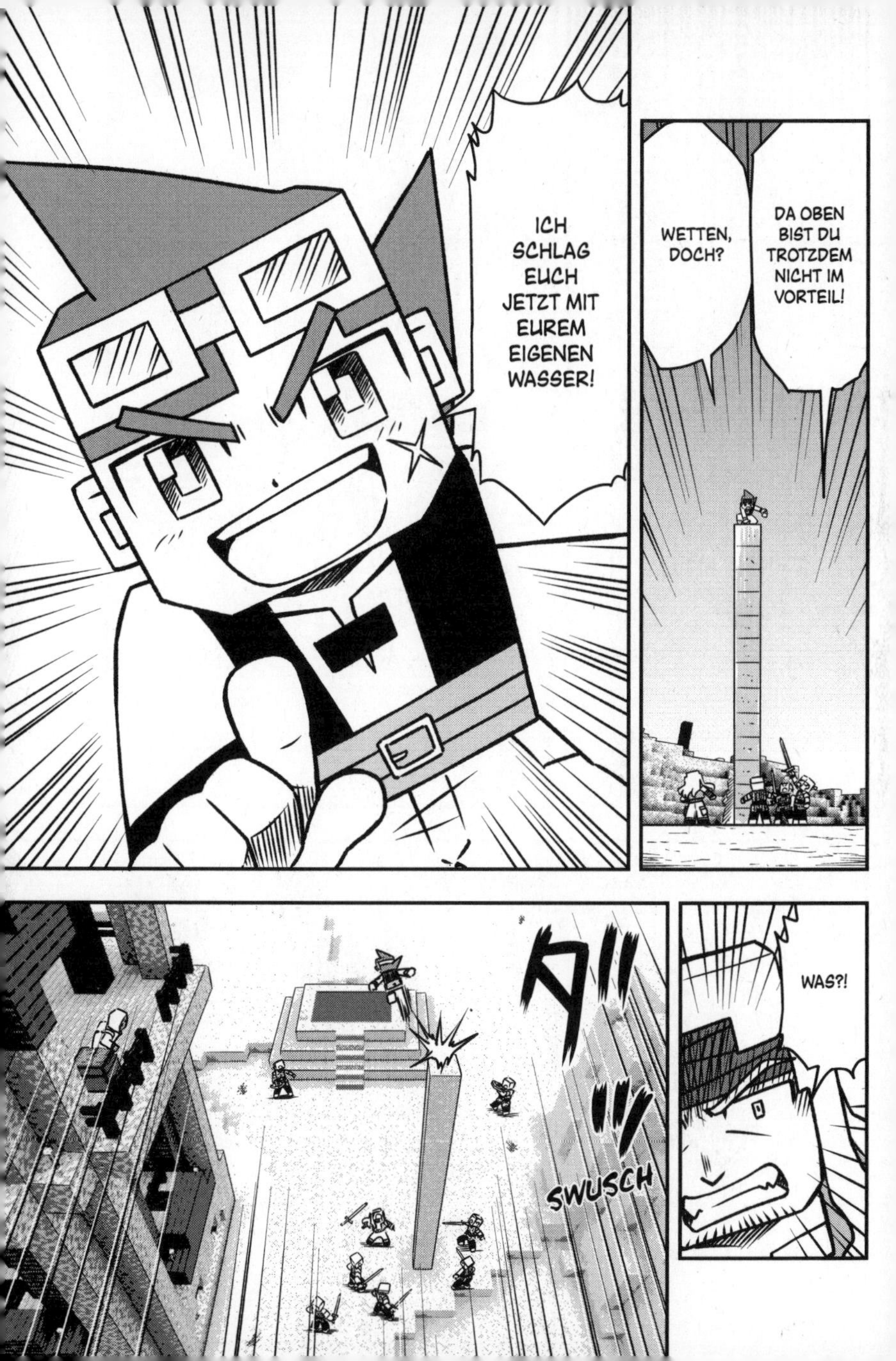
DA OBEN BIST DU TROTZDEM NICHT IM VORTEIL!
WETTEN, DOCH?
ICH SCHLAG EUCH JETZT MIT EUREM EIGENEN WASSER!
WAS?!
SWUSCH

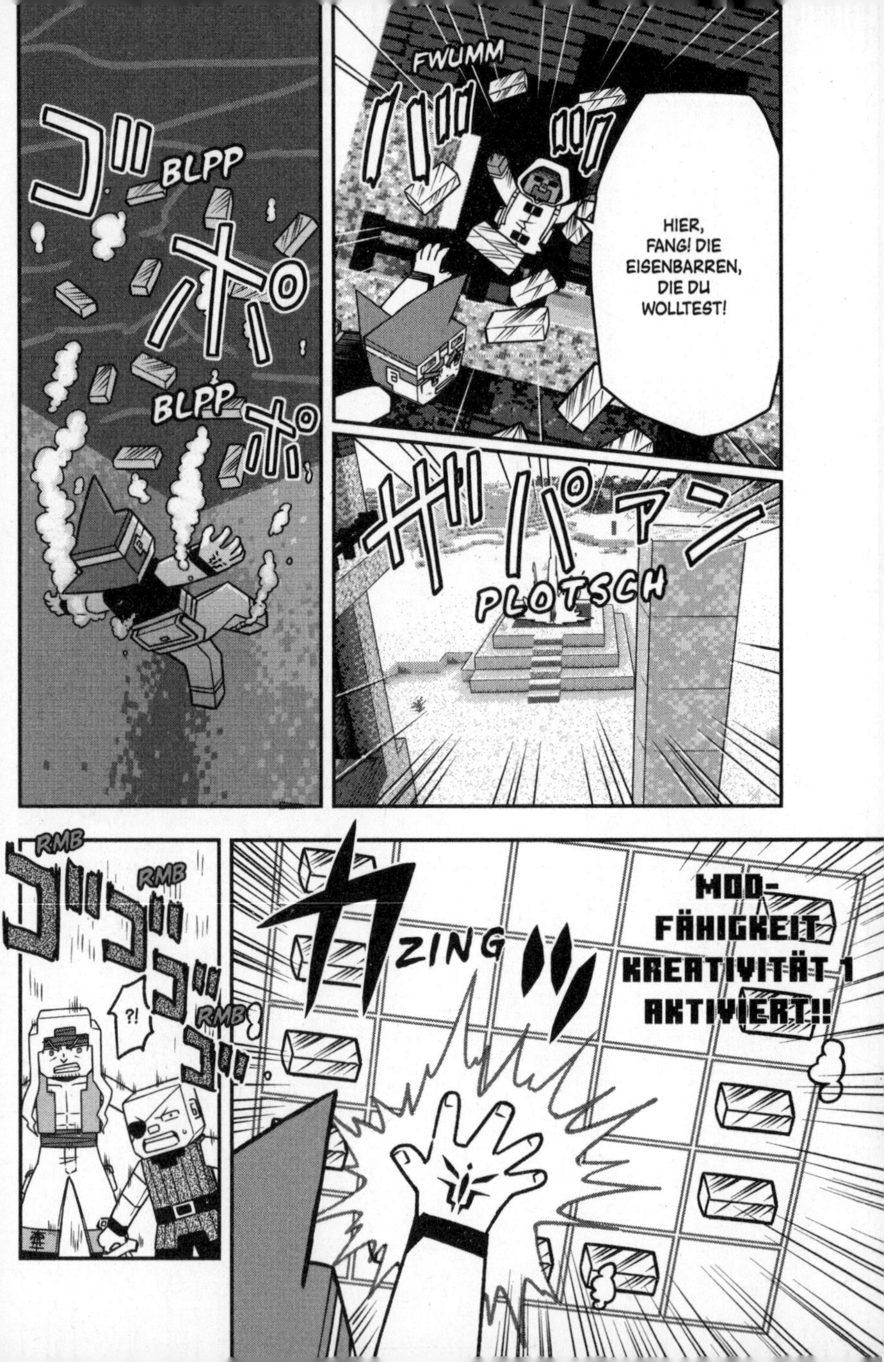
BLPP
BLPP
FWUMM
HIER, FANG! DIE EISENBARREN, DIE DU WOLLTEST!
PLOTSCH
RMB
RMB
?!
RMB
ZING
MOD-FÄHIGKEIT KREATIVITÄT 1 AKTIVIERT!!

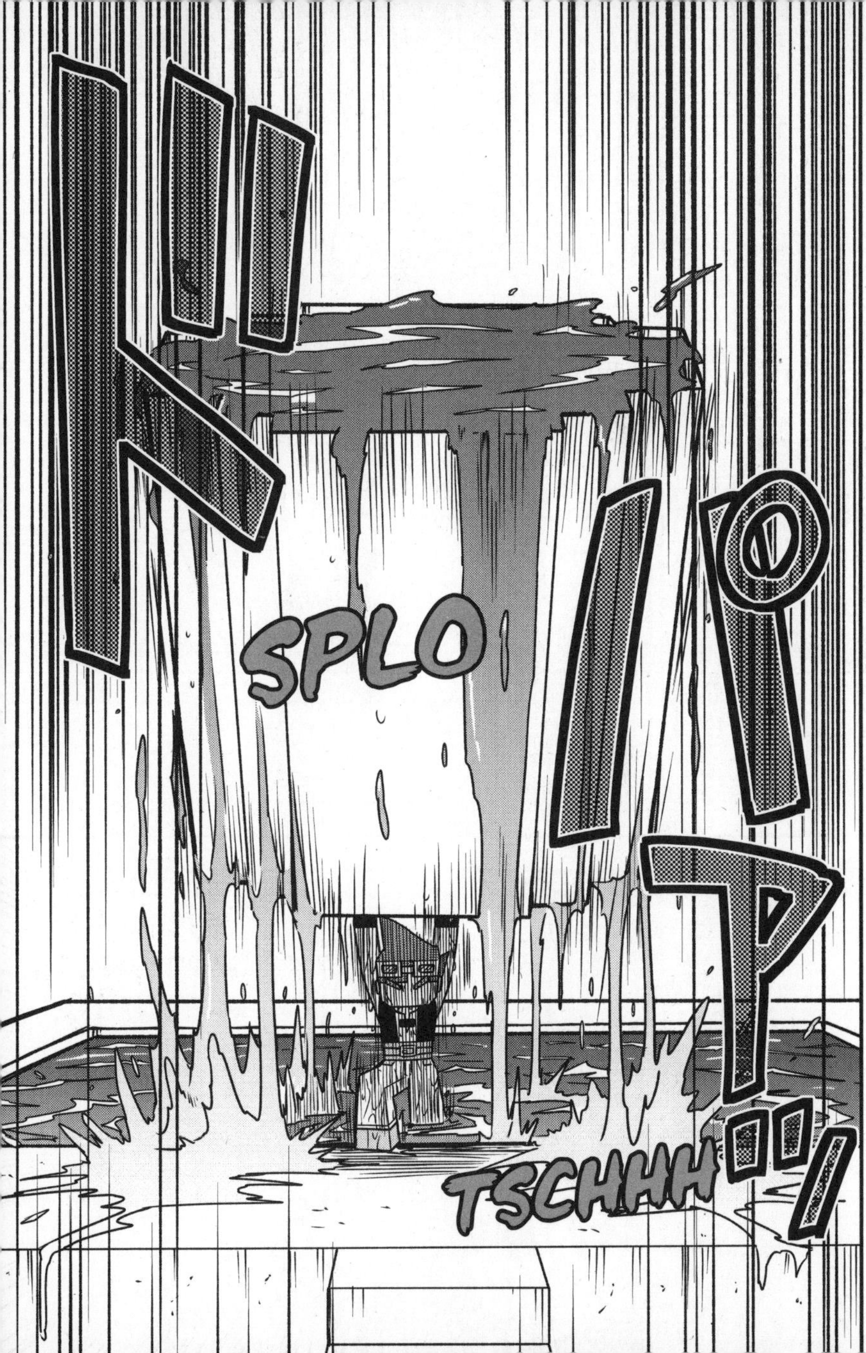
SPLO
TSCHHH

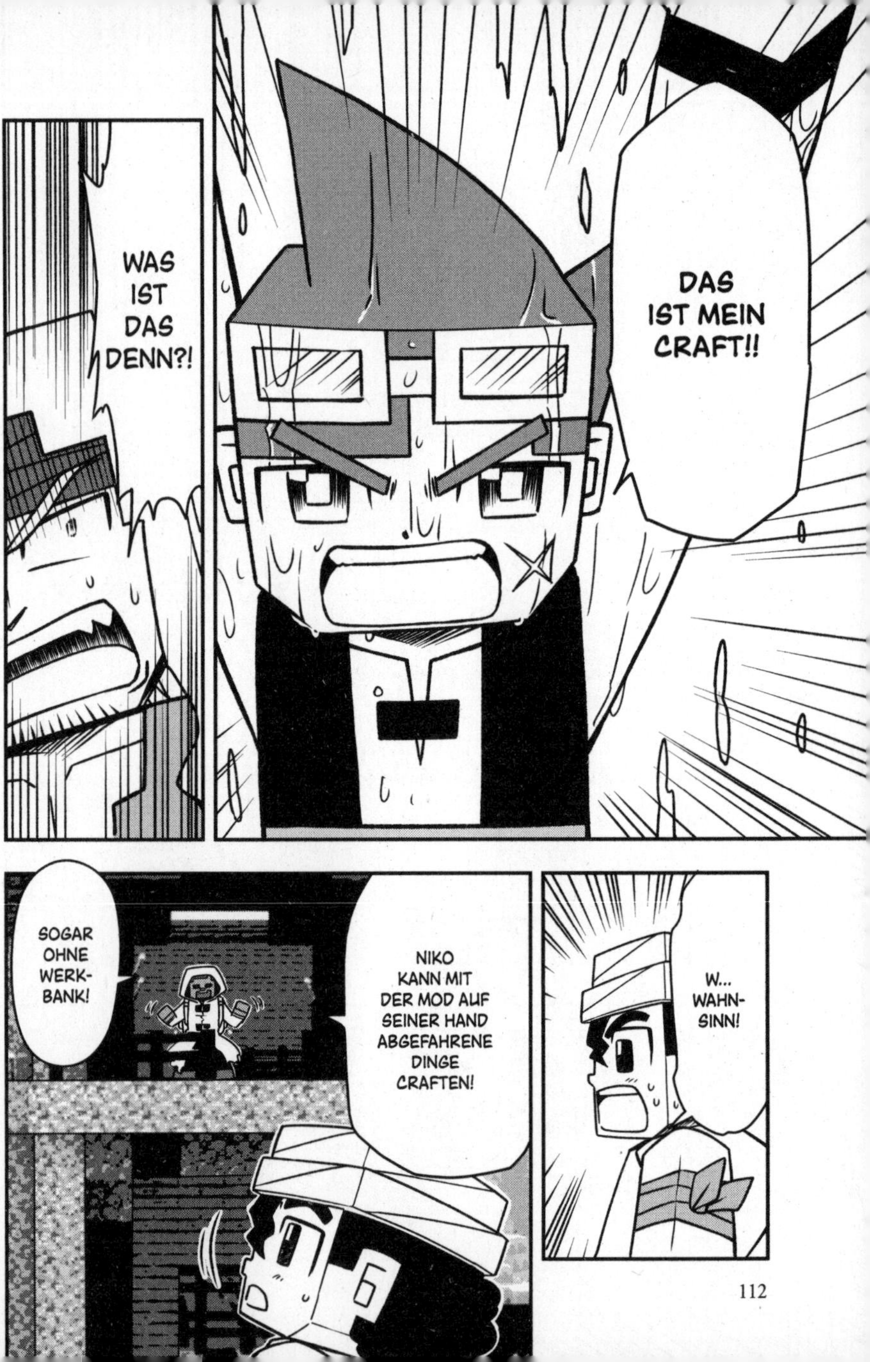
WAS IST DAS DENN?!
DAS IST MEIN CRAFT!!
NIKO KANN MIT DER MOD AUF SEINER HAND ABGEFAHRENE DINGE CRAFTEN!
SOGAR OHNE WERK-BANK!
W... WAHN-SINN!

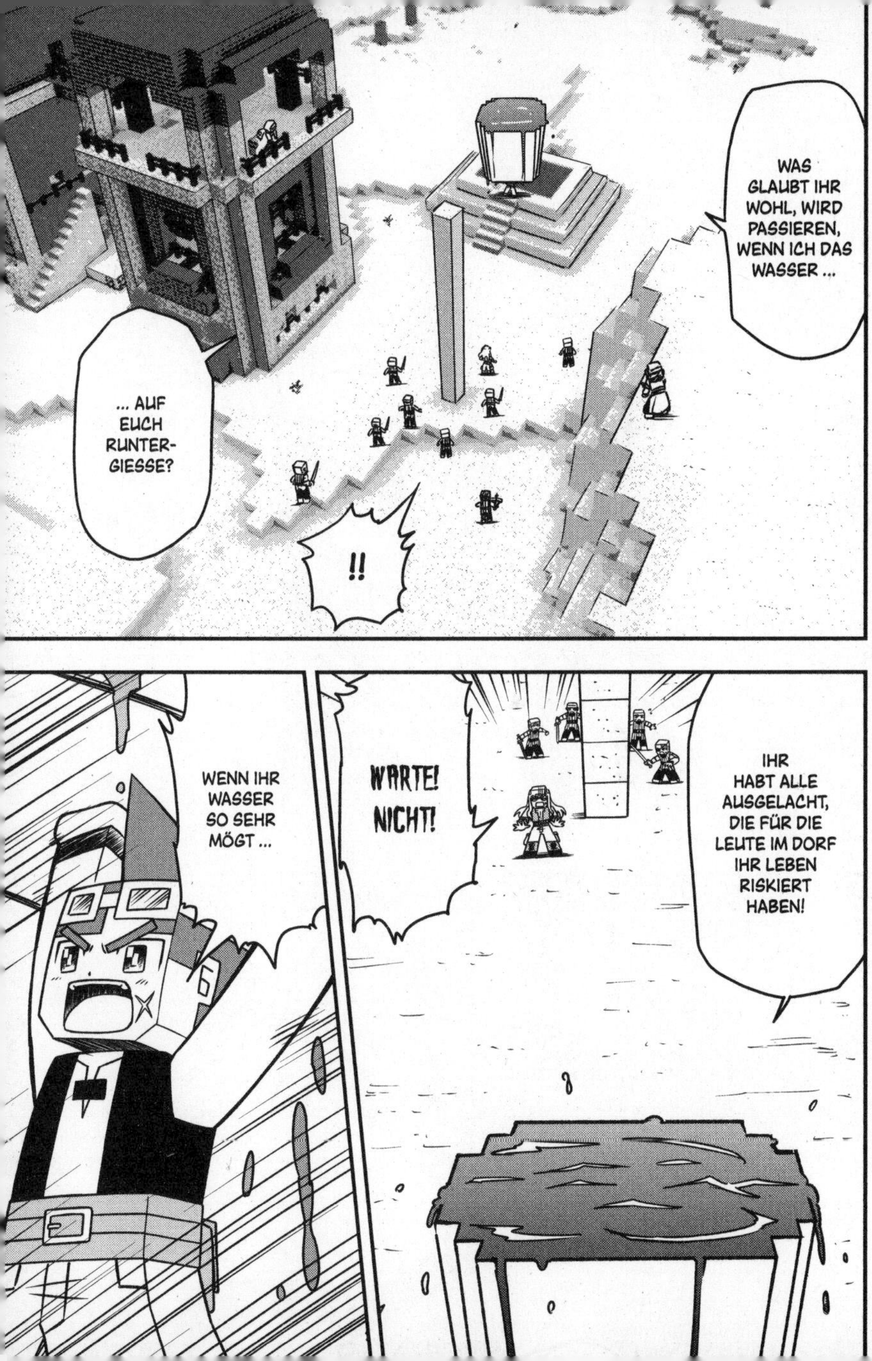
WAS GLAUBT IHR WOHL, WIRD PASSIEREN, WENN ICH DAS WASSER ...
... AUF EUCH RUNTER-GIESSE?
!!
IHR HABT ALLE AUSGELACHT, DIE FÜR DIE LEUTE IM DORF IHR LEBEN RISKIERT HABEN!
WARTE! NICHT!
WENN IHR WASSER SO SEHR MÖGT ...

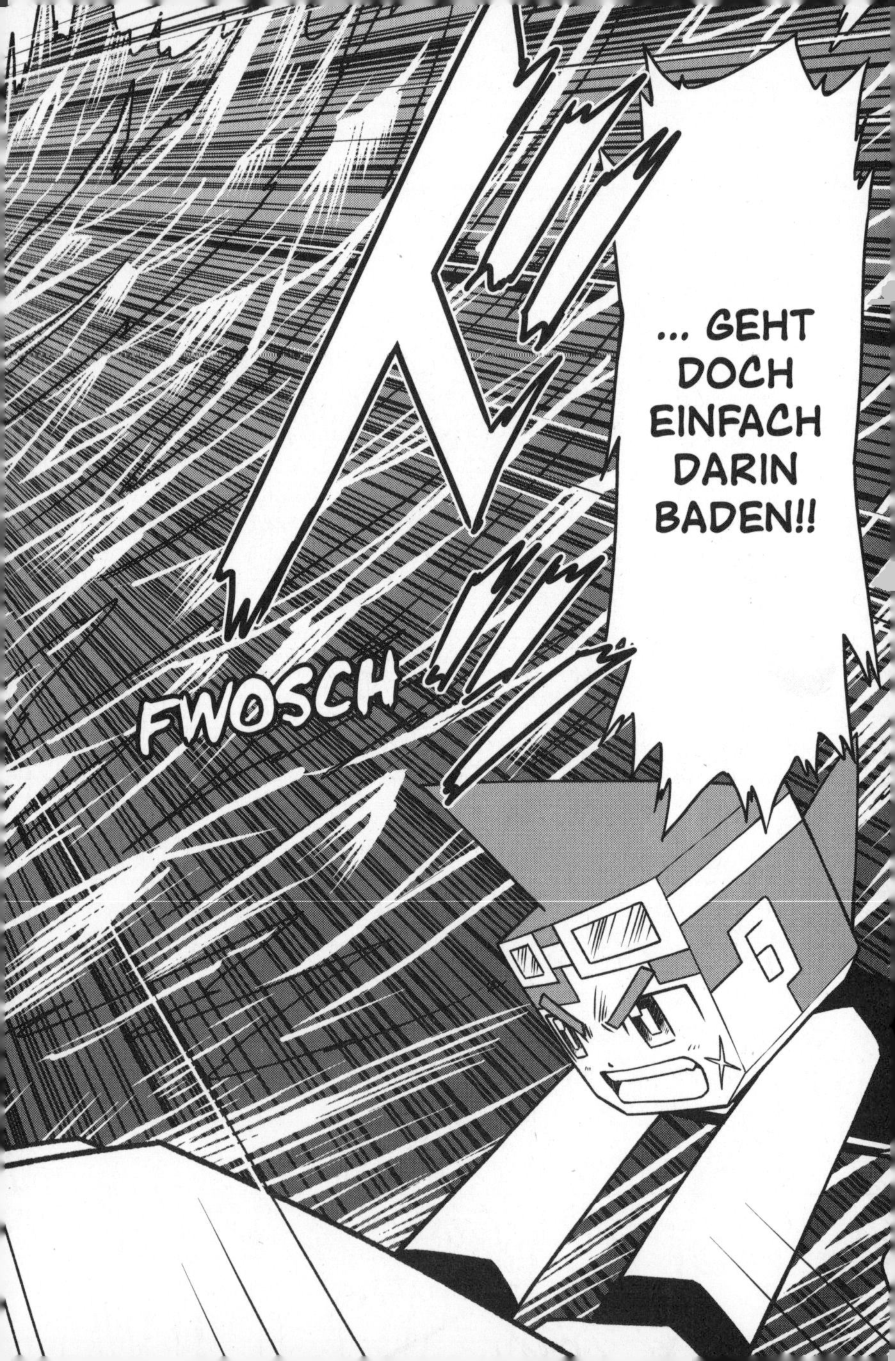
... GEHT DOCH EINFACH DARIN BADEN!!
FWOSCH

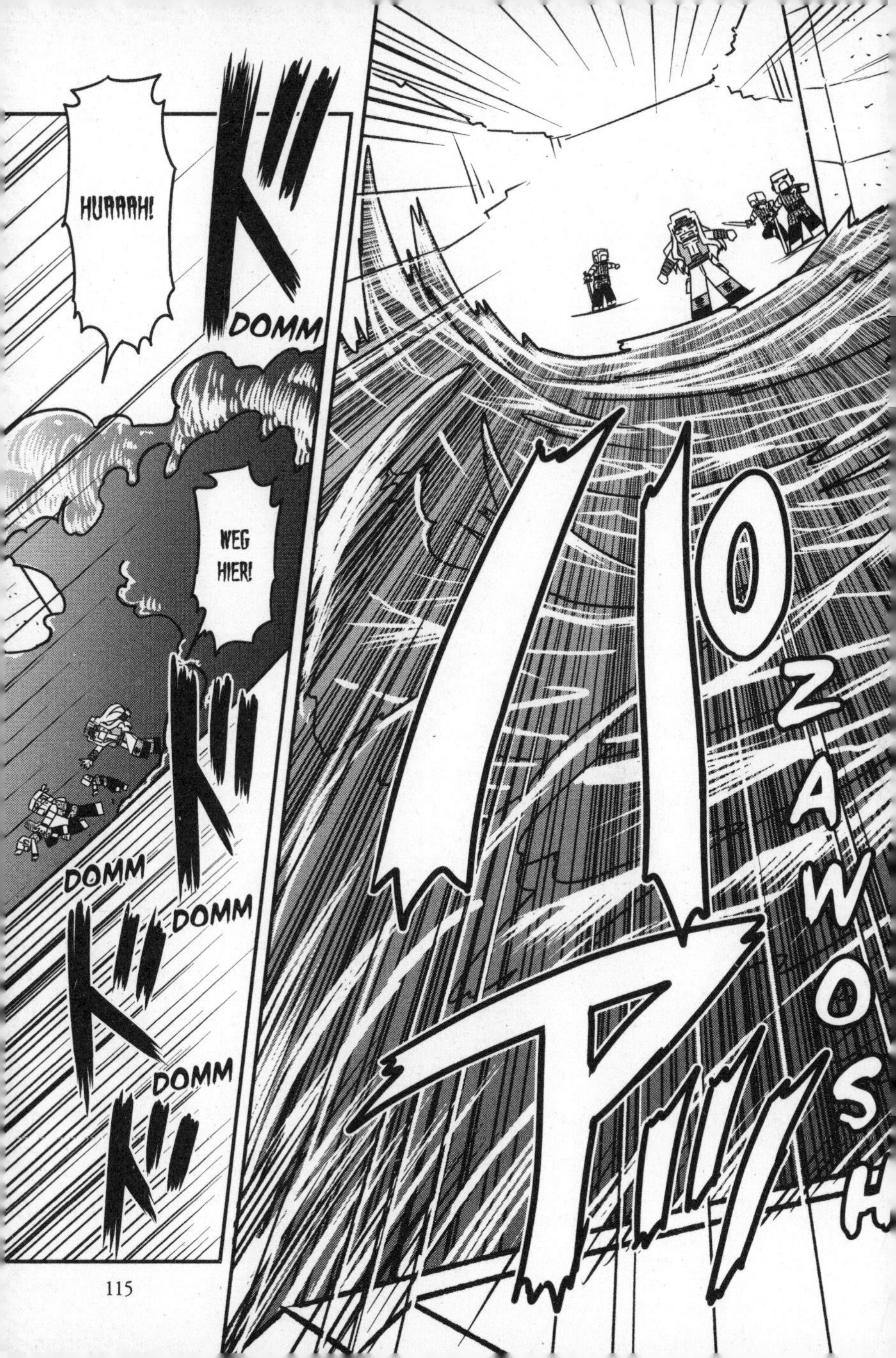
HUAAAH!
DOMM
WEG HIER!
DOMM
DOMM
DOMM
ZAWOSH

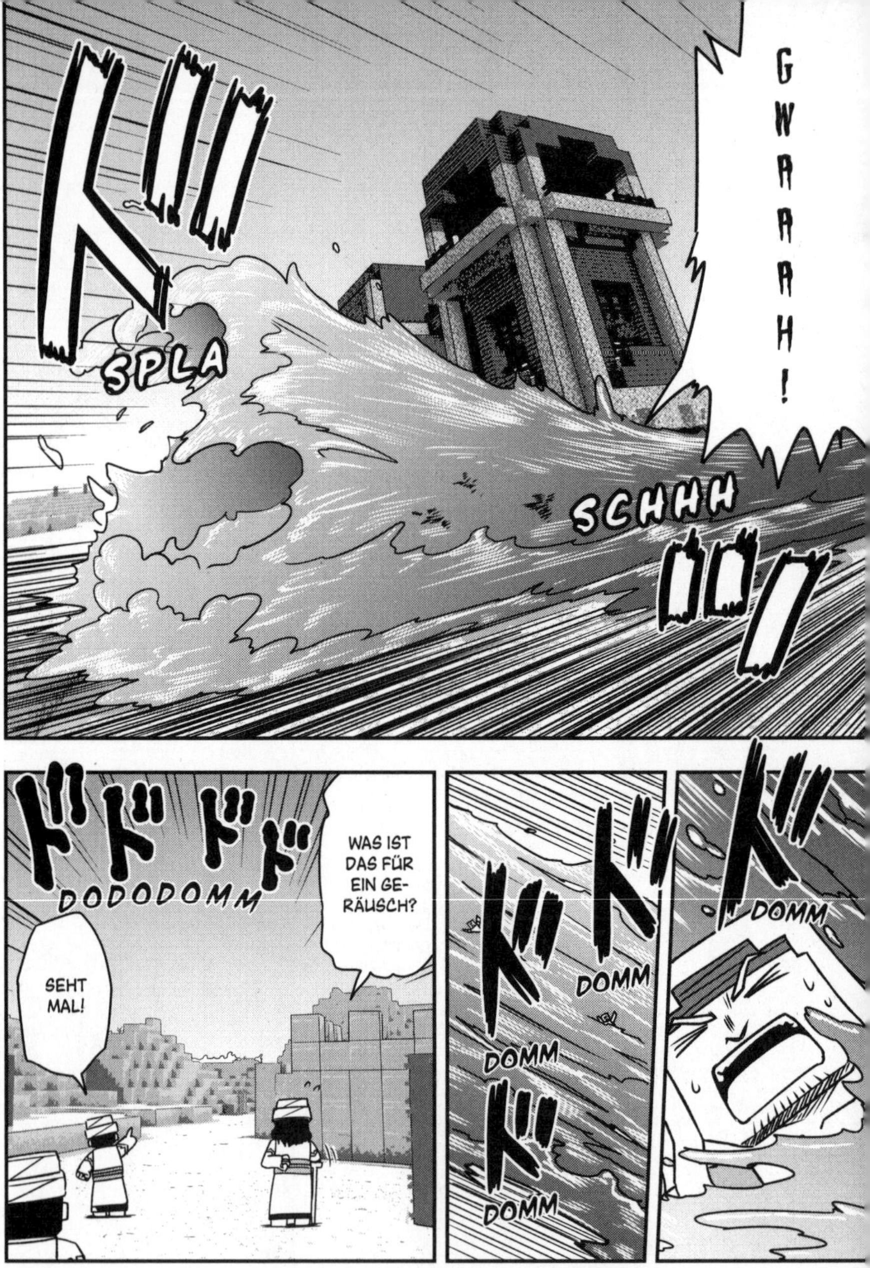

ド
SPLA
GWAAAAH!
SCHHH
ドド
DODODOMM
WAS IST DAS FÜR EIN GE- RÄUSCH?
SEHT MAL!
DOMM
DOMM
DOMM
DOMM

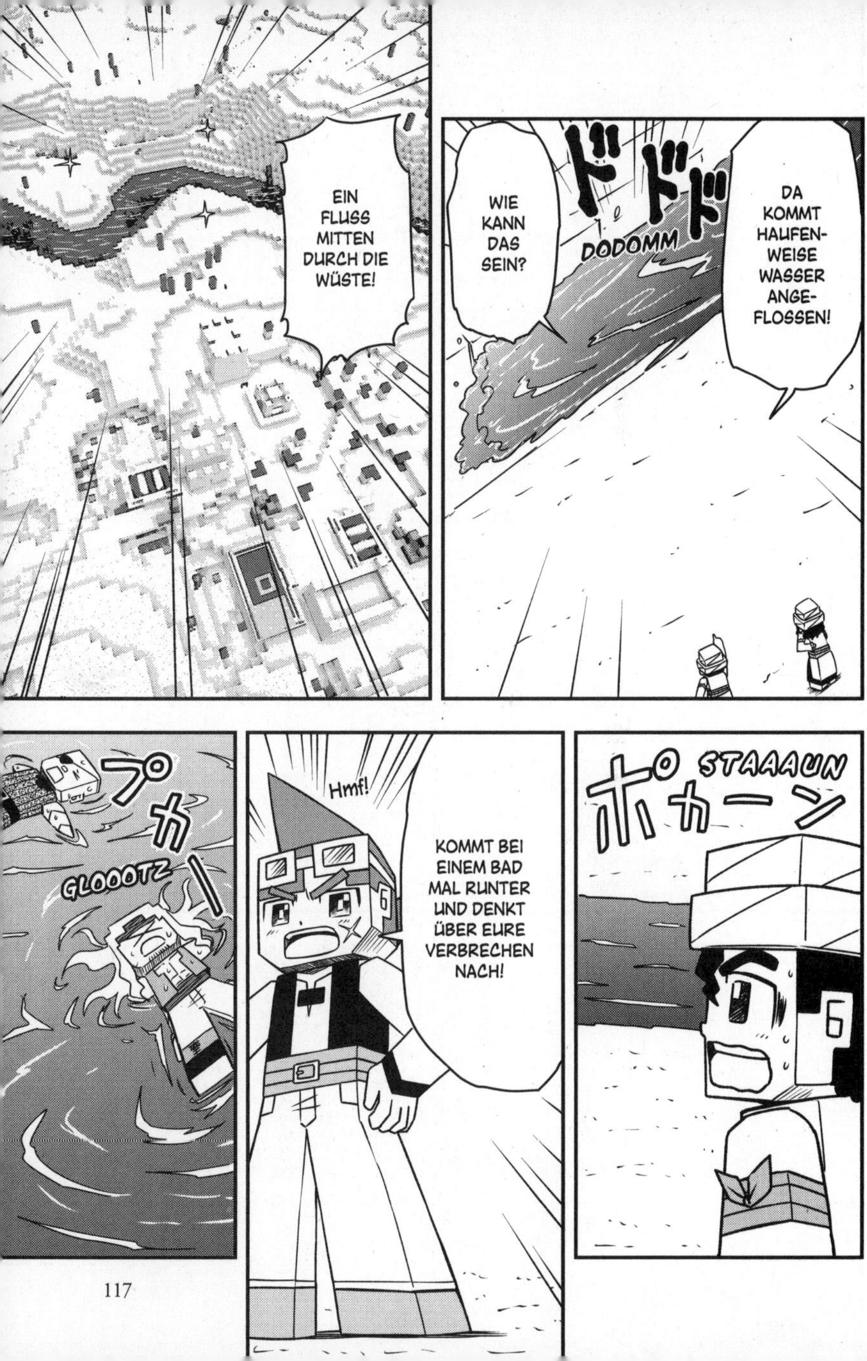

EIN FLUSS MITTEN DURCH DIE WÜSTE!
DA KOMMT HAUFEN-WEISE WASSER ANGE-FLOSSEN!
DODOMM
WIE KANN DAS SEIN?
STAAAUN
Hmf!
KOMMT BEI EINEM BAD MAL RUNTER UND DENKT ÜBER EURE VERBRECHEN NACH!
GLOOOTZ

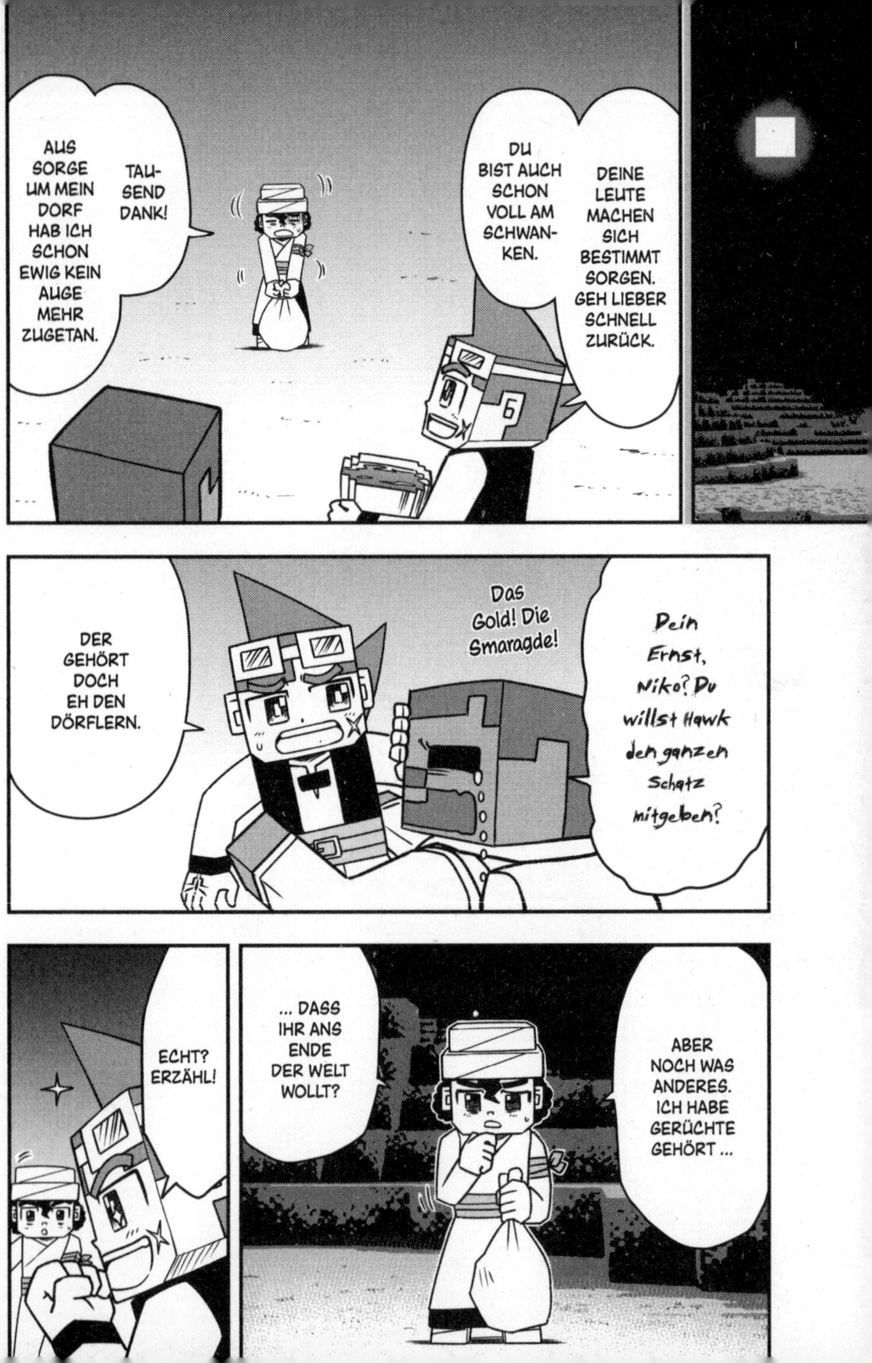
DEINE LEUTE MACHEN SICH BESTIMMT SORGEN. GEH LIEBER SCHNELL ZURÜCK.
DU BIST AUCH SCHON VOLL AM SCHWAN-KEN.
TAU-SEND DANK!
AUS SORGE UM MEIN DORF HAB ICH SCHON EWIG KEIN AUGE MEHR ZUGETAN.
Dein Ernst, Niko? Du willst Hawk den ganzen Schatz mitgeben?
Das Gold! Die Smaragde!
DER GEHÖRT DOCH EH DEN DÖRFLERN.
ABER NOCH WAS ANDERES. ICH HABE GERÜCHTE GEHÖRT ...
... DASS IHR ANS ENDE DER WELT WOLLT?
ECHT? ERZÄHL!

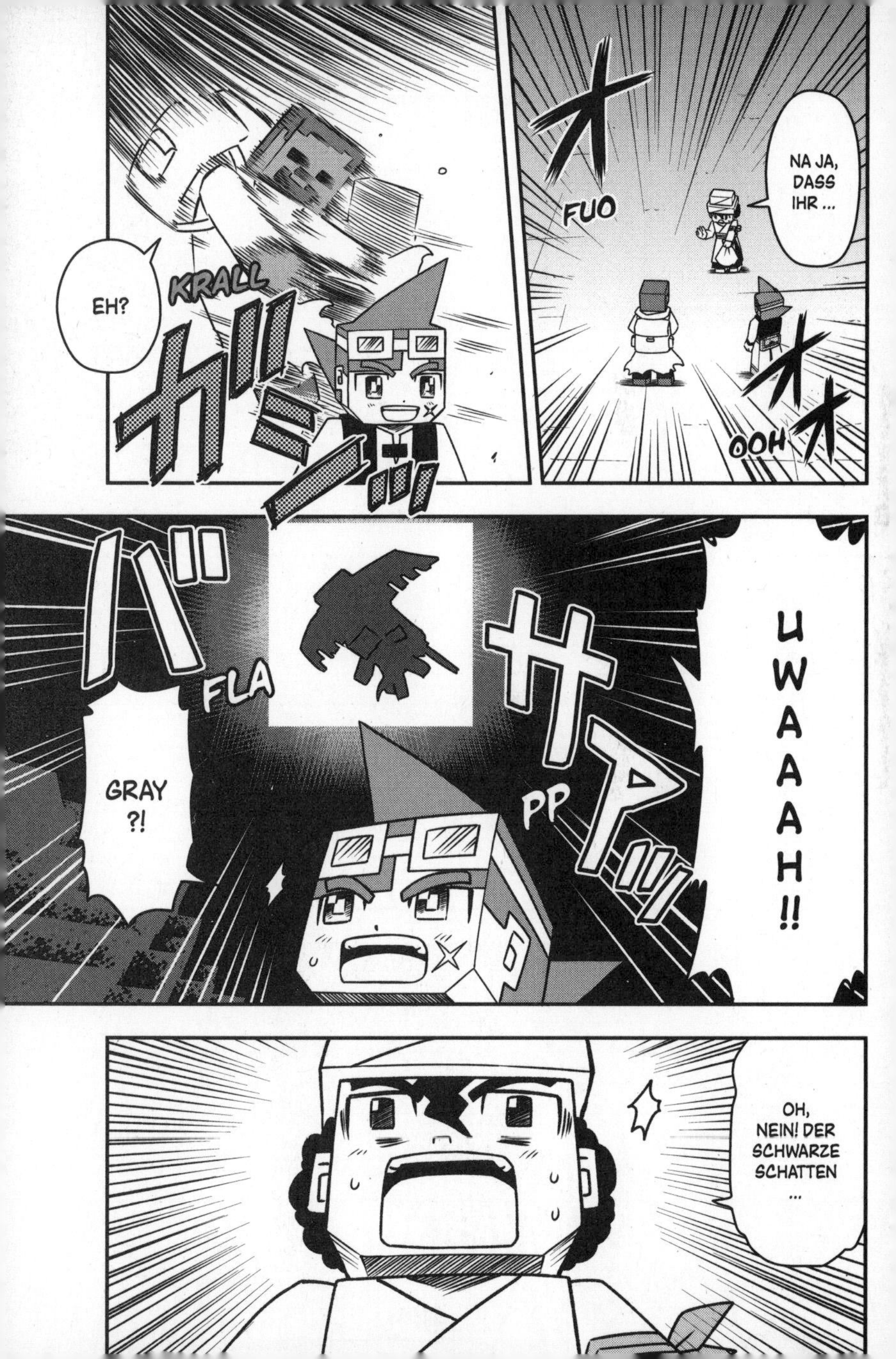

FUO
NA JA, DASS IHR ...
OOH
KRALL
EH?
UWAAAAH!!
PP
FLA
GRAY ?!
OH, NEIN! DER SCHWARZE SCHATTEN ...

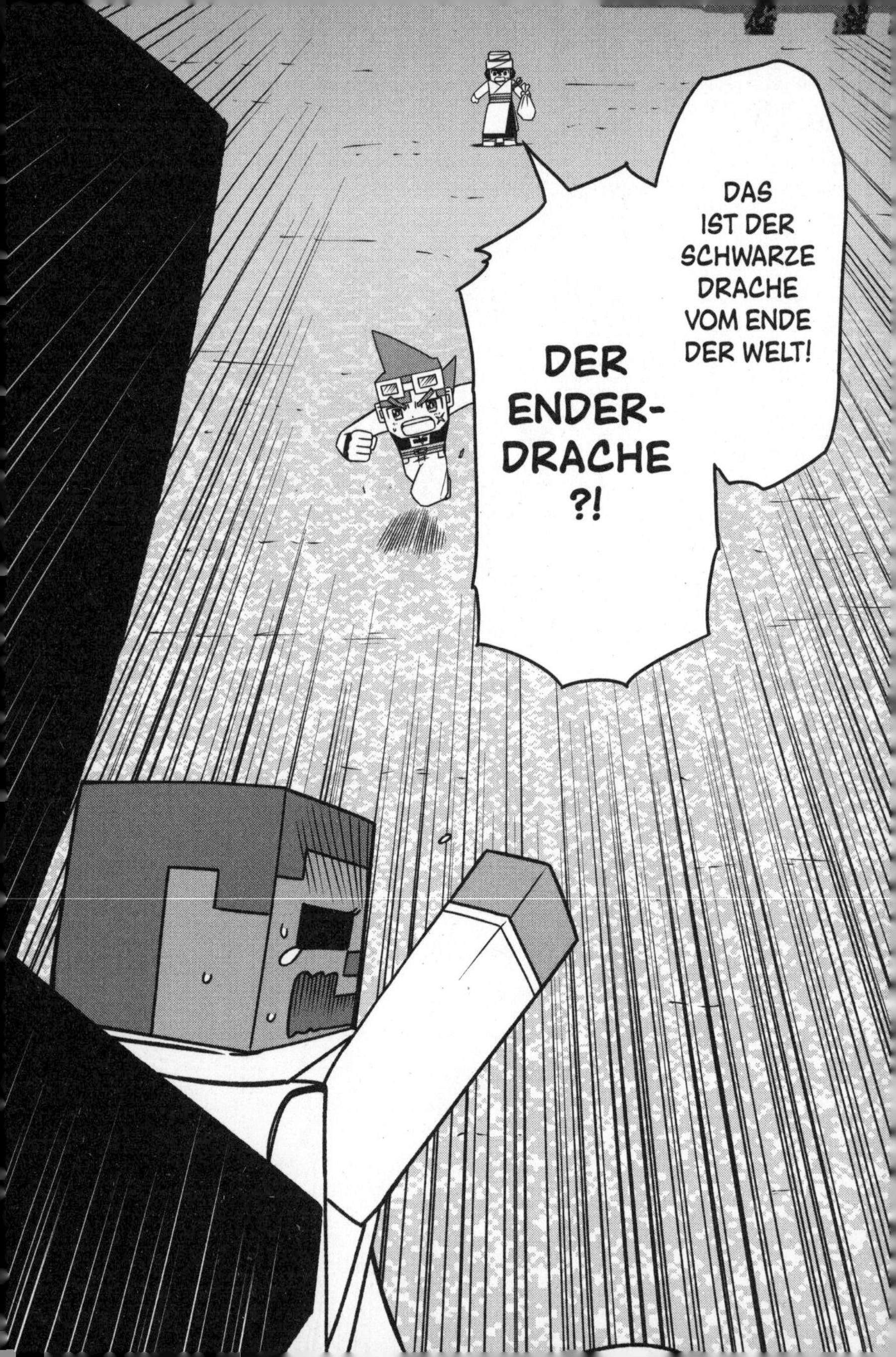
DAS IST DER SCHWARZE DRACHE VOM ENDE DER WELT!
DER ENDER-DRACHE ?!

#4 MEISTERE DEN FALLEN-DUNGEON!!

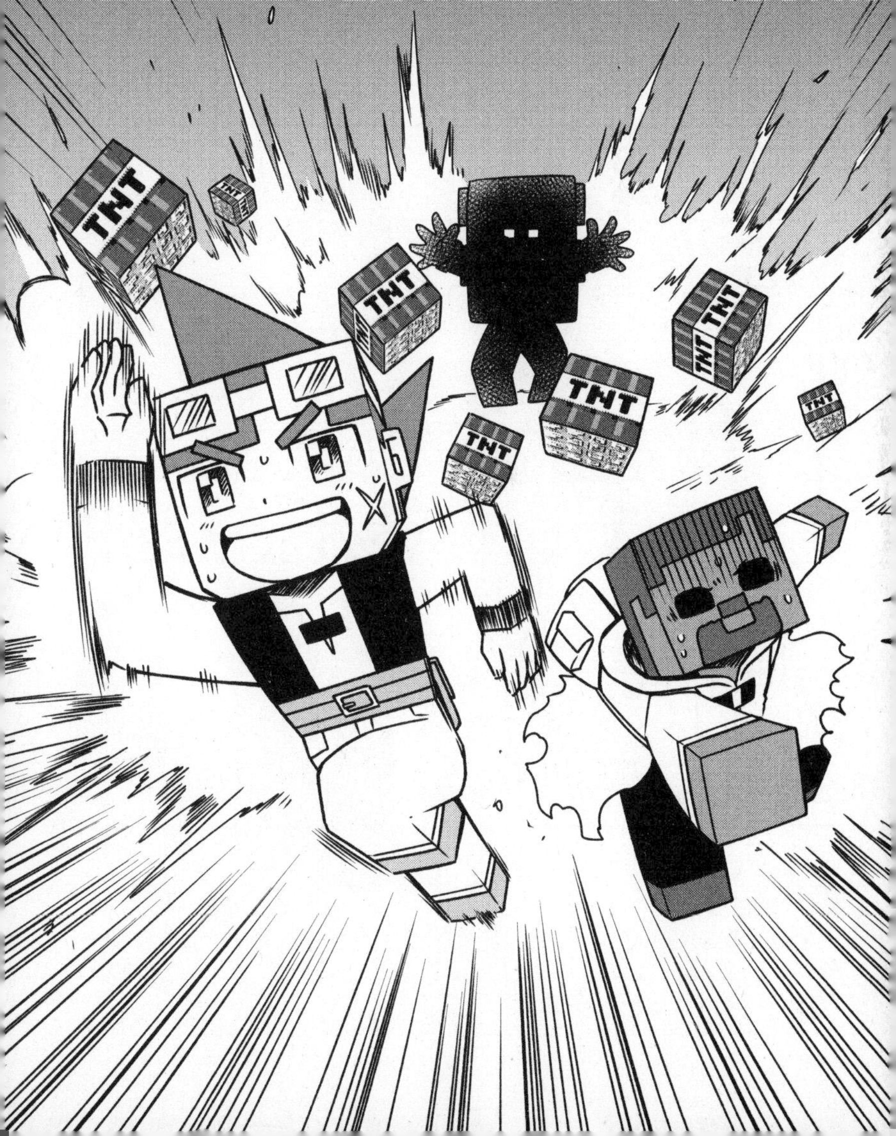

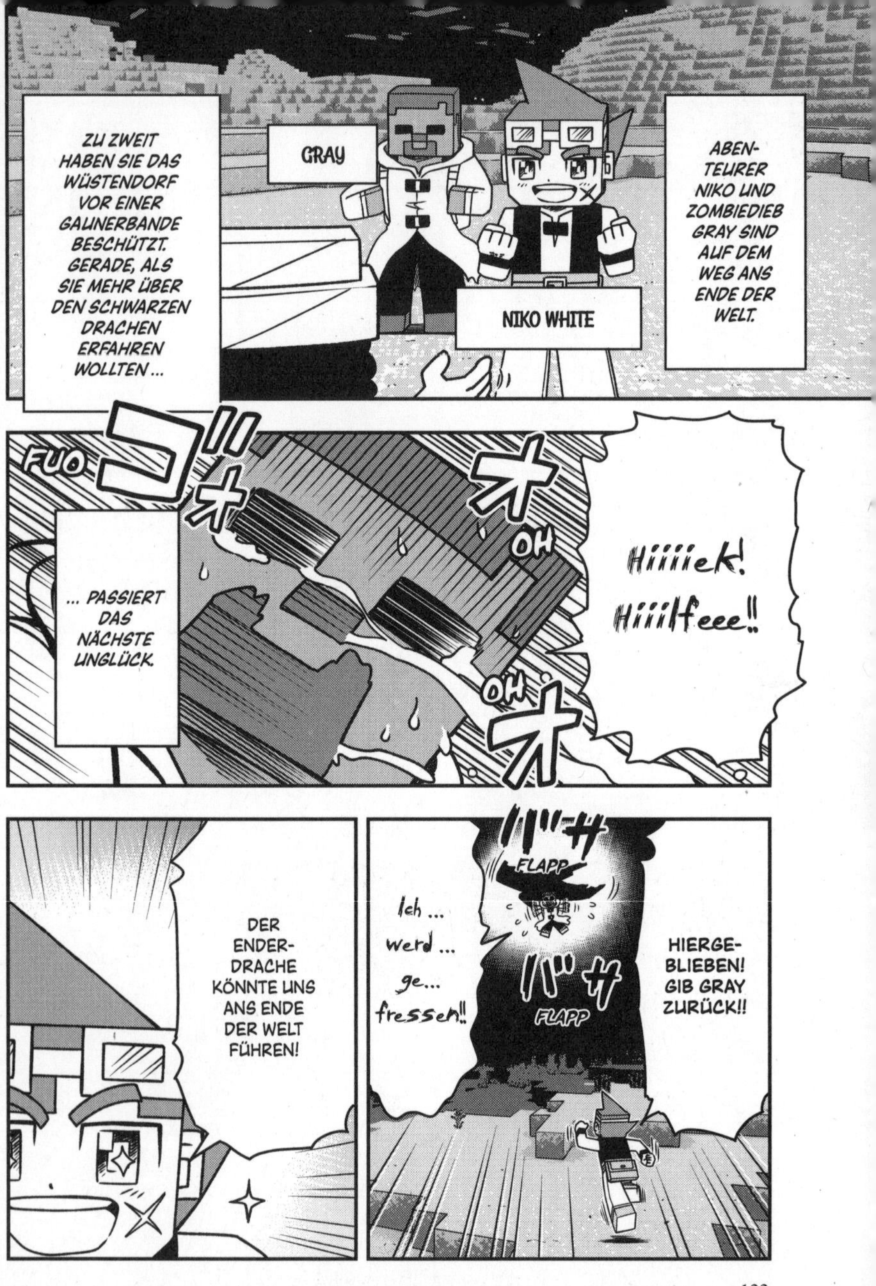

ZU ZWEIT HABEN SIE DAS WÜSTENDORF VOR EINER GAUNERBANDE BESCHÜTZT. GERADE, ALS SIE MEHR ÜBER DEN SCHWARZEN DRACHEN ERFAHREN WOLLTEN …
GRAY
NIKO WHITE
ABENTEURER NIKO UND ZOMBIEDIEB GRAY SIND AUF DEM WEG ANS ENDE DER WELT.
FUO
OH
OH
… PASSIERT DAS NÄCHSTE UNGLÜCK.
Hiiiiek! Hiiilfeee!!
DER ENDER-DRACHE KÖNNTE UNS ANS ENDE DER WELT FÜHREN!
FLAPP
FLAPP
HIERGE-BLIEBEN! GIB GRAY ZURÜCK!!
Ich … werd … ge… fressen!!

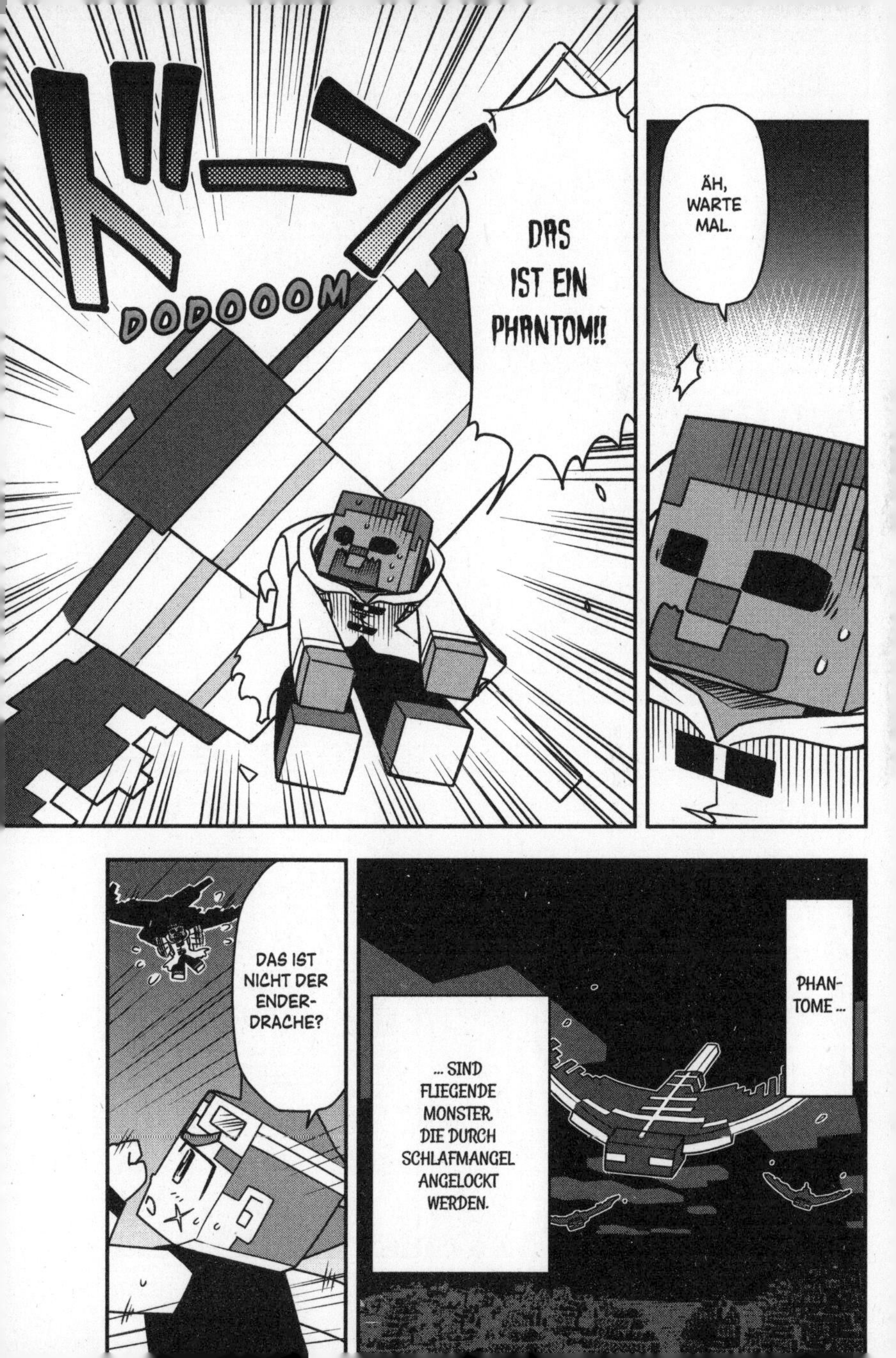
DODOOOM
DAS IST EIN PHANTOM!!
ÄH, WARTE MAL.
DAS IST NICHT DER ENDER-DRACHE?
PHAN-TOME ...
... SIND FLIEGENDE MONSTER, DIE DURCH SCHLAFMANGEL ANGELOCKT WERDEN.

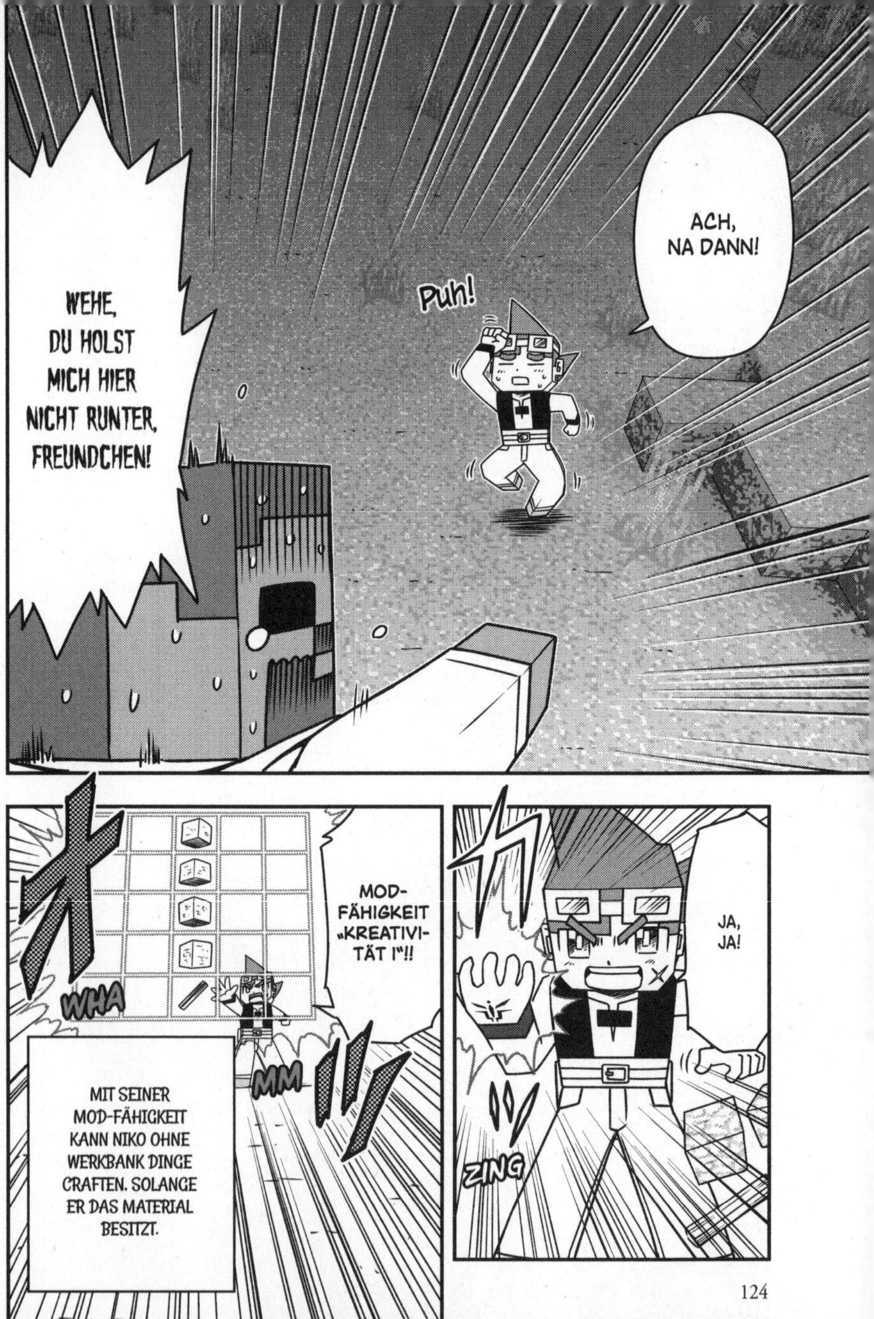
ACH, NA DANN!
Puh!
WEHE, DU HOLST MICH HIER NICHT RUNTER, FREUNDCHEN!
JA, JA!
MOD-FÄHIGKEIT »KREATIVITÄT I«!!
WHA
MM
MIT SEINER MOD-FÄHIGKEIT KANN NIKO OHNE WERKBANK DINGE CRAFTEN. SOLANGE ER DAS MATERIAL BESITZT.
ZING

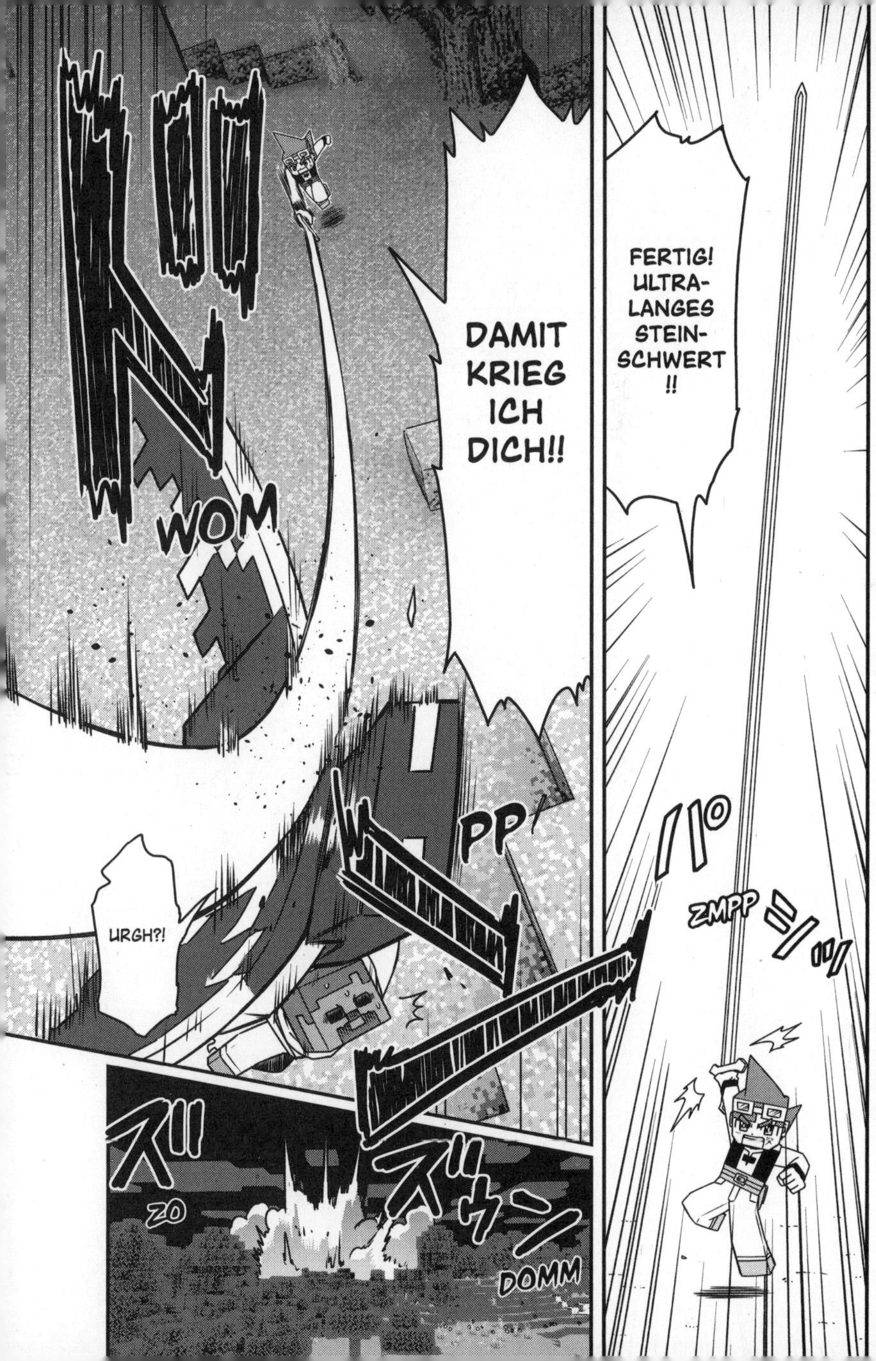

FERTIG! ULTRA-LANGES STEIN-SCHWERT!!
ZMPP
DAMIT KRIEG ICH DICH!!
WOM
PP
URGH?!
ZO
DOMM

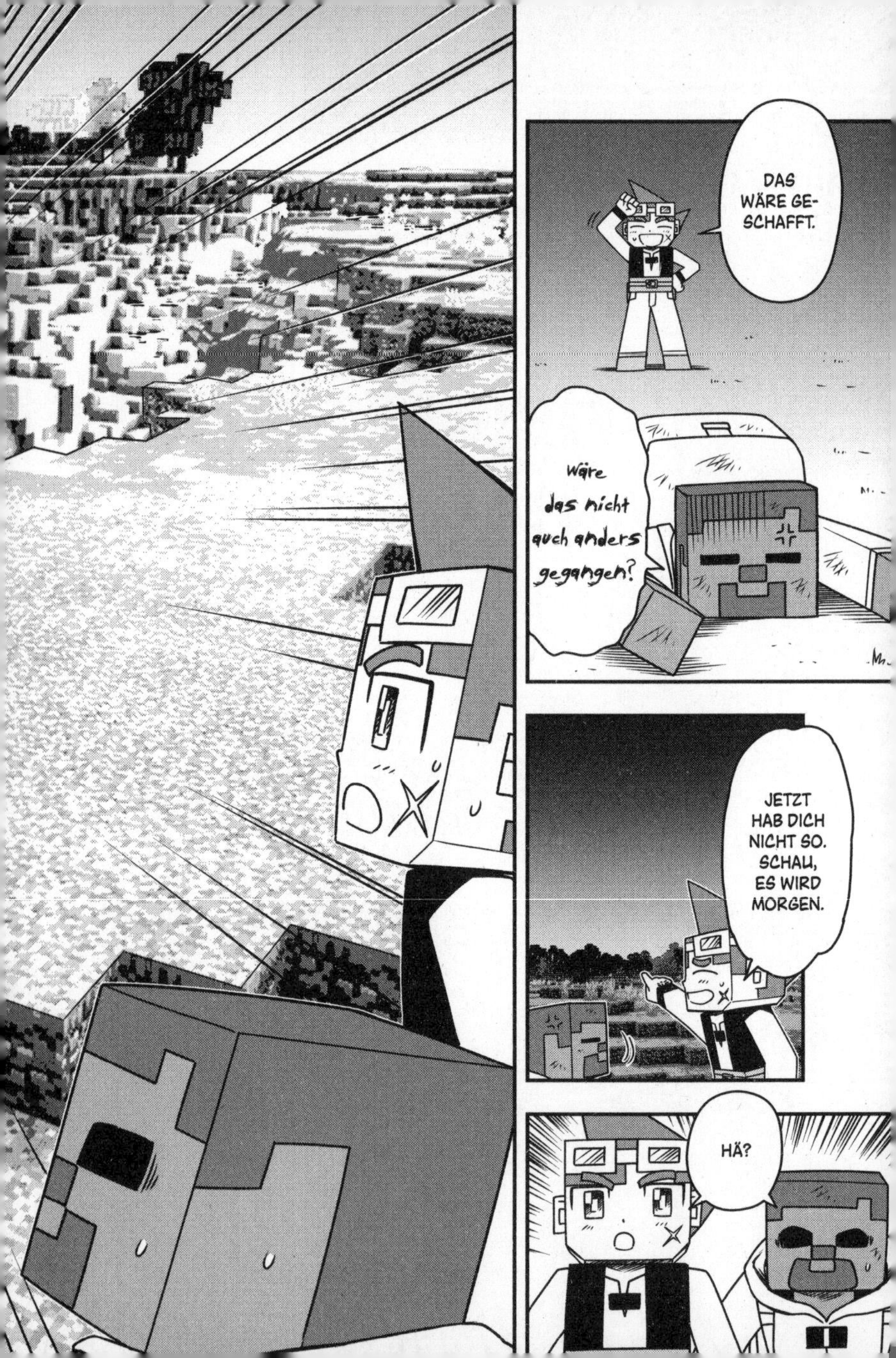
DAS WÄRE GE-SCHAFFT.
Wäre das nicht auch anders gegangen?
JETZT HAB DICH NICHT SO. SCHAU, ES WIRD MORGEN.
HÄ?

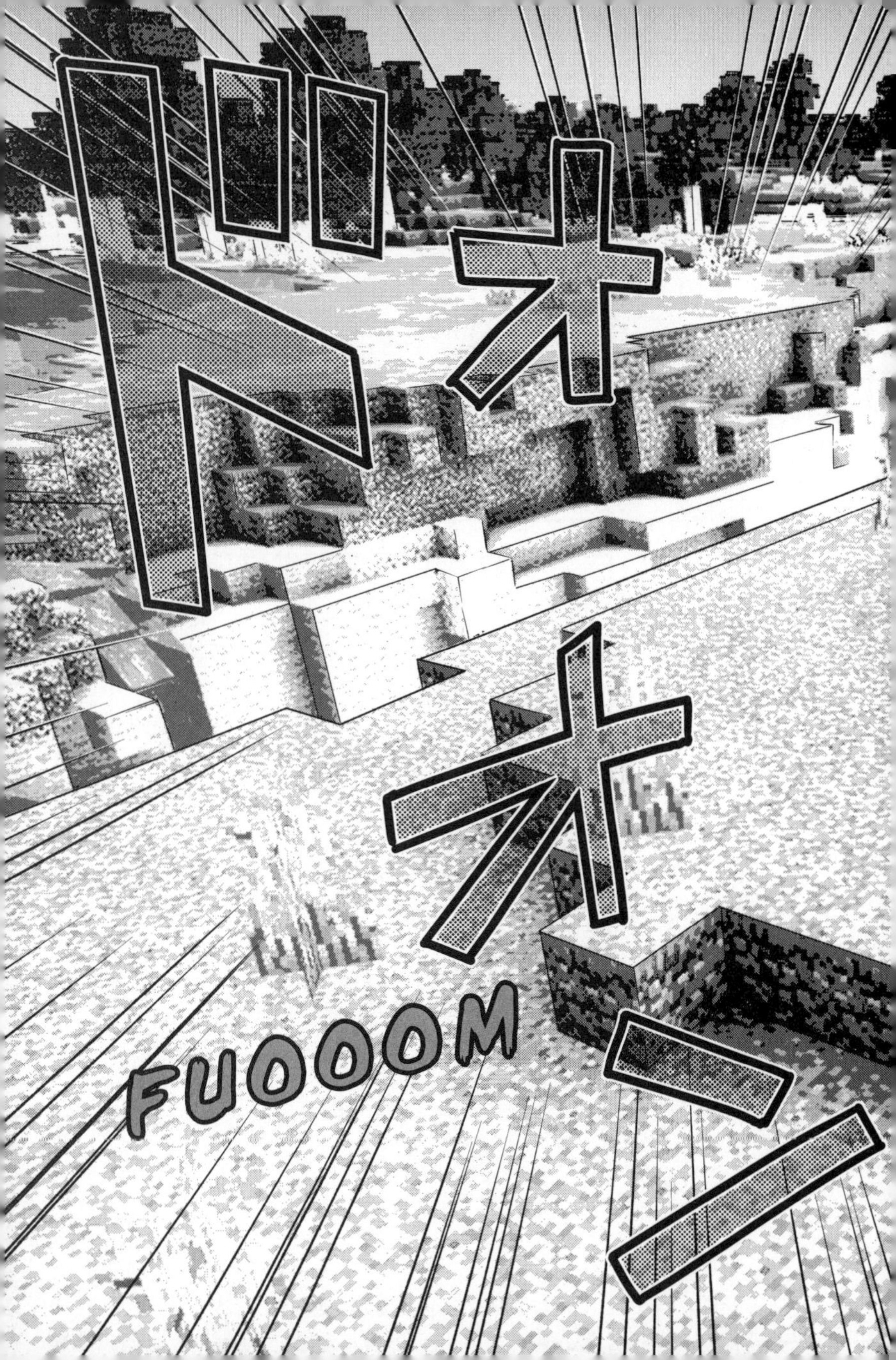
FUOOOM

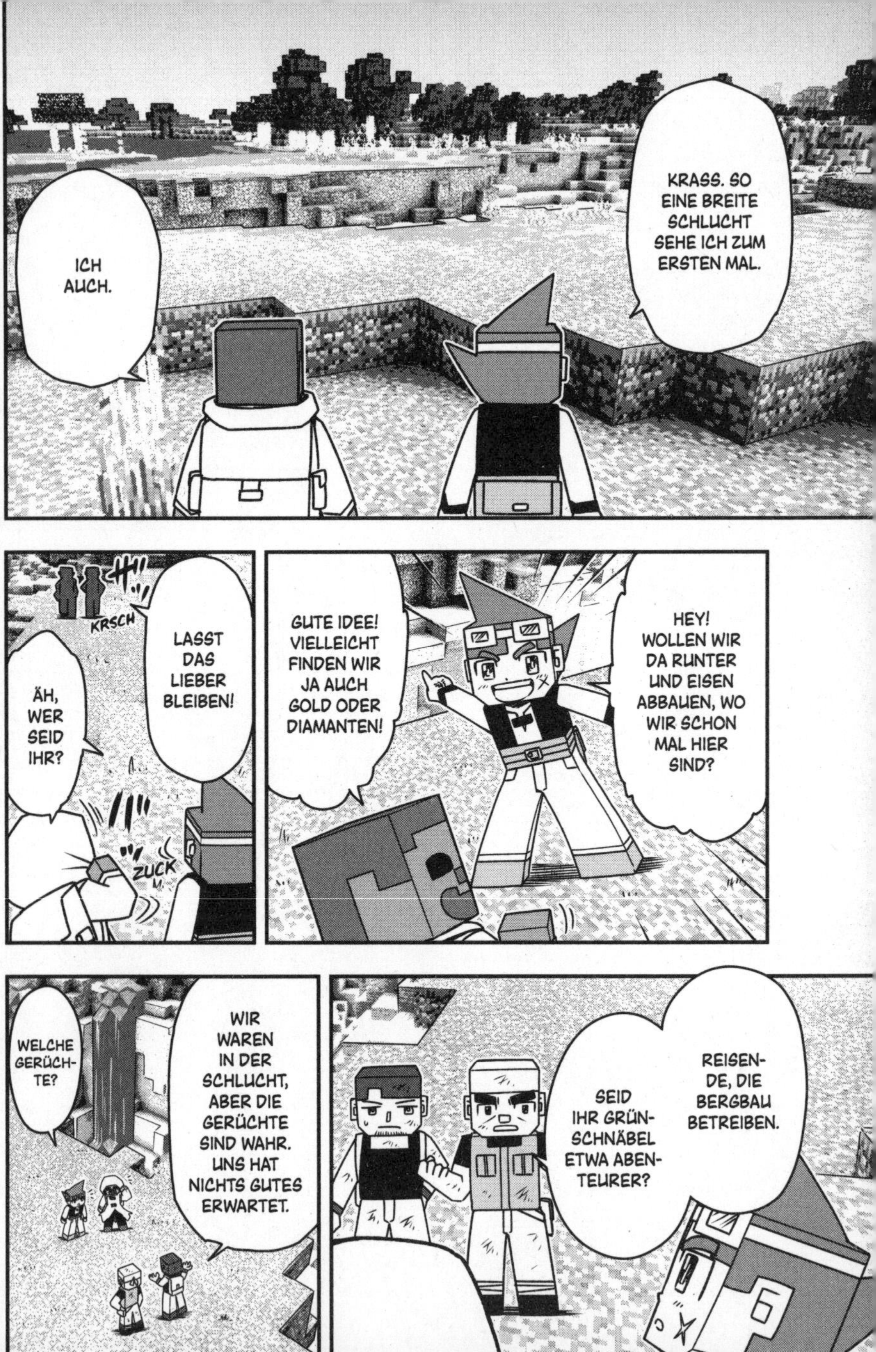
KRASS. SO EINE BREITE SCHLUCHT SEHE ICH ZUM ERSTEN MAL.
ICH AUCH.
HEY! WOLLEN WIR DA RUNTER UND EISEN ABBAUEN, WO WIR SCHON MAL HIER SIND?
GUTE IDEE! VIELLEICHT FINDEN WIR JA AUCH GOLD ODER DIAMANTEN!
KRSCH
LASST DAS LIEBER BLEIBEN!
ÄH, WER SEID IHR?
ZUCK
REISEN-DE, DIE BERGBAU BETREIBEN.
SEID IHR GRÜN-SCHNÄBEL ETWA ABEN-TEURER?
WIR WAREN IN DER SCHLUCHT, ABER DIE GERÜCHTE SIND WAHR. UNS HAT NICHTS GUTES ERWARTET.
WELCHE GERÜCH-TE?

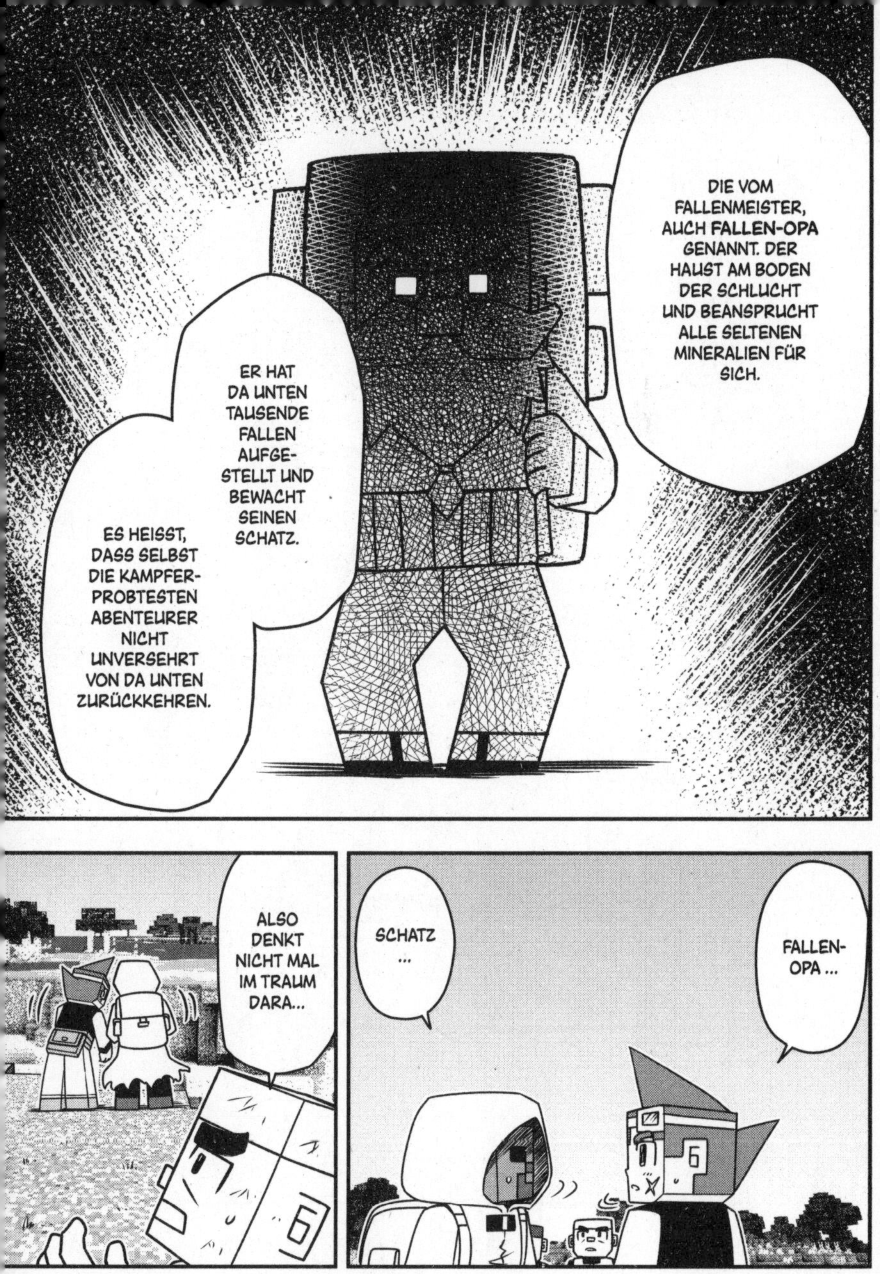
DIE VOM FALLENMEISTER, AUCH FALLEN-OPA GENANNT. DER HAUST AM BODEN DER SCHLUCHT UND BEANSPRUCHT ALLE SELTENEN MINERALIEN FÜR SICH.
ER HAT DA UNTEN TAUSENDE FALLEN AUFGE-STELLT UND BEWACHT SEINEN SCHATZ.
ES HEISST, DASS SELBST DIE KAMPFER-PROBTESTEN ABENTEURER NICHT UNVERSEHRT VON DA UNTEN ZURÜCKKEHREN.
ALSO DENKT NICHT MAL IM TRAUM DARA...
SCHATZ ...
FALLEN-OPA ...

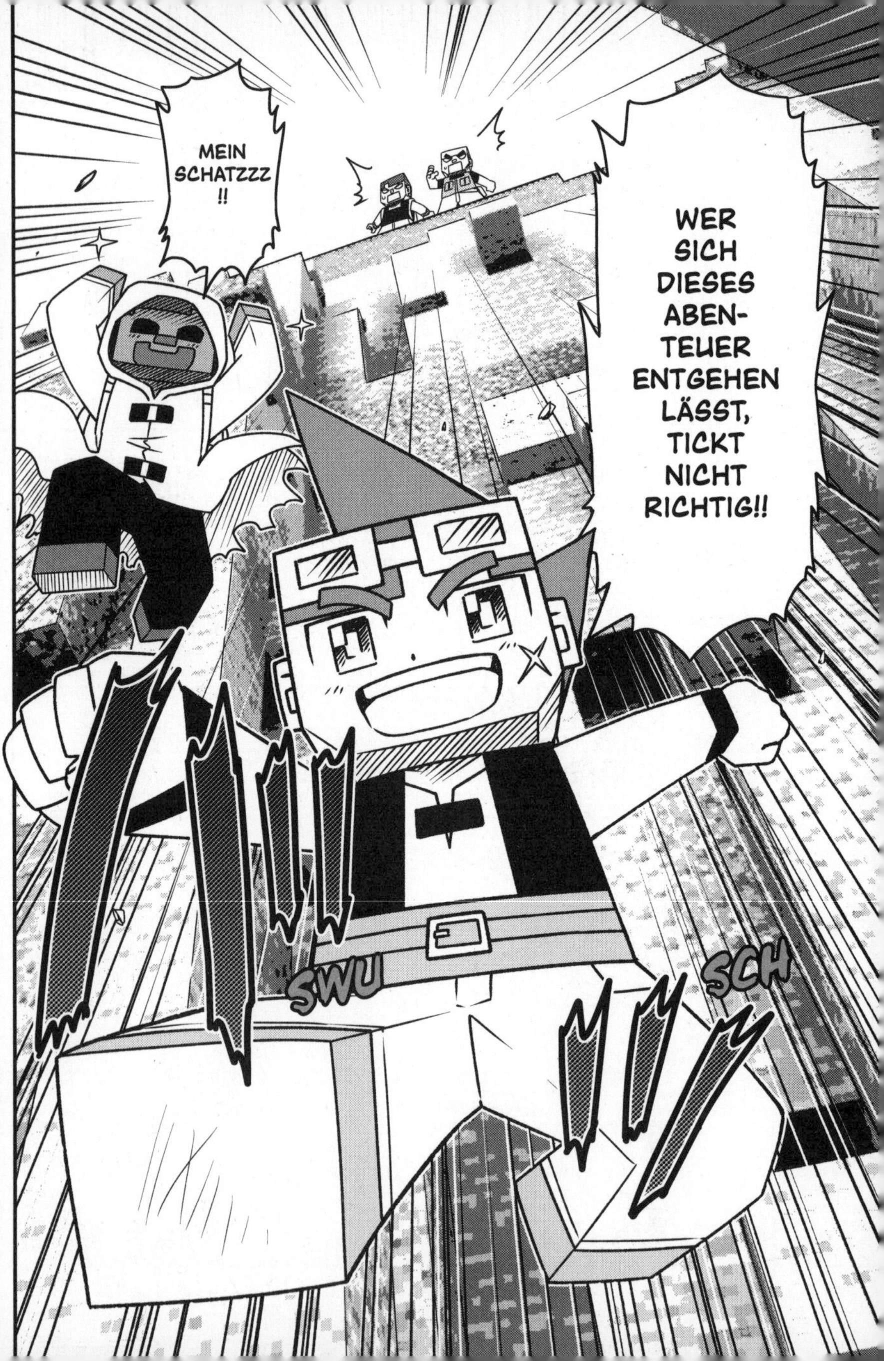
MEIN SCHATZZZ !!
WER SICH DIESES ABEN-TEUER ENTGEHEN LÄSST, TICKT NICHT RICHTIG!!
SWU
SCH

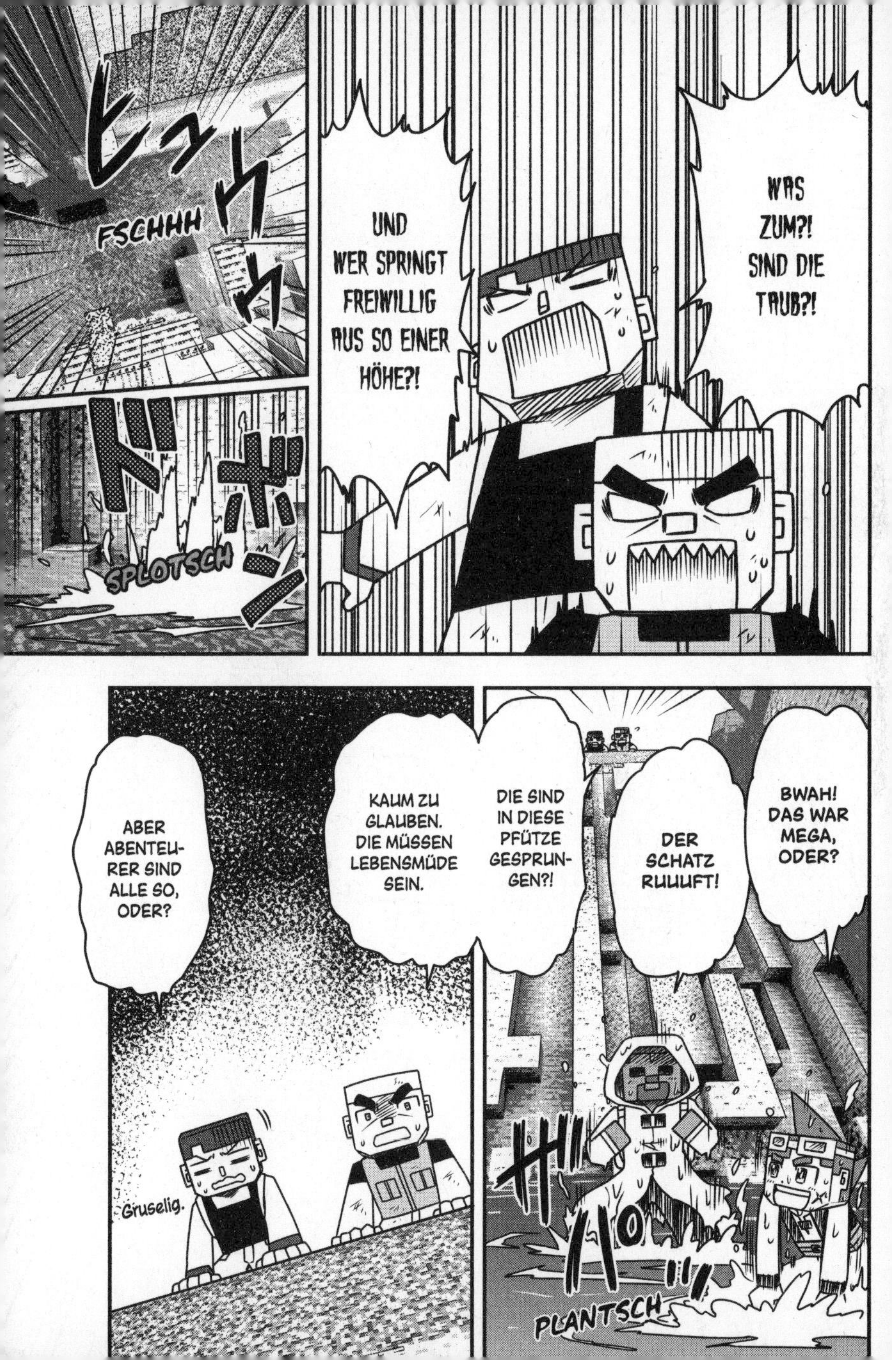
WAS ZUM?! SIND DIE TAUB?!
UND WER SPRINGT FREIWILLIG AUS SO EINER HÖHE?!
FSCHHH
SPLOTSCH
BWAH! DAS WAR MEGA, ODER?
DER SCHATZ RUUUFT!
PLANTSCH
DIE SIND IN DIESE PFÜTZE GESPRUN-GEN?!
KAUM ZU GLAUBEN. DIE MÜSSEN LEBENSMÜDE SEIN.
ABER ABENTEU-RER SIND ALLE SO, ODER?
Gruselig.

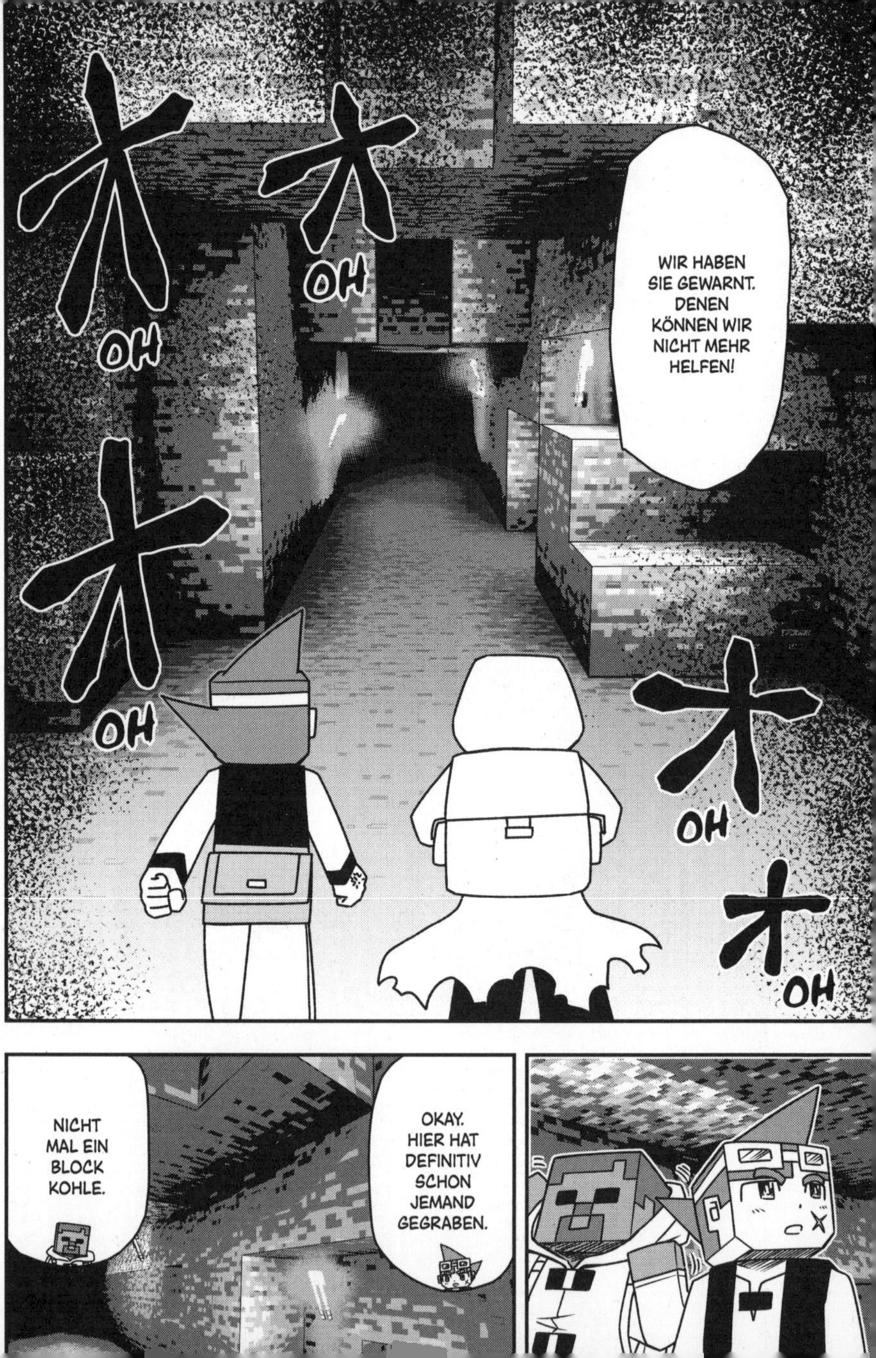
WIR HABEN SIE GEWARNT. DENEN KÖNNEN WIR NICHT MEHR HELFEN!
オ OH
オ OH
オ OH
オ OH
オ OH
オ OH
OKAY. HIER HAT DEFINITIV SCHON JEMAND GEGRABEN.
NICHT MAL EIN BLOCK KOHLE.

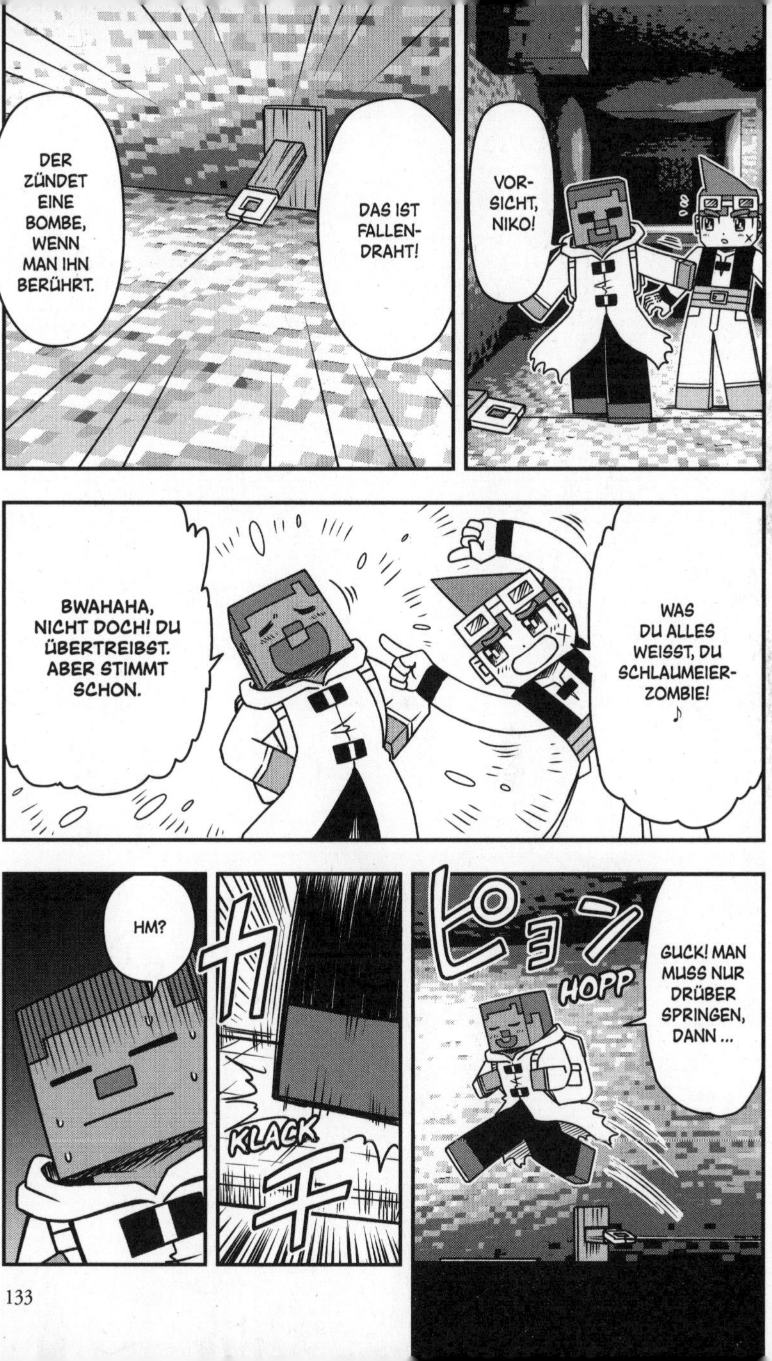

VORSICHT, NIKO!
DAS IST FALLENDRAHT!
DER ZÜNDET EINE BOMBE, WENN MAN IHN BERÜHRT.
WAS DU ALLES WEISST, DU SCHLAUMEIER-ZOMBIE! ♪
BWAHAHA, NICHT DOCH! DU ÜBERTREIBST. ABER STIMMT SCHON.
ピョン
HOPP
GUCK! MAN MUSS NUR DRÜBER SPRINGEN, DANN ...
カチ
KLACK
HM?

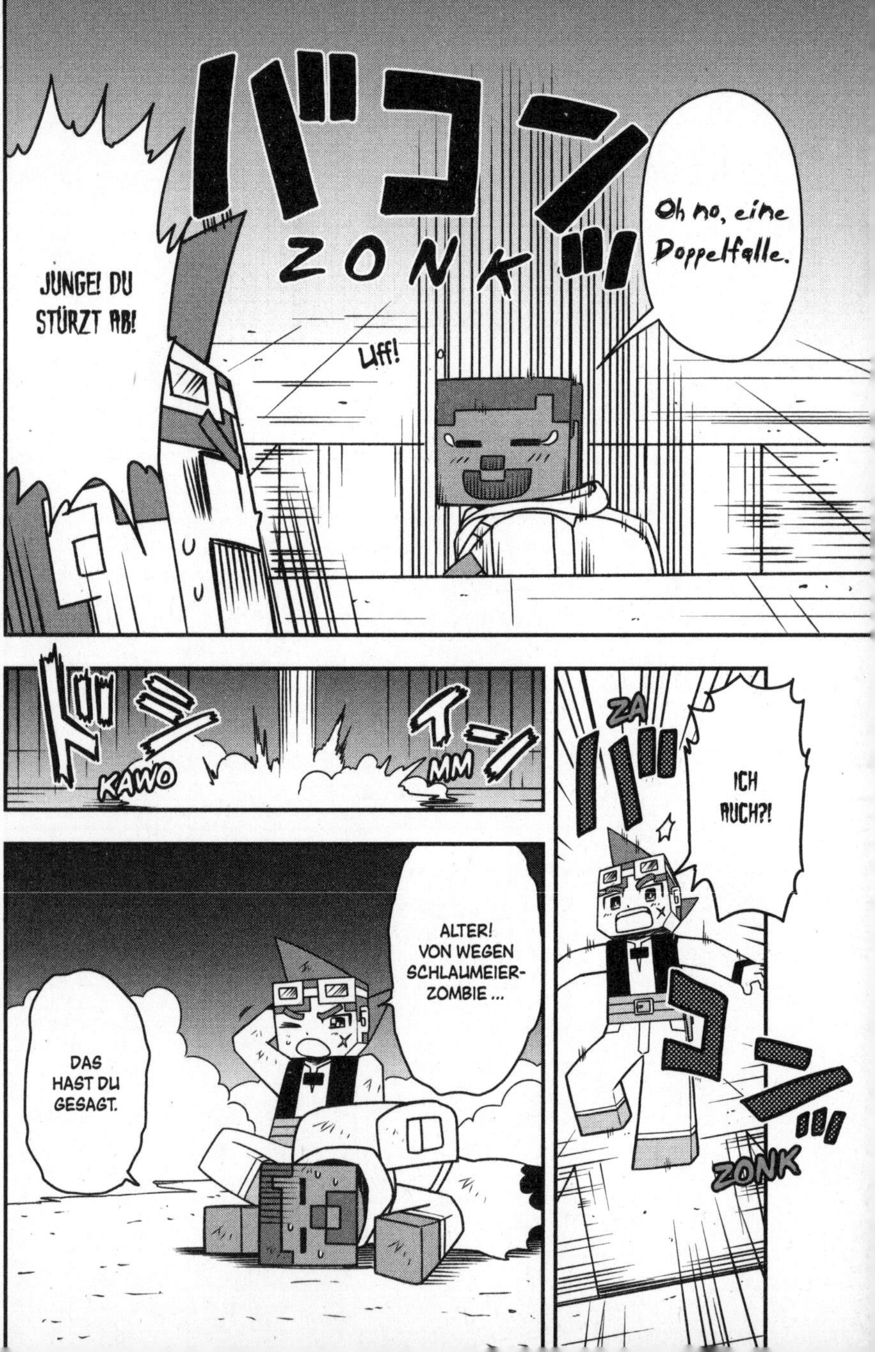
Oh no, eine Doppelfalle.
ZONK
Uff!
JUNGE! DU STÜRZT AB!
ZA
ICH AUCH?!
ZONK
MM
KAWO
ALTER! VON WEGEN SCHLAUMEIER-ZOMBIE ...
DAS HAST DU GESAGT.

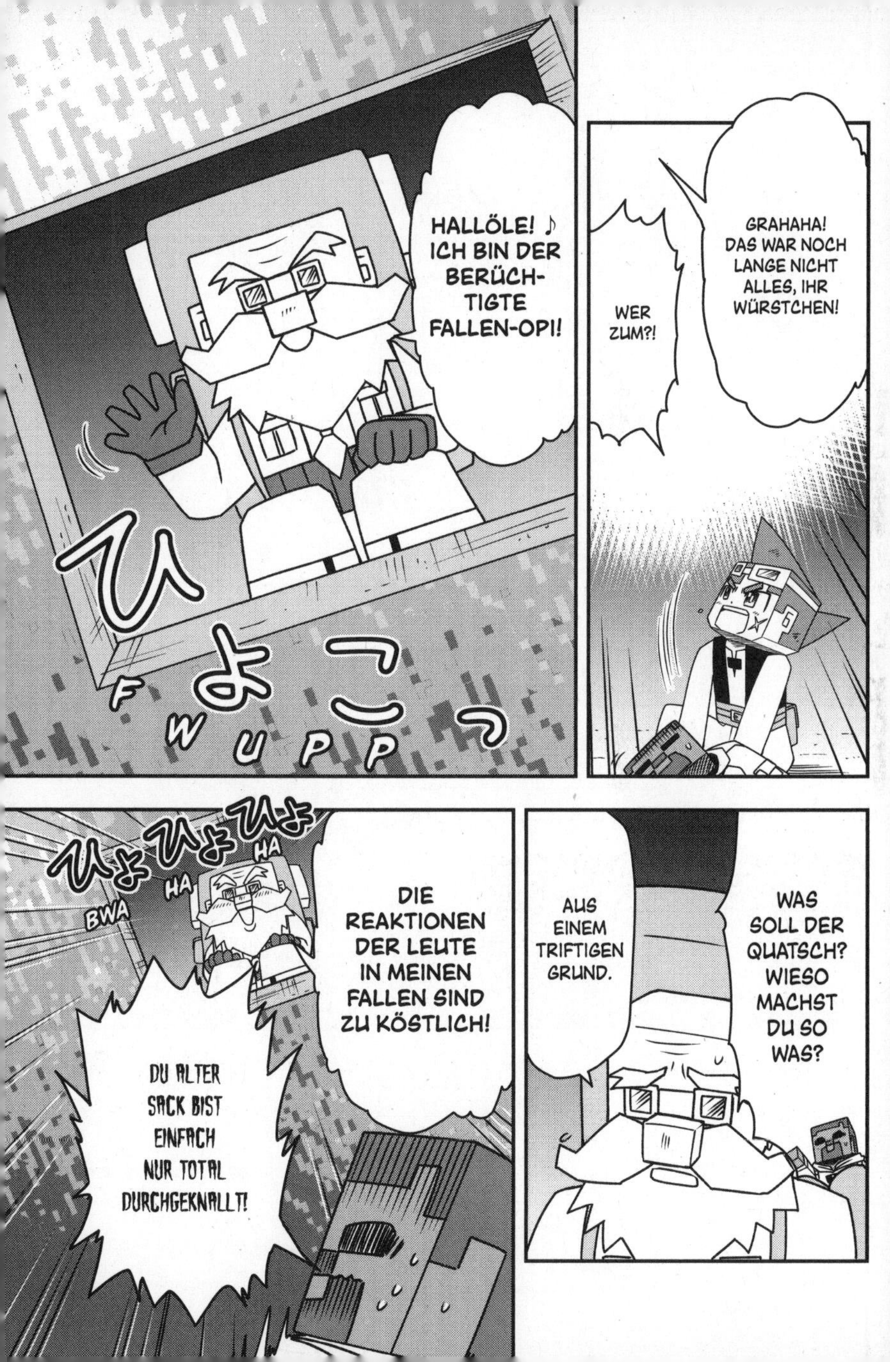

GRAHAHA! DAS WAR NOCH LANGE NICHT ALLES, IHR WÜRSTCHEN!
WER ZUM?!
HALLÖLE! ♪ ICH BIN DER BERÜCH-TIGTE FALLEN-OPI!
ひょこっ
FWUPP
WAS SOLL DER QUATSCH? WIESO MACHST DU SO WAS?
AUS EINEM TRIFTIGEN GRUND.
ひょひょひょ
BWA HA HA
DIE REAKTIONEN DER LEUTE IN MEINEN FALLEN SIND ZU KÖSTLICH!
DU ALTER SACK BIST EINFACH NUR TOTAL DURCHGEKNALLT!

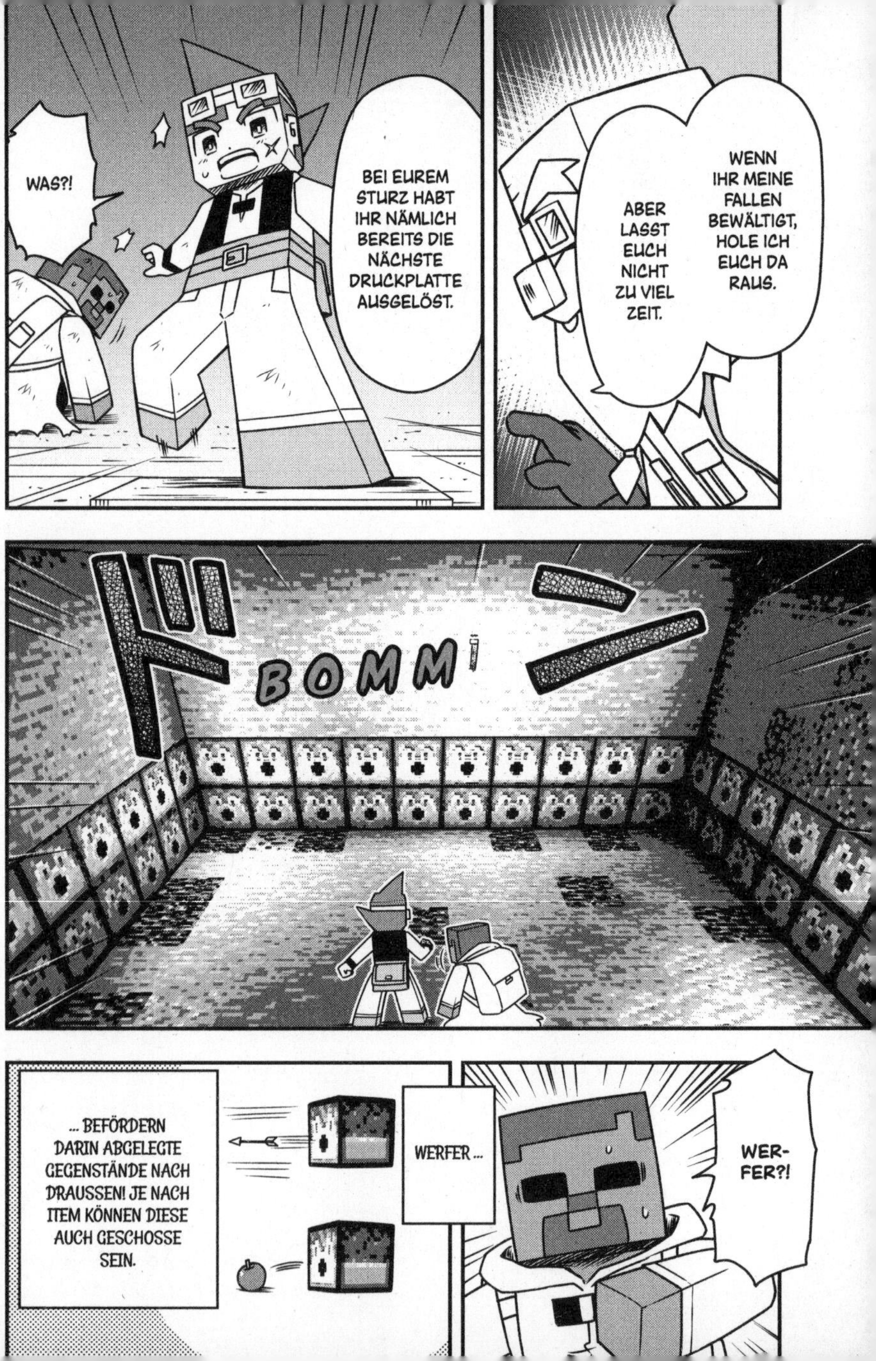
WAS?!
BEI EUREM STURZ HABT IHR NÄMLICH BEREITS DIE NÄCHSTE DRUCKPLATTE AUSGELÖST.
WENN IHR MEINE FALLEN BEWÄLTIGT, HOLE ICH EUCH DA RAUS.
ABER LASST EUCH NICHT ZU VIEL ZEIT.
BOMM
... BEFÖRDERN DARIN ABGELEGTE GEGENSTÄNDE NACH DRAUSSEN! JE NACH ITEM KÖNNEN DIESE AUCH GESCHOSSE SEIN.
WERFER ...
WER-FER?!

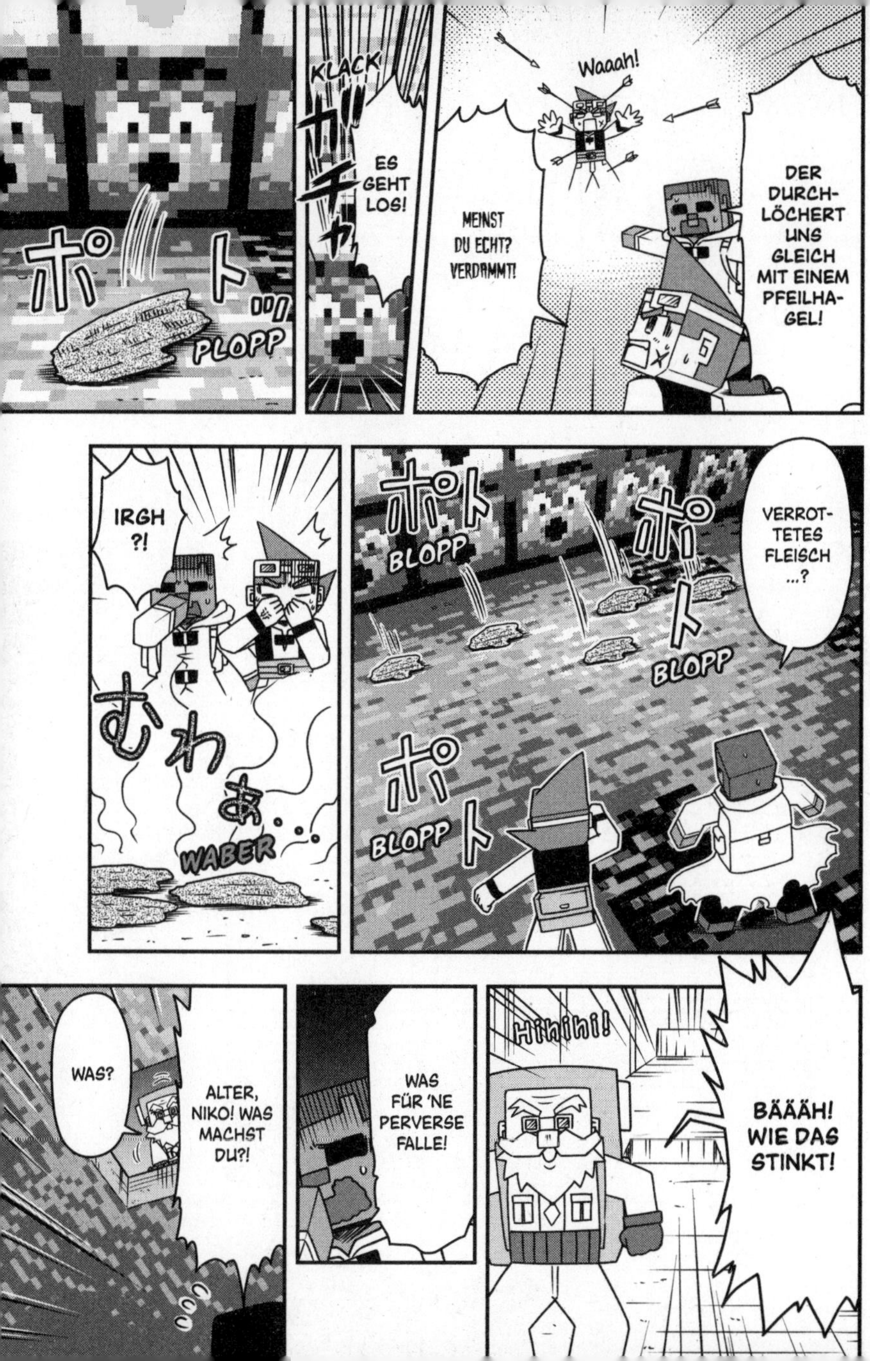
Waaah!
DER DURCH-LÖCHERT UNS GLEICH MIT EINEM PFEILHA-GEL!
MEINST DU ECHT? VERDAMMT!
KLACK
ES GEHT LOS!
PLOPP
VERROT-TETES FLEISCH ...?
BLOPP
BLOPP
BLOPP
IRGH ?!
WABER
BÄÄÄH! WIE DAS STINKT!
Hihihi!
WAS FÜR 'NE PERVERSE FALLE!
ALTER, NIKO! WAS MACHST DU?!
WAS?

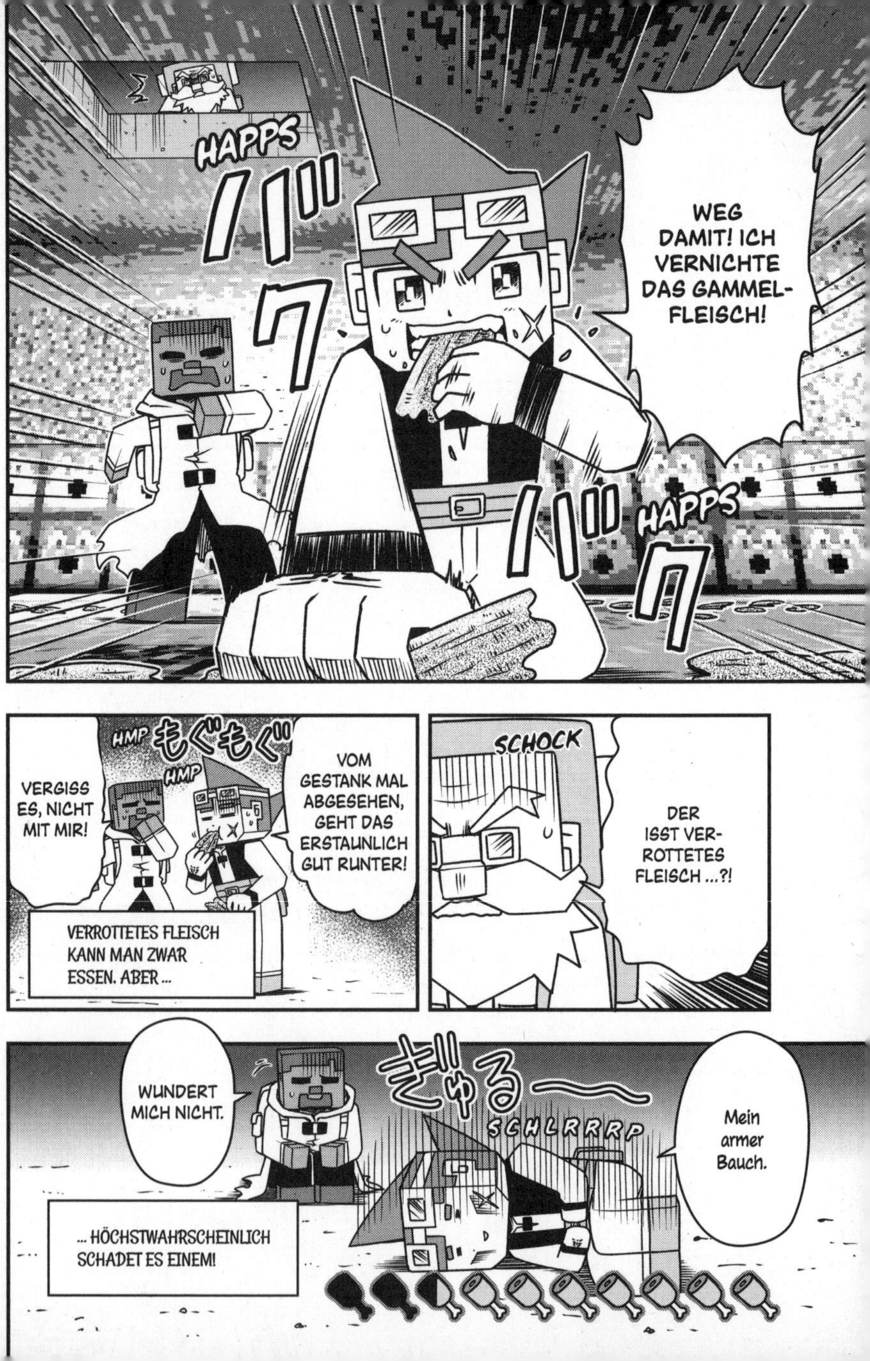
HAPPS
WEG DAMIT! ICH VERNICHTE DAS GAMMEL-FLEISCH!
HAPPS
SCHOCK
DER ISST VER-ROTTETES FLEISCH ...?!
HMP
HMP
VOM GESTANK MAL ABGESEHEN, GEHT DAS ERSTAUNLICH GUT RUNTER!
VERGISS ES, NICHT MIT MIR!
VERROTTETES FLEISCH KANN MAN ZWAR ESSEN. ABER ...
SCHLRRRRP
Mein armer Bauch.
WUNDERT MICH NICHT.
... HÖCHSTWAHRSCHEINLICH SCHADET ES EINEM!

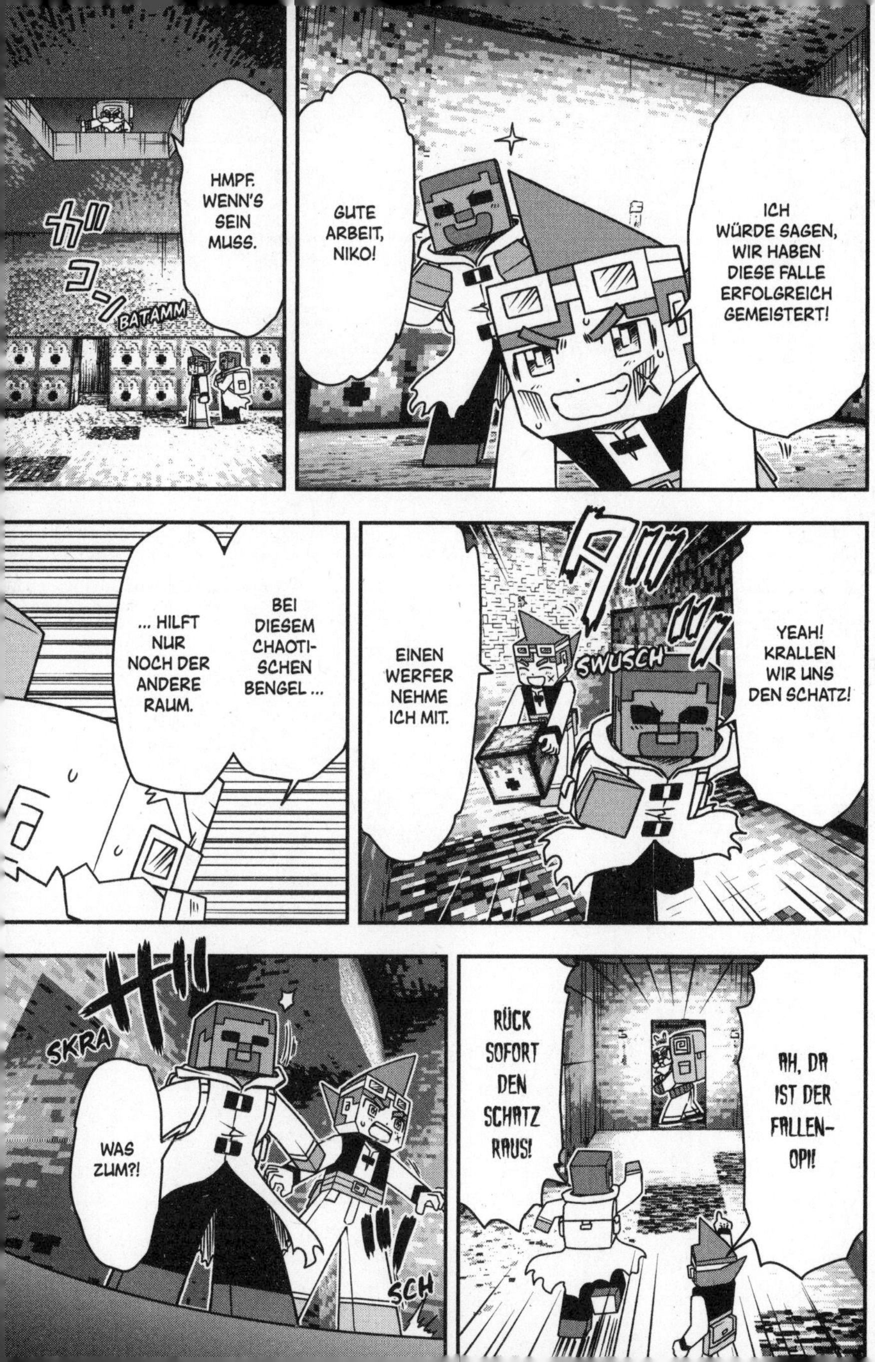
ICH WÜRDE SAGEN, WIR HABEN DIESE FALLE ERFOLGREICH GEMEISTERT!
GUTE ARBEIT, NIKO!
HMPF. WENN'S SEIN MUSS.
BATAMM
YEAH! KRALLEN WIR UNS DEN SCHATZ!
SWUSCH
EINEN WERFER NEHME ICH MIT.
BEI DIESEM CHAOTI-SCHEN BENGEL ...
... HILFT NUR NOCH DER ANDERE RAUM.
AH, DA IST DER FALLEN-OPI!
RÜCK SOFORT DEN SCHATZ RAUS!
SKRA
WAS ZUM?!
SCH

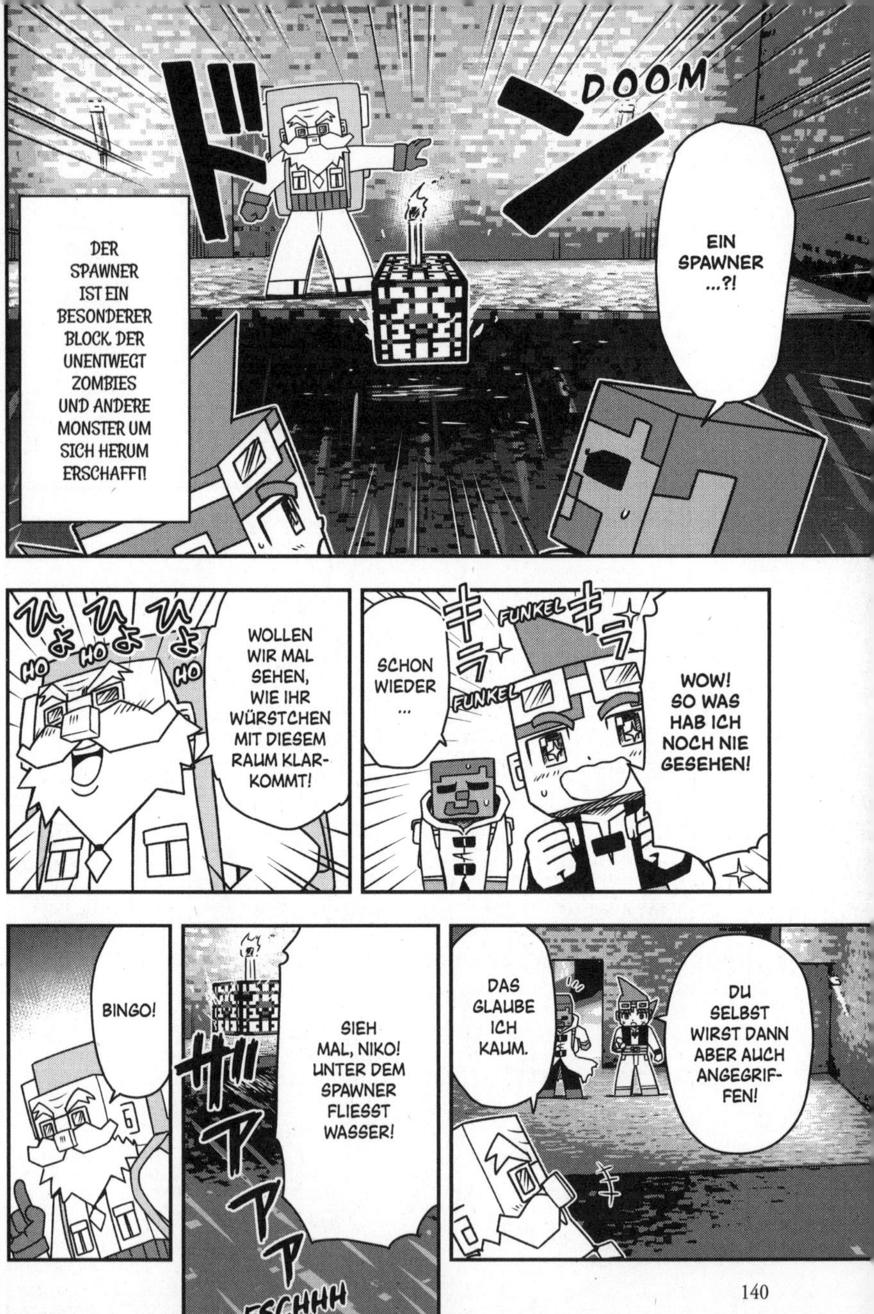
DOOM
EIN SPAWNER ...?!
DER SPAWNER IST EIN BESONDERER BLOCK, DER UNENTWEGT ZOMBIES UND ANDERE MONSTER UM SICH HERUM ERSCHAFFT!
FUNKEL
FUNKEL
WOW! SO WAS HAB ICH NOCH NIE GESEHEN!
SCHON WIEDER ...
HO HO HO
WOLLEN WIR MAL SEHEN, WIE IHR WÜRSTCHEN MIT DIESEM RAUM KLARKOMMT!
DU SELBST WIRST DANN ABER AUCH ANGEGRIFFEN!
DAS GLAUBE ICH KAUM.
SIEH MAL, NIKO! UNTER DEM SPAWNER FLIESST WASSER!
FSCHHH
BINGO!

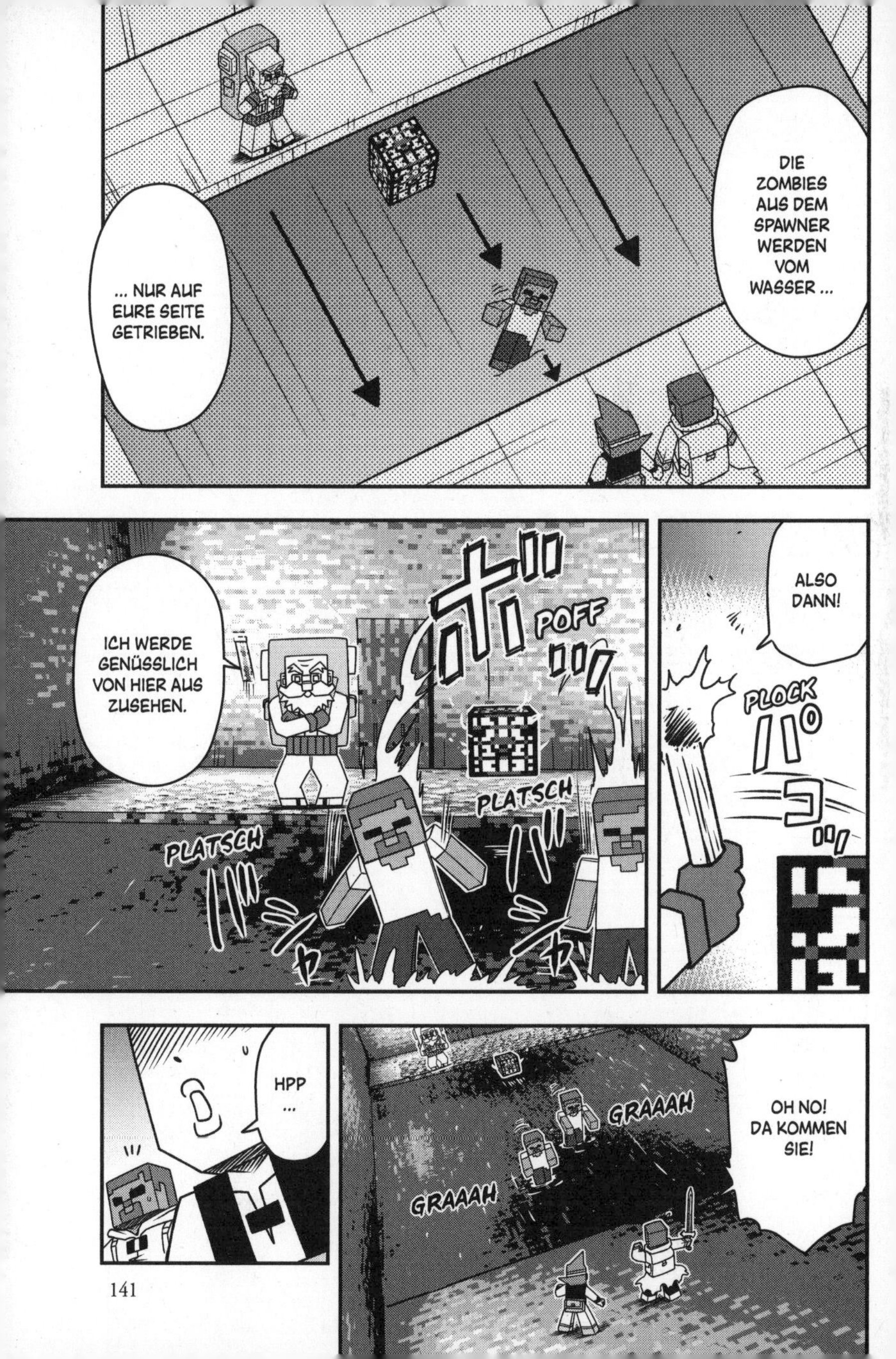
DIE ZOMBIES AUS DEM SPAWNER WERDEN VOM WASSER ...
... NUR AUF EURE SEITE GETRIEBEN.
ICH WERDE GENÜSSLICH VON HIER AUS ZUSEHEN.
POFF
PLATSCH
PLATSCH
ALSO DANN!
PLOCK
HPP ...
GRAAAH
GRAAAH
OH NO! DA KOMMEN SIE!

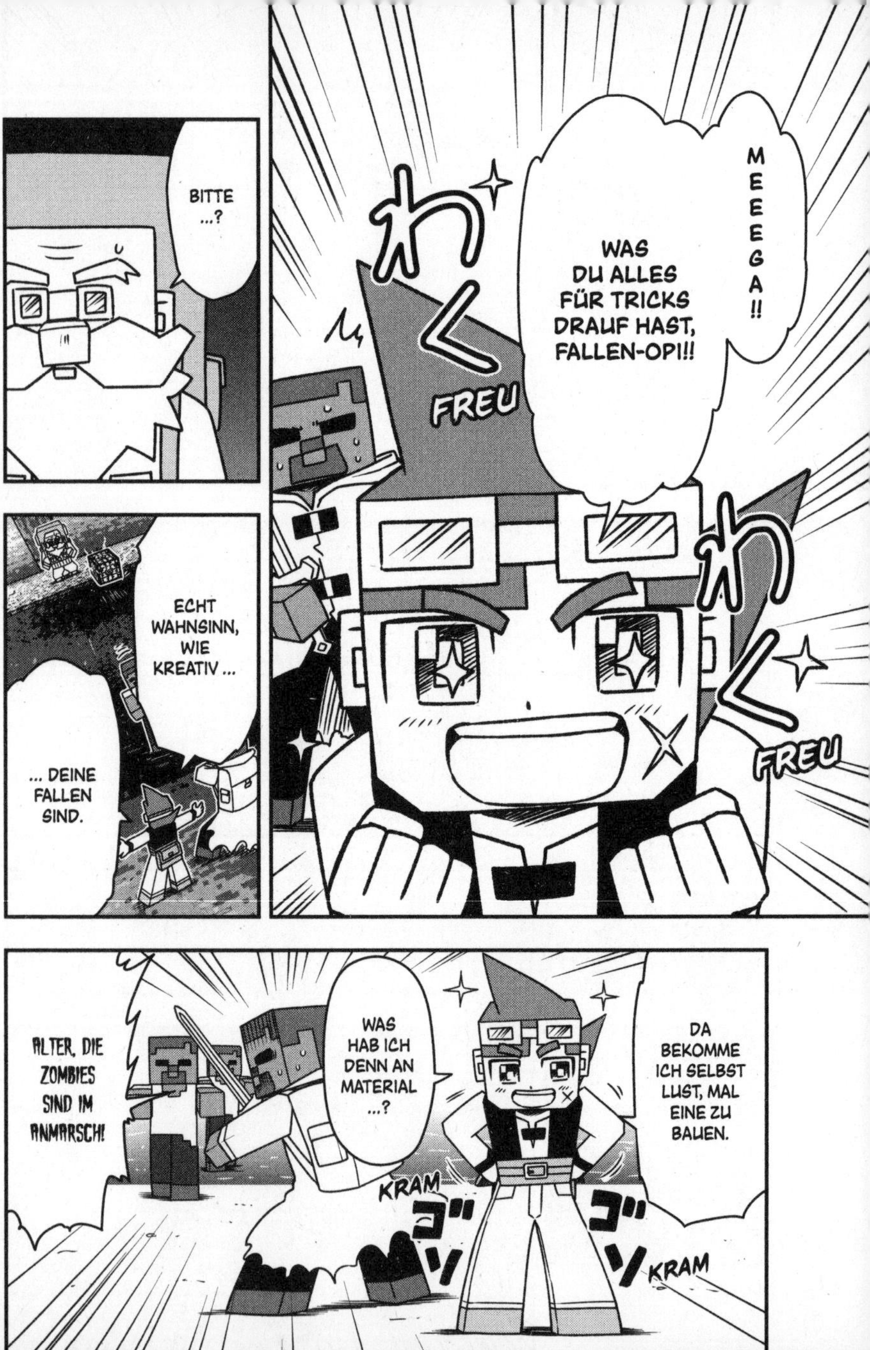
MEEEGA!!
WAS DU ALLES FÜR TRICKS DRAUF HAST, FALLEN-OPI!!
わく
FREU
わく
FREU
BITTE ...?
ECHT WAHNSINN, WIE KREATIV ...
... DEINE FALLEN SIND.
DA BEKOMME ICH SELBST LUST, MAL EINE ZU BAUEN.
WAS HAB ICH DENN AN MATERIAL ...?
ゴソ
KRAM
ゴソ
KRAM
ALTER, DIE ZOMBIES SIND IM ANMARSCH!

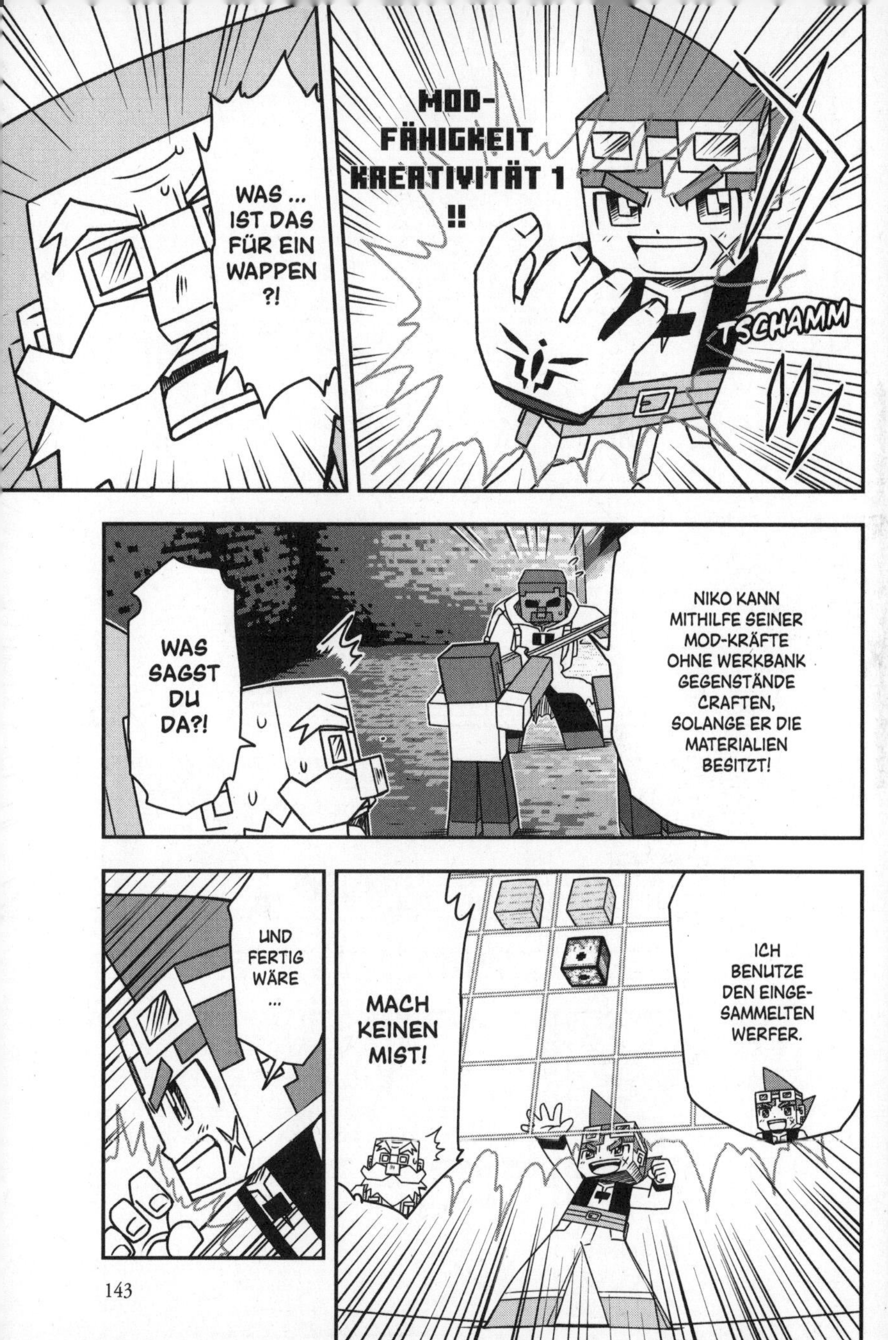

WAS ... IST DAS FÜR EIN WAPPEN ?!
MOD-FÄHIGKEIT KREATIVITÄT 1 !!
TSCHAMM
WAS SAGST DU DA?!
NIKO KANN MITHILFE SEINER MOD-KRÄFTE OHNE WERKBANK GEGENSTÄNDE CRAFTEN, SOLANGE ER DIE MATERIALIEN BESITZT!
UND FERTIG WÄRE ...
MACH KEINEN MIST!
ICH BENUTZE DEN EINGE-SAMMELTEN WERFER.

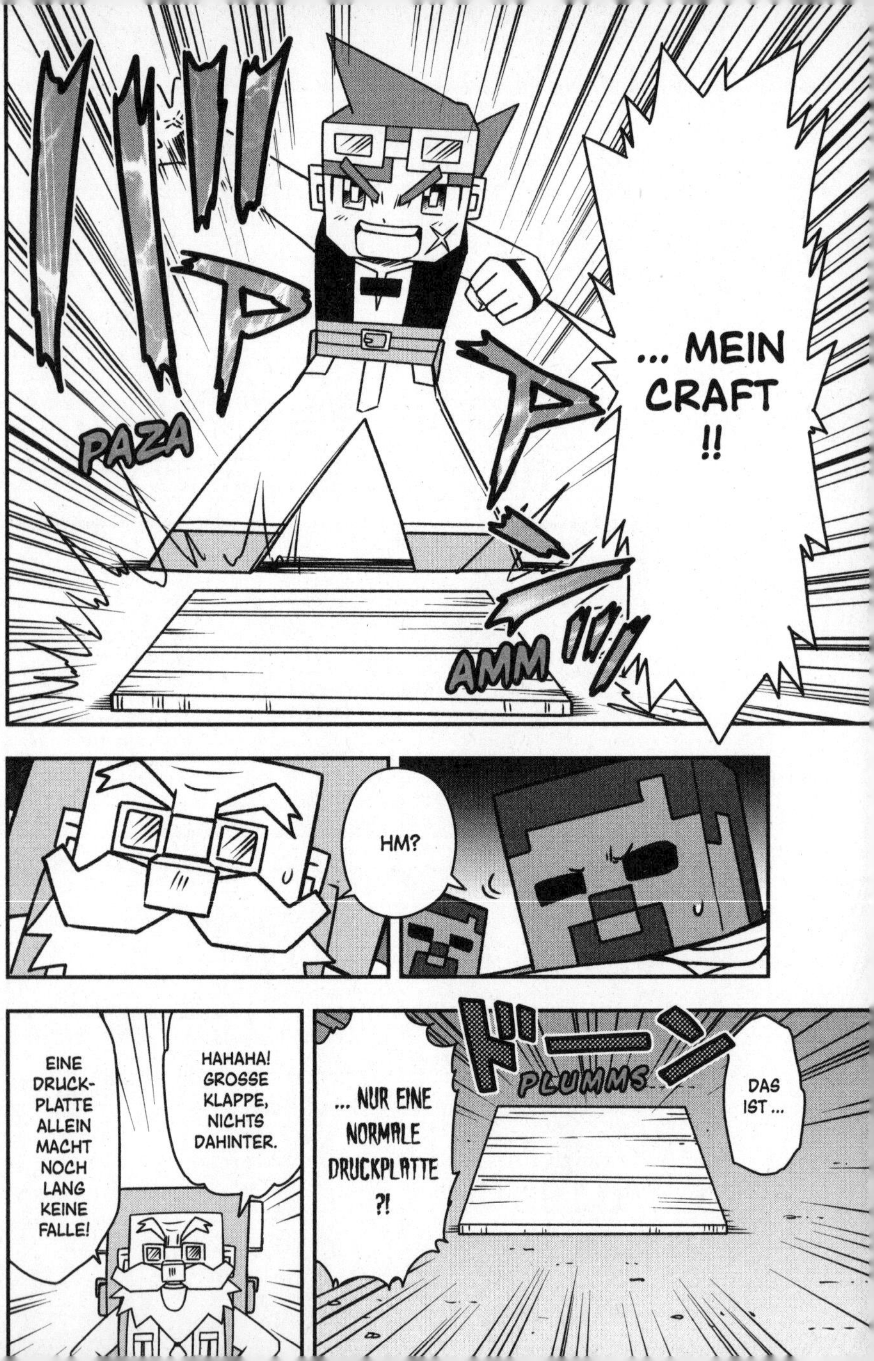

... MEIN CRAFT !!
PAZA
AMM
HM?
PLUMMS
DAS IST ...
... NUR EINE NORMALE DRUCKPLATTE ?!
HAHAHA! GROSSE KLAPPE, NICHTS DAHINTER.
EINE DRUCK-PLATTE ALLEIN MACHT NOCH LANG KEINE FALLE!

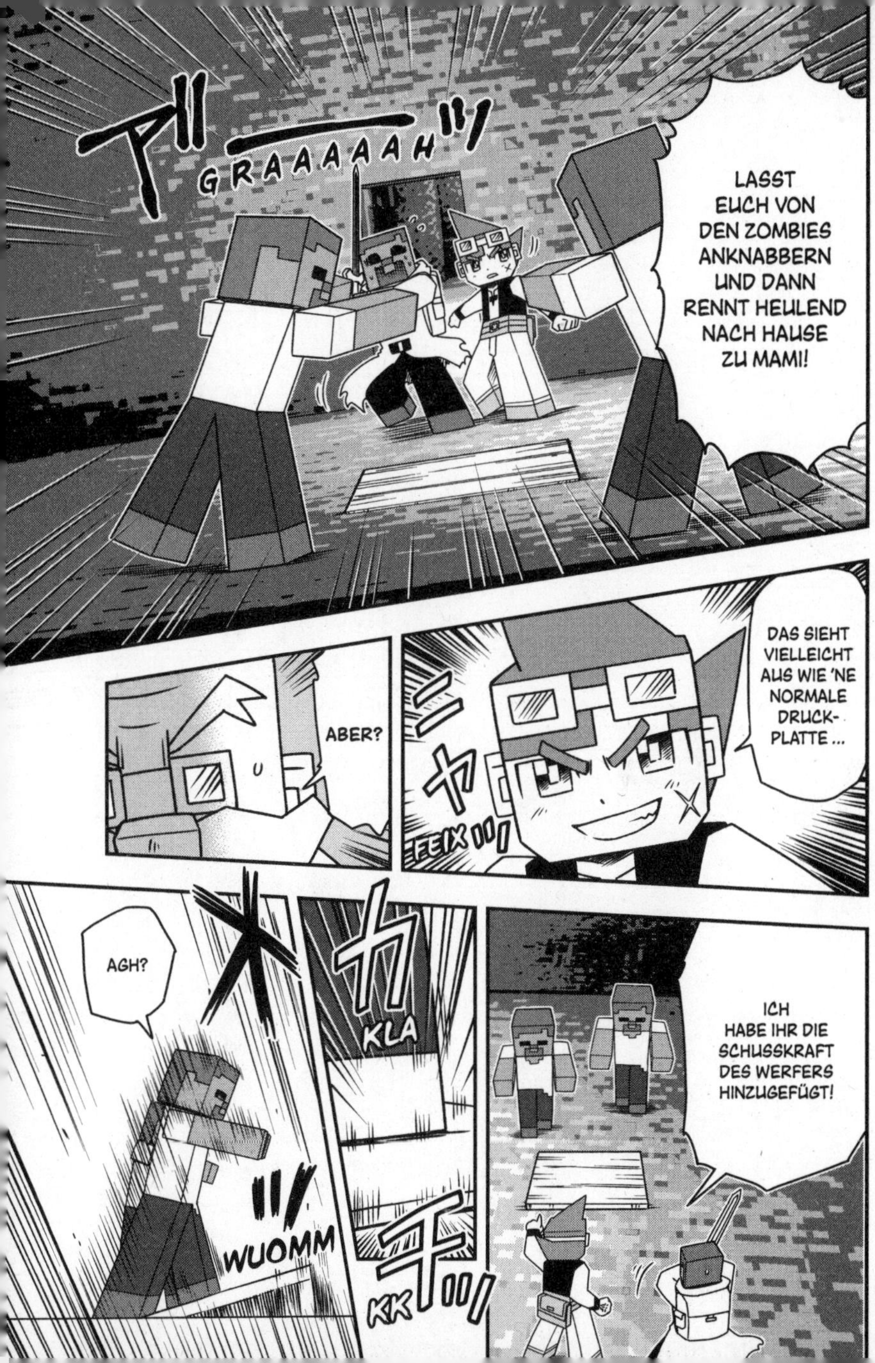
GRAAAAAH
LASST EUCH VON DEN ZOMBIES ANKNABBERN UND DANN RENNT HEULEND NACH HAUSE ZU MAMI!
DAS SIEHT VIELLEICHT AUS WIE 'NE NORMALE DRUCK-PLATTE ...
FEIX
ABER?
ICH HABE IHR DIE SCHUSSKRAFT DES WERFERS HINZUGEFÜGT!
KLA
KK
AGH?
WUOMM

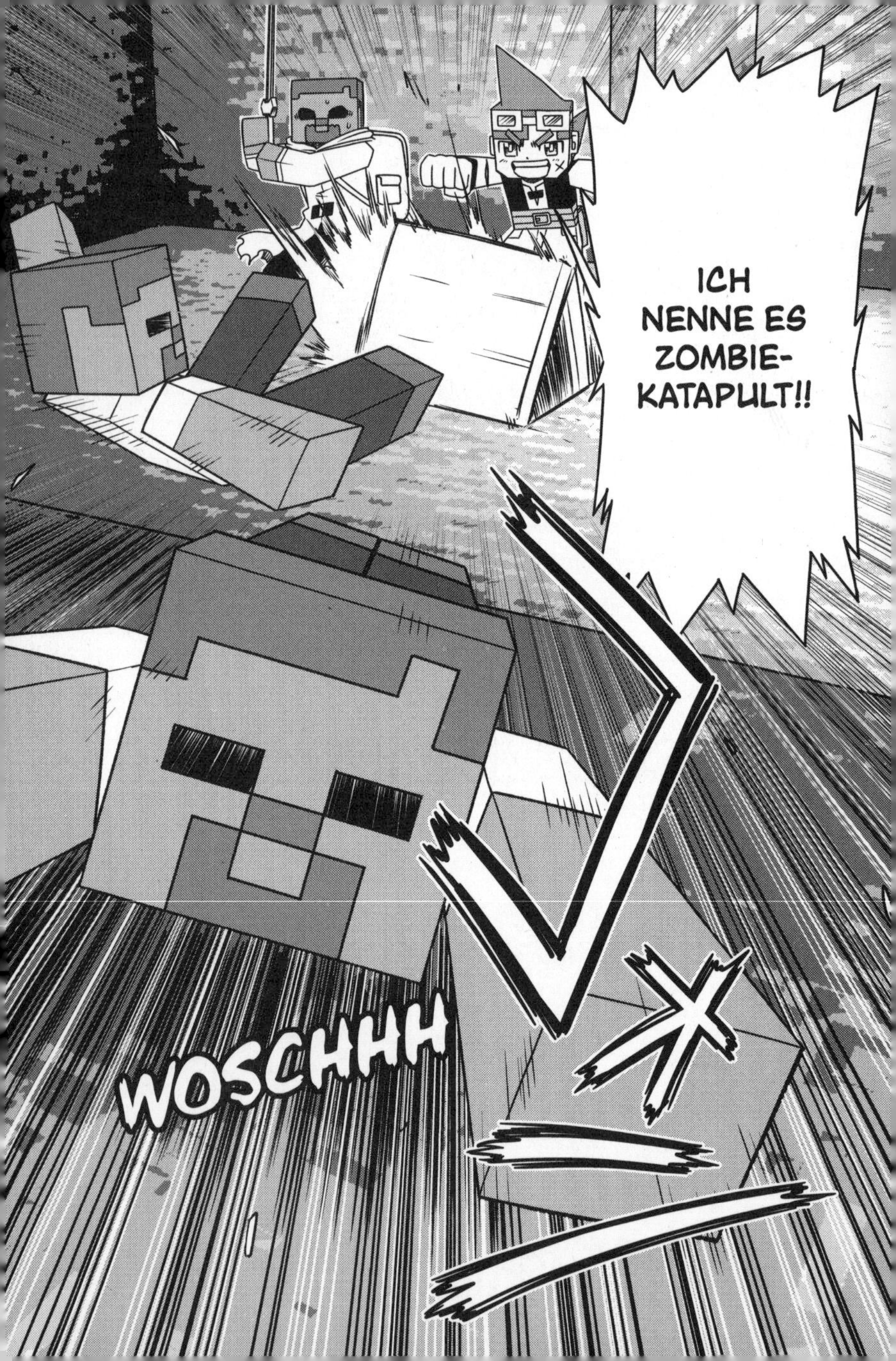
ICH NENNE ES ZOMBIE-KATAPULT!!
WOSCHHH

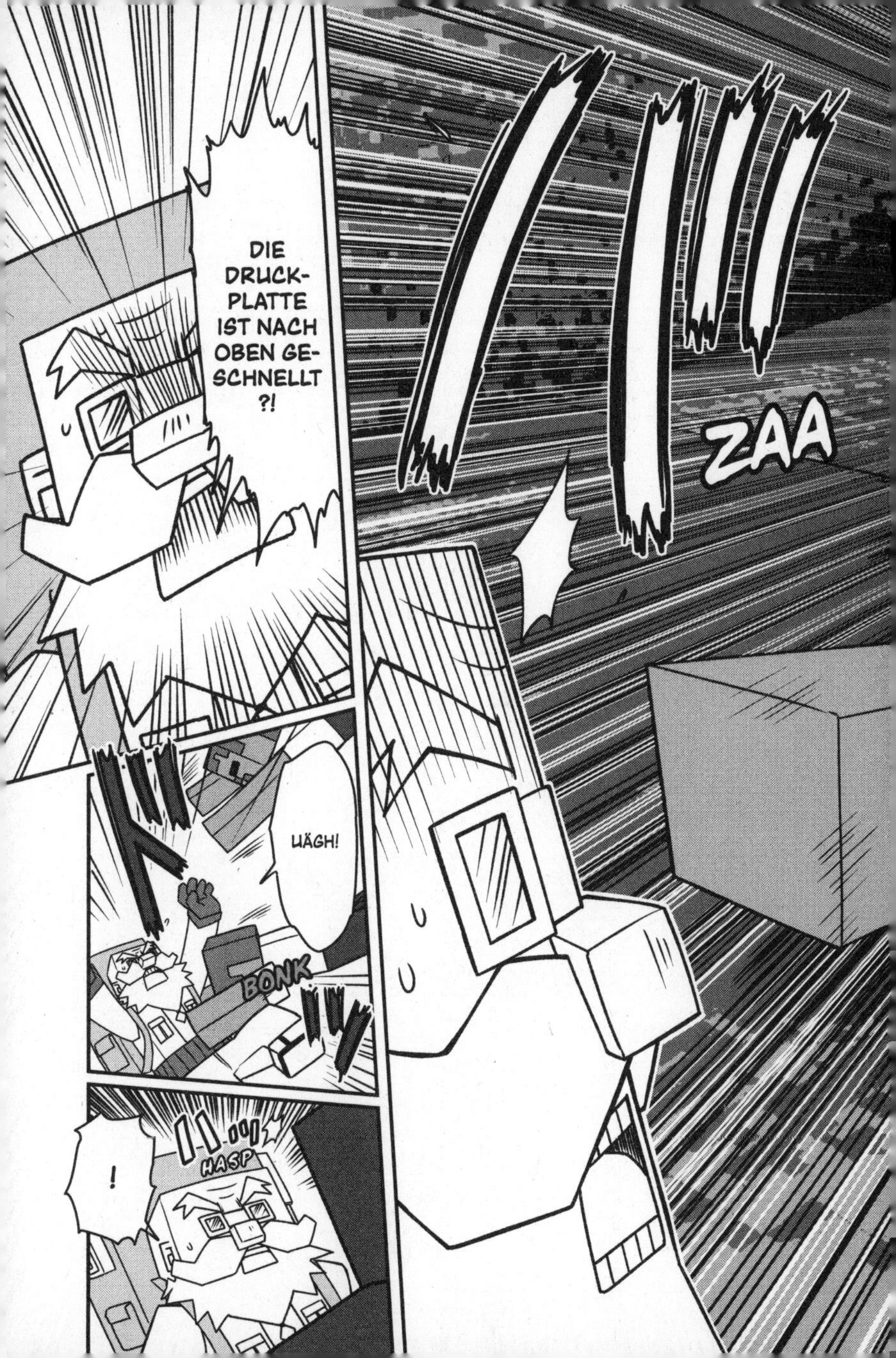

ZAA
DIE DRUCK-PLATTE IST NACH OBEN GE-SCHNELLT ?!
UÄGH!
BONK
HASP
!

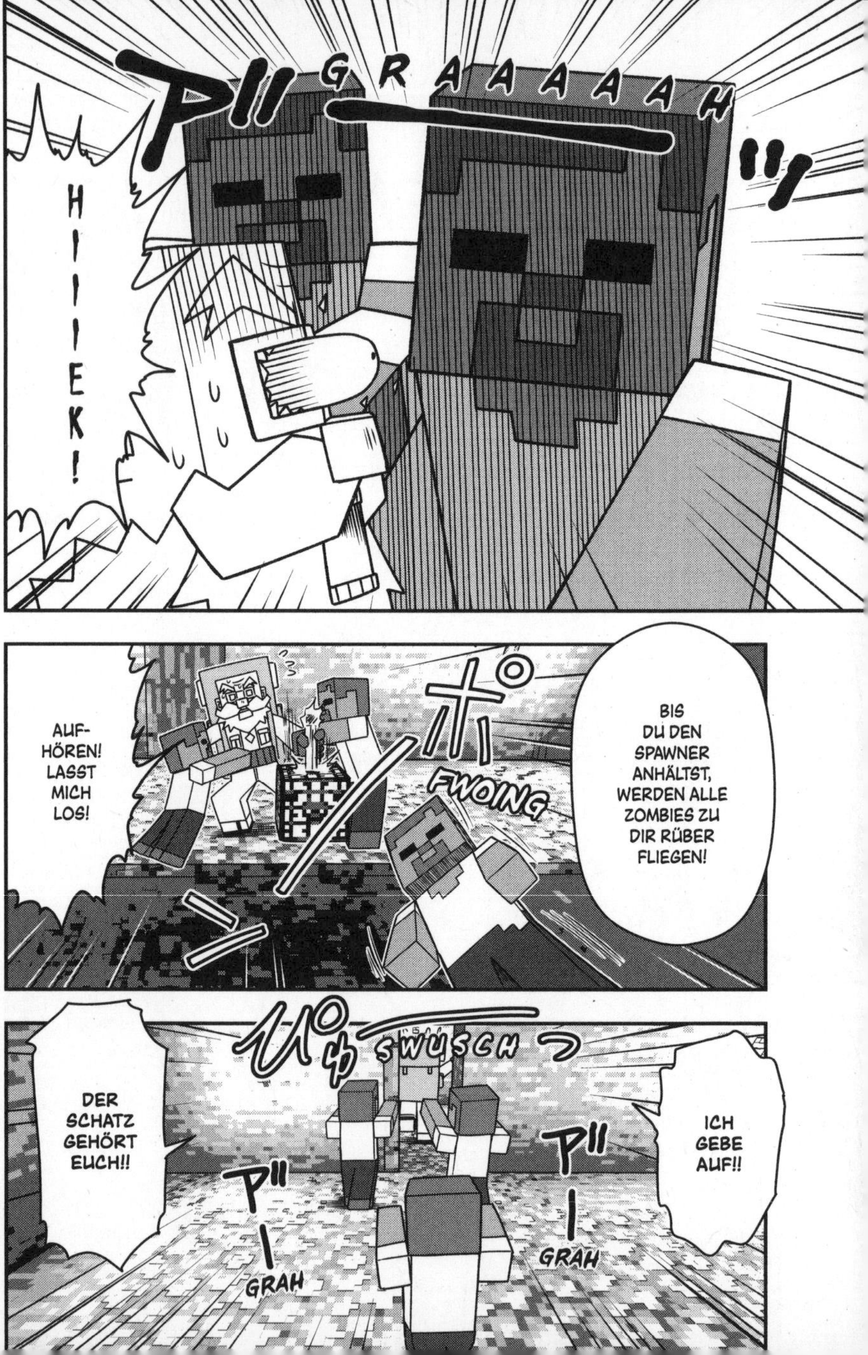
GRAAAAAH
HIIIIEK!
AUF-HÖREN! LASST MICH LOS!
FWOING
BIS DU DEN SPAWNER ANHÄLTST, WERDEN ALLE ZOMBIES ZU DIR RÜBER FLIEGEN!
SWUSCH
DER SCHATZ GEHÖRT EUCH!!
ICH GEBE AUF!!
GRAH
GRAH

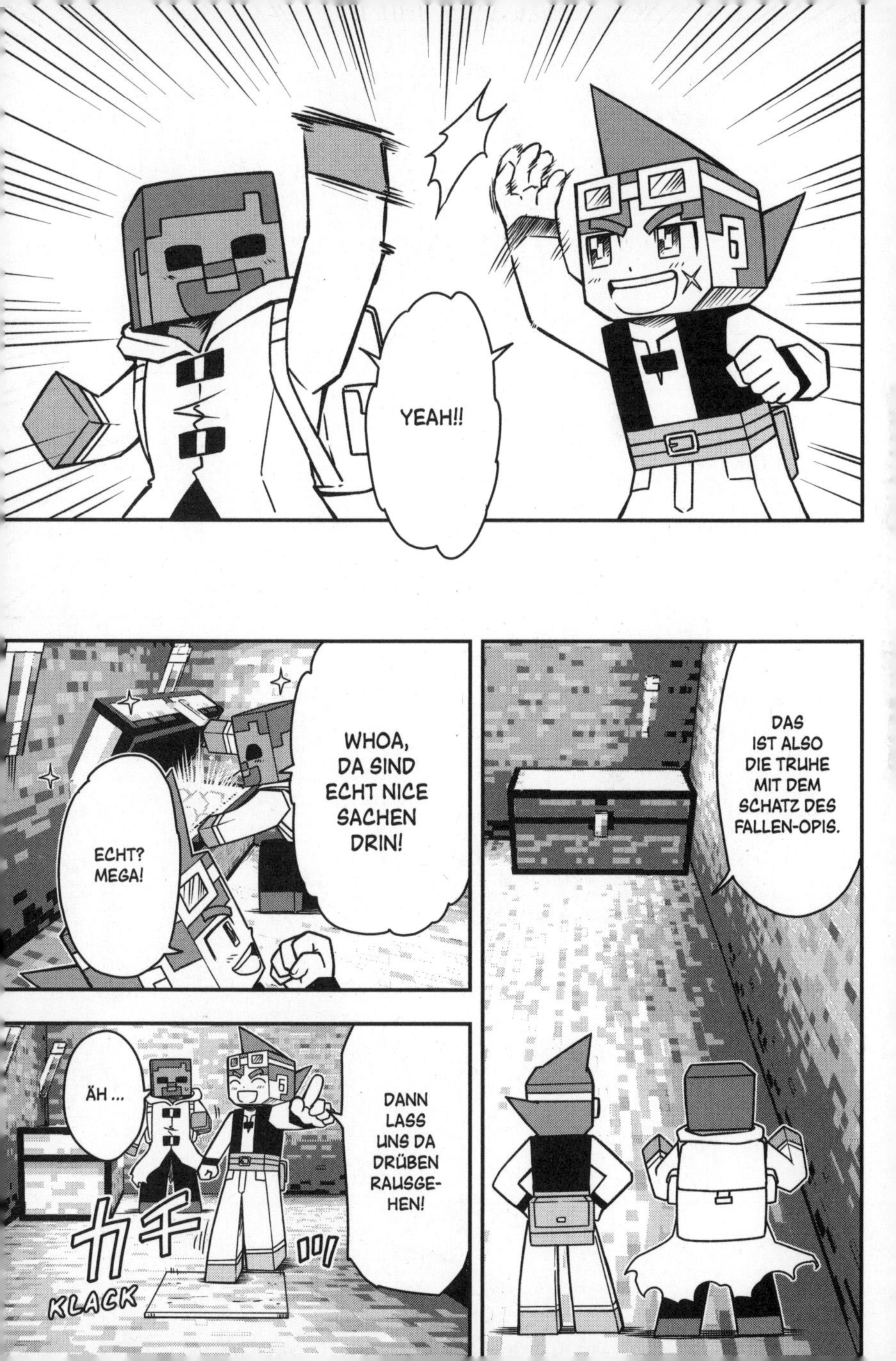
YEAH!!
DAS IST ALSO DIE TRUHE MIT DEM SCHATZ DES FALLEN-OPIS.
WHOA, DA SIND ECHT NICE SACHEN DRIN!
ECHT? MEGA!
DANN LASS UNS DA DRÜBEN RAUSGE-HEN!
ÄH ...
カチッ
KLACK

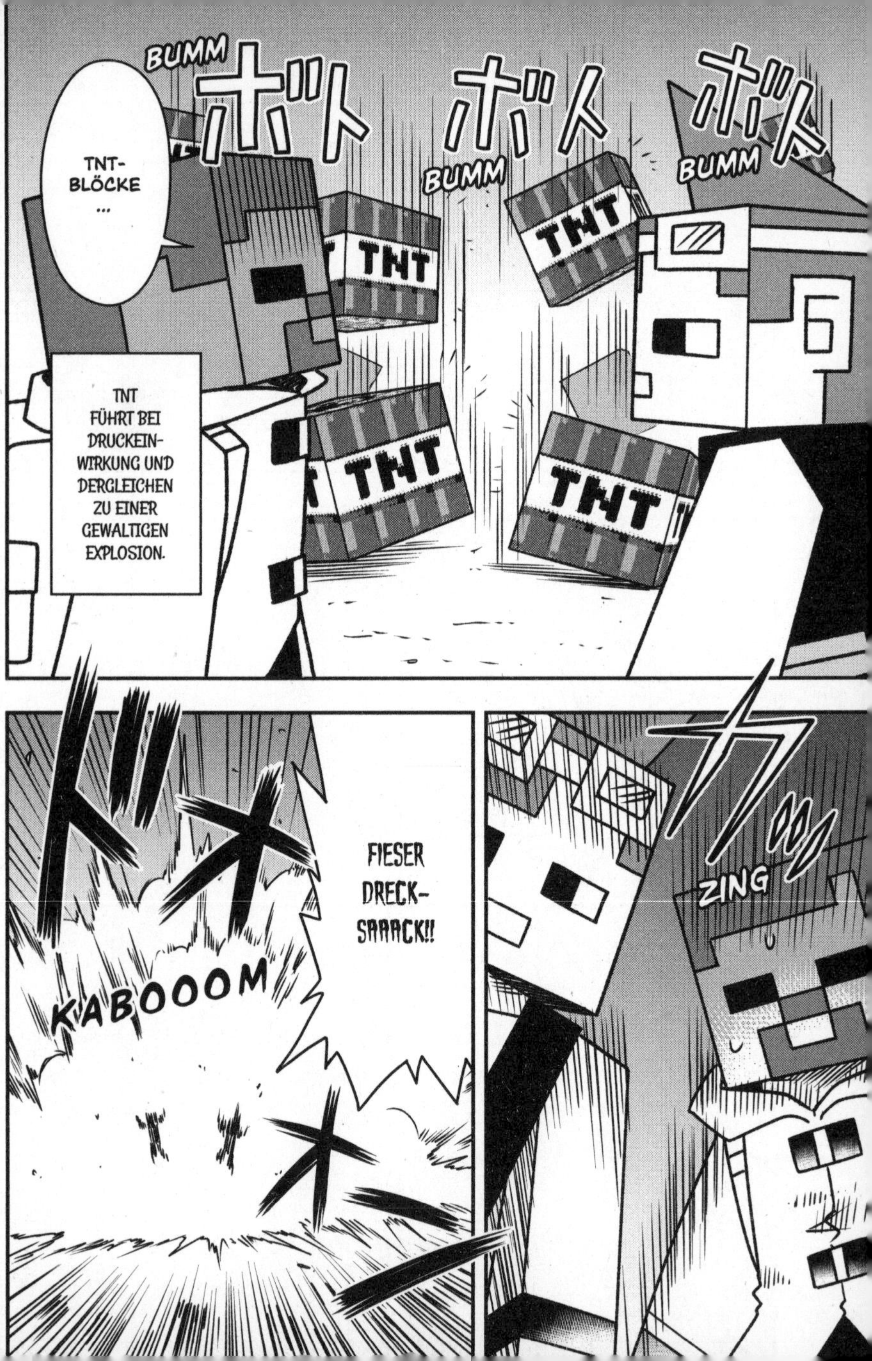
BUMM
BUMM
BUMM
TNT-
BLÖCKE
...
TNT
FÜHRT BEI
DRUCKEIN-
WIRKUNG UND
DERGLEICHEN
ZU EINER
GEWALTIGEN
EXPLOSION.
TNT
TNT
TNT
TNT
ZING
FIESER
DRECK-
SAAACK!!
KABOOOM

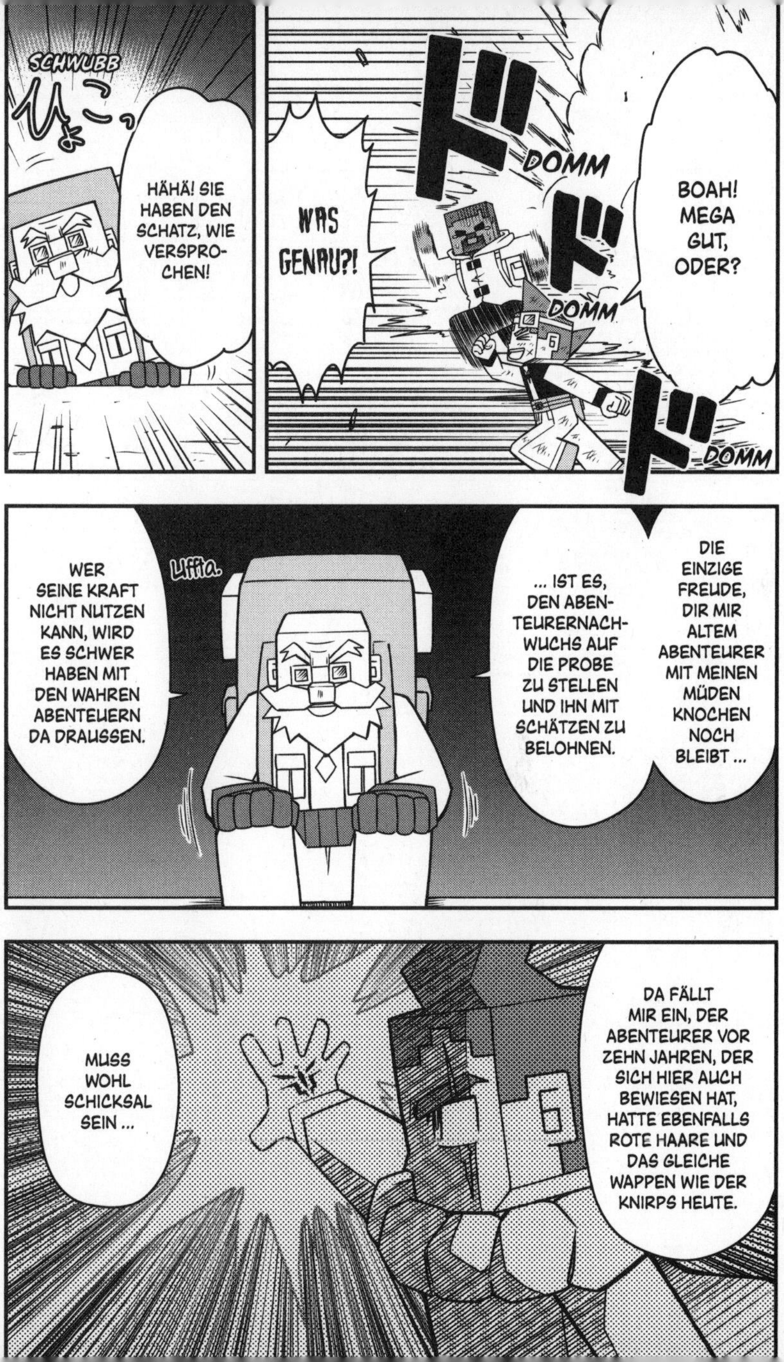
DOMM
DOMM
DOMM
BOAH! MEGA GUT, ODER?
WAS GENAU?!
HÄHÄ! SIE HABEN DEN SCHATZ, WIE VERSPROCHEN!
SCHWUBB
DIE EINZIGE FREUDE, DIR MIR ALTEM ABENTEURER MIT MEINEN MÜDEN KNOCHEN NOCH BLEIBT ...
... IST ES, DEN ABENTEURERNACHWUCHS AUF DIE PROBE ZU STELLEN UND IHN MIT SCHÄTZEN ZU BELOHNEN.
Uffta.
WER SEINE KRAFT NICHT NUTZEN KANN, WIRD ES SCHWER HABEN MIT DEN WAHREN ABENTEUERN DA DRAUSSEN.
DA FÄLLT MIR EIN, DER ABENTEURER VOR ZEHN JAHREN, DER SICH HIER AUCH BEWIESEN HAT, HATTE EBENFALLS ROTE HAARE UND DAS GLEICHE WAPPEN WIE DER KNIRPS HEUTE.
MUSS WOHL SCHICKSAL SEIN ...

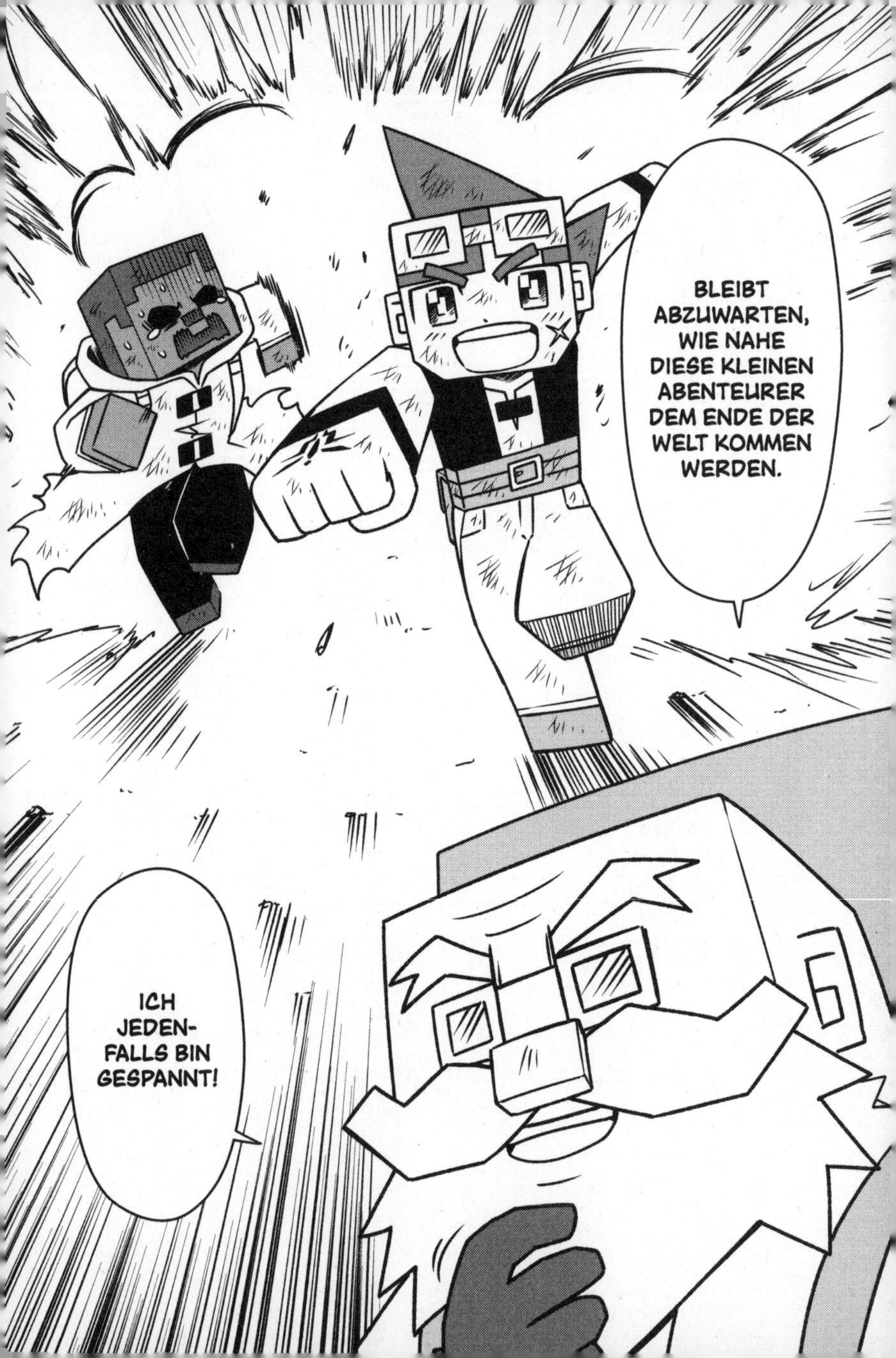
BLEIBT ABZUWARTEN, WIE NAHE DIESE KLEINEN ABENTEURER DEM ENDE DER WELT KOMMEN WERDEN.
ICH JEDEN-FALLS BIN GESPANNT!

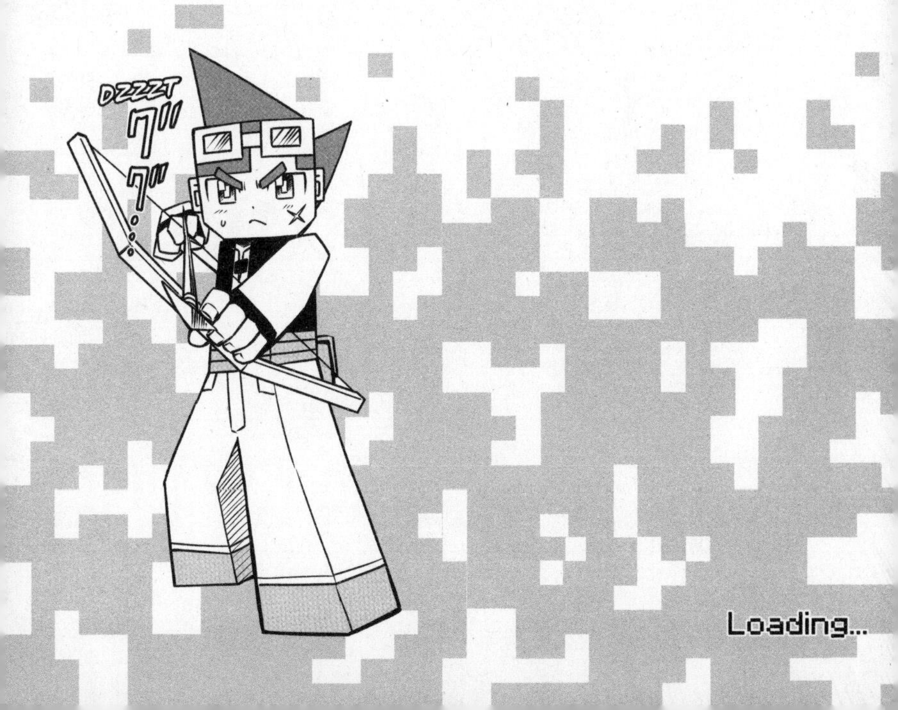
DZZZT
ググ…
Loading...

#5
KRÄFTEVERGLEICH MIT EINEM DOPPELSCHWERT-NINJA!!

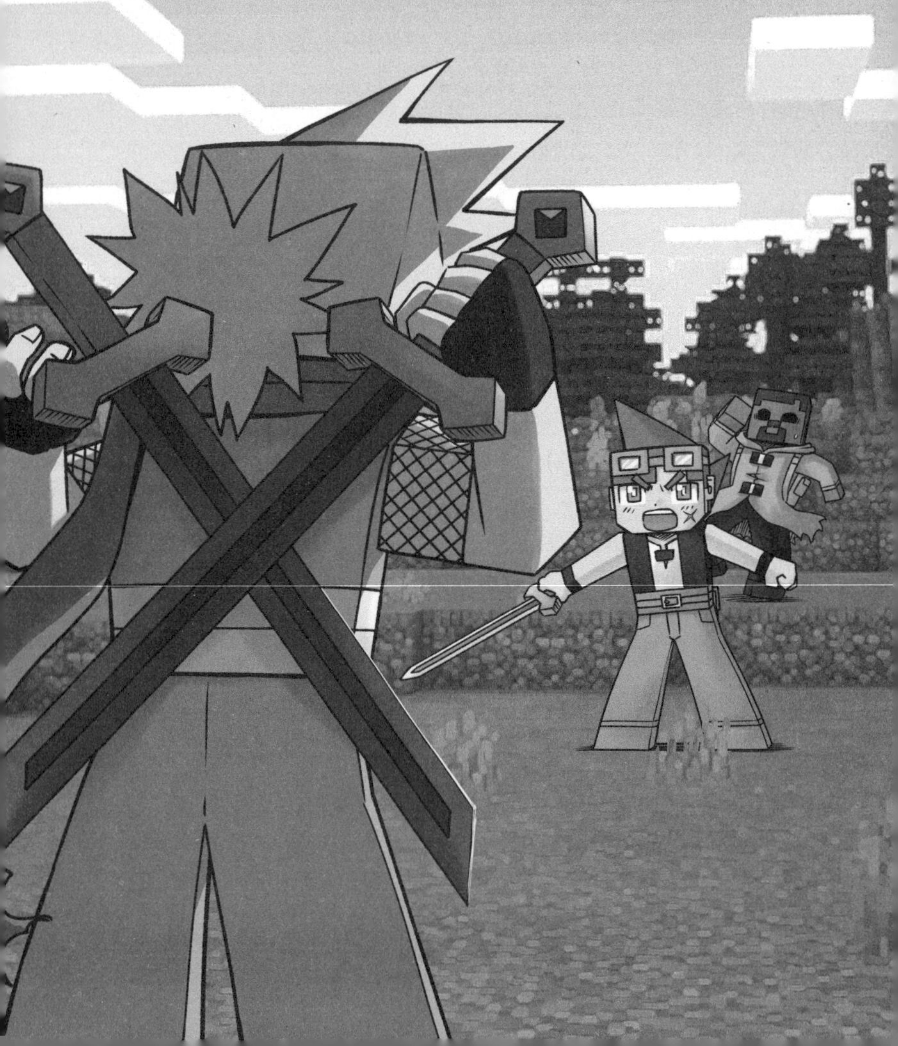

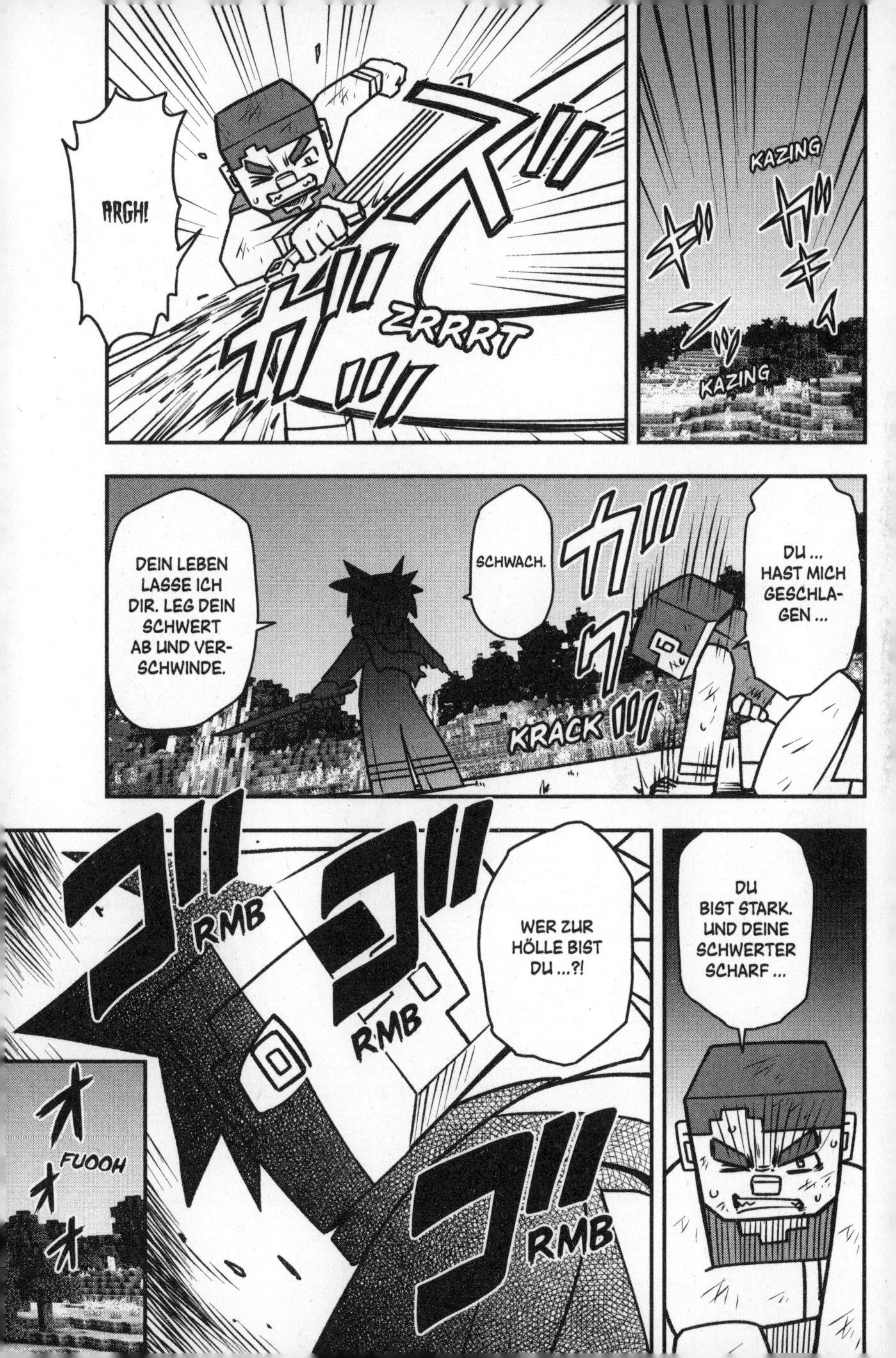
KAZING
KAZING
ARGH!
ZRRRT
DU ... HAST MICH GESCHLA-GEN ...
KRACK
SCHWACH.
DEIN LEBEN LASSE ICH DIR. LEG DEIN SCHWERT AB UND VER-SCHWINDE.
DU BIST STARK. UND DEINE SCHWERTER SCHARF ...
WER ZUR HÖLLE BIST DU ...?!
RMB
RMB
RMB
FUOOH

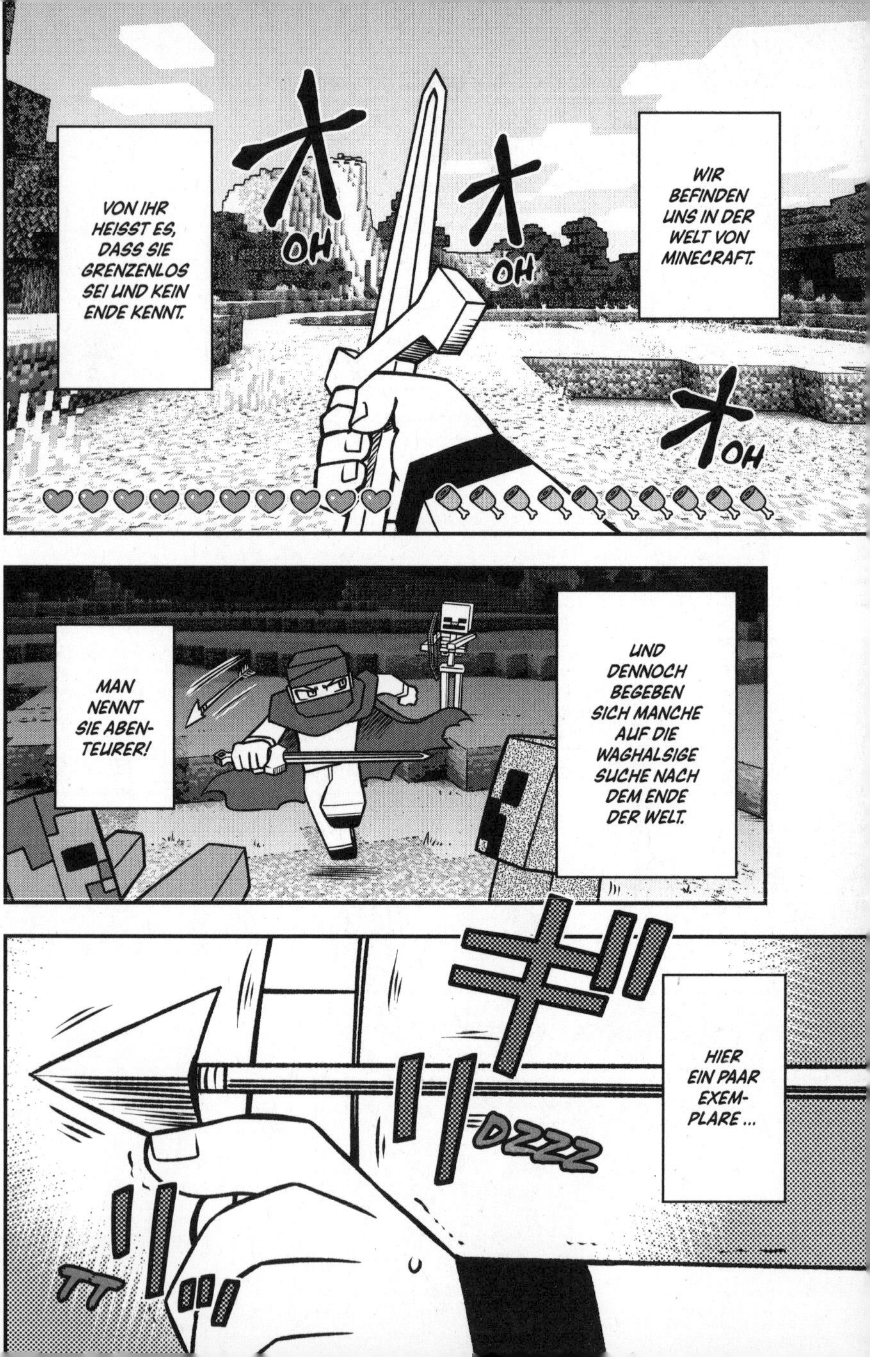
WIR BEFINDEN UNS IN DER WELT VON MINECRAFT.
VON IHR HEISST ES, DASS SIE GRENZENLOS SEI UND KEIN ENDE KENNT.
OH
OH
OH
UND DENNOCH BEGEBEN SICH MANCHE AUF DIE WAGHALSIGE SUCHE NACH DEM ENDE DER WELT.
MAN NENNT SIE ABEN-TEURER!
HIER EIN PAAR EXEM-PLARE …
DZZZ
TT

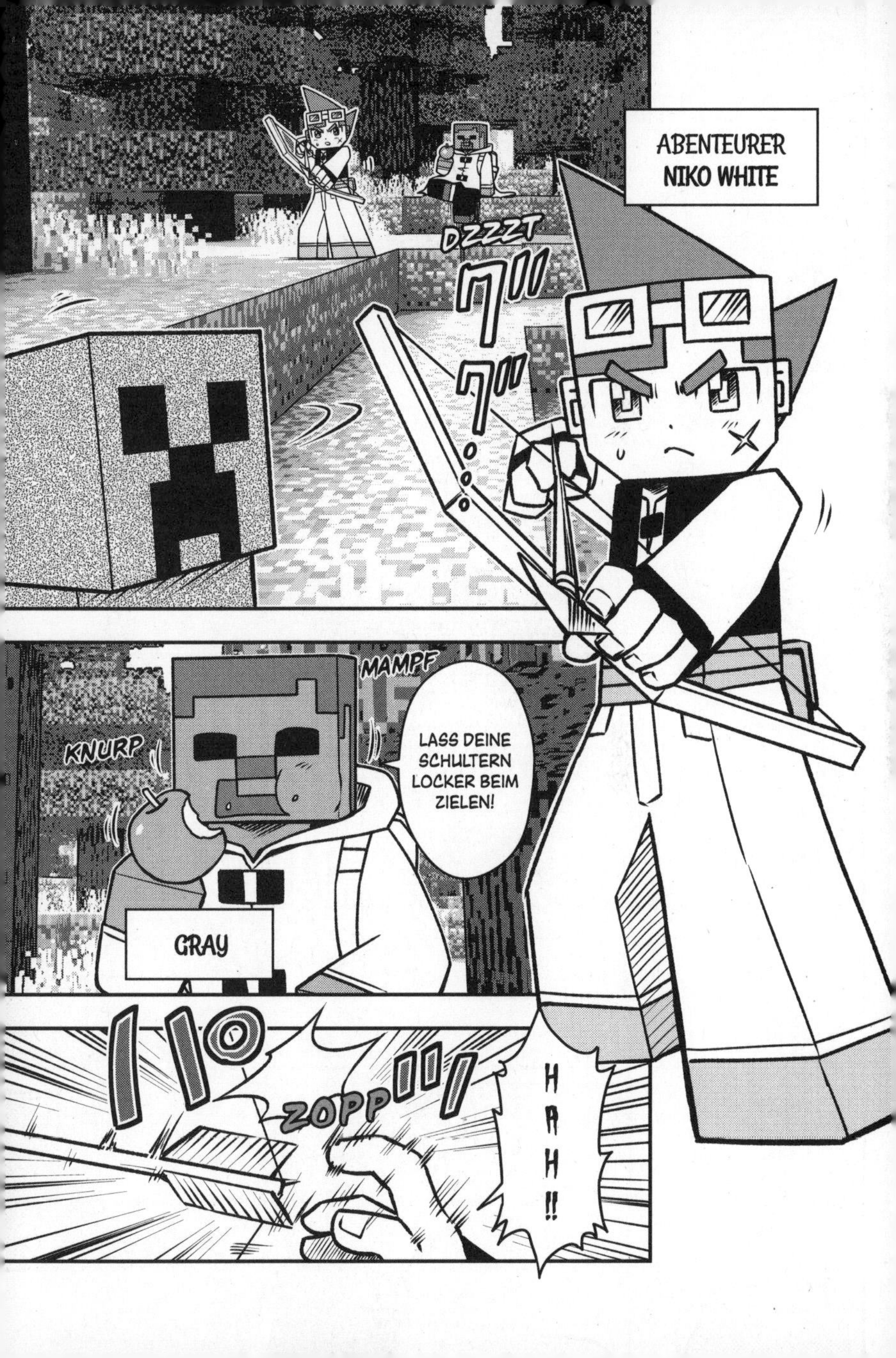
ABENTEURER NIKO WHITE
DZZZT
MAMPF
KNURP
LASS DEINE SCHULTERN LOCKER BEIM ZIELEN!
GRAY
ZOPP
HAH!!

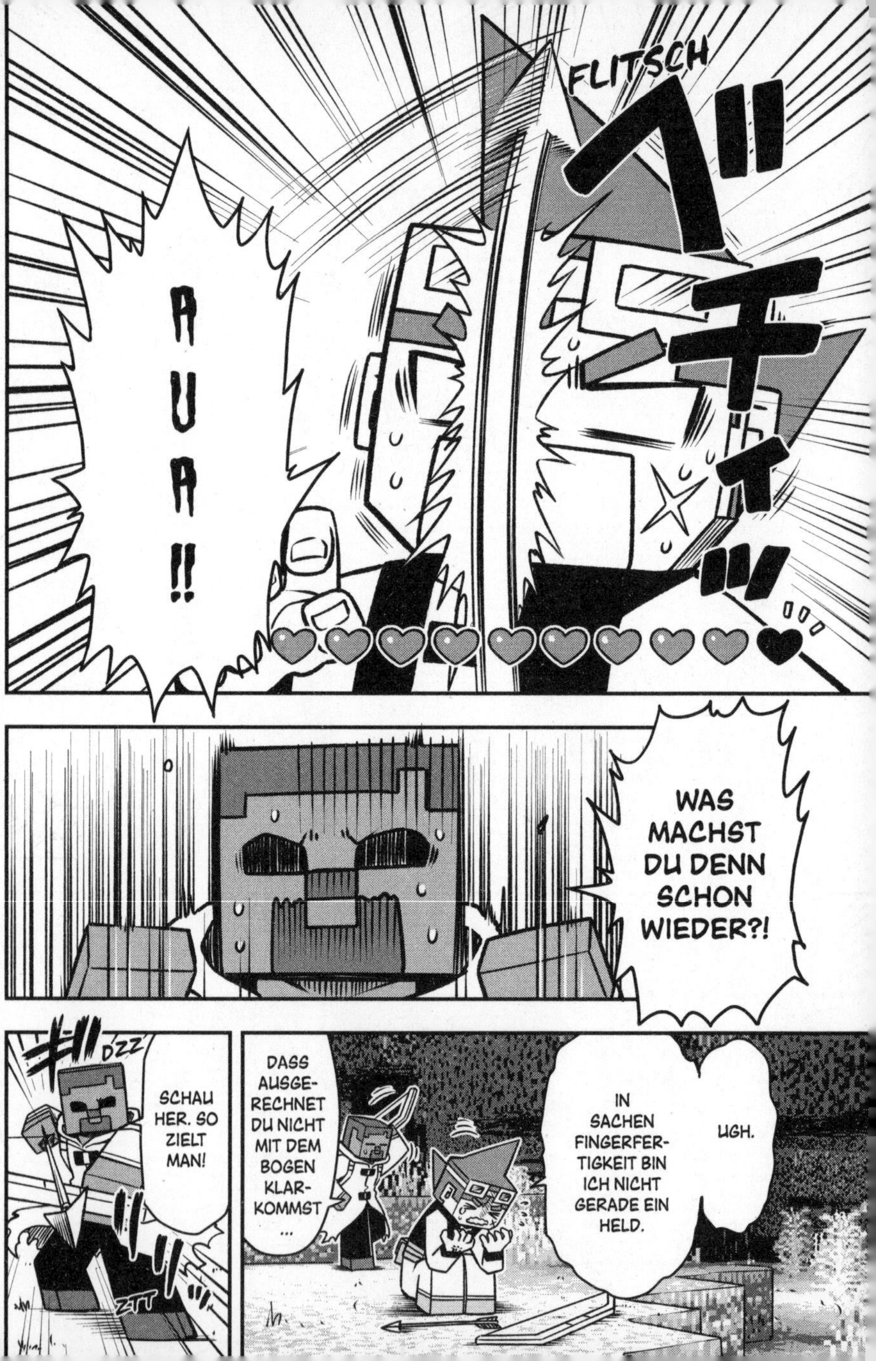
FLITSCH
ベチィッ
AUA!!
WAS MACHST DU DENN SCHON WIEDER?!
UGH.
IN SACHEN FINGERFER-TIGKEIT BIN ICH NICHT GERADE EIN HELD.
DASS AUSGE-RECHNET DU NICHT MIT DEM BOGEN KLAR-KOMMST ...
DZZ
SCHAU HER. SO ZIELT MAN!
ZTT

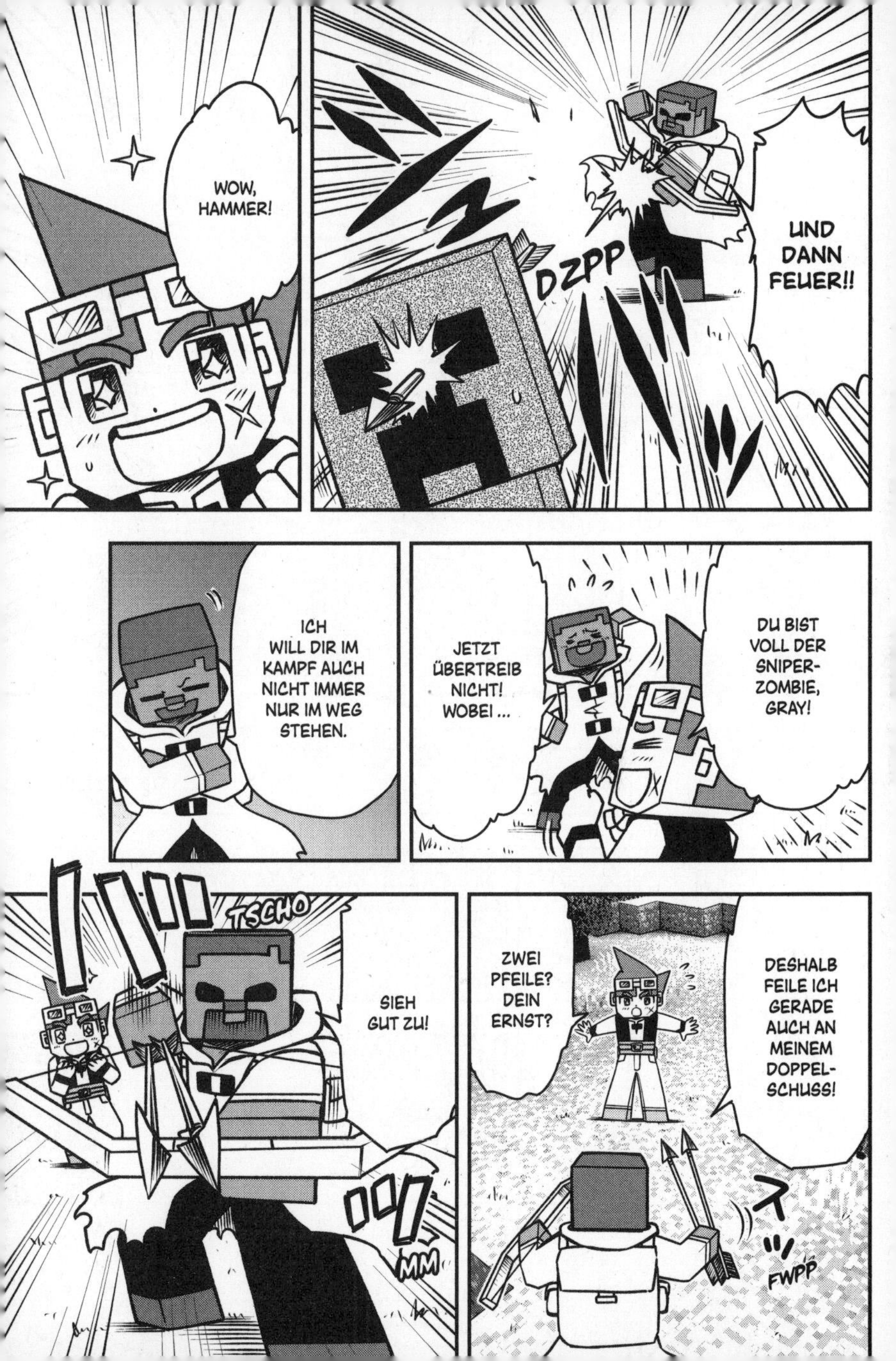
WOW, HAMMER!
UND DANN FEUER!!
DZPP
ICH WILL DIR IM KAMPF AUCH NICHT IMMER NUR IM WEG STEHEN.
DU BIST VOLL DER SNIPER-ZOMBIE, GRAY!
JETZT ÜBERTREIB NICHT! WOBEI ...
TSCHO
SIEH GUT ZU!
MM
DESHALB FEILE ICH GERADE AUCH AN MEINEM DOPPEL-SCHUSS!
ZWEI PFEILE? DEIN ERNST?
FWPP

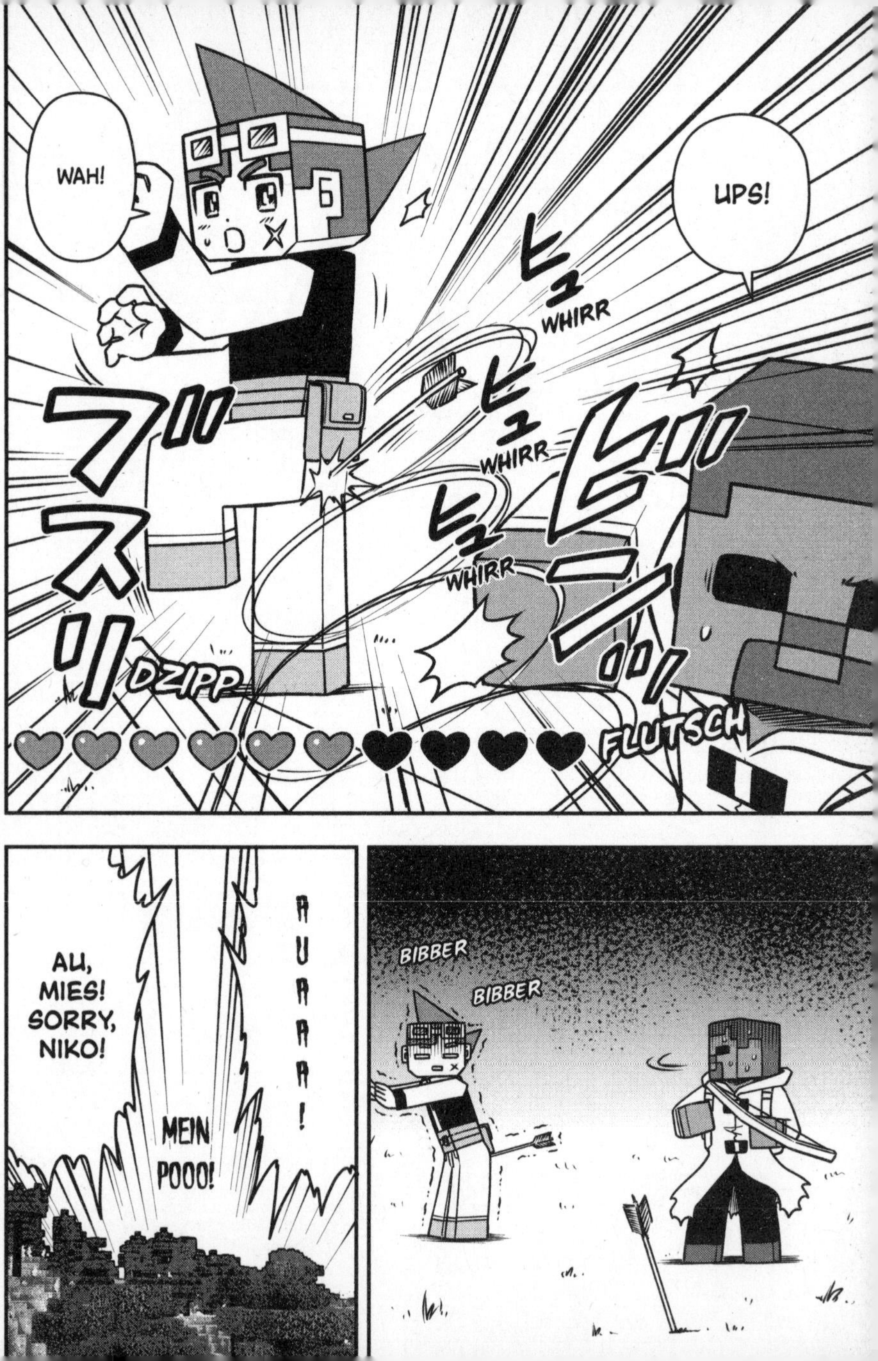
WAH!
UPS!
ヒュ
WHIRR
ヒュ
WHIRR
ヒュ
WHIRR
ブスリ
DZIPP
FLUTSCH
BIBBER
BIBBER
AUAAAA!
MEIN POOO!
AU, MIES! SORRY, NIKO!

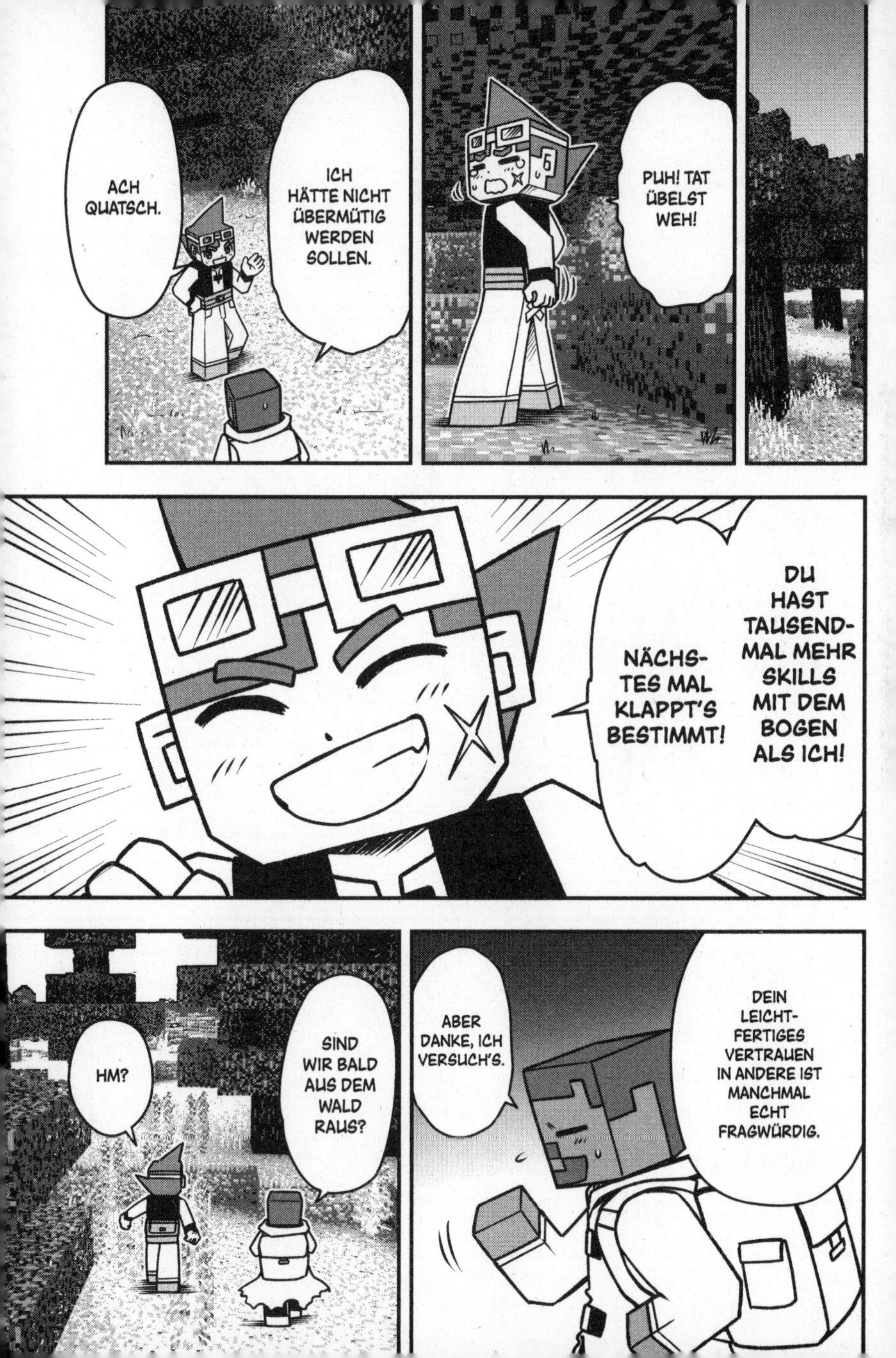
PUH! TAT ÜBELST WEH!
ICH HÄTTE NICHT ÜBERMÜTIG WERDEN SOLLEN.
ACH QUATSCH.
DU HAST TAUSENDMAL MEHR SKILLS MIT DEM BOGEN ALS ICH!
NÄCHSTES MAL KLAPPT'S BESTIMMT!
DEIN LEICHTFERTIGES VERTRAUEN IN ANDERE IST MANCHMAL ECHT FRAGWÜRDIG.
ABER DANKE, ICH VERSUCH'S.
SIND WIR BALD AUS DEM WALD RAUS?
HM?

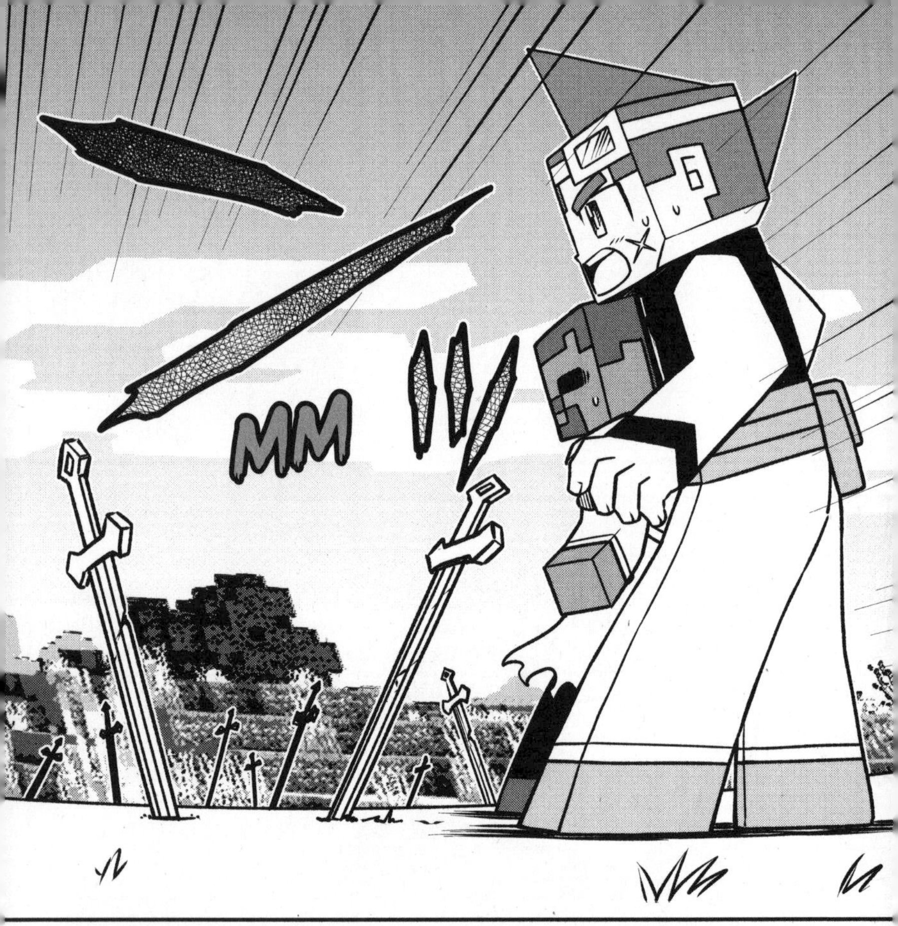
MM

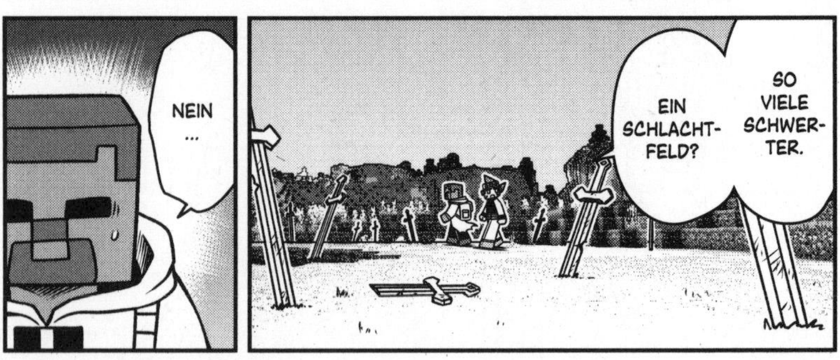
NEIN
...
SO VIELE SCHWERTER.
EIN SCHLACHTFELD?

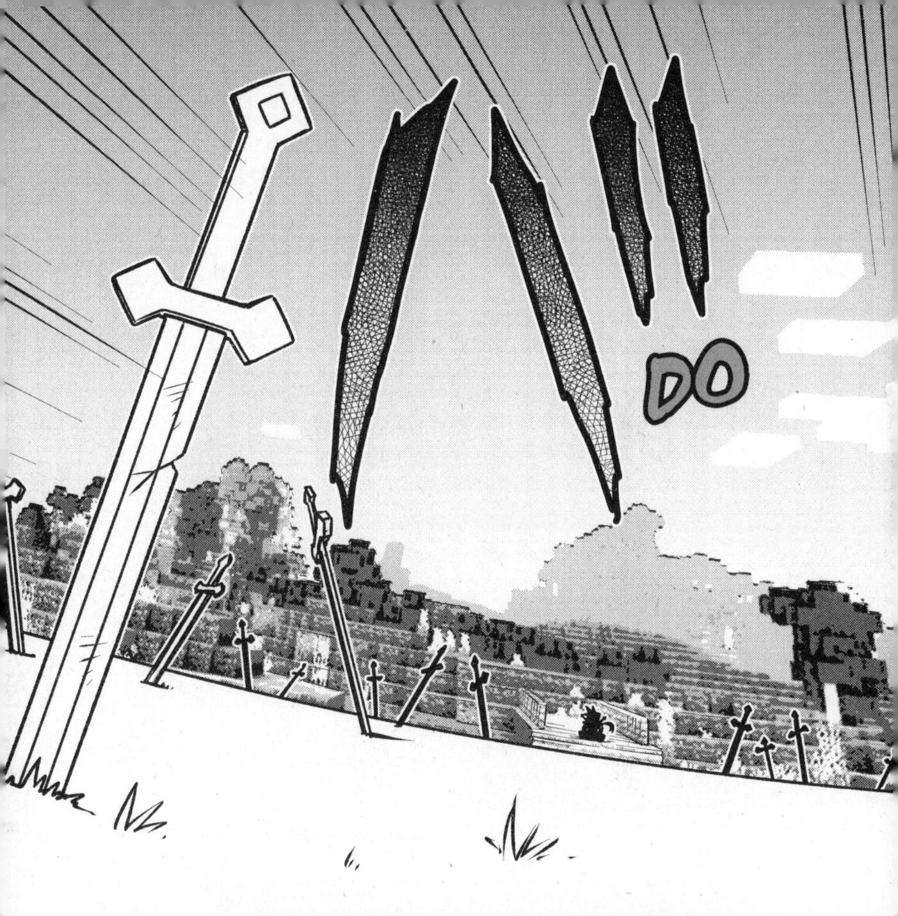
DO

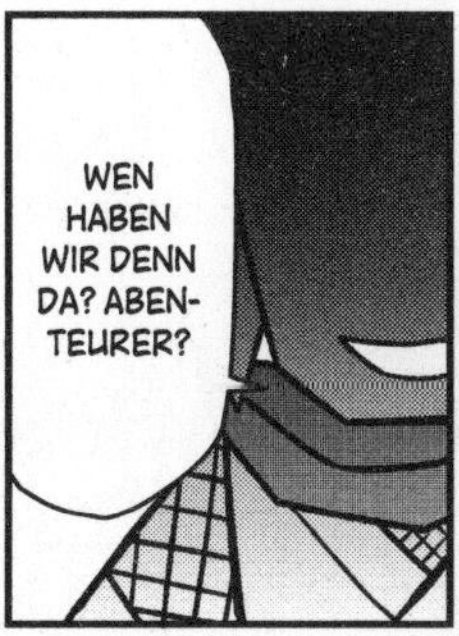
WEN HABEN WIR DENN DA? ABEN-TEURER?

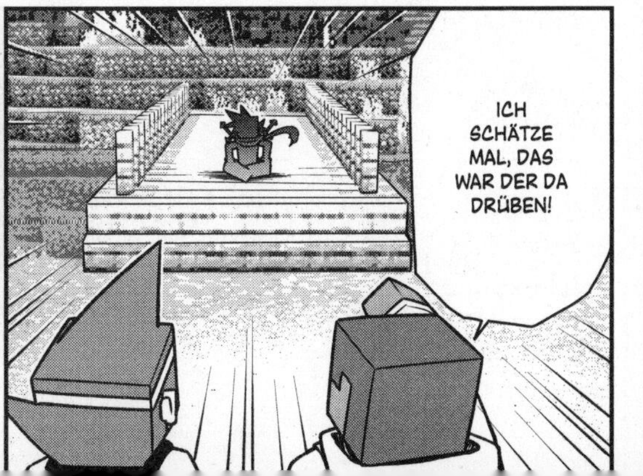
ICH SCHÄTZE MAL, DAS WAR DER DA DRÜBEN!

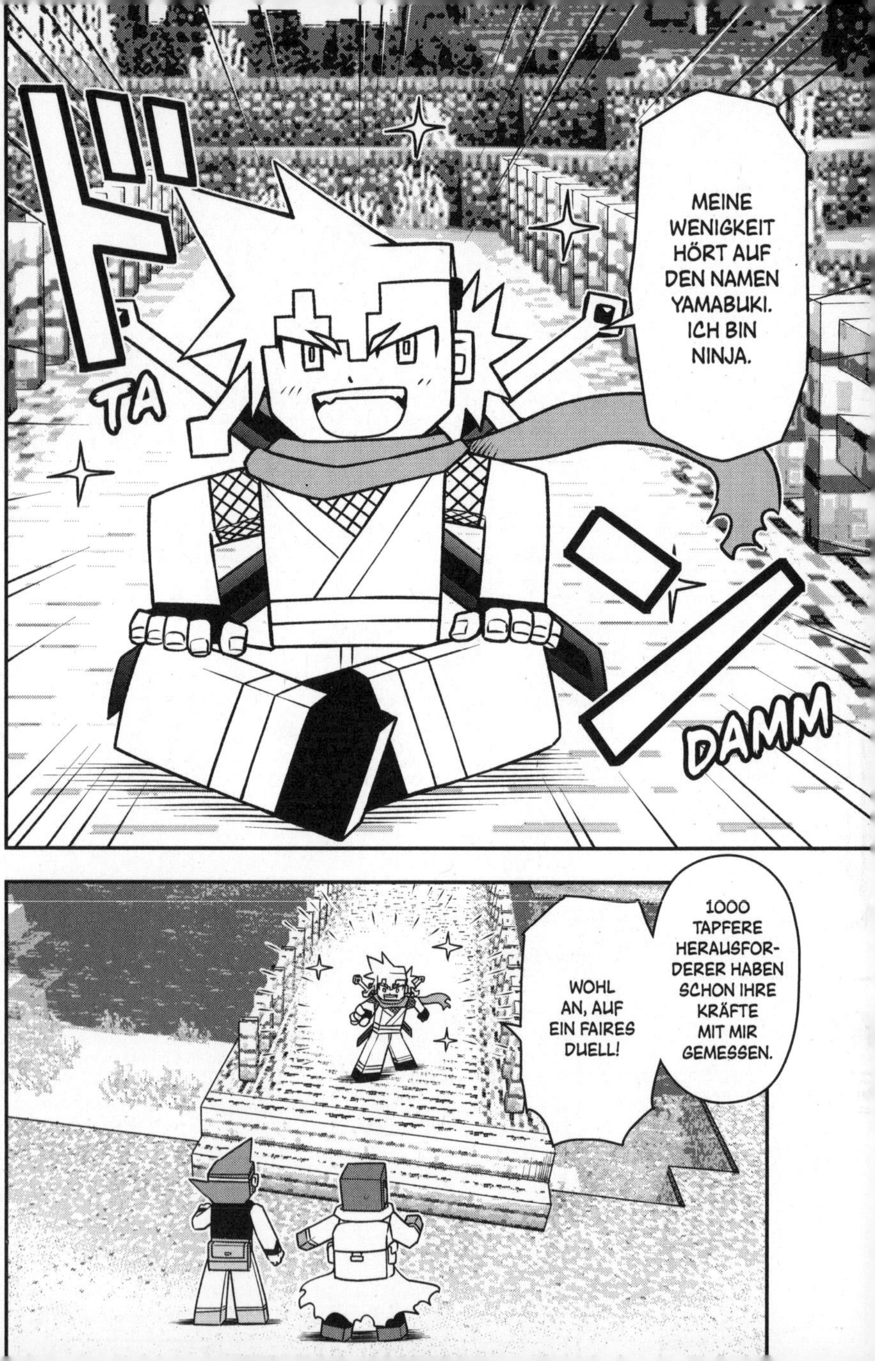

MEINE WENIGKEIT HÖRT AUF DEN NAMEN YAMABUKI. ICH BIN NINJA.
TA
DAMM
1000 TAPFERE HERAUSFORDERER HABEN SCHON IHRE KRÄFTE MIT MIR GEMESSEN.
WOHL AN, AUF EIN FAIRES DUELL!

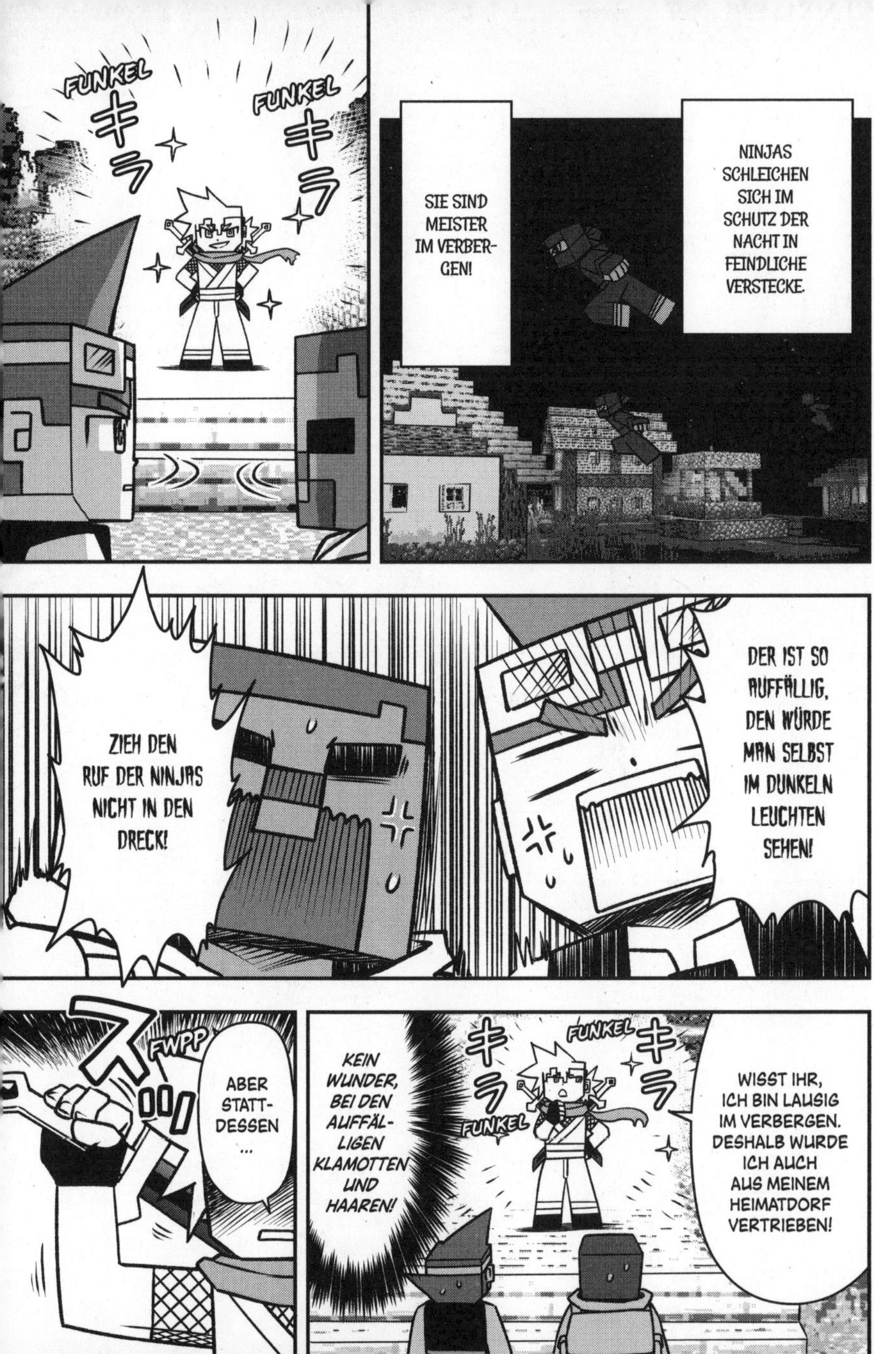

FUNKEL
キラ
FUNKEL
キラ
SIE SIND MEISTER IM VERBERGEN!
NINJAS SCHLEICHEN SICH IM SCHUTZ DER NACHT IN FEINDLICHE VERSTECKE.
ZIEH DEN RUF DER NINJAS NICHT IN DEN DRECK!
DER IST SO AUFFÄLLIG, DEN WÜRDE MAN SELBST IM DUNKELN LEUCHTEN SEHEN!
ス
FWPP
ABER STATT-DESSEN ...
KEIN WUNDER, BEI DEN AUFFÄL-LIGEN KLAMOTTEN UND HAAREN!
FUNKEL
キラ
FUNKEL
キラ
WISST IHR, ICH BIN LAUSIG IM VERBERGEN. DESHALB WURDE ICH AUCH AUS MEINEM HEIMATDORF VERTRIEBEN!

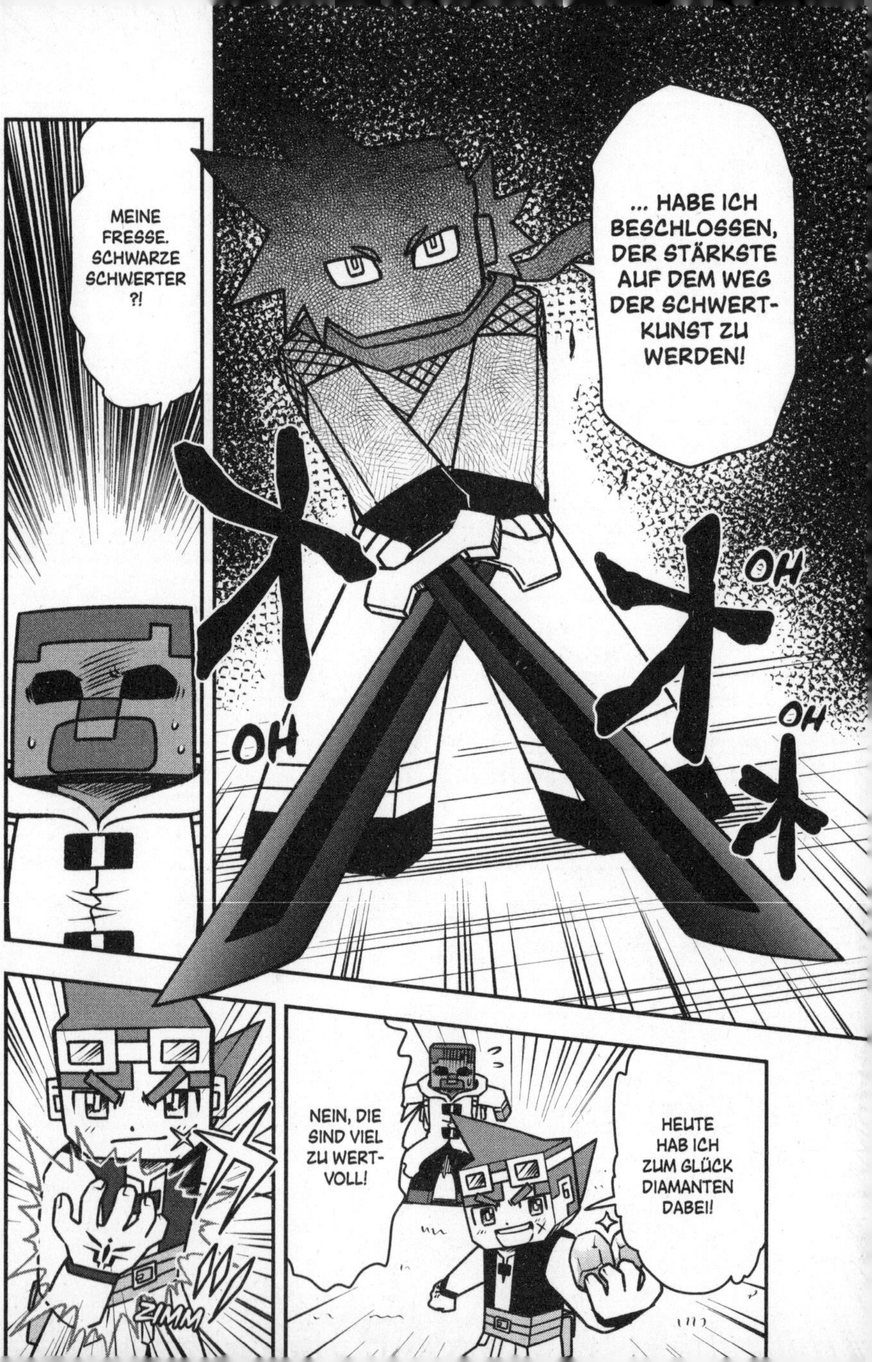

... HABE ICH BESCHLOSSEN, DER STÄRKSTE AUF DEM WEG DER SCHWERT-KUNST ZU WERDEN!
OH
OH
OH
MEINE FRESSE. SCHWARZE SCHWERTER ?!
HEUTE HAB ICH ZUM GLÜCK DIAMANTEN DABEI!
NEIN, DIE SIND VIEL ZU WERT-VOLL!
ZIMM

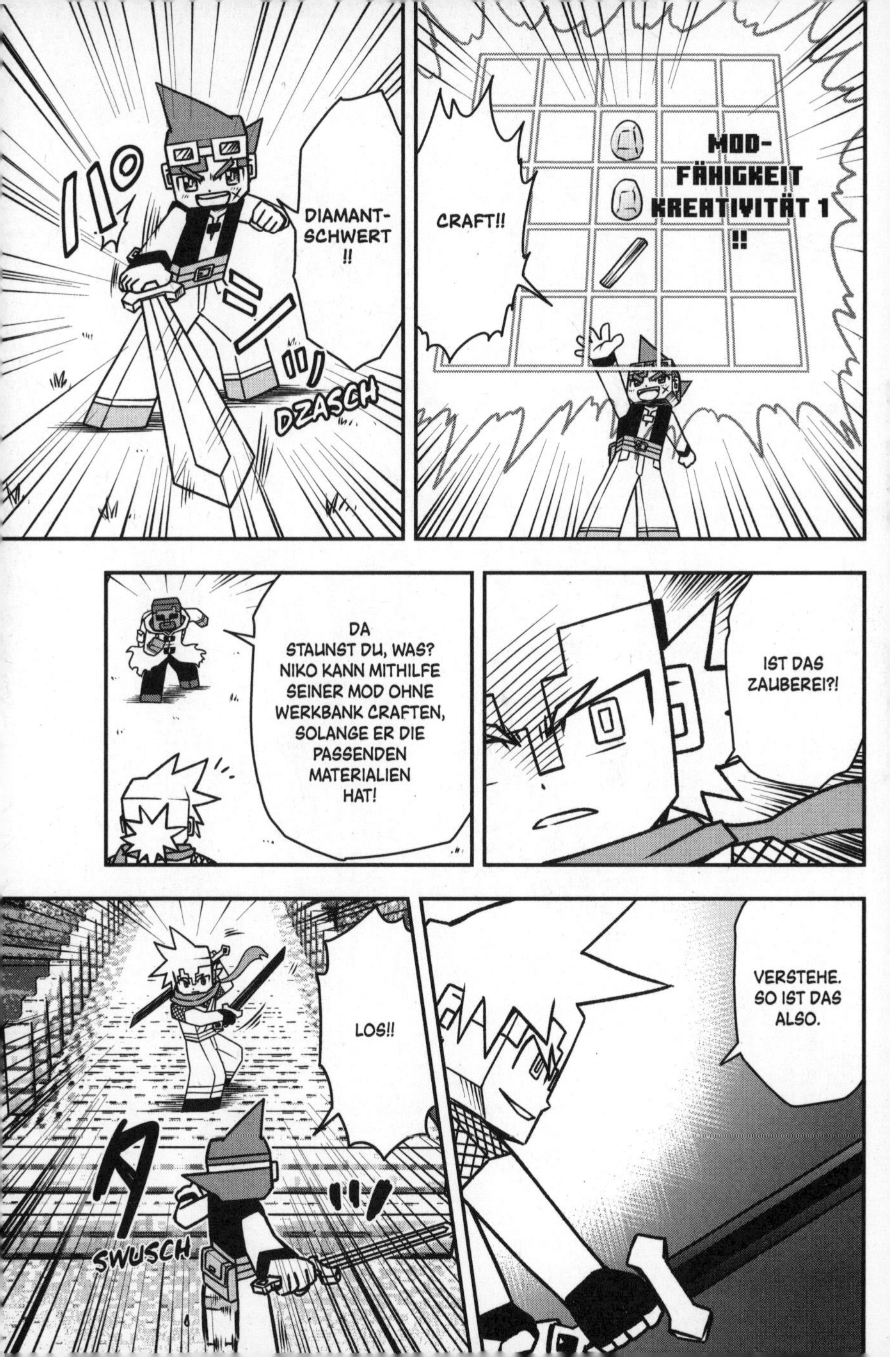
DIAMANT-SCHWERT !!
DZASCH
CRAFT!!
MOD-FÄHIGKEIT KREATIVITÄT 1 !!
DA STAUNST DU, WAS? NIKO KANN MITHILFE SEINER MOD OHNE WERKBANK CRAFTEN, SOLANGE ER DIE PASSENDEN MATERIALIEN HAT!
IST DAS ZAUBEREI?!
LOS!!
SWUSCH
VERSTEHE. SO IST DAS ALSO.

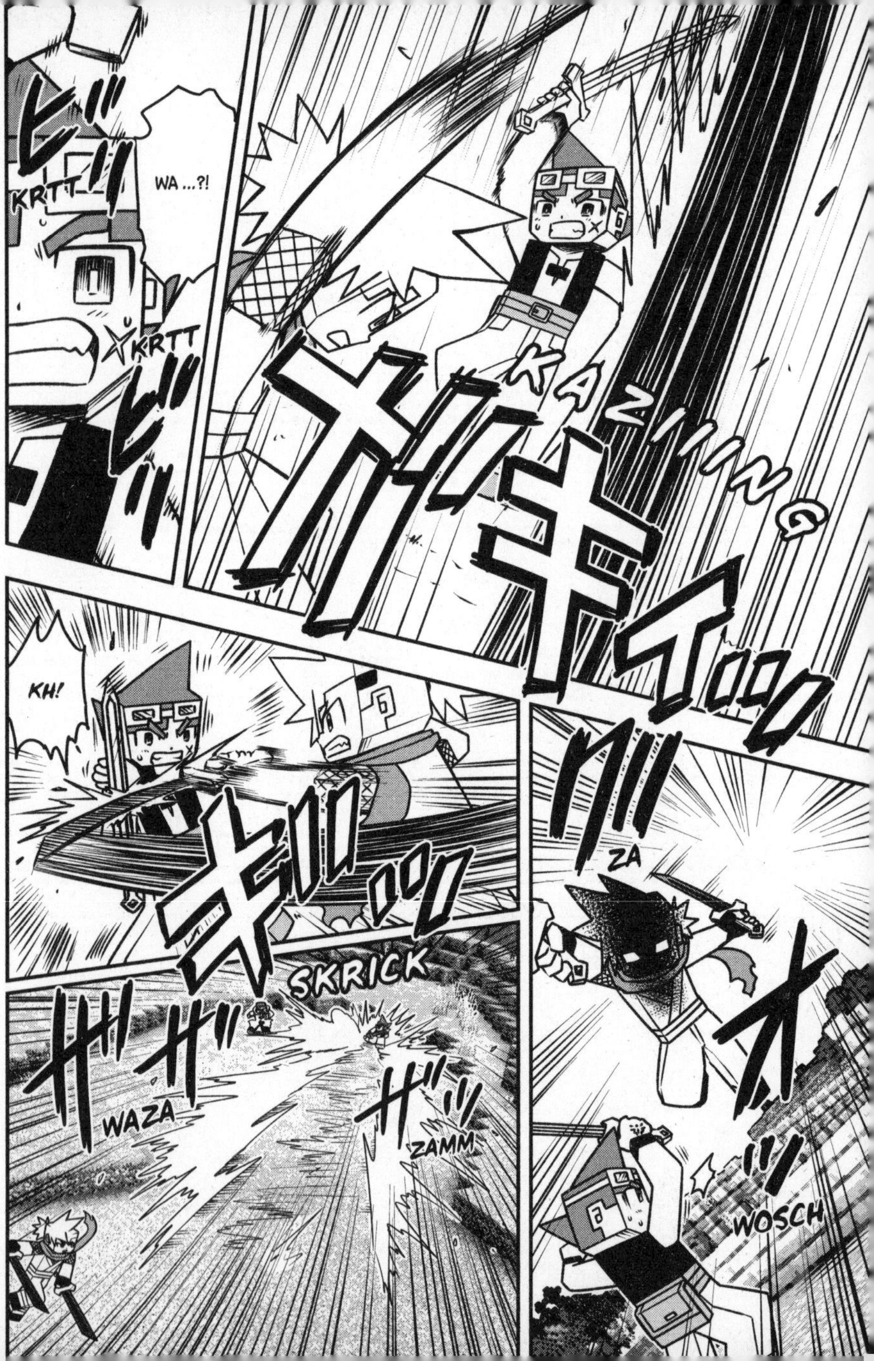

KRTT
WA ...?!
KRTT
KAZIIING
KH!
ZA
SKRICK
WAZA
ZAMM
WOSCH

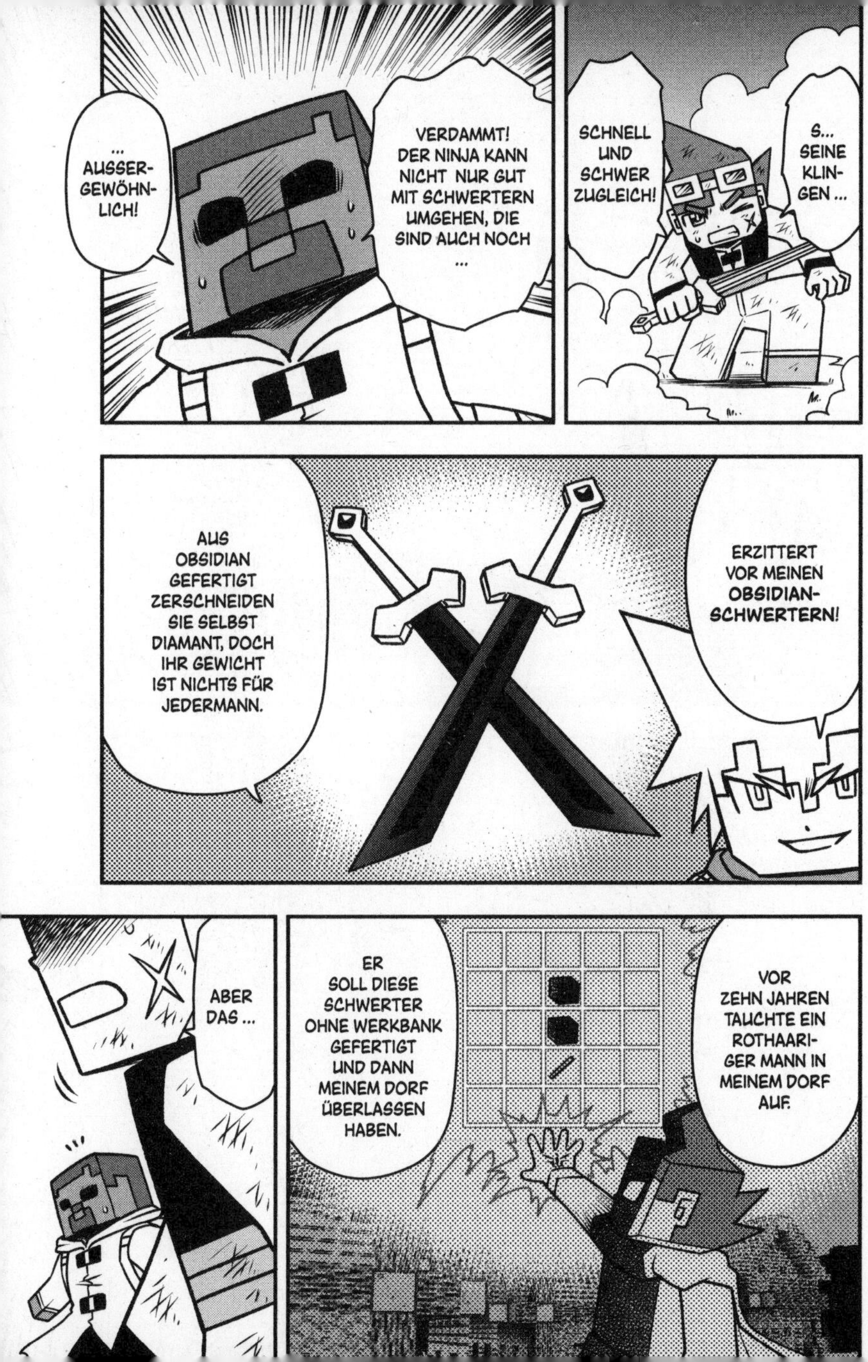
S... SEINE KLIN-GEN ...
SCHNELL UND SCHWER ZUGLEICH!
VERDAMMT! DER NINJA KANN NICHT NUR GUT MIT SCHWERTERN UMGEHEN, DIE SIND AUCH NOCH ...
... AUSSER-GEWÖHN-LICH!
ERZITTERT VOR MEINEN OBSIDIAN-SCHWERTERN!
AUS OBSIDIAN GEFERTIGT ZERSCHNEIDEN SIE SELBST DIAMANT, DOCH IHR GEWICHT IST NICHTS FÜR JEDERMANN.
VOR ZEHN JAHREN TAUCHTE EIN ROTHAARI-GER MANN IN MEINEM DORF AUF.
ER SOLL DIESE SCHWERTER OHNE WERKBANK GEFERTIGT UND DANN MEINEM DORF ÜBERLASSEN HABEN.
ABER DAS ...

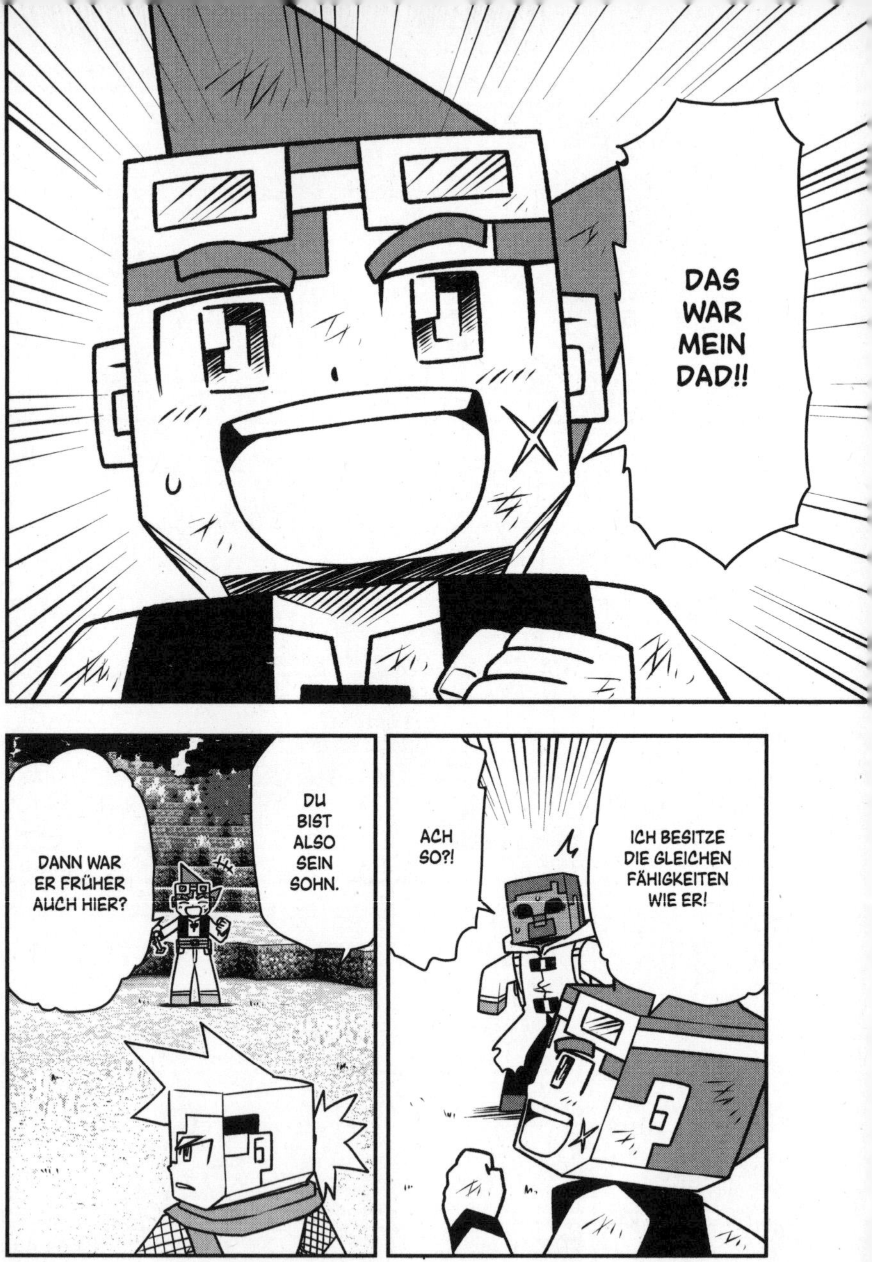
DAS WAR MEIN DAD!!
DU BIST ALSO SEIN SOHN.
DANN WAR ER FRÜHER AUCH HIER?
ICH BESITZE DIE GLEICHEN FÄHIGKEITEN WIE ER!
ACH SO?!

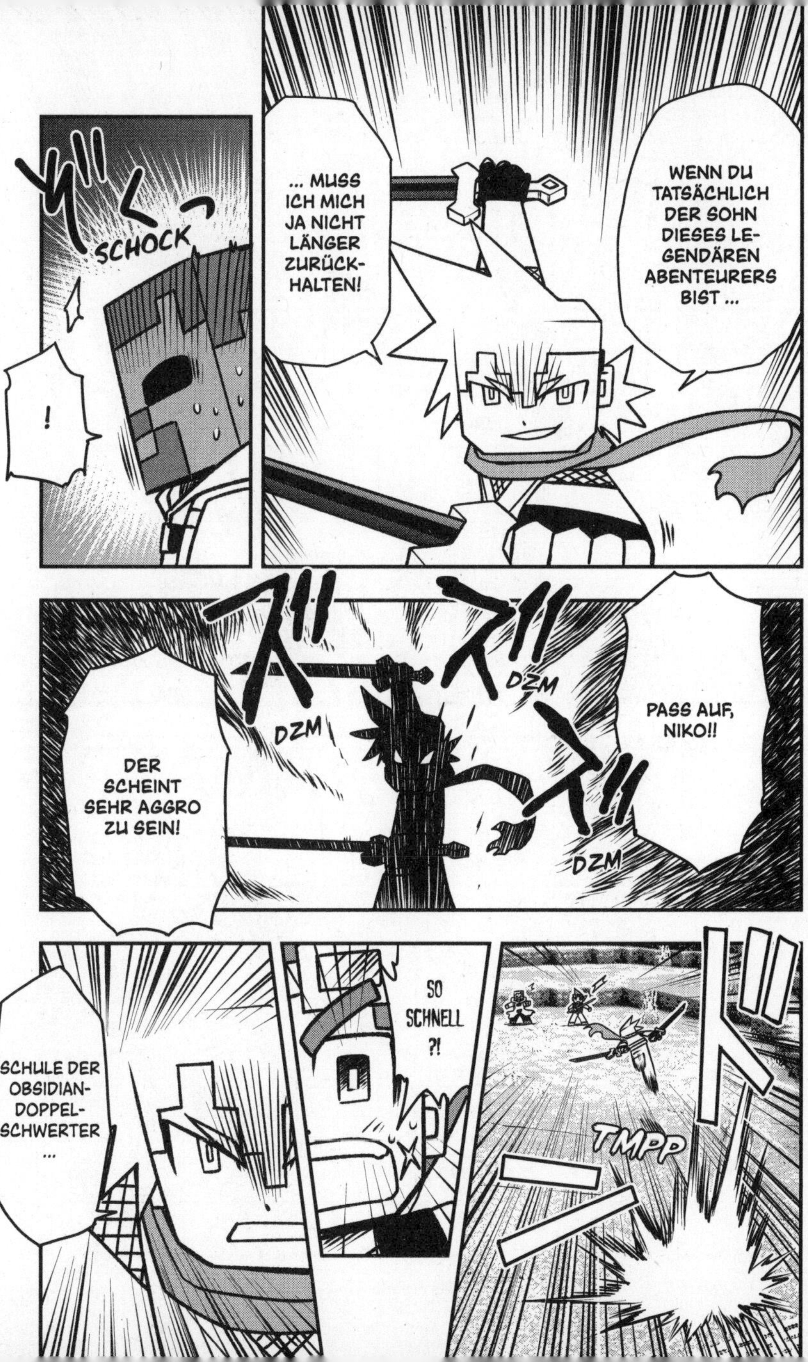
WENN DU TATSÄCHLICH DER SOHN DIESES LE-GENDÄREN ABENTEURERS BIST ...
... MUSS ICH MICH JA NICHT LÄNGER ZURÜCK-HALTEN!
SCHOCK
!
PASS AUF, NIKO!!
DZM
DZM
DZM
DER SCHEINT SEHR AGGRO ZU SEIN!
TMPP
SO SCHNELL ?!
SCHULE DER OBSIDIAN-DOPPEL-SCHWERTER ...

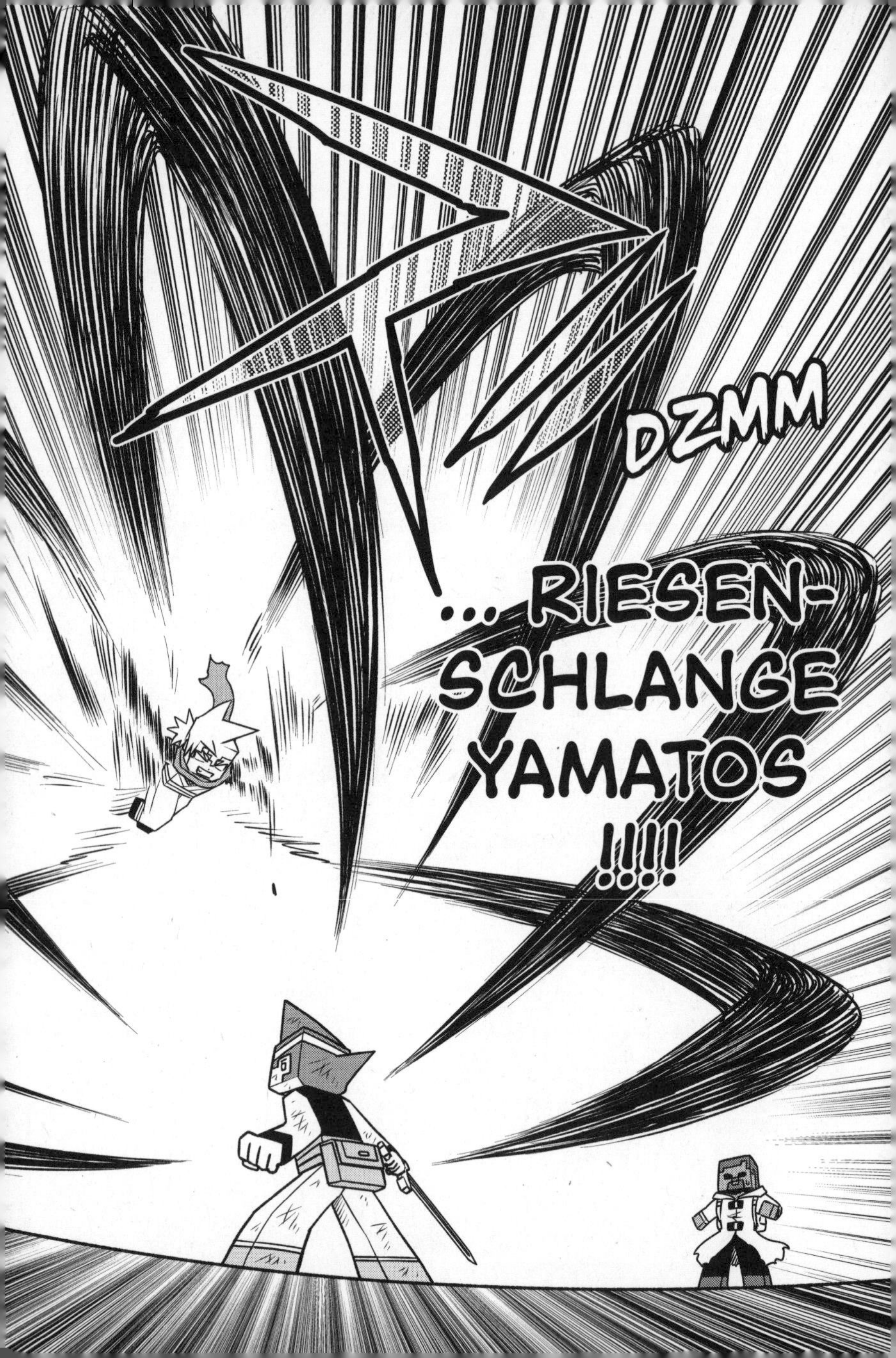
DZMM
... RIESEN-
SCHLANGE
YAMATOS
!!!!

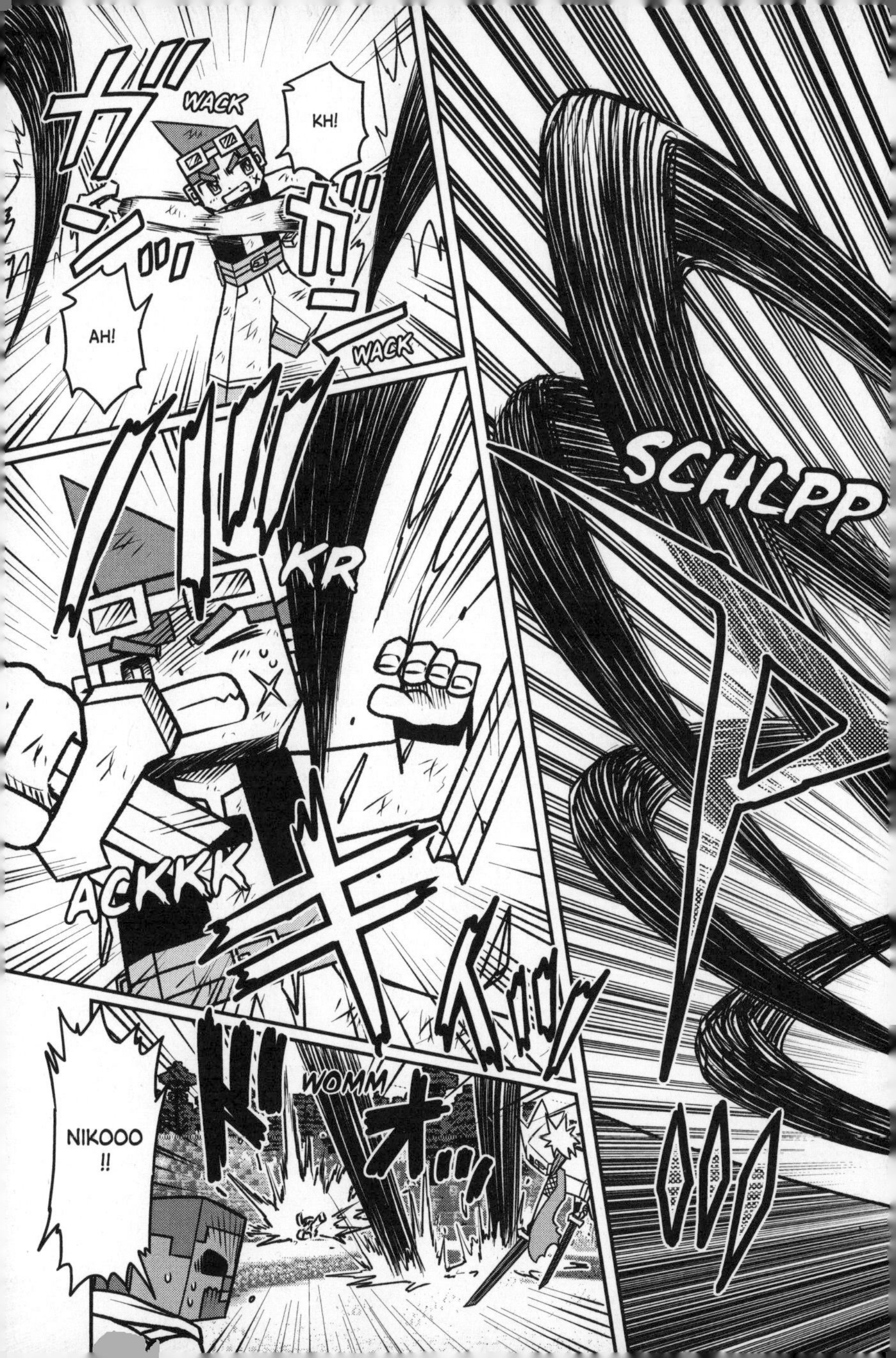
WACK
KH!
AH!
WACK
SCHLPP
KR
ACKKK
WOMM
NIKOOO
!!

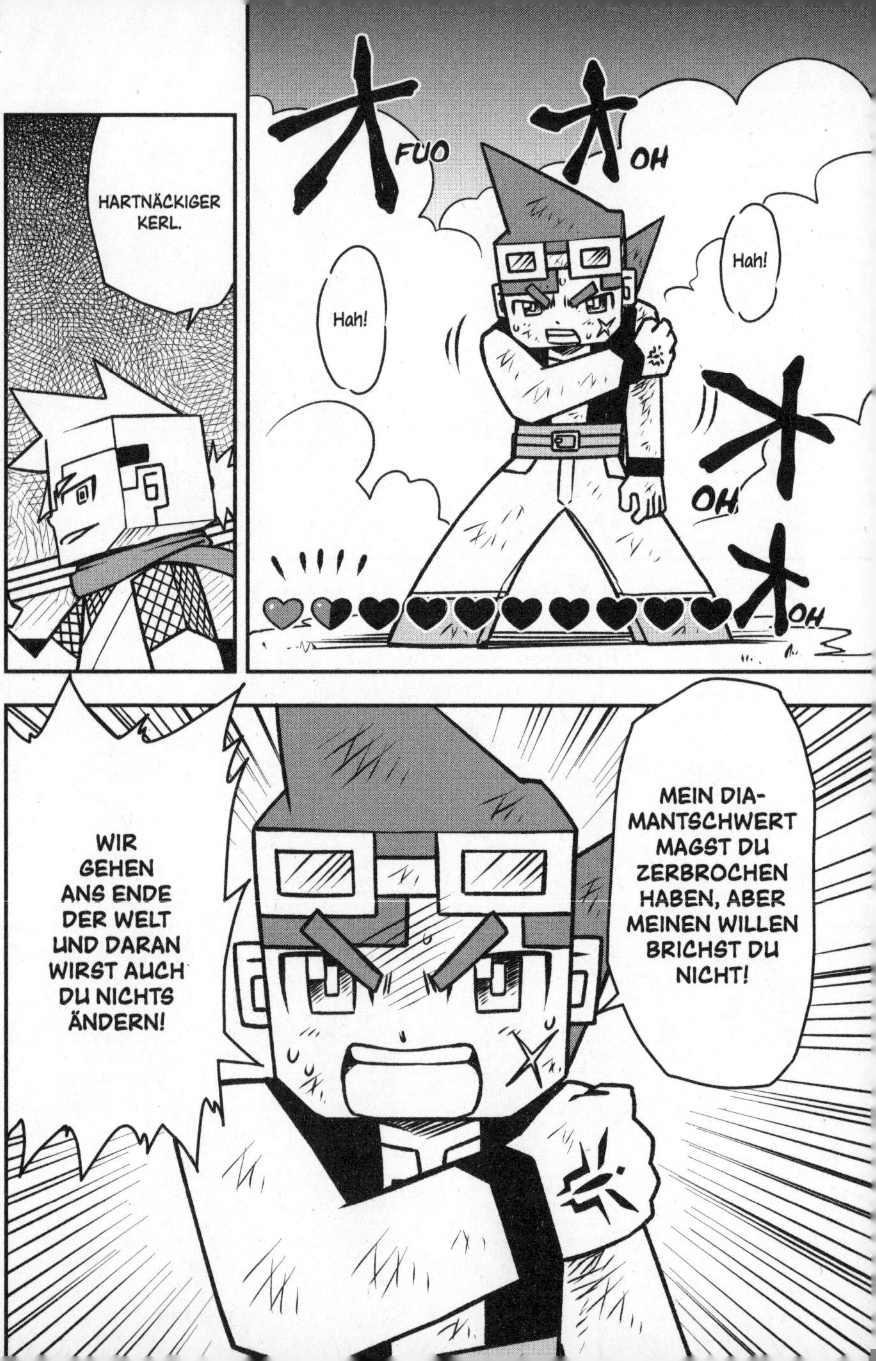
FUO
OH
Hah!
Hah!
OH
OH
HARTNÄCKIGER KERL.
MEIN DIA-MANTSCHWERT MAGST DU ZERBROCHEN HABEN, ABER MEINEN WILLEN BRICHST DU NICHT!
WIR GEHEN ANS ENDE DER WELT UND DARAN WIRST AUCH DU NICHTS ÄNDERN!

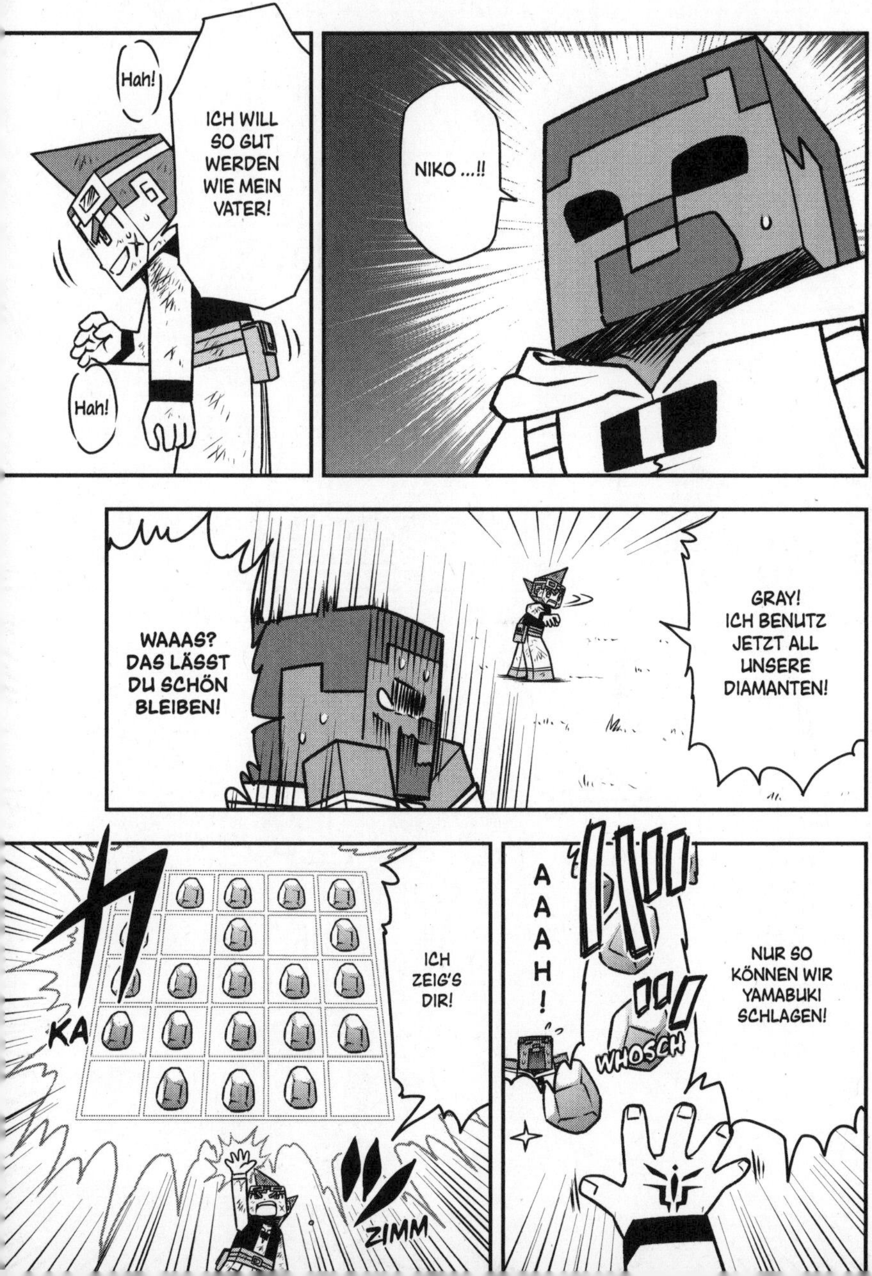
Hah!
ICH WILL SO GUT WERDEN WIE MEIN VATER!
Hah!
NIKO ...!!
GRAY! ICH BENUTZ JETZT ALL UNSERE DIAMANTEN!
WAAAS? DAS LÄSST DU SCHÖN BLEIBEN!
ICH ZEIG'S DIR!
KA
ZIMM
NUR SO KÖNNEN WIR YAMABUKI SCHLAGEN!
AAAAH!
WHOSCH

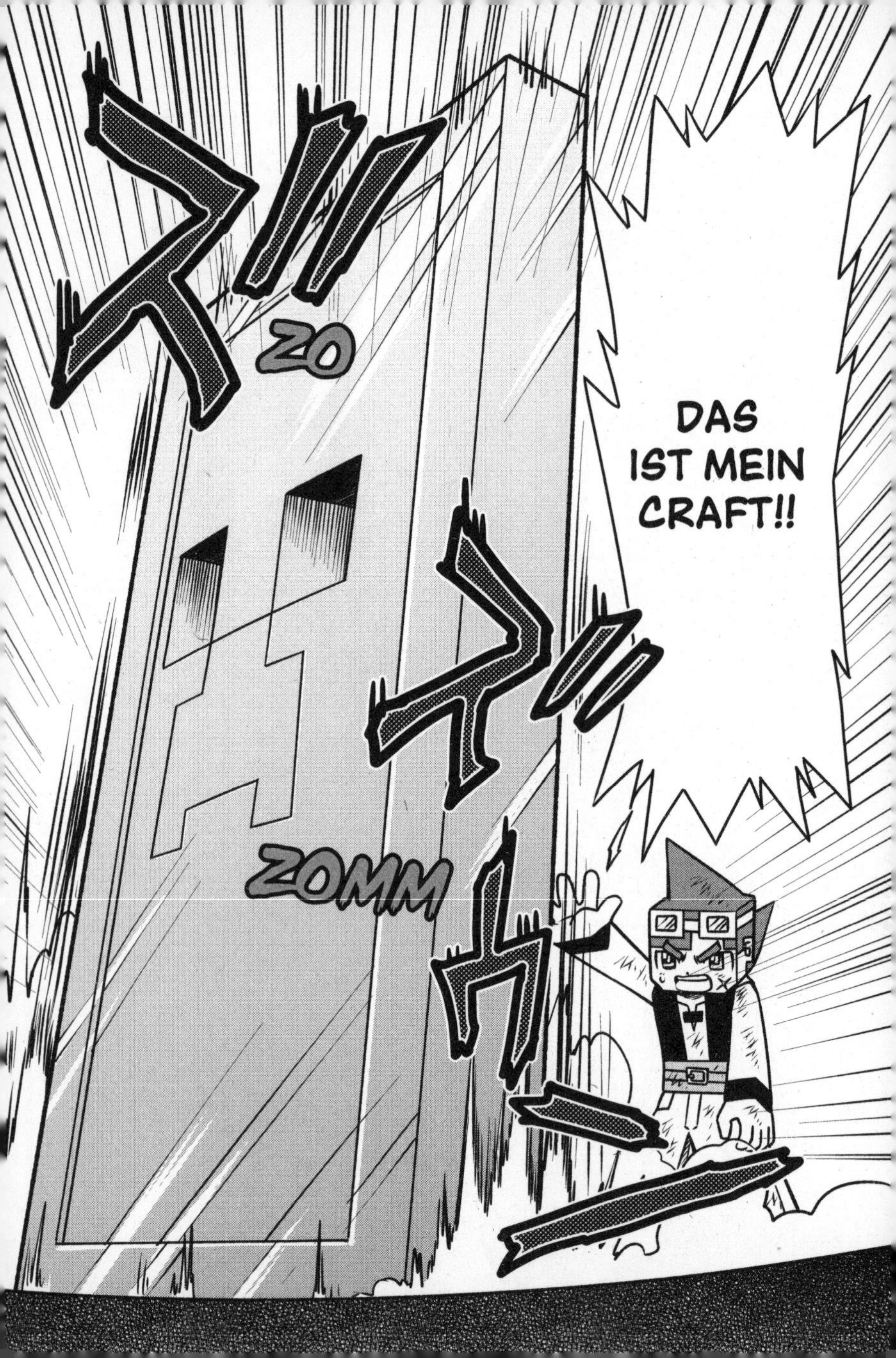
ZO
ZOMM
DAS IST MEIN CRAFT!!

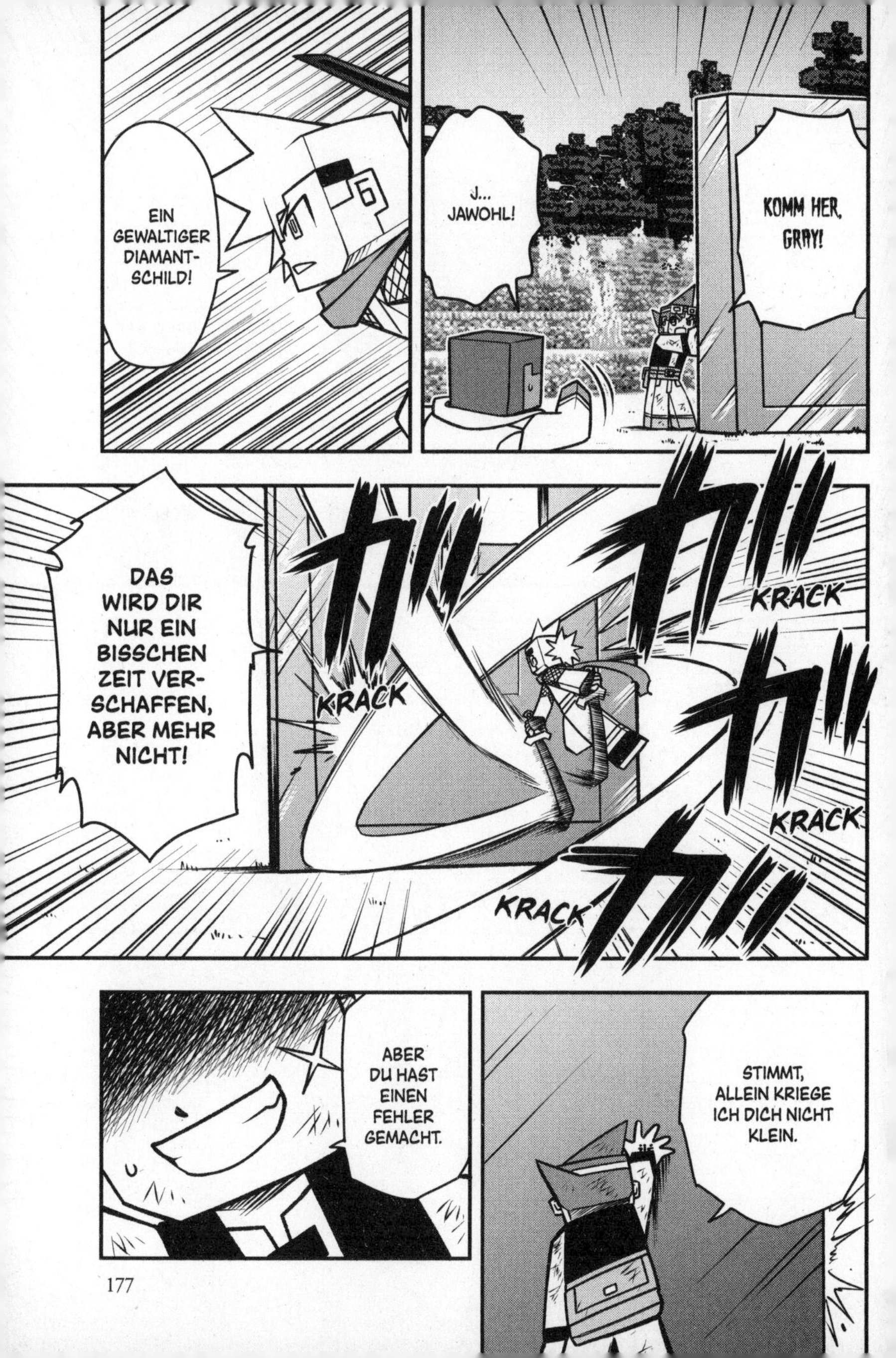

KOMM HER, GRAY!
J... JAWOHL!
EIN GEWALTIGER DIAMANT-SCHILD!
KRACK
KRACK
KRACK
KRACK
DAS WIRD DIR NUR EIN BISSCHEN ZEIT VER-SCHAFFEN, ABER MEHR NICHT!
STIMMT, ALLEIN KRIEGE ICH DICH NICHT KLEIN.
ABER DU HAST EINEN FEHLER GEMACHT.

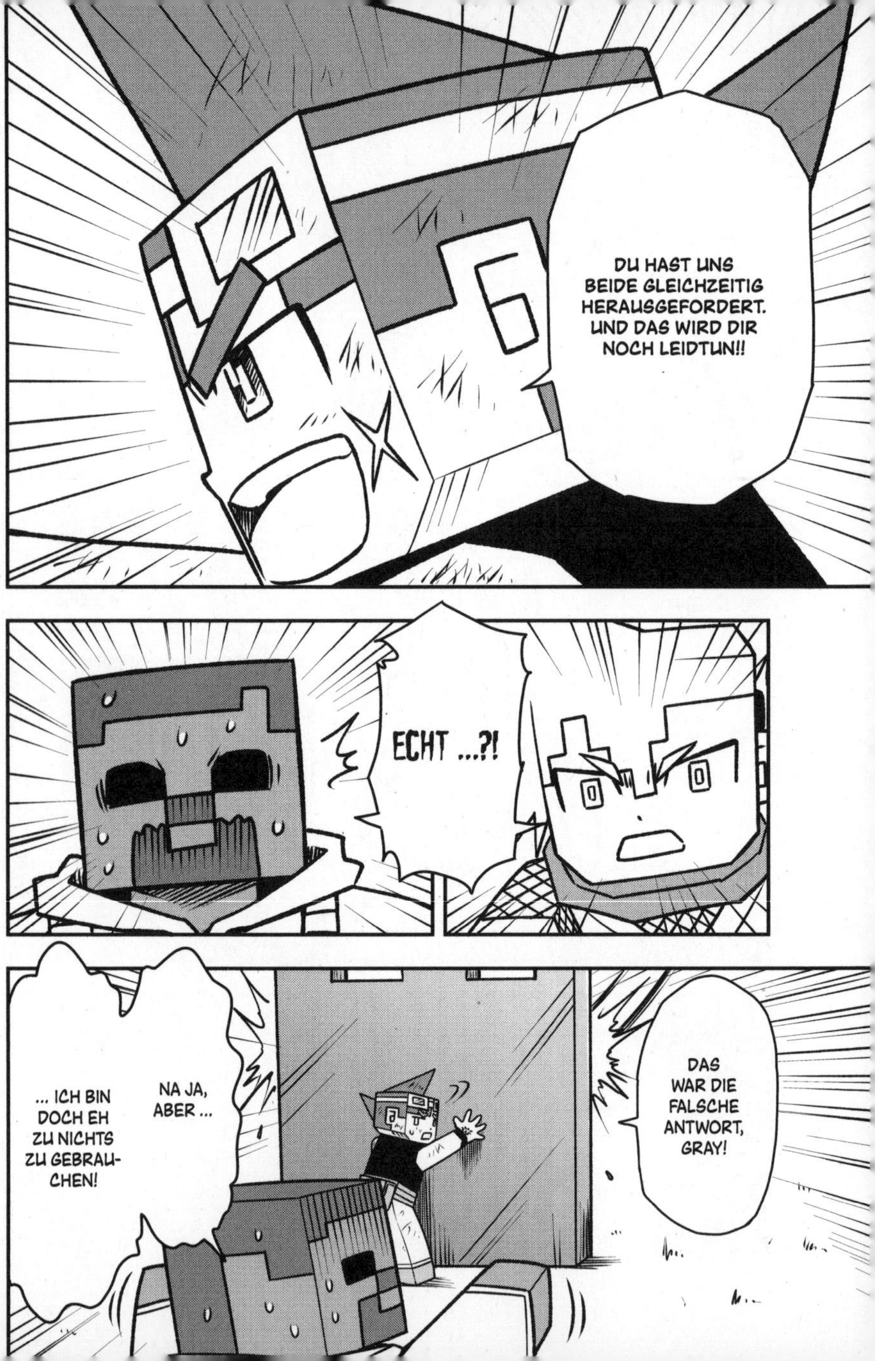
DU HAST UNS BEIDE GLEICHZEITIG HERAUSGEFORDERT. UND DAS WIRD DIR NOCH LEIDTUN!!
ECHT ...?!
... ICH BIN DOCH EH ZU NICHTS ZU GEBRAU-CHEN!
NA JA, ABER ...
DAS WAR DIE FALSCHE ANTWORT, GRAY!

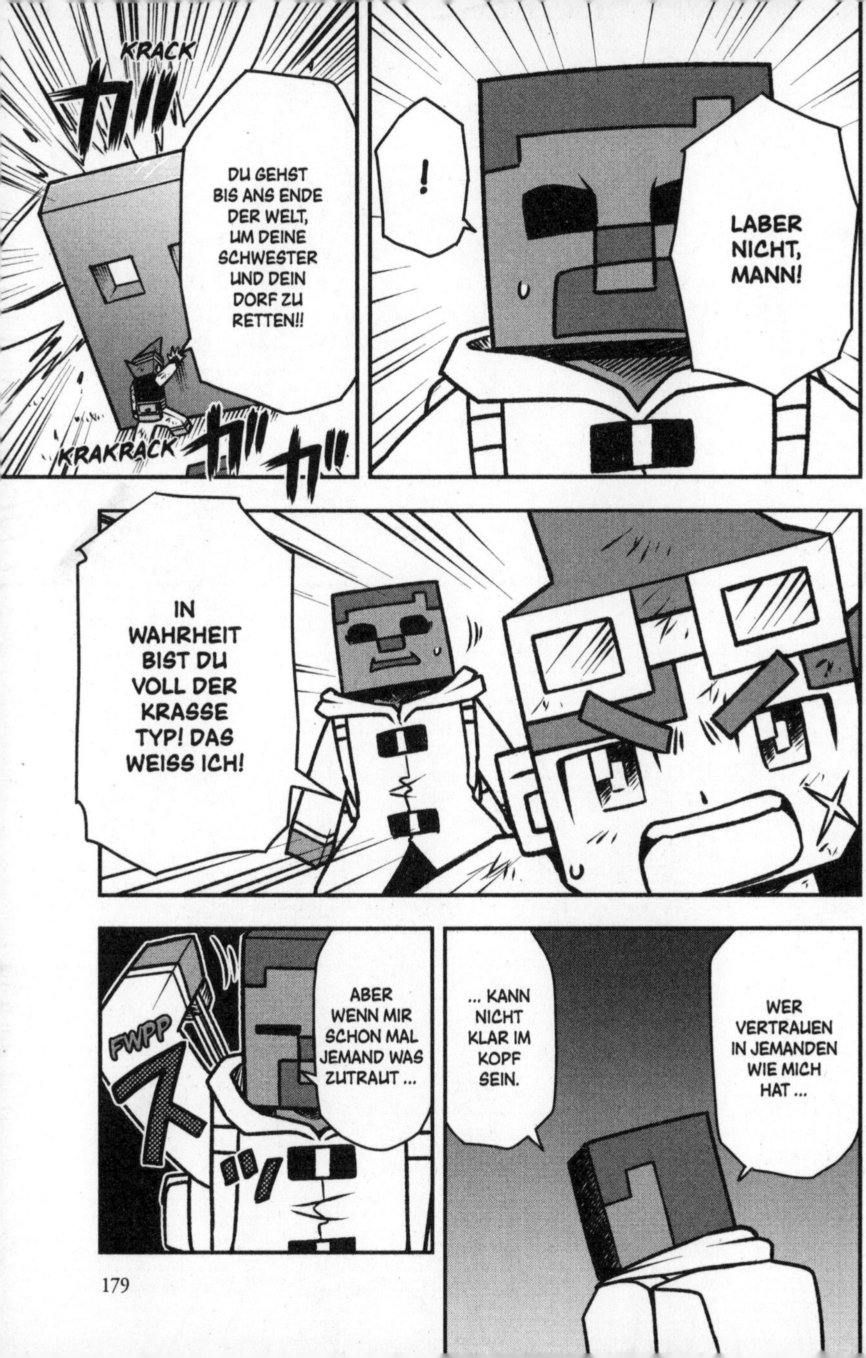
KRACK
DU GEHST BIS ANS ENDE DER WELT, UM DEINE SCHWESTER UND DEIN DORF ZU RETTEN!!
KRAKRACK
!
LABER NICHT, MANN!
IN WAHRHEIT BIST DU VOLL DER KRASSE TYP! DAS WEISS ICH!
FWPP
ABER WENN MIR SCHON MAL JEMAND WAS ZUTRAUT ...
... KANN NICHT KLAR IM KOPF SEIN.
WER VERTRAUEN IN JEMANDEN WIE MICH HAT ...

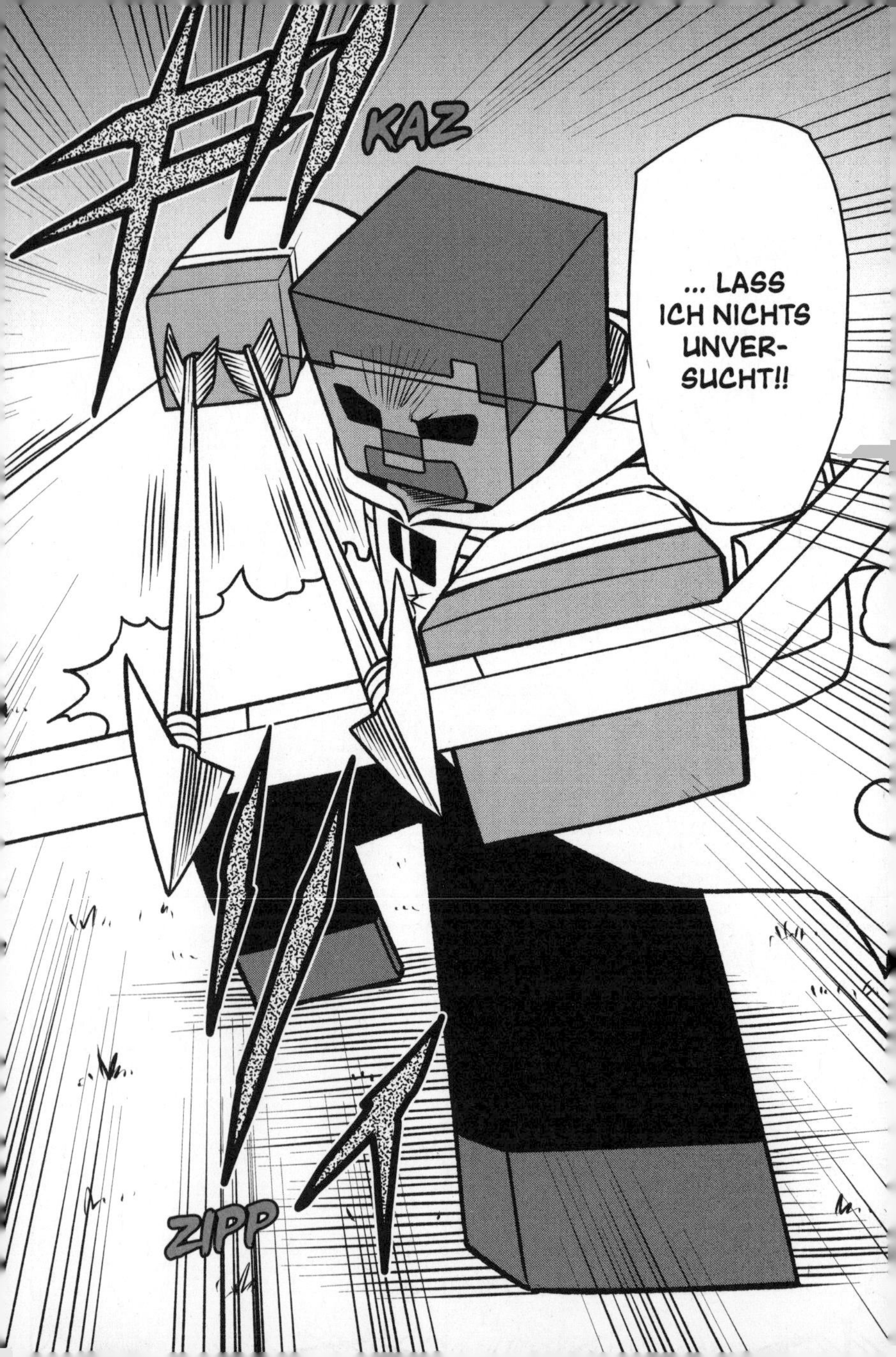
KAZ
... LASS ICH NICHTS UNVER-SUCHT!!
ZIPP

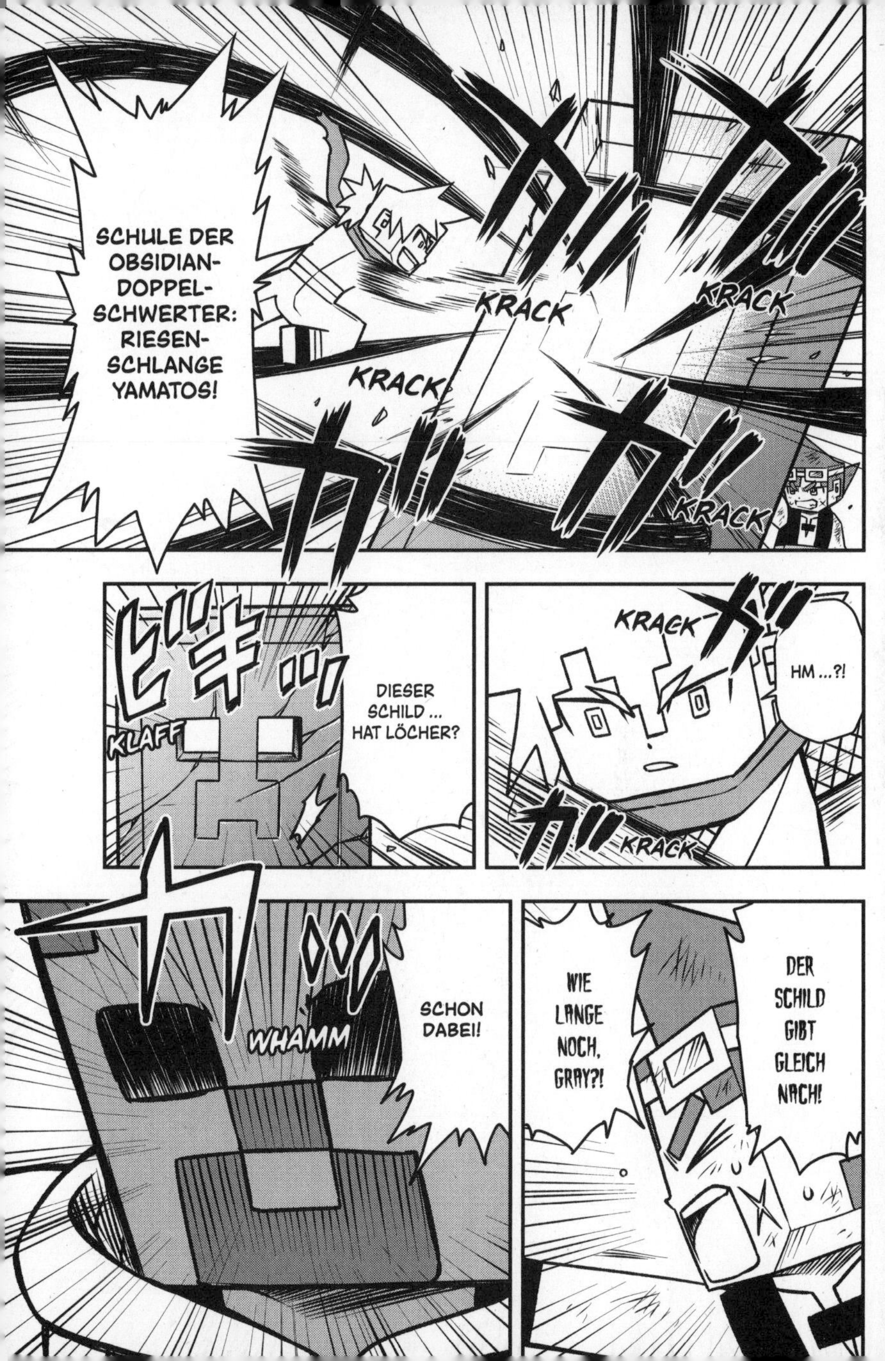
SCHULE DER OBSIDIAN-DOPPEL-SCHWERTER: RIESEN-SCHLANGE YAMATOS!
KRACK
KRACK
KRACK
KRACK
KRACK
HM ...?!
KRACK
KLAFF
DIESER SCHILD ... HAT LÖCHER?
DER SCHILD GIBT GLEICH NACH!
WIE LANGE NOCH, GRAY?!
SCHON DABEI!
WHAMM

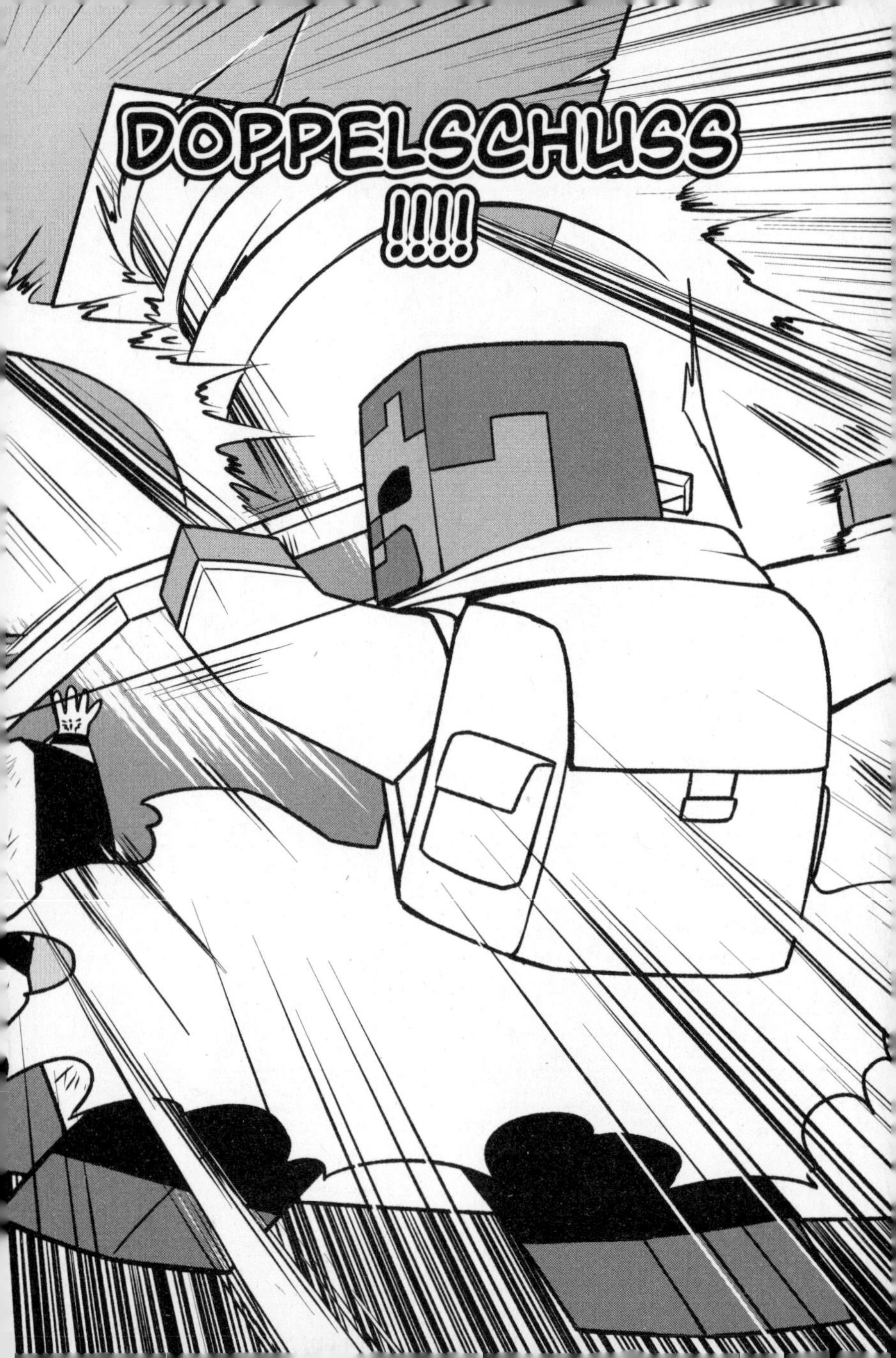
DOPPELSCHUSS
!!!!!

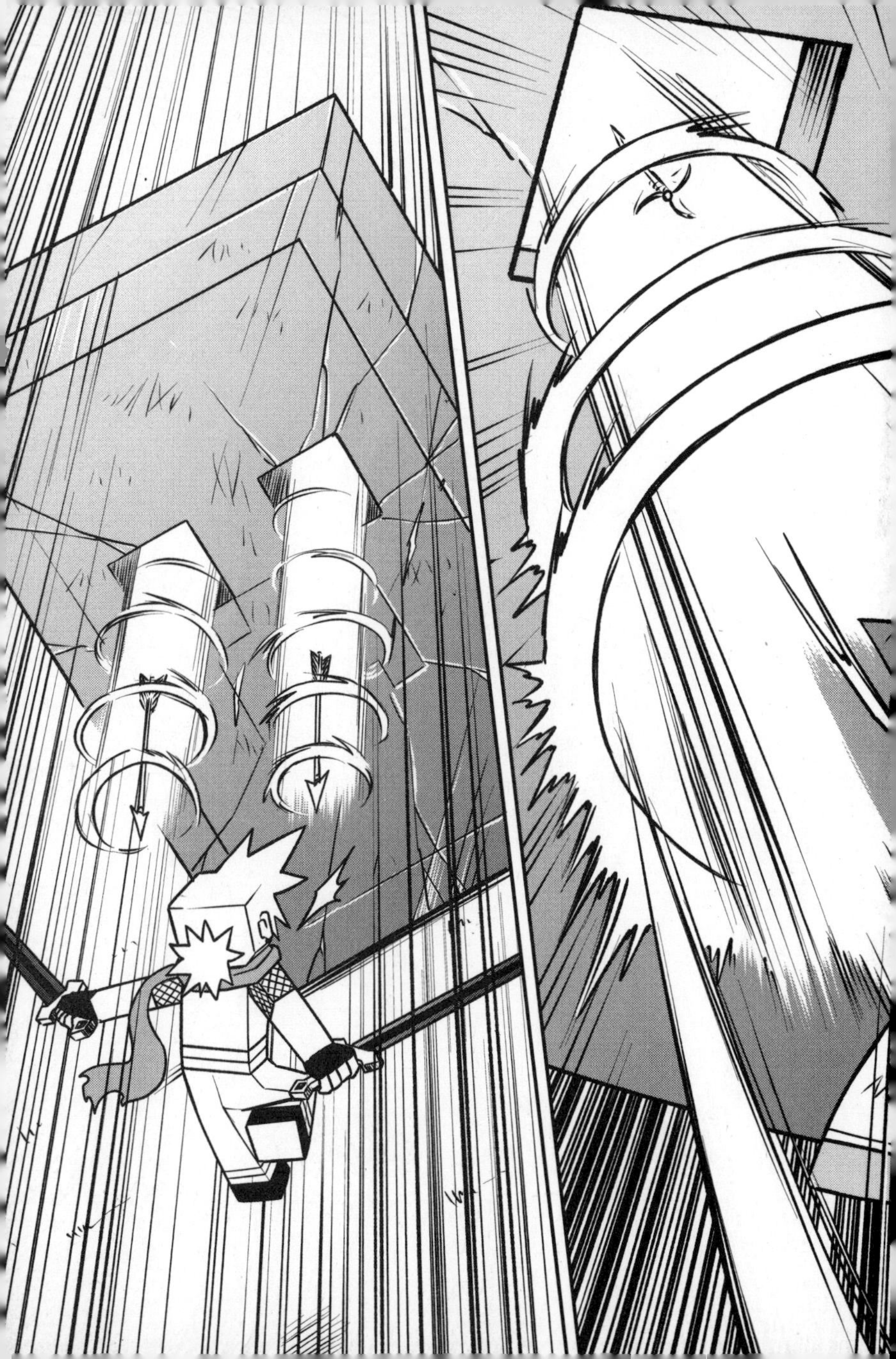

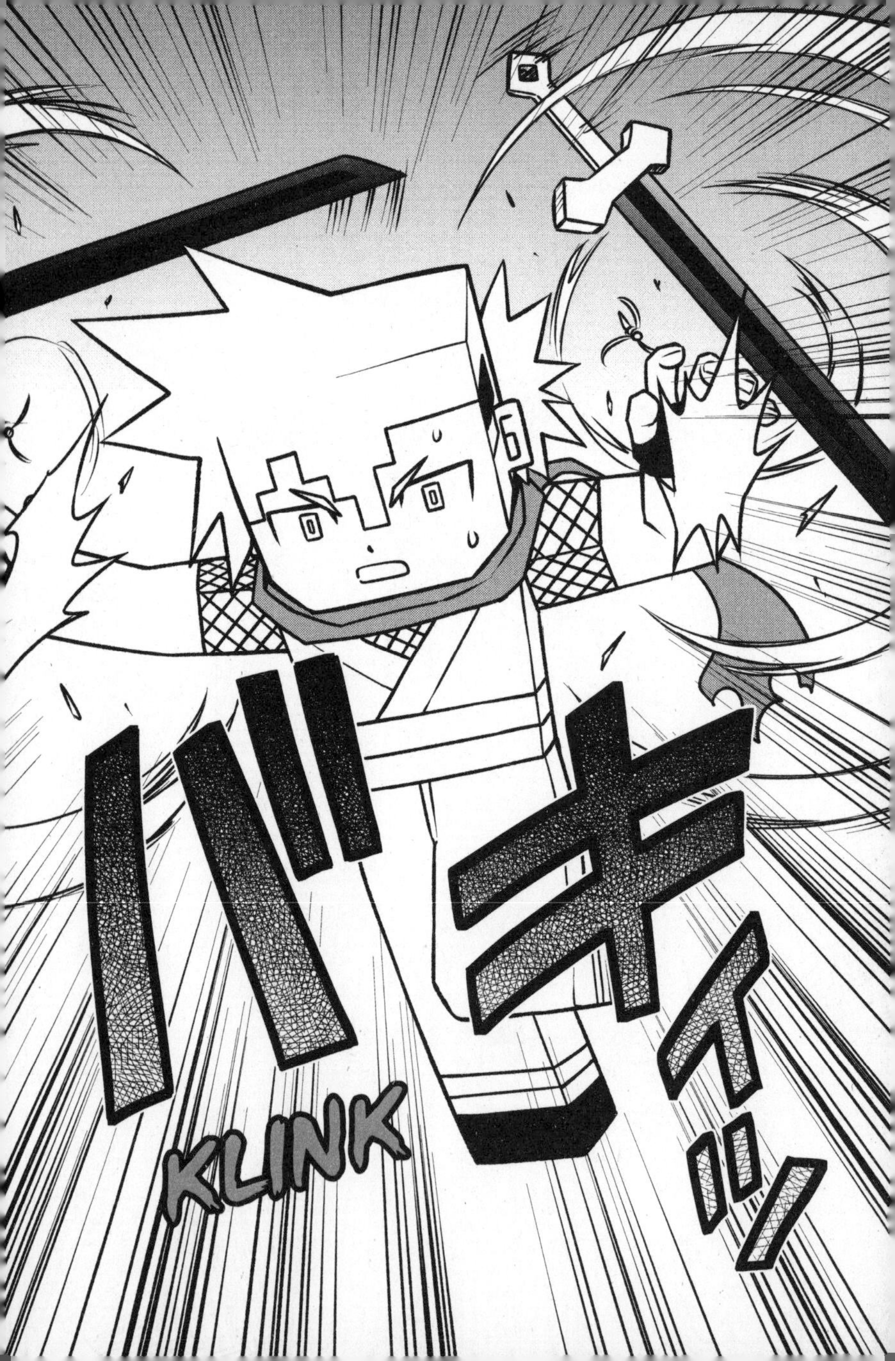

バギィ!!
KLINK

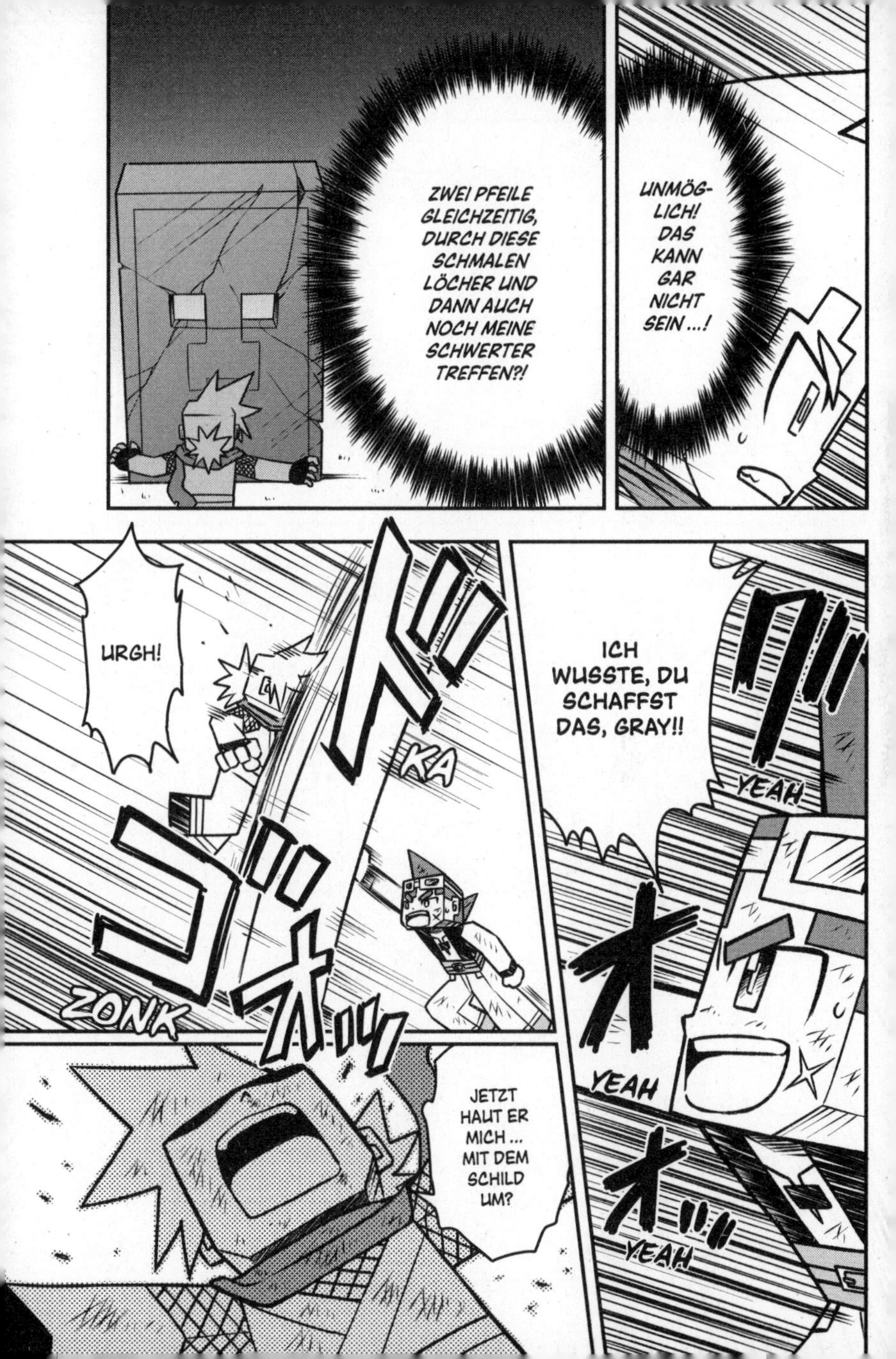

ZWEI PFEILE GLEICHZEITIG, DURCH DIESE SCHMALEN LÖCHER UND DANN AUCH NOCH MEINE SCHWERTER TREFFEN?!
UNMÖG-LICH! DAS KANN GAR NICHT SEIN ...!
ICH WUSSTE, DU SCHAFFST DAS, GRAY!!
YEAH
YEAH
YEAH
URGH!
KA
ZONK
JETZT HAUT ER MICH ... MIT DEM SCHILD UM?

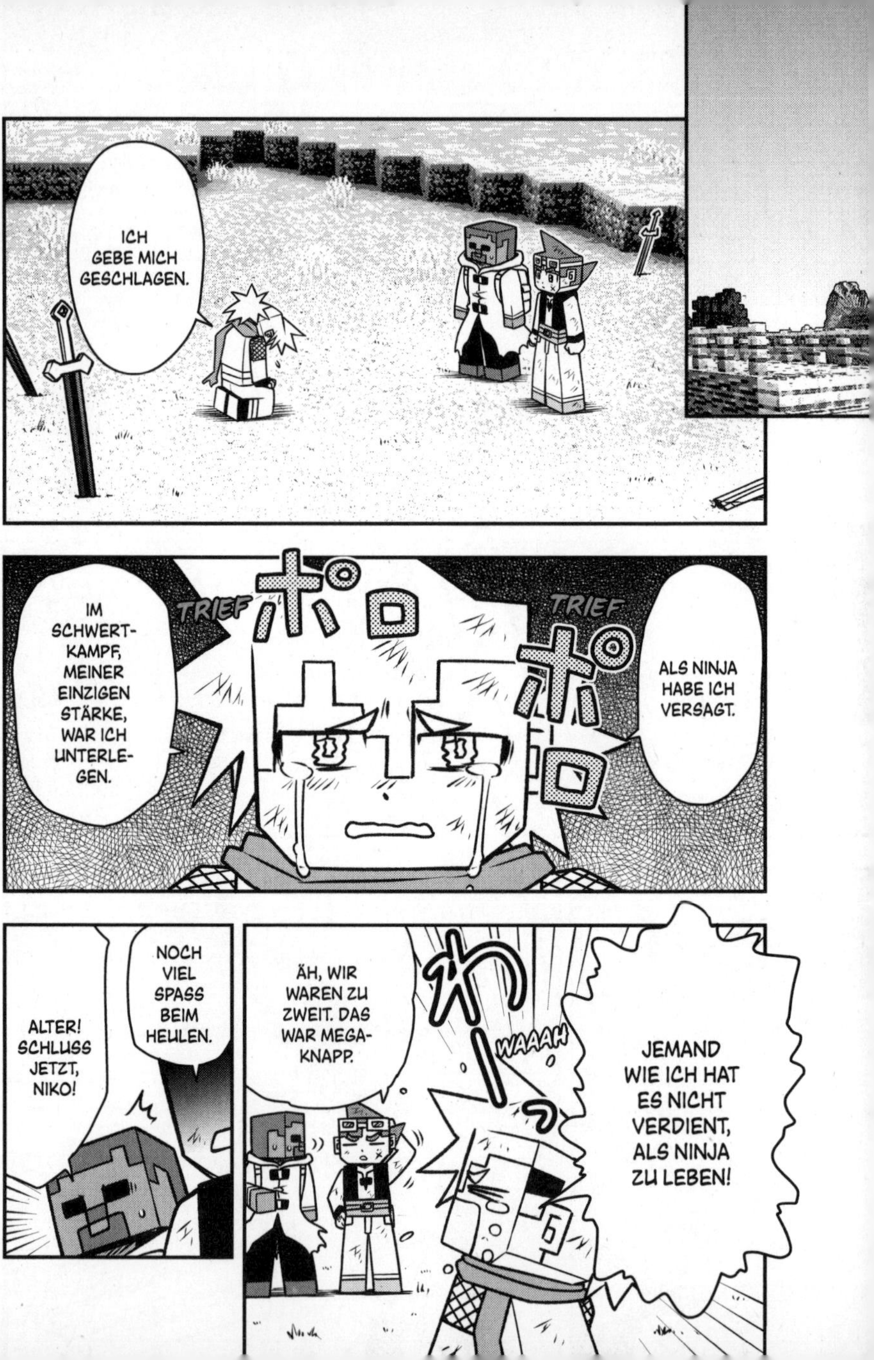
ICH GEBE MICH GESCHLAGEN.
TRIEF
ポロ
TRIEF
ポロ
ALS NINJA HABE ICH VERSAGT.
IM SCHWERT-KAMPF, MEINER EINZIGEN STÄRKE, WAR ICH UNTERLE-GEN.
わーっ
WAAAH
JEMAND WIE ICH HAT ES NICHT VERDIENT, ALS NINJA ZU LEBEN!
ÄH, WIR WAREN ZU ZWEIT. DAS WAR MEGA-KNAPP.
NOCH VIEL SPASS BEIM HEULEN.
ALTER! SCHLUSS JETZT, NIKO!

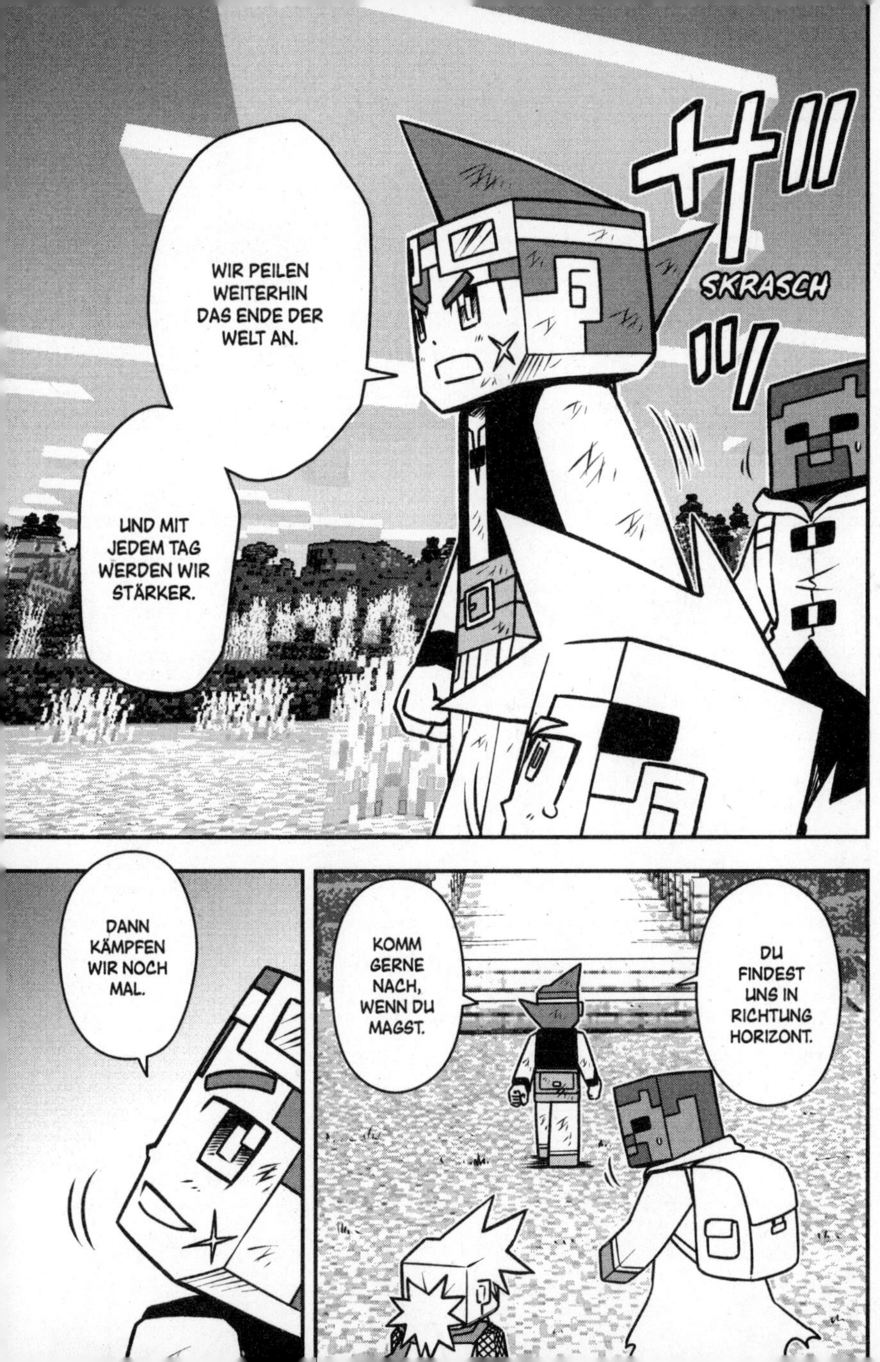
SKRASCH
WIR PEILEN WEITERHIN DAS ENDE DER WELT AN.
UND MIT JEDEM TAG WERDEN WIR STÄRKER.
DU FINDEST UNS IN RICHTUNG HORIZONT.
KOMM GERNE NACH, WENN DU MAGST.
DANN KÄMPFEN WIR NOCH MAL.

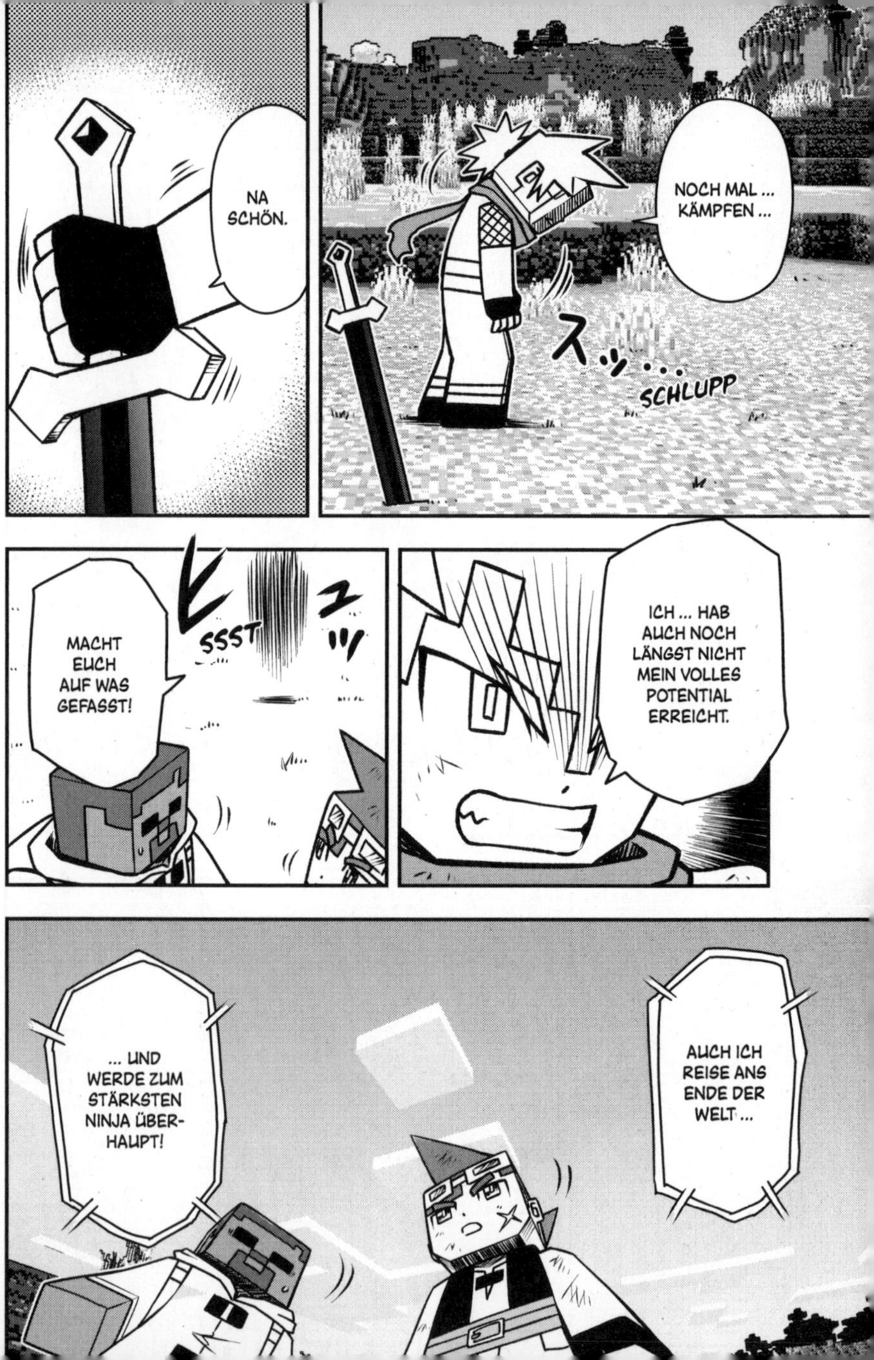
NOCH MAL ... KÄMPFEN ...
SCHLUPP
NA SCHÖN.
ICH ... HAB AUCH NOCH LÄNGST NICHT MEIN VOLLES POTENTIAL ERREICHT.
SSST
MACHT EUCH AUF WAS GEFASST!
AUCH ICH REISE ANS ENDE DER WELT ...
... UND WERDE ZUM STÄRKSTEN NINJA ÜBER-HAUPT!

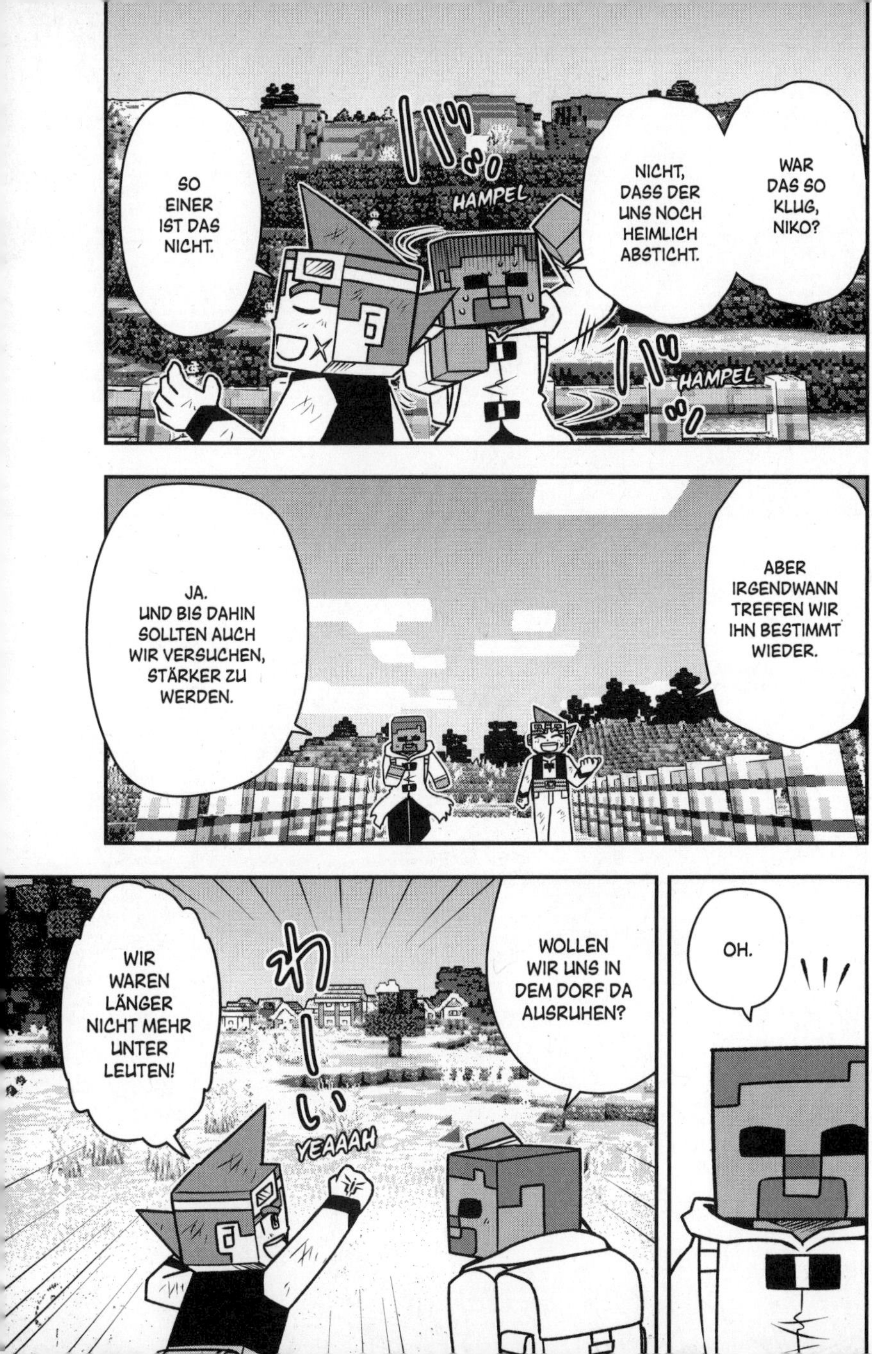
WAR DAS SO KLUG, NIKO?
NICHT, DASS DER UNS NOCH HEIMLICH ABSTICHT.
HAMPEL
HAMPEL
SO EINER IST DAS NICHT.
ABER IRGENDWANN TREFFEN WIR IHN BESTIMMT WIEDER.
JA. UND BIS DAHIN SOLLTEN AUCH WIR VERSUCHEN, STÄRKER ZU WERDEN.
OH.
WOLLEN WIR UNS IN DEM DORF DA AUSRUHEN?
WIR WAREN LÄNGER NICHT MEHR UNTER LEUTEN!
YEAAAH

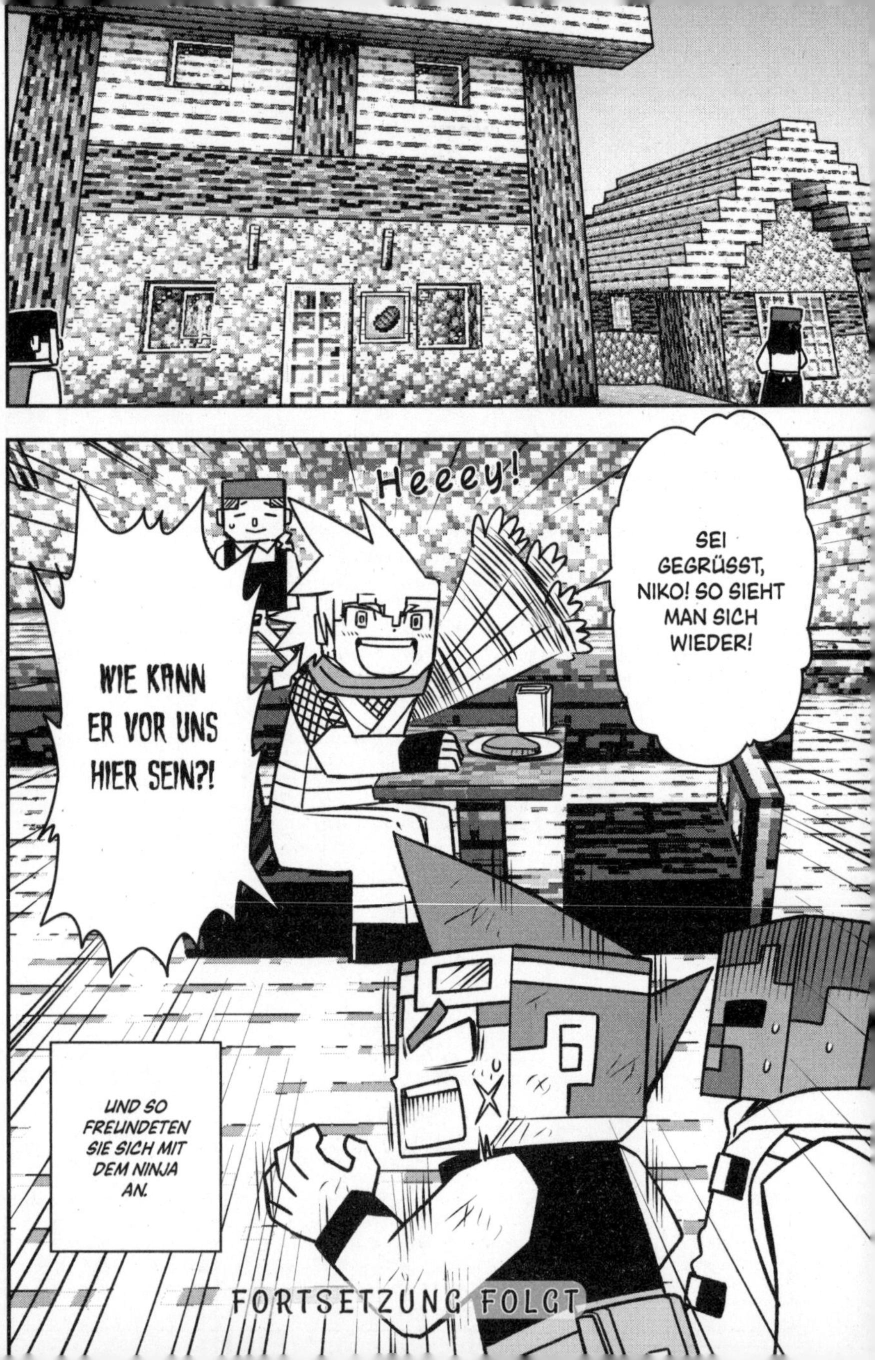
Heeey!
SEI GEGRÜSST, NIKO! SO SIEHT MAN SICH WIEDER!
WIE KANN ER VOR UNS HIER SEIN?!
UND SO FREUNDETEN SIE SICH MIT DEM NINJA AN.
FORTSETZUNG FOLGT

www.egmont-manga.de
Unsere Bücher findest du im
Buch- und Fachhandel und auf

EGMONT
Shop

www.egmont-shop.de

„Minecraft – Eine Reise zum Ende der Welt 1“
von Kazuyoshi Seto
Aus dem Japanischen von Gandalf Bartholomäus
Originaltitel: „Minecraft – Sekai no Hate eno Tabi“ Vol. 1

Originalausgabe:
MINECRAFT -SEKAI NO HATE ENO TABI- Vol. 1
by Kazuyoshi SETO

Original Japanese edition published by SHOGAKUKAN.
German translation rights in Germany, Austria, Liechtenstein and German
speaking area in Switzerland and Luxembourg arranged with SHOGAKUKAN
through VME PLB SAS.

Original Cover Design: vol.ONE

Deutschsprachige Ausgabe:
© 2024 Egmont Manga verlegt durch
Egmont Verlagsgesellschaften mbH,
Ritterstraße 26, 10969 Berlin
safety@egmont.de

6. Auflage 2026
Verantwortliche Redakteurin: Luisa Steinhäuser
Korrektorat: Stine Svenja Fahrich
Gestaltung: Esther Strunck
Koordination: Angelika Schönhuber
Printed in the EU
ISBN 978-3-7555-0481-8

story house
EGMONT

SUTOPPU!

**Koko wa kono manga no owari dayo.
Hantaigawa kara yomihajimete ne!
Dewa omatase shimashita!
Tanoshii hitotoki wo dozo!**

Egmont-Manga-Chiimu

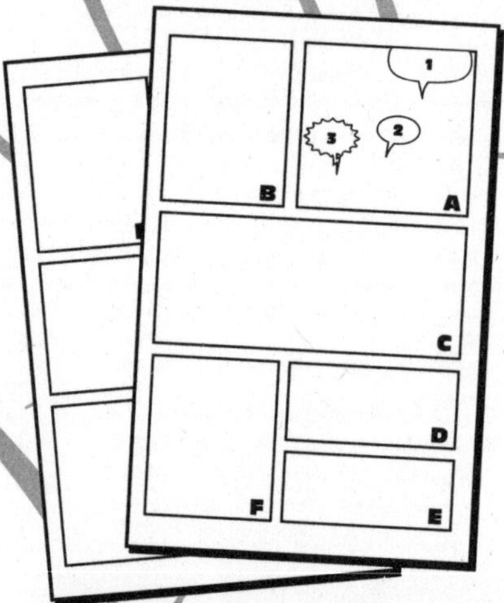

STOPP!

**Das ist der Schluss des Mangas.
Fangt bitte am anderen Ende an!
Und nun genug der Vorrede,
viel Spaß beim Lesen!**

Euer Egmont-Manga-Team